PUBLICIDADE DE CAUSA

A INTERAÇÃO ENTRE JOVENS E MARCAS, INFLUENCIANDO COTIDIANO, CONSUMO E AÇÃO SOCIAL

Editora Appris Ltda.
1.ª Edição - Copyright© 2025 do autor
Direitos de Edição Reservados à Editora Appris Ltda.

Catalogação na Fonte
Elaborado por: Dayanne Leal Souza
Bibliotecária CRB 9/2162

T266p 2025	Teixeira Filho, Clóvis Publicidade de causa: a interação entre jovens e marcas, influenciando cotidiano, consumo e ação social / Clóvis Teixeira Filho. – 1. ed. – Curitiba: Appris, 2025. 465 p. ; 23 cm. – (Coleção Ciências da Comunicação). Inclui referências. ISBN 978-65-250-6961-6 1. Publicidade de causa. 2. Comunicação. 3. Marcas. 4. Juventudes. 5. Consumo. 6. Mediação. 7. Semiótica. 8. Netnografia. 9. Interação. I. Teixeira Filho, Clóvis. II. Título. III. Série. CDD – 302.2

Livro de acordo com a normalização técnica da ABNT

Appris editora

Editora e Livraria Appris Ltda.
Av. Manoel Ribas, 2265 – Mercês
Curitiba/PR – CEP: 80810-002
Tel. (41) 3156 - 4731
www.editoraappris.com.br

Printed in Brazil
Impresso no Brasil

CLÓVIS TEIXEIRA FILHO

PUBLICIDADE DE CAUSA

A INTERAÇÃO ENTRE JOVENS E MARCAS, INFLUENCIANDO COTIDIANO, CONSUMO E AÇÃO SOCIAL

Appris *editora*

CURITIBA, PR

2025

Em memória da minha mãe, Denise Cleide Lopes, incentivadora desta jornada pelo conhecimento e sempre presente durante a trajetória.

APRESENTAÇÃO

Este livro é decorrente das experiências plurais que vivi: atuação em projetos sociais, trabalho em empresas privadas e vivências pelo país que possibilitaram novos olhares para o público e o privado, mediações com o consumo e a publicidade, além da docência, ao acompanhar as inquietações de jovens adultos. O objeto de estudo foi construído nessa pluralidade, observando os movimentos de cidadãos, consumidores, marcas, tecnologias e pesquisas. Objeto que, ao longo do caminho, também sofreu alterações e demonstrou, novamente, as influências entre o individual e o coletivo.

A origem desta pesquisa remete ao doutorado realizado no Programa de Pós-Graduação em Ciências da Comunicação, na Escola de Comunicação e Artes da Universidade de São Paulo. Conta com estrutura e escrita adaptadas para este novo formato, mantendo os principais pontos.

O que se verá é uma análise que tem a comunicação em seu centro, mesmo ao trazer abordagem cultural e teorias de outras áreas do conhecimento para compor o estudo. Assim, entende o campo da Comunicação como pós-disciplinar, em que a complexidade dos fenômenos atuais e as suas rápidas mudanças são beneficiadas por diferentes referências.

As mutações na publicidade são evidentes em seus novos formatos, seja no digital, seja na presença cada vez maior na vida do consumidor. No entanto, a ubiquidade também afeta as formações discursivas. As novas estratégias de persuasão desfocam as fronteiras da lógica comercial para transbordar na presença da marca como um ator social que abraça o viaduto da cidade, ou clama pela saúde, em troca de visibilidade e dados na aquisição de aplicativos. A marca passa de mera identificação do produtor para protagonista em diferentes áreas da sociedade, repleta de aspectos culturais, rituais, apropriações, significados.

A própria condição midiática atual atravessa instituições como política, religião, educação. Do almoço do final de semana à compra na farmácia, sentimos as mudanças em nossas rotinas midiatizadas. Não se pretende aqui bradar pela cidadania conquistada apenas por meio do consumo, devido ao seu caráter excludente. Contudo, essa é a linguagem que fala sobre os atuais sujeitos e seus agrupamentos, talvez de maneira mais intensa do que outra qualquer. Entender comunicação e consumo é compreender mais sobre nossa sociedade e as dinâmicas existentes nesse entra e sai de projetos individuais e coletivos.

O movimento empresarial não acontece por acaso. Ele acompanha as mudanças das juventudes, descrentes em poderes tradicionais e cientes de que é possível caminhar em outras vias que não a da reprodução. Jovens são atores relevantes do presente, mas também uma projeção do que viveremos. Representam um ideal contemporâneo, celebrado midiaticamente, como se fosse unicamente plena, linda e risonha a vida juvenil. Carregam do mesmo modo o estigma de salvação social e vão resistindo. Essas diferentes facetas são expostas aqui em contato com a publicidade.

Partindo desse panorama, o livro apresenta, inicialmente, a contextualização da publicidade de causa, definições de suas bordas e contribuições de autores nacionais e internacionais sobre o tema.

O segundo capítulo aprofunda subsídios teóricos que atuam na compreensão de interações, ou mesmo de conflitos entre atores, direcionando os aportes para a publicidade.

Complementar às teorias anteriores, o terceiro capítulo propõe uma forma de abordar a publicidade contemporânea a partir dos estudos culturais latino-americanos. Essa proposta resulta em uma construção teórica e metódica diversa, para beneficiar a exploração do tema da base ao topo. Isto é, olha para os consumidores e suas interações, mais do que o foco excessivo na organização, embora estabeleça uma análise conjunta entre produção e consumo.

O capítulo quatro explora as culturas juvenis e o consumo orientado a causas. Neste ponto, a pesquisa de campo, em seus diferentes métodos, torna visível interações entre jovens e marcas, abrindo ricas conexões para a discussão dos resultados no capítulo consecutivo.

Essa análise ocorre por meio do mapa de mediações sugerido anteriormente e revela a complexidade nacional, que tem na publicidade um dispositivo para a defesa de identidades e qualidade de vida em meio a disputas. Além disso, caracteriza o ambiente de comunidades de marca como campo de reconhecimentos, justificações e julgamentos.

A discussão proposta nesta obra procura instigar pesquisadores, estudantes e entusiastas da publicidade e do consumo a refletirem no potencial que esses elementos têm para falar sobre nós, nossas interações, visões de mundo e modos de vida. Sobretudo, expõe as mutações comunicacionais, muito ligadas à juventude, mas não apenas circunscritas a ela, e o caminho que se configura na composição de redes entre humanos e não humanos, no qual produzir ciência e debater tornam-se sinônimos de sobrevivência, em vez de apenas mergulhar na fruição.

PREFÁCIO

O convite para prefaciar uma obra é sempre uma distinção, mas também é um grande desafio; expressar em poucas palavras a importância e a grandeza de um texto e inspirar sua leitura impõe familiaridade com os meandros de sua produção e o reconhecimento de sua potencialidade para fazer avançar o conhecimento. Agradeço ao Clóvis Teixeira Filho, a quem eu tive o prazer de orientar no doutorado do PPGCom – Programa de Pós-graduação em Ciências da Comunicação da Escola de Comunicações e Artes da USP, pelo honroso convite. Durante todo o percurso do doutorado, Clóvis trouxe destacadas contribuições para as pesquisas do Gesc3 – Grupo de Estudos Semióticos em Comunicação, Cultura e Consumo, principalmente por sua postura inovadora e seu perfil interdisciplinar, características essenciais de um pesquisador dos nossos tempos. Assim, tentarei, nos próximos parágrafos, apresentar suscintamente as conquistas das pesquisas do autor, sua destacada capacidade de articular teoria e empiria e a potência transformadora dos seus achados para o pensamento, as práticas e a formação em Publicidade e Consumo.

A obra *Publicidade de Causa: a interação entre jovens e marcas, influenciando cotidiano, consumo e ação social*, de Clóvis Teixeira Filho, é resultado de um intenso trabalho de pesquisa e reflexão sobre a Publicidade contemporânea, com aportes teóricos fundamentais ao entendimento da evolução do pensamento e do fazer publicitário nas últimas décadas. Suas contribuições evoluem ao se debruçar sobre a compreensão da interação entre jovens e marcas, com foco nas articulações constituídas a partir de causas escolhidas e publicizadas. Trata-se de temática atual e oportuna, de caráter multi e interdisciplinar, demandando trânsitos conceituais a partir da Comunicação, da Semiótica, do Consumo e das Ciências Sociais, o que foi feito com excelência.

Além da revisão da literatura mais contemporânea sobre Publicidade e Consumo, a pesquisa contou com um importante eixo empírico constituído por rodas de conversas com jovens, moderadas a partir da condução de diferentes técnicas de pesquisa, como preconiza o método, seguida de netnografia em redes sociais, com posterior análise semiótica da publicidade de marcas selecionadas a partir das fases anteriores de pesquisa, demonstrando toda a integração entre teoria-método-técnica. Essa abordagem multimétodos, de base qualitativa e interpretativa, trouxe robustez e qualidade à investigação, e só foi possível pela competência e experiência metodológica e analítica do autor. O que se apresenta na forma de cinco capítulos é o resultado da teoria e da empiria colocadas em marcha com muita competência por Clóvis Teixeira Filho nos últimos anos.

Trazendo aportes iniciais que auxiliam o leitor no entendimento sobre as origens do conceito de causa e, em específico, da publicidade de causa, o autor delineia suas reflexões sobre a potencialidade das mediações, com referência ao trabalho inaugural de Martín-Barbero, trazendo-o de forma inovadora ao contexto das dinâmicas comunicacionais do consumo. Essa articulação tem particular relevância, pois traz pertinência para o estudo no contexto latino-americano e brasileiro, não se limitando a perspectivas essencialmente eurocêntricas, importantes, mas distantes da realidade cotidiana.

Ponto alto da obra é o capítulo sobre as culturas juvenis e seus consumos orientados às causas, momento em que notamos a força e o valor da empiria em articulação com a reflexão teórica. Com aprofundamento sobre as diferentes interações dos jovens com as marcas, o autor nos oferece a compreensão detalhada sobre as representações juvenis, suas ações sociais e a constituição de suas identidades, sempre em trânsito, no amálgama do físico e do digital. É possível encontrar, nessas reflexões, o caminho oportuno e rentável para explorações estratégicas de produtos, serviços e marcas, nas novas dinâmicas ecológicas da Publicidade e do Consumo, que permitirão a constituição de vínculos fortes e ampliação da potência de significação dos signos marcários.

O livro termina com a proposta inovadora do mapeamento das potencialidades da Publicidade de Causa em diferentes mediações, passando das mediações inerentes ao potencial de significação à construção identitária em fluxos contínuos, não lineares e heterárquicos, características das ambiências digitais pautadas nas lógicas algorítmicas, nos big-data e nas múltiplas inteligências em profusão.

Uma obra que já estreia como referência para aqueles que fazem, pensam e produzem conhecimento consequente e transformador em

Comunicação, Publicidade e Consumo. Certamente, exemplo e inspiração para a criação de novos paradigmas da investigação do terceiro milênio no campo. Parabéns, Clóvis Teixeira Filho. Privilégio fazer parte da sua trajetória e obrigada por nos oferecer, generosamente, suas conquistas. Boa leitura!

São Paulo, fevereiro de 2024.

Clotilde Perez
Professora titular de Semiótica da
Escola de Comunicações e Artes da Universidade de São Paulo

SUMÁRIO

1

A MANIFESTAÇÃO DA PUBLICIDADE DE CAUSA

Deparamo-nos atualmente com empresas de moda e beleza, bancos, ou *fast food* desenvolvendo publicidade que envolve, em maior ou menor gradação, temas como homofobia, machismo, racismo, desmatamento, prevenção de doenças, entre outros. Manifestações empíricas que nos levam a refletir sobre a pesquisa na área. Algo que nos auxilie a alcançar as potencialidades dessa comunicação, suas limitações e riscos.

Assim, a pesquisa pode oferecer subsídios que amparem estrategistas da comunicação, mas compreendam igualmente as apropriações de cidadãos e consumidores, no entendimento da publicidade como manifestação da cultura e potência para a constituição de realidades por meio de múltiplas interações. Intercâmbios que superaram a lógica anterior de poder e comunicação unilateral (empresa-cliente) para alcançar diferentes relações envolvendo a marca, consumidores, grupos de interesse, outras marcas, Estado, governos e diferentes organizações, como as empresas de mídia e plataformas digitais, em redes complexas e dinâmicas.

A incursão de marcas em temas mais amplos do que o contexto mercadológico privado acompanha o crescimento social que elas apresentam nos últimos anos. Marcas não são apenas representações de organizações. Elas estão presentes na nossa vida, modificam significações e apresentam propostas em diferentes dimensões do cotidiano, seja por simples estímulos, por experiências complexas, por pressão legislativa, seja da própria conexão com o ambiente de produção e consumo.

O discurso comercial tradicional dá lugar a uma aparente ingenuidade despublicitarizada, que se mostra muito mais densa em suas conexões com sujeitos-consumidores; com cidadãos que, mesmo não consumindo produtos de determinado fabricante, são influenciados pelos diversos pontos de contato com essas mensagens. Compreender esse desenvolvimento marcário é o primeiro passo para entendermos as interações por meio da chamada publicidade de causa.

A iniciativa do Common Language Project (MASB, 2023) entende a marca como qualquer recurso que identifique vendedores de bens ou serviços. No entanto, ao aprofundar as relações sociais desse recurso identificador, verifica-se que ele estende sua visão positivista-funcionalista para aspectos amplos da vida em sociedade. Semprini (2010), por exemplo, discute a transição da marca ancorada à identificação do produto e ao ambiente de produção, para se transformar em um projeto de sentido na pós-modernidade, que leva em conta o consumo, a economia e a comunicação. Ou seja, está vinculada à leitura da realidade, compreendendo as transições contingenciais em seu aspecto evolutivo de signo, ao mesmo tempo que apresenta importância cultural crescente, na perspectiva de um ator capaz de agendar diferentes pautas.

Como já antecipam Perez e Trindade (2019), a marca faz parte da nossa vida sociocultural, desafiando gestores, pois agora precisam dialogar e negociar significações e ações com os consumidores, incluindo maior ativismo e as forças dos rituais de consumo. Nessa relação ativa entre empresas e sociedade por meio de marcas, o desenvolvimento da comunicação e do consumo, assim como aspectos estratégicos da administração de marketing, sofreram mudanças ao longo do tempo. Essa discussão engloba em que medida as marcas podem favorecer demandas socioambientais, culturais e políticas. Diferentes visões, ao longo de críticas e defesas, se somam nesse cenário de circulação de mensagens.

O desenvolvimento do tema passa pela discussão do marketing social como expansão da influência das diversas organizações na sociedade, mas ainda em escopo globalizante e difuso, para depois ser direcionado efetivamente ao marketing voltado a causas, ainda como doação para instituições sem fins lucrativos. Posteriormente, o conceito quebra as barreiras do assistencialismo para assumir os benefícios conjuntos de empresas com fins lucrativos, instituições do terceiro setor e das causas, considerando a publicidade como uma das formas dessa expressão.

A pesquisa na área aprofunda as consequências para a marca, como a melhoria da reputação, o fomento da intenção de compra e o aumento de *brand equity* (Adkins, 1999; Barone; Myazaki; Taylor, 2000; Hoeffler; Keller, 2002), mas pouco se debruça sobre os usos e as apropriações realizados pelos consumidores e os direcionamentos da interação com a publicidade de causa. No Brasil, o estudo se voltou à análise da produção publicitária (Brandini, 2016; Santaella; Perez; Pompeu, 2021), suas relações de oportunismo e interações possíveis (Resende; Covaleski, 2020), temas identitários específicos tratados pelas marcas (Mozdzenski; Covaleski, 2020) ou modos de ativismos por meio do consumo (Domingues; Miranda, 2018).

Em uma das raras incursões dedicadas empiricamente em perspectiva híbrida entre produção e consumo, Machado (2011) relata como os jovens percebem as publicidades e produzem seus discursos pelo recorte da politização. Portanto, ainda se justifica o estudo do tema para compreender em que medida está presente no cotidiano e pode engendrar outros assuntos comunicacionais que não apenas a politização, ainda que a inclua, em uma análise – defendida aqui – que integre produção e consumo. A riqueza atual da publicidade está justamente na interação entre produção e consumo, não em sua separação, característica intensificada pelo ambiente digital e suas possibilidades de circulação, criação, usos e apropriações, replicações e ressignificações de mensagens.

Com a inserção de organizações com fins lucrativos em pautas de interesse público, ainda se articulam as possibilidades de captura e tratamento de dados para uso comercial e as características sociais da pós-modernidade que alteram o comportamento do consumidor. No primeiro caso, evidencia-se a necessidade de atuar com grande quantidade de dados e com os aspectos de ambientes digitais, envolvendo questões éticas na gestão da informação e a percepção do poder da marca (Gillespie, 2014; Carah, 2017). Essa captura de dados abrange questões que superam os comportamentos de consumo, contando com legislação própria que avança em diferentes regiões do planeta.

No segundo ponto, grandes narrativas dão lugar aos formatos fragmentados de curta duração e mudanças constantes de cenário em culturas locais (Lyotard, 2006), influenciando o posicionamento identitário de sujeitos. Somam-se a isso as interações entre o humano e não humano no espaço digital, em que as comunicações transbordam suas fronteiras tradicionais, o que afeta igualmente os estudos ligados à publicidade do ponto de vista da interação entre consumidores, discursos e potenciais de significações. Nas palavras de Perez e Trindade (2019, p. 117), "a publicidade sai de uma posição de certa acomodação para um ativismo compromissado, o que a desloca para um protagonismo social, trazendo grande responsabilidade à ação desta mediação comunicacional".

Ainda reforçam a manifestação da publicidade de causa: o cenário de discursos difusos da marca entre argumentos comerciais e a presença em outras dimensões da vida do consumidor (Casaqui, 2011), assim como o transbordamento de formatos, cultivando uma ecologia publicitária como propõe Perez (2019). Partindo desses preceitos e da mudança que as tecnologias digitais da comunicação e informação desdobram nos modos de relação entre diferentes atores com a marca, o estudo das formas de interação nesse contexto torna-se necessário. "Assim, consumidores e marcas, na circulação midiática de suas interações, têm suas zonas de contatos específicas, estratégias de usos, regras e lógicas que precisam ser estudadas" (Perez; Trindade, 2016, p. 390).

Nesse contexto, as juventudes também manifestam o direcionamento às causas, experienciadas por pessoas que tiveram vivências com fatores situacionais próximos. Borelli e Oliveira (2010), em um apanhado das ações direcionadas aos jovens, discorrem que as pesquisas se preocuparam inicialmente com os movimentos estudantis e passaram a abarcar o consumo cultural e o mundo do trabalho. Já as políticas públicas demoram a aparecer nesse contexto, sendo intensificadas apenas nos anos 1990, ainda com o olhar para o adolescente, passando pelo jovem como ator social nos anos 2000 e a preocupação com o ensino profissionalizante.

Enquanto isso, as manifestações estético-culturais vislumbram o jovem nos movimentos de contracultura musicais, teatrais e cinematográficos dos anos 1960, em contato com representações mais populares em consonância com os meios de comunicação. Passam pelos anos com forte influência na política e, mais recentemente, na visibilidade das periferias urbanas. Resumidamente, o que se vê é a alteração da caracterização da juventude apenas como transitoriedade, para ser pensada do ponto de vista ativo, como um ator relevante da sociedade.

Para analisar as relações entre sujeito e sociedade, a configuração da juventude como categoria homogênea distancia a riqueza da cultura e das várias facetas de atuação social. Como relata Pereira (2017, p. 10), "refletir sobre a juventude é refletir a respeito de nossa sociedade – ou do *zeitgeist* de nosso tempo". Por isso, estudos que envolvem sociologia, antropologia e comunicação podem assimilar não apenas as representações e percepções de outros atores sobre as juventudes, mas os registros deles próprios, deixados no cotidiano, incluindo o contato com diferentes tipos de consumos e cidadania.

Nesse papel desenvolvido pelo jovem na sociedade, que supera sua própria existência como representação geracional, também há uma condição direcionada a ele, quase como obrigatoriedade: a de ruptura e promoção de um futuro melhor. Para Foracchi (2018), a juventude lida com a incapacidade adulta de construir uma vida plena, atuando com causas já condenadas, incidindo aos mais novos a possibilidade de renovar esses anseios. Ainda segundo a autora, essa tarefa se dá em meio à turbulência para se converter em um tipo de adulto, capaz de resultados alienantes ou mobilizadores frente ao que se impõe a eles. Freire Filho (2007) aponta novas formas de resistência, não mais ligadas à contracultura ou a movimentos estudantis, e Cruz e Pereira (2021) recordam que esse projeto de mudança social toma a forma tanto de retórica em espetacularização midiática, quanto de práticas de resistência e proposição de alternativas por esses atores, alinhadas com as realidades cotidianas.

Entre direcionamentos de jovens e marcas para causas, colocam-se duas questões ascendentes que ampliam as contribuições práticas deste estudo. A primeira é a manutenção de heterogeneidades e desafios sociais na América Latina (Cepal, 2019), estendendo a necessidade de pesquisa em comunicação e sua interface com a cultura como fundamental para a ampliação de autonomia de atores, mapeando mediações e percepções.

Nesse sentido, Calderón e Castells (2021) relatam que, embora a América Latina tenha melhorado índices de desenvolvimento humano e acesso à internet nos últimos anos, os países ainda se deparam com o medo da violência e a destruição ambiental, em um cenário abarcado por tecnologias que levam novos conflitos, mas também os históricos, para o ambiente em rede. Esse contexto ainda se aprofundou pela pandemia de Covid-19 e gestão da crise sanitária no país, agravando as diferenças entre territórios e as condições de convívio, empregabilidade e lazer, como indicam os estudos de Google (2020) e Kantar (2020).

A segunda questão é a baixa confiança nas instituições públicas para sanar essas demandas e o direcionamento do crédito a outras formas de organização (Edelman, 2019b). A descrença governamental e a expectativa em empresas são vistas, principalmente, em jovens, guiados pela comunicação digital (Ipsos, 2019). Ambos os temas atravessam a discussão pública pelos diferentes setores em um projeto de vida boa, centrado em condições morais.

Na complexidade de atores e das conjecturas de uma vida pública com qualidade, a discussão sobre caminhos a percorrer para sustentar melhores condições de vida, invariavelmente, passa pelo diálogo entre diferentes setores, unindo interesses públicos e privados. Esse diálogo só é possível ao compreender as práticas cotidianas. Portanto, o olhar se volta à publicidade não apenas nas associações ligadas à recepção, mas também sua penetração em outras esferas da vida cotidiana, em um momento em que competências comunicacionais são centrais para a trama cultural.

Dessa forma, a noção de conflito nas interações é importante e pode ser vista nas propostas teóricas que valorizam o pragmatismo para análise da sociedade (Boltanski; Thévenot, 2006; Rand, 2011; Honneth, 2017). Esse conhecimento também se aplica para as relações de consumo, evidenciando a cultura de comunidades e formas de atuação dos seus membros e instituições:

> [...] a cultura articula conflitos e volta e meia legitima, desloca ou controla a razão do mais forte. Ela se desenvolve no elemento de tensões, e muitas vezes de violências, a quem fornece equilíbrios simbólicos, contratos de compatibilidade e compromissos mais ou menos temporários. As táticas do consumo, engenhosidades do fraco para tirar partido do forte, vão desembocar então em uma politização das práticas cotidianas (Certeau, 2020, p. 44).

A interação entre consumidores e marcas configura-se a partir da noção que esses são sujeitos em processos de troca. De um lado, a marca se coloca no mundo globalizado por meio da articulação de valores e personificação de identidade institucionalizada (Canclini, 2001; Lipovetsky, 2010; Lipovetsky; Serroy, 2015); de outro, o consumidor não mais visto como atomizado, mas como agente ativo e transformador, consciente de suas representações e decisões (Canclini, 2001; Hall, 2016; Perez; Trindade, 2019).

Diante das relações entre sujeito-marca e sujeito-consumidor, entendendo o contexto socializante de grupos e redes que movem essa interação, é que se busca compreender aqui como ocorre a interação de jovens e marcas, mediada pela publicidade de causa no ambiente digital e sua repercussão nas dimensões do cotidiano, do consumo e da ação social.

1.1 UM BREVE HISTÓRICO

O posicionamento organizacional em causas remete ao desenvolvimento do marketing e à sua aplicação à gestão das marcas ao longo do tempo. Parte-se, portanto, da comunicação organizacional para acrescentar outras abordagens e camadas, discutidas posteriormente. A trajetória do marketing caminha de uma visão operacional, centrada em empresas com fins lucrativos e orientada à oferta, para uma visão estratégica, possível de aplicação nos mais variados tipos de organizações e orientada para o mercado.

Bartels (1988) relata a reconceituação do marketing a partir dos anos 1950, com uma preocupação social mais abrangente aos negócios e a intensificação de análises quantitativas. Ainda segundo o autor, segue nos anos 1960 para a fase de diferenciação com a expansão do pensamento por meio da contribuição de outras áreas da administração e da psicologia, até se aproximar da fase de socialização nos anos 1970, em que se direciona às influências da área na sociedade, e não apenas o contrário.

Outros dois estudos do desenvolvimento do marketing como campo acadêmico fornecem subsídios para a aproximação da área com grupos e demandas sociais atreladas ao consumo. Wilkie e Moore (2003) expõem quatro eras partindo da fundação do campo, passando pela formalização, mudança paradigmática e intensificação dessa mudança. A terceira e a quarta etapas caminham de 1950 até a época da publicação.

No terceiro período, que se encerra no início dos anos 1980, existe a formação dos principais conceitos utilizados na área e uma intensificação da preocupação da capacitação gerencial para tomada de decisão, em conjunto com a avaliação do comportamento do consumidor. O crescimento do mercado de massa, a segmentação, a expansão populacional, as regulações governamentais sobre os negócios e os aspectos de direito do consumidor também levam ao debate social, principalmente na segunda metade dessa fase.

Já na quarta era, a fragmentação e especialização dos direcionamentos em marketing remetem à discussão social dentro de grupos específicos de estudo. Para Shaw e Jones (2005), a divisão ocorre mais por formas de pensamento do que por uma pressão temporal com hegemonia da produção intelectual e prática. Dessa forma, a escola dos sistemas é destacada como societal, entendendo a posição da organização em um sistema maior da sociedade e economia, com suas culturas e seus valores.

Especificamente sobre a aproximação do marketing com demandas sociais, os estudos convergem ao apontar a segunda metade do século XX como foco da discussão, intensificada a partir dos anos 1970, ainda que por meio de abordagens distintas, contradições entre conceitos e relativização ou críticas às aplicações dessa justaposição. Em revisão embasada na classificação de Hunt (1976) e na discussão de diferentes autores e conceitos que envolvem marketing e sociedade, Schneider e Luce (2014, p. 131) realizam a seguinte classificação entre termos:

- **Marketing Social:** uso de técnicas e ferramentas de marketing para influenciar comportamentos ligados ao bem-estar de indivíduos e sociedade, sem ser realizado por empresas com fins lucrativos, mas sim por empresas sem fins lucrativos, governos e indivíduos;

- **Marketing Societal:** incorporação de aspectos sociais abrangentes nas propostas corporativas, tendo o bem-estar social e a preocupação com as consequências do negócio, mesmo que sem regulamentações definidas, também como objetivos; foca no maior lucro em longo prazo ao mesmo tempo em que busca benefícios sociais amplos;

- **Macromarketing:** estudo dos dados e informações dos sistemas de marketing focados em questões normativas abrangentes que superam a organização por serem orientadas à regulação pública, entendendo o impacto delas na sociedade e o impacto da sociedade nas estruturas de marketing; o que supera o escopo do marketing societal e do social;

- **Responsabilidade Social Corporativa:** avaliam, desenvolvem e implementam ações nas dimensões econômica, social e ambiental tendo em vista as expectativas específicas dos públicos de interesse da organização empresarial e sua competitividade no mercado, permanecendo o escopo do lucro como prioridade para a empresa.

Os autores ainda destacam críticas à proposição societal, pois questionam a legitimidade das empresas para definir o melhor caminho para a sociedade em uma decisão contrária ao caráter democrático, que deveria destinar-se à esfera pública, e não privada. Para superar essa lacuna, Crane e Desmond (2002) sugerem que os estudos sejam orientados a compreender as estruturas, os significados e os discursos que sustentam impactos na sociedade por meio do marketing e do consumo, em vez do cenário atual de investigação que foca a prescrição moral e se apresenta mais como uma extensão do conceito de marketing do que uma reconstrução. É nesse sentido que o presente estudo converge a essa proposta em uma perspectiva do potencial de significação da publicidade, aliada à compreensão das apropriações dela no cotidiano do sujeito-consumidor.

Verifica-se que, a partir da caracterização apresentada, a publicidade relacionada às causas, por meio de marcas de empresas com fins lucrativos, pode estar atrelada tanto ao marketing societal quanto à responsabilidade social corporativa; ainda que ambos não se sustentem apenas pela comunicação mercadológica ou institucional, mas por todo o composto de marketing.

Kotler e Zaltman (1971) reforçam a diferenciação entre marketing social e publicidade de causa, por considerarem que a primeira não está relacionada às empresas privadas com fins lucrativos e necessita envolver outros pontos do composto além da comunicação. Ao revisitar o termo marketing social quase 10 anos depois, Fox e Kotler (1980) discorrem sobre a amplitude do conceito como o uso do planejamento de marketing e suas ferramentas para incentivar a aceitabilidade de ideias e causas sociais, contrapondo-se ao marketing no sentido comercial. Não reforçam a proibição do uso pelo segundo setor, mas os exemplos apresentam um caráter mais público do que privado. Assim, atribuem ao conceito das causas uma ampla dimensão, o que gera confusão para a delimitação distinta dos termos.

O cenário dos movimentos sociais nos anos 1960 e 1970 repercute nas alterações de comportamento de consumo e pressões para políticas identitárias governamentais, mas também no posicionamento de marcas inseridas nesse ambiente. Isso reforça a posição da influência da contracultura, dos movimentos sociais críticos, da crise moral e econômica no campo do marketing, como já consideravam Arnald e Fisher (1996). Do ponto de vista das "lutas de afirmação cultural das diferenças" (Safatle, 2018, p. 225), esse período reforça a busca de direitos de grupos historicamente vulneráveis, como negros, *gays* e mulheres, que culminam em tentativas de abarcar a questão por meio de políticas multiculturalistas.

Somam-se aos casos de afirmação identitária: as pautas sustentáveis, humanitárias e de saúde estimuladas pela crise do petróleo, o aquecimento global, a Guerra do Vietnã, o enfrentamento inicial das infecções de HIV/AIDS, os casos de combate à fome, as epidemias e, em menor grau, a redistribuição de renda, entre outros exemplos que transcorrem dos anos 1950 até os 1980. Mais recentemente, os movimentos sociais latino-americanos destacam pautas como as ambientais, negras, estudantis, das mulheres e grupos LGBT, além do desafio da corrupção, que fornecem diagnóstico da realidade social, em que a comunicação possui papel fundamental na sustentação dessas iniciativas coletivas (Gohn, 2011).

Com base no cenário apresentado, a participação de marcas em causas parece ser não apenas uma questão daquela época, mas uma centralidade na condição atual de reafirmação das identidades, redistribuição de renda ou posicionamentos políticos. Em estudo internacional realizado pela Edelman (2019a), o Brasil apresenta a maior diferença entre a confiança no governo (28%) em relação às empresas (58%), além de 69% dos consumidores de todos os países pesquisados creditarem na preocupação social o aumento da confiança na marca, ainda que os esforços atuais sejam vistos com desconfiança e abaixo da expectativa dos entrevistados.

No estudo do cenário nacional (Ipsos, 2019), a crise de confiança governamental direciona expectativa às empresas, principalmente por parte dos consumidores jovens no Brasil, guiados pela influência da comunicação digital. Esses dados reforçam a importância da imbricação de jovens, marcas e causas guiados para a ação social e seus sentidos.

Longe de ser o cerne de uma organização com fins lucrativos, as causas são entendidas em uma perspectiva menos ingênua, em que há uma relação de ganho para os envolvidos (empresa, consumidor e causa). Ainda que não esteja presente no escopo dos conceitos analisado anteriormente, o marketing relacionado à causa tem sido utilizado como nomenclatura frequente a partir dos anos 1980. Varadarajan e Menon (1988, p. 60) o definem como "[...] o processo de formular e implementar atividades de marketing caracterizadas por uma oferta da empresa para contribuir com uma quantia para a causa designada, quando os clientes se envolvem em trocas de receita que satisfaçam objetivos organizacionais e individuais". A definição do termo é entendida por Adkins (1999, p. 51) de uma forma expandida, não apenas como direcionamento de quantias monetárias para causas, mas como "uma atividade comercial pela qual empresas e instituições de caridade ou causas formam uma parceria entre si para comercializar uma imagem, produto ou serviço para benefícios mútuos".

Verifica-se que marketing relacionado à causa é a proposição de uma empresa com fins lucrativos, em proximidade com os valores da causa defendida e dessa com seus públicos de interesse. Essa iniciativa pode ocorrer em parceria com organizações sem fins lucrativos, mas não é uma obrigatoriedade para sua existência. Esse posicionamento não se confunde com o objetivo empresarial exclusivo de filantropia, pois permanece o interesse nos fins lucrativos. Adkins (1999) acrescenta ainda que o marketing relacionado à causa pode ser colocado em prática por uma série de ações, como publicidade de causa, patrocínio, auxílio administrativo e outros suportes, o que remete ao termo marketing como um operador para distintas ações.

Ainda que se tenham registros de ações comerciais atreladas a pautas socioambientais e culturais a partir do século XIX, na conversão de vendas em doações, a aplicação contemporânea remete às ações da American Express em benefício da restauração da Estátua da Liberdade (Adkins, 1999). Esse exemplo reforça as preocupações apontadas anteriormente para o marketing societal na seleção de temas e da discussão de moralidade democrática, questionando a relevância de ações para o bem-estar coletivo. Este estudo se concentra no sistema publicitário, indo além da questão de recepção, ainda que passe por ela para compreender as influências na vida de consumidores pela mediação das marcas. Nesse sentido, aborda a questão de legitimidade da apropriação de marcas por questões sociais do ponto de vista empírico, entre a produção e o consumo.

Revisitando as avaliações de valor de marca, nas abordagens que levam em conta o consumidor, diferentes metodologias (Aaker, 1996; Interbrand, 2019; Bavgroup, 2019) evidenciam as associações positivas da marca e os laços que estabelecem com os consumidores como critério para a monetização. A arquitetura de marcas fortes remete também à comunicação assertiva, que, além de possibilitar essas associações por semelhança e diferenciação com concorrentes, reforça a consciência de nome. Hoeffler e Keller (2002) ainda acrescentam o senso de comunidade e o estímulo ao engajamento do consumidor como fatores da incursão de marcas em ações sociais aliadas ao *brand equity*. Essas posições reforçam que, mesmo sem a venda de produtos atrelada a temas socioculturais e ambientais, há um ganho institucional, envolvendo valores positivos e constituindo bases que tornam robustas as comunidades de marca.

A pesquisa na área destaca diferentes consequências do investimento em marketing de causa, como: a relação positiva com a reputação da marca (Adkins, 1999); a preferência na decisão do consumidor sobre produtos, influenciada pela percepção de qual a motivação da empresa para a ação (Barone; Myazaki; Taylor, 2000); ou o já mencionado aumento de *brand equity* – o valor intangível da marca (Hoeffler; Keller, 2002).

Portanto, verifica-se tanto resultados atribuídos em curto prazo, como a decisão de compra, quanto mais relacionais e duradouros, como o valor de marca e a reputação. Do ponto de vista dos antecedentes, há maior adesão a esforços organizacionais quando os consumidores são envolvidos na escolha da causa que receberá apoio (Howie *et al.*, 2018) e quando a reputação prévia da organização já é sólida (Kim; Youn; Lee, 2017).

Antes do diálogo com os estudos culturais latino-americanos, ainda vale explorar as funções pertinentes à estratégia de marketing relacionado a causas nas organizações. Ainda que pautados por um conceito diferente deste estudo, Varadarajan e Menon (1988) discutiram os objetivos possíveis a serem alcançados por meio do marketing relacionado à causa, ao compilar diferentes estudos na área. Do lado empresarial, o incremento de vendas; a estatura de marca, com visibilidade e associação positiva a valores; a contenção de divulgação negativa, principalmente por parte dos consumidores; a pacificação de cliente, com melhoria do relacionamento; a entrada em novos mercados; e o aumento da disponibilidade de espaços e vendas para os intermediários com realização de *merchandising* estão presentes.

Do ponto de vista da causa e das organizações sem fins lucrativos, observa-se como objetivos dessas ações: a geração de fundos; e a promoção da contribuição do público em geral. Nessa visão, sobrepõem-se os impactos gerados ao segundo setor e um reducionismo às causas, pelo viés apenas de conversão em fundos para organizações do terceiro setor. Mesmo assim, a pesquisa internacional abre caminho para pensar as formas de avaliação e indicadores dessas propostas para ambos os lados.

Muito se vê na rápida circulação dessas mensagens, mas pouco é traduzido em resultado que mostre de forma transparente a melhoria das condições da causa atendida. Resultados que não podem ser apenas comerciais, uma vez que a mensagem envolve outros discursos. Portanto, desenvolver indicadores multidimensionais pode auxiliar na gestão dessas campanhas.

Tendo em vista as mudanças culturais com a centralidade midiática, discutidas anteriormente, refletir outros objetivos para causas e organizações envolvidas com elas, como a visibilidade, a circulação digital, a mudança de cenários e a aprovação de leis para a igualdade, a motivação de forças latentes no ativismo, o acesso aos públicos programáveis e aos ambientes de audiência, o tratamento de dados nas interações com a publicidade para verificar conflitos e anseios, pode ser alguns dos benefícios. Essas são possibilidades de métricas viáveis aos esforços direcionados à publicidade de causa.

A publicidade é parte do conceito guarda-chuva de Marketing Relacionado à Causa, citado por Adkins (1999). Embora menos explorado, o termo publicidade de causa tem movimentado algumas incursões teóricas a partir de uma efervescente visibilidade empírica. O veículo Meio & Mensagem, destinado a notícias e análises sobre negócios em comunicação no Brasil, traz conteúdos sobre o tema nos últimos anos. Em 2017, na seção Opinião, apresenta o artigo "A Publicidade não é Sobre Causa"; em 2018, com a discussão sobre posicionamento social das marcas, publica "Posicionamento das Marcas Determina Escolha dos Consumidores"; em 2019, apresenta "A Hora e a Vez do Marketing de Causa" (Meio&Mensagem, 2017, 2018, 2019). Esses casos levantam a discussão do tema a partir das movimentações do mercado publicitário nacional e colocam argumentos em defesa ou em contradição às estratégias marcárias.

Como consequência do cenário exposto, surgem agências e consultorias especializadas em soluções atreladas à comunicação. No exterior, a We Think It Matters Inc. se posiciona como uma agência de marketing relacionado a causas que atua com tecnologia em publicidade e promete atingir melhores retornos sobre investimentos na área (Wethinkitmatter, 2020). A Phil & Co. é uma agência focada em organizações sem fins lucrativos e em responsabilidade social corporativa, que enfatiza a gestão estratégica das marcas e seus vínculos com causas e pessoas (Phil & Co., 2020).

Uma das maiores agências globais também demonstra comprometimento nesse sentido, desde 2017. A iniciativa Y&R Inspire Change está direcionada para a comunicação com impacto social abrangente tanto de marcas corporativas, quanto de organizações sem fins lucrativos (Y&R, 2020). A consultoria Do Something segmenta seus estudos e propostas apenas para jovens, entendendo que este público tem um comportamento diferencial na adesão de pautas socioambientais. Ela realiza estudos com jovens e mensagens publicitárias, enfatizando um novo comportamento de consumo que se expressa alinhando propósito de marca e demandas pessoais para convivência coletiva (DoSomething, 2020).

No Brasil, a Cause propõe conexão entre propósito de marca e demandas sociais. Segundo a empresa, eles conectam "marcas e organizações às causas do nosso tempo a partir de ações de conscientização, engajamento e mobilização de diversos atores da sociedade por meio de estratégias integradas de comunicação, engajamento e *advocacy* em torno de causas transformadoras" (Cause, 2020, s/p.).

Ainda nesse cenário, a consultoria de inovação social Think Eva "articula o mundo corporativo para criar soluções para as desigualdades de gênero e intersecções" (Think Eva, 2020, s/p.). Mesmo que os empreendimentos citados possam vir a não existir em um futuro próximo, o que se vê são diversas iniciativas nacionais e internacionais na tentativa de abarcar um capitalismo mais justo e com benefícios sociais, como veremos, também pressionadas por cidadãos e consumidores. Enquanto isso, embora existente, a reflexão teórica não acompanha essas iniciativas na mesma velocidade.

Tendo em vista a manifestação crescente da publicidade de causa, cabe refletir de que maneira é possível auxiliar na constituição de comunicações mais eficazes atreladas à cidadania e ao bem comum, a partir do estudo científico, suportado por teorias e métodos; mas também avaliar em que medida as comunidades beneficiadas percebem as interações com marcas e seus vínculos de sentido, mediadas pela publicidade de causa.

1.2 DEFININDO AS BORDAS PELO OLHAR DAS COMUNIDADES

Entre as poucas incursões teóricas, Bolonas (2011) investiga a publicidade de causa a partir de casos veiculados em Portugal. Segundo a autora, a intersecção entre publicidade e cidadania é crescente no país, estabelecendo relações entre temas sociais e empresas. Durante a discussão no livro *Publicidade sem Código de Barras: contributos para o conhecimento da publicidade a favor de causas sociais em Portugal*, não há um esforço aprofundado em estabelecer uma definição constitutiva do termo, ainda que se apresente uma proposta nesse sentido. Para Bolonas (2011, p. 15):

> [...] ao utilizarmos a expressão "publicidade a causas sociais" referimo-nos à informação e sensibilização para problemas que afetam os cidadãos e a sociedade em geral, desde as questões ambientais às questões sociais. Nesta ordem de

ideias, nos questionamo-nos qual o possível contributo da publicidade para uma melhor qualidade de vida em sociedade e exercício da cidadania.

O termo publicidade social também é usado como sinônimo de publicidade de causa pela autora. No entanto, como já vimos, o termo social seria mais coerente com iniciativas públicas ou do terceiro setor. A contribuição, contudo, evidencia ricas incursões para pensarmos ao menos três considerações: 1) o objetivo informacional e de sensibilização voltado a problemas de sujeitos conscientes de direitos e deveres em sociedade (cidadão); 2) a pluralidade de temas referentes a esses problemas; 3) o efeito resultante, a partir da comunicação, de uma vida melhor em sociedade e de colocar em prática a consciência de direitos e deveres (cidadania). A análise de cada um dos pontos é relevante para elaborar uma definição que englobe as diferentes possibilidades da publicidade de causa.

A primeira parte apresentada pela autora coloca em destaque a informação e a sensibilização, mas deixa de lado o carácter persuasivo, isto é, converter a comunicação em uma aceitação propriamente dita; ir além de apresentar um fenômeno e torná-lo interessante às emoções. Em geral, a publicidade precisa ainda levar a acreditar, fazer com que se tomem decisões, aceitar e se posicionar favoravelmente frente ao que é exposto. Ou seja, reforçar o diálogo entre atitude – predisposição a fazer algo – e comportamento – a ação efetiva influenciada pela predisposição, por meio do discurso persuasivo. Este, focado na deliberação, no aconselhamento para ação futura, mas diferente do convencimento por provas científicas.

Nas enunciações publicitárias, o objetivo de mudança de comportamento vinculado a causas pode ser evidenciado nos discursos de gênero em marcas que falam contra o assédio, ou ainda a diminuição do consumo de materiais derivados do petróleo, ou por uma alimentação mais saudável. Todas essas projeções podem ser consideradas como passos importantes que superam a informação e a sensibilização. São comunicações persuasivas para mudanças de comportamento.

Perez (2016) corrobora a discussão explicitando como funções publicitárias: informação, persuasão, lembrança, agregação de valor, reflexo social e construção de valores sociais, além de auxiliar o processo promocional. Devido à volatilidade da publicidade de causa, desde reverter parte do faturamento para determinado fim, até programas de responsabilidade social corporativa, é importante que os objetivos da comunicação sejam alargados. Só informar e sensibilizar não abarca a potência atual da publicidade de causa.

Em certos casos, como a venda, é preciso levar em consideração outros aspectos em consonância com a comunicação (atributos do produto, preço, disponibilidade, atendimento, entre outros), não sendo um objetivo exclusivo da comunicação mercadológica. A mesma condição ocorre na publicidade de causa, no sentido da adoção de ideias propagadas, ao mesmo tempo que torna pública tanto a marca quanto seus produtos, em que todas as manifestações devem estar alinhadas.

Semprini (2010) vai além e estabelece que a crise que se tem hoje na condição marcária não é econômica, pois esta caminhou e continuará segura no modelo econômico adotado e nos conhecimentos desenvolvidos, mas é sua condição semiótica, ou seja, da produção de sentido, de sua legitimidade. Nesse aspecto, o autor considera que, de um lado, é preciso estabelecer um projeto para a marca condizente com sujeitos, tempos e espaços, e, de outro, todas as manifestações sígnicas precisam compor esse projeto, não apenas a publicidade.

Na conexão entre os dois primeiros pontos da definição apresentada por Bolonas, está a questão de quais causas seriam problemas para cidadãos e sociedade. A restauração de uma praça ou de um monumento corresponde a essa consciência cidadã? Estariam voltadas apenas para problemas, em um sentido causa-efeito, ou também para a manutenção de conquistas?

Há, na publicidade de causa, um repertório comum a ser comunicado, uma aproximação que justifique a divulgação para a coletividade, respaldado pela melhoria de vida ou valores compartilhados. Caso contrário, a comunicação seria restrita ao sujeito, ou grupo reduzido de pessoas. Assim, descarta-se aqui as relações de interesse somente individuais, o que não quer dizer que a motivação pela adesão à causa, por parte dos consumidores, não possa ser individualista. Ao reunir interesses de uma coletividade civil, portanto, a marca se debruça em questões das mais variadas, vistas como relevantes em determinado contexto. É essa coletividade que deve determinar as causas e sua legitimidade, não a organização com fins lucrativos.

A seleção e a comunicação de causa podem ser associadas ao caráter de negociação pela justiça social, tema da teoria da justificação vista mais adiante. Dessa forma, os discursos puramente mercantis e cívicos dão lugar à publicização, à imagem da marca apropriada ao seu tempo e aos inúmeros projetos atrelados à publicidade de causa. O desafio ainda estaria na inclusão do outro, uma vez que o outro, ao se apresentar em pequena quantidade ou por não participar da hegemonia, não é alcançado pela publicização do segundo setor.[1]

Dessa forma, não cabe a uma pessoa de fora, ou a uma organização, julgar se determinado tema é ou não uma causa, pois ela deve ser negociada entre um conjunto de sujeitos pertencentes ao cenário demandado; entre uma comunidade de intérpretes. Cabe, sim, avaliar quais serão as causas apoiadas e manifestadas, que estão em acordo com o projeto de marca. Essas interlocuções e inversões do cenário topo-base diminuem também os riscos para a organização, além de incluírem de forma transparente e participativa o público sobre o qual falam.

Esse cenário de inclusão de comunidades, de articulação base-topo, pode ser visto como ingênuo, ou utópico, mas já é questionado quando não ocorre. Veremos alguns exemplos no estudo em campo, mas antecipo aqui um deles, em que um tênis em valorização das comunidades cariocas e da cultura da periferia é questionado por seu preço, e a marca é igualmente cobrada pela autenticidade das ações e pelo retorno que apresenta às comunidades representadas na publicidade.

É também nesse sentido que surge o problema como um sentimento de privação na relação sujeito-sociedade. Essa privação pode ser futura, isto é, a tentativa de manter direitos, não apenas conquistá-los. Portanto, é importante entender os problemas não necessariamente como conjecturas já tensionadas e não solucionadas, mas como reencaixes da relação sujeito-sociedade, que podem já ter sido melhoradas, mas sofrem instabilidades. Demandas que podem ser discutíveis entre diferentes grupos, na perspectiva do que é considerado causa para um, não ser para outro, mas que viabilizam essa discussão em uma perspectiva pública, e não privada.

Sendo a cidadania uma consciência de direitos e deveres, as condições podem diferir, dificilmente alcançando uma eticidade universal. Dessa forma, abarcar a pluralidade de questões é mandatório para a manutenção de um termo que seja ajustável às diferentes demandas em sociedade, com direcionamentos distintos ao longo do tempo e espaço.

---

[1] Discussão complementar sobre pautas periféricas assumindo lugares centrais é encontrada em Nancy Fraser (2001a). Outro ponto interessante nesse caso é o tensionamento entre moralidade kantiana e ética hegeliana, discutidas do ponto de vista do reconhecimento (Fraser, 2001b). Como referência, destacam-se as propostas de Ricoeur (1990) e Honneth (2017).

Isso faz também da comunicação orientada à causa uma possibilidade para vínculos regionais, em que os mesmos valores de marca podem originar diferentes extensões de causa. Por exemplo, uma marca que traga em seu escopo a sustentabilidade pode dedicar-se – em um dado momento e lugar – a projetos de economia empreendedora sustentável e, em outro, ao reaproveitamento dos resíduos dos seus produtos, coletando o descarte com o usuário; ou ainda um conjunto de diferentes ações nesse sentido. Por serem tão diversas as causas possíveis é que envolver pessoas influenciadas nesse processo auxilia na definição do que é ou não relevante, incluindo aqueles que não possuem poder de compra.

O terceiro ponto do conceito de Bolonas (2011) reforça os dois anteriores. Não é possível falar de melhoria comum sem entender o código vigente, o acordo estabelecido entre sujeitos sobre as conjecturas valorativas do convívio coletivo. Acordo que é dinâmico, mutável e distinto em culturas múltiplas. Por isso, a condição moral apresenta caráter simbólico, e não apenas icônico, considerando a tríade peirceana. Isto é, não estabelece apenas uma relação de causa-efeito sobre determinados problemas, ainda que ela exista, mas também um acordo de que aquela causa é benéfica coletivamente e pode ter significados diretos para os sujeitos, considerando suas experiências colaterais.

Mesmo ao falar de questões legais, vemos o poder da interpretação e das convenções. Logo, é preciso compreender que existem interesses na permanência de condições, ou ainda a divergência de que a causa contribui para uma vida boa em sociedade. Atuar na publicidade de causa é estar preparado para os decorrentes conflitos nas interações entre pessoas e, mais do que isso, apresentar um posicionamento objetivo ao ter a causa e a marca questionadas.

A intenção é que o significado simbólico seja legítimo a cada vez mais pessoas, no sentido de compreensão da causa como melhoria de condições de vida. Agirá, portanto, fortemente sobre a mudança de atitudes e, alguns casos, comportamentos pelo poder midiático existente das marcas, ainda que a efetiva mudança de cenários dependa de outras instâncias, como a esfera pública e a discussão coletiva que supere o consumo. Por isso a importância do que se faz com a publicidade, seja pelos consumidores, seja por organizações do terceiro setor no sentido de avançar para a discussão da causa, assim como a inclusão do poder público reconectado ao seu papel fundamental.

A partir da discussão anterior sobre as definições voltadas para marketing e publicidade é que se propõe aqui uma definição que abarque os pontos levantados da linguagem publicitária, da pluralidade de temas e da qualidade de vida em sociedade, contudo, afastando-se do conceito de publicidade social, que propõe uma isenção de vínculo comercial.

A proposta também se move em sentido contrário da visão ingênua de marca, que, muitas vezes, a encarna de propósitos centrais aos quais não condizem com o setor privado com fins lucrativos, que possui seu objetivo primário na obtenção do lucro. **Portanto, entende-se como publicidade de causa, neste estudo, os diferentes esforços de publicização de organizações com fins lucrativos, suas marcas e seus produtos, que envolvam interesses comerciais, ou institucionais, em conjunto com a informação, sensibilização, persuasão ou dissuasão dos públicos de interesse sobre demandas vistas como relevantes por uma comunidade, agindo sobre a qualidade de vida em sociedade, ou exercício da cidadania. Esforços que podem ocorrer em parceria com outras organizações, com ou sem fins lucrativos.**

A definição apresentada é ampla o suficiente para abarcar diferentes temas, mas também restringe sua aplicação ao segundo setor, com fins lucrativos, em uma visão contemporânea da publicidade. Ao falar em diferentes esforços de publicização, a definição se aproxima das transformações expostas por Casaqui (2011) e Perez (2020), tanto no sentido de abarcar novos discursos em que a evidência mercadológica é nebulosa e envolve outras dimensões da ontologia do cidadão-consumidor e sua participação e interação na constituição marcária, quanto as várias possibilidades de expressão de marca que fogem aos formatos tradicionais da publicidade. Também estabelece uma dinâmica relacional entre atores, com signos crescentes e não estáticos, podendo favorecer transações específicas, ou a imagem de marca ao longo do tempo, sua reputação.

A proposta segue com a inclusão da persuasão e dissuasão nos objetivos, inserindo a mudança de atitude ou comportamento, como já analisado, mas em sintonia com um interesse prévio planejado pelo enunciador, que pode englobar valores em sociedade. Soma-se a isso as demandas vistas como relevantes por uma comunidade, que permitem englobar desde a reforma de estátuas, até questões identitárias, tendo em vista a pluralidade de temas possíveis e, novamente, em transição com os valores assumidos em espacialidades e temporalidades distintas; temas que são negociados com a comunidade, entendendo como são relevantes para ela e como promovem melhorias na qualidade de vida em sociedade e o exercício da cidadania.

Isso não quer dizer que as mensagens não promovam instabilidade em relações de poder. Ao contrário, como veremos na definição de lutas por reconhecimento, em redistribuição, ou nas justificações e nos ressentimentos, esse é um ponto recorrente. Mas essa moralidade é discutida e revista, em que a legalidade da mensagem de marca é apenas uma das dimensões a serem envolvidas.

Outras incursões para definir a publicidade de causa surgem, como é o caso da publicidade com causa, enunciada por Martín e Martín (2013, p. 258) como a comunicação consciente da sua realidade e da influência da publicidade: nela "[...] se coloca a trabalhar para conseguir a responsabilidade de receptores, fomentando os valores socialmente estabelecidos, deixando em segundo plano a rentabilidade privada". Nesse aspecto, é proposta a negociação entre marca e receptores, em que a transformação social é influenciada pela publicidade em conexão com os demais atores. No entanto, o segundo plano da rentabilidade pode ser questionado nas próprias incursões empíricas. Os autores verificam durante os anos o crescimento do discurso social na Espanha por parte das empresas, perfazendo uma abordagem solidária e outra ambiental.

Novamente, é relevante apresentar as limitações e o propósito central das organizações com fins lucrativos, deixando evidente na relação publicidade-causa uma via de tensionamento de interesse privado e outra coletiva, nem sempre hegemônica, mas que dificilmente se embrenha no sentido de uma transformação da realidade, ainda que possa visibilizar para grandes públicos temas antes limitados. A finalidade da organização privada com fins lucrativos é o lucro, e, portanto, direta ou indiretamente, a publicidade de causa também servirá a esse propósito na esperança de uma relação ganha-ganha, em que comunidades e causas também são beneficiadas. Nesse sentido, o protagonismo das comunidades e a interação humana sobressaem-se na transformação social, ampliando a importância do que se faz com a comunicação, mais do que apenas olhar para a produção publicitária e suas mensagens.

Em uma visão conciliadora, surgem propostas como o empreendedorismo social, que fala sobre negócios para transformar uma realidade local. Outras incursões, como micro e pequenos negócios que nascem embasados em causas, manifestos ou narrativas, geralmente de cunho pessoal, ainda assim possuem necessidades de sobrevivência e propósito de lucro, mas estão mais próximas da convergência entre os valores fundadores e suas práticas. Aqui, no entanto, não se faz um recorte para estudo específico de um tipo de organização, mas, sim, a busca dos jovens atores para o direcionamento de um *corpus* que tenha sentido nas lembranças relacionadas à publicidade de causa.

As ações da marca precisam ser compatíveis aos valores, igualmente divulgados em suas comunicações e manifestados por meio de produtos, processo produtivo e, preferencialmente, envolvendo as comunidades a que se destinam na constituição dessas práticas. No cenário comercial, em diferentes tipos de marcas, a percepção da publicidade de causa como oportunismo pelos consumidores quando a tríade de valores, produtos e comunicação não é convergente, abre espaço para reações da cultura de cancelamento, ou termos como *exposed, pink money, queerbaiting, greenwashing, causewashing,* boicote, *buycott,* entre outros. Ou seja, uma reação orientada à punição de marcas, ou exposição de ação não legítima, com a especialização da linguagem e o aprofundamento técnico para avaliar as ações corporativas, que provêm da vigilância do consumidor e do alargamento das possibilidades de registros de dados no ambiente digital.

Curioso notar que essas reações reconhecem o propósito financeiro empresarial ou a notoriedade de celebridades ao tentar prejudicar justamente o que há de maior valor para elas, como a receita e o prestígio. Especificamente sobre a cultura do cancelamento, a agência Mutato (2020) observa que o comportamento possui uma gradação, indo desde alertas até o chamado linchamento virtual, sendo mais observado em sociedades em que o Estado não se faz presente e a população procura reagir, ainda que a maioria dos internautas não concordem com esse tipo de ação. A pesquisa também apresenta a política, a homofobia e o mau-caráter como as três principais causas de cancelamento, sendo o Twitter, atual X, a mídia social com maior tendência para essa prática, e o YouTube, o local possível de aprofundar discussões.

Para o cenário da publicidade de causa, o que fica sobre o estudo do cancelamento é a intolerância com o erro ou as ações vistas como oportunistas, pois atualmente há informação disponível para o aprendizado prévio e desconstruções de práticas. Há também, segundo a pesquisa da agência, um recorte geracional relacionado à prática do cancelamento orientado à juventude.

Outro ponto a ser analisado sobre o tema é a possível classificação dos enunciados. Bolonas (2011) classifica a publicidade de causa em dois grandes grupos: campanhas para causas sociais e campanhas integradas à responsabilidade social de empresas. A diferença, segundo a autora, é que a primeira tem a causa como um fim em si mesma, enquanto a segunda reverte benefícios para a marca, com uma lógica de marketing atrelada a um projeto de ganho da empresa. Tendo em vista as discussões realizadas até o momento e a amplitude que a marca ocupa socioeconomicamente, a classificação adotada não é sustentada pela definição defendida neste livro, pois se torna inviável no cenário de publicização e ecologia publicitária.

A classificação anterior traz, em sua constituição, uma fragilidade operacional, além de certa ingenuidade correspondente às manifestações de marca. A primeira porque, ao analisar apenas a mensagem, a causa pode ser destacada, mas o acesso ao planejamento da organização para saber se faz parte ou não de uma lógica de marketing é dificultado. Seria necessário não apenas analisar a manifestação, mas também o projeto da marca. Mesmo acreditando que a mensagem em si possa ser a fonte de informação para o pesquisador conseguir classificar a publicidade, o fato de destacar a causa não significa que a marca não possa reverter benefícios para ela em uma lógica de marketing.

Perez (2016) faz alusão à marca como um sistema complexo, em que as mais variadas expressividades e sensorialidades investem potencial de significação para a percepção, sendo necessário alimentar esses elementos de forma constante. Além disso, a pesquisadora expõe que o controle da marca não é mais centralizado pelos gestores organizacionais, mas precisa ser negociado com os atores do sistema da qual faz parte. Nesse sentido, mesmo que a comunicação apresente a causa como o foco central, as associações são revertidas para a marca, sejam elas positivas ou negativas. Sinteticamente, "[...] a marca é a convergência semiótica de elementos reticulares resultante de uma negociação constante de significados entre os diversos atores sociais do processo comunicacional, por isso é interacional e movente no tempo" (Perez, 2016, p. 15). Logo, cabe à decisão dos gestores realizar a publicidade de causa de forma planejada ou não, mas a associação para a marca está contemplada em suas distintas manifestações.

Soma-se ao exposto a onipresença da marca não apenas no espaço comercial, mas em todos os setores da vida contemporânea, sendo imbuída de expectativas por parte do consumidor, mas que se mostraram muito passivas frente aos anseios de mudança e posicionamento social (Semprini, 2010). Como já antecipa McCracken (2010), a publicidade medeia a transferência de significados dos objetos de consumo para as representações de mundo. Dessa forma, aproximar o projeto de marca ao projeto de vida dos atores, dos quais estão incluídos os consumidores, é uma resposta às expectativas criadas nos sujeitos pela abrangência alcançada por marcas atualmente, em que a urbanização amplia a arquitetura do consumo nos mais diversos ambientes: da casa aos centros comerciais, ruas e espaços digitais.

A condição urbana da arquipaisagem já foi discutida por Benjamin (2006) e segue como qualidade de uma antropologia de marca atualizada. Nesse sentido, Machado (2011, 2016) ressalta em seus estudos o exercício de cidadania e a formação da identidade juvenil mediada pelo consumo, assim como as representações de favelas para o turismo por um olhar entre o digital e o analógico, construído pelos moradores dessas localidades. Ao reforçar a importância do sujeito nos usos e nas apropriações de marcas, assim como o humano no projeto digital de socialização, o estudo da comunicação e do consumo volta-se aos aspectos simbólicos de construção de ambientes em que os sujeitos consumidores participam dessa criação. Ao trazer essa discussão para a marca, isto é, a centralidade do humano no consumo e sua perspectiva cidadã, a abordagem de humanização surge como proposta no campo produtivo.

A proposta de Kotler, Kartajaya e Setiawan (2010) apresenta o marketing como um processo histórico que inicia na preocupação da empresa com o produto e sua venda, passa para uma atuação com dados e informações direcionadas ao consumidor, mas ainda de forma passiva, para alcançar o entendimento do consumidor em sua perspectiva humana, com outras demandas além da aquisição de produtos, centrada na proposição de valor. Para os autores, essa trajetória pode ser representada pelo foco na mente, no coração e no espírito.

> Em vez de tratar as pessoas simplesmente como consumidores, os profissionais de marketing os abordam como seres humanos inteiros com mentes, corações e espíritos. Cada vez mais, os consumidores estão procurando soluções para seus anseios em tornar o globalizado mundo um lugar melhor. Em um mundo cheio de confusão, eles buscam empresas que atendam às suas necessidades mais profundas de justiça social, econômica e ambiental em sua missão, visão e valores. Eles procuram não apenas a realização funcional e emocional, mas também a satisfação do espírito humano nos produtos e serviços que eles escolherem (Kotler; Kartajaya; Setiawan, 2010, p. 4).

Ainda segundo os autores, o objetivo desse novo marketing seria fazer o mundo melhor. A colaboração em rede por meio de mídias sociais, os paradoxos de democratização, igualdade econômica e diversidade sociocultural da globalização, além do crescimento de uma sociedade criativa teriam propiciado esse novo olhar. Em geral, o termo propósito também aparece atrelado a essa abordagem, como o legado societal que a marca deixa por onde atua.

As formas sugeridas para a aplicação contemporânea de valor seriam a cocriarão, entendendo o consumidor como ativo no processo de troca; a comunitização, que compreende a formação de laços e interações entre sujeitos e marcas; além da construção de personagem para a marca, identificada agora como algo autêntico, real, com identidade.

Em outra contribuição (Kotler; Kartajaya; Setiawan, 2017) a humanização, o investimento em valores da marca e demandas sociais dos consumidores, é potencializada pela cibercultura. O senso de comunidade sem barreiras geográficas e demográficas amplia a competitividade, mas também a relação horizontal de consumidores e marcas, assim como o compartilhamento de informação e interação entre as pessoas. Dessa forma, marcas e seus significados são consequências também da ação dos consumidores em integração no ambiente digital e analógico, incluindo a defesa de demandas políticas, sociais, culturais e ambientais.

Interessante notar que, próximo à ascensão digital, ocorre o direcionamento das organizações em lacunas públicas, mas também a visão do setor público como área possível de administração nos moldes do segundo setor, de uma eficiência organizacional por novas formas de política, gestão e indicadores de desempenho, nem sempre adaptados ao papel de Estado e, muitas vezes, com consequências adversas. Essas imbricações tornam a divisão entre os setores algo nebuloso, e, na emergência em meio às crises, procura-se reações que deem conta das terras de ninguém. A mediação institucional tradicional fica apagada, e outras personagens ocupam os lugares, sejam influenciadores digitais, perfis falsos ou anônimos, *bots,* e assim por diante.

Retornando ao papel do ambiente digital, os estudos sobre tendências das mídias sociais da We Are Social (2021a) apontam três categoriais que justificam o crescimento da publicização de marcas em diferentes discursos e formatos: advocacia prática, intimidade no *feed* e ídolos confiáveis. A primeira se refere aos novos tempos de restrição devido à pandemia, que ampliam o ativismo de cadeira e as circulações na internet, que podem ser traduzidas em mudanças práticas no ambiente off-line pelo poder que as comunidades globais começam perceber a ter.

Formas de mobilização por meio de mídias digitais tornam possível a educação, ou a discussão de temas com mudanças tangíveis, acompanhadas de marcações e engajamentos juvenis. Como exemplo, trazem o movimento #StopHateForProfit, que pressiona marcas a retirarem anúncios do Facebook, enquanto a plataforma não adere a medidas de responsabilização e limitação de discursos de ódio. Novamente, o reconhecimento da importância financeira como resistência no ambiente organizacional está presente, reforçada pela circulação digital.

A segunda tendência discutida pela pesquisa evoca a tentativa de humanização das relações digitais pelos usuários. Com o crescimento do distanciamento social, os encontros mediados por computador, geralmente por linguagem audiovisual, viraram rotina, e, com isso, as formas de se apresentar e tornar mais íntimo o encontro por meio de *lives* ou reuniões têm sido procuradas. Algumas dessas práticas envolvem a personalização de avatares para conversa em *chat*, o uso de mensagens de voz e o aumento de procura por comunidades de gostos compartilhados, o que leva também ao aumento das marcas em estratégias similares.

Já a terceira tendência manifesta a busca por mediações não institucionais que já ocorria desde o crescimento das relações mediadas por computador, mas com uma lente ainda mais rigorosa para responsabilizações. Essa tendência acompanha a seleção mais criteriosa de quem os usuários seguem e a vigilância de seus posicionamentos, abrindo espaço para consultorias de influenciadores e ações transmidiáticas, como as vistas nos *reality shows* brasileiros. Influenciadores são questionados por posicionamentos em assuntos complexos da sociedade, e, consequentemente, questiona-se a marca que acompanha essa personagem.

Bolonas (2011) recorre igualmente à expressão humanismo para identificar a publicidade de causa como distante do consumo e presente em uma perspectiva discursiva inovadora, mas que se utiliza das técnicas comunicacionais desenvolvidas até o momento. Analisa a persuasão pelo olhar crítico de Baudrillard e explica que a publicidade de causa distancia-se da sedução pelo espetáculo e humor proposto por Lipovetsky, objetivando sensibilizar, emocionar, chocar e mobilizar. O que veremos, no entanto, é um amálgama entre sensibilização, humor, espetáculo, informação, entre outras, novamente subvertendo a lógica por meio da diversidade e criatividade brasileiras.

Por fim, ainda no sentido do humanismo e na busca pela construção de autenticidade por personagens, a criação de avatares de marca por meio do antropomorfismo tem sido uma das escolhas para viabilizar um contato próximo com o consumidor, acompanhando os dados dos usuários trazidos pela We Are Social (2021a). Multiplicam-se personagens como a Lu, do Magazine Luiza, a Nat, da Natura, a reestilização do Baianinho, das Casas Bahia, e tantos outros. Essas propostas geralmente englobam soluções e serviços de atendimento ao consumidor com publicização do cotidiano.

Os avatares auxiliam em tarefas como a utilização otimizada de mídias sociais, aplicativos para tratamento de fotos, dicas sobre produtos e suas funcionalidades e até se posicionam como influenciadores digitais opinando sobre política, cultura, entre outras questões que inspiram uma ontologia embrionária dos personagens virtuais, sem esquecer sua dimensão comercial, divulgando os mais diferentes produtos. Ainda que aqui não se analise esse fenômeno, parece importante pontuar que o uso dessas táticas precisa estar alinhado realmente à prática humanista. Isso envolve melhores atendimentos dos clientes e uso parcimonioso dos dados possibilitados pela digitalização da vida, além das problematizações de se pensar uma marca como pessoa, em suas dimensões emocionais, de possibilidades de erros e responsabilizações estéticas e éticas.

Embora as propostas de Kotler, Kartajaya e Setiawan (2017) e Bolonas (2011) sejam contextualizadas sobre uma visão humana dos negócios, problematizo os termos e direcionamentos dados nesse sentido e refuto o uso dessas expressões. A primeira questão a ser confrontada, relacionada ao marketing ponto zero, é seu objetivo geral em fazer o mundo melhor. Além da já citada necessidade de discussão pública e crítica do posicionamento societal, que pode levar à privatização da moral, o segundo setor está limitado nesse sentido, pois atua sob a lógica do desempenho financeiro.

Empresas com fins lucrativos dependem do resultado financeiro e de respostas aos públicos envolvidos, sustentando operações e investimentos. O que não significa ignorar a possibilidade de desenvolver negócios sustentáveis que gerem melhorias sociais, mas, sim, que essa condição está limitada pela sua razão primeira de existência; seu propósito lucrativo, mesmo que hoje o lucro também ocorra por novos caminhos. Assim, entende-se a importância em considerar os demais aspectos da vida dos sujeitos e suas reivindicações para que o poder das marcas seja convertido em benefícios, não apenas nas relações comerciais, questionando a aura milagrosa e salvadora, livre de interesses, como solução de todas as mazelas do convívio coletivo pela privatização.

Exemplo dessa limitação foi a não manutenção de aluguéis de bicicleta e patinetes nas cidades brasileiras, tendo como "propósito" a melhoria da mobilidade. Outro caso pode ser a manutenção de aplicativos de carros que ainda não dão lucros em seus modelos de negócios, nem mesmo negando direitos trabalhistas, mas que alardam o mesmo propósito de mobilidade, compartilhamento de recursos, e assim por diante. Quando o objetivo principal de lucratividade não é atingido, os demais desabam junto.

Sobre as configurações da publicidade de causa e o envolvimento do humanismo na área, tampouco estão longe do consumo. Como já comentado, a marca tem um benefício de imagem que será convertido em propósitos comerciais na interação com públicos, ou em valor de marca. Soma-se a isso a possibilidade de atrelar a publicidade de causa aos produtos de forma direta, como nos mostra o segmento de moda. No Brasil, também parece plural a escolha do tom da comunicação, incluindo o humorístico, mesmo tratando de pautas delicadas, ou causas identitárias. Portanto, permaneço com o crédito aos modelos de missão, visão e valores, que podem estar alinhados aos programas de responsabilidade social e práticas ESG. No entanto, excluo o uso onírico do termo propósito como abrangência social das empresas com fins lucrativos.

1.3 MARCAS E CAUSAS

Efetivadas as devidas delimitações, é importante ressaltar que o histórico da publicidade nacional evidencia, em diferentes períodos, a publicidade social e a publicidade de causa, refletindo a tradição do país nessa prática. O primeiro leão de ouro no Festival Internacional de Criatividade de Cannes destaca Francis Petit e Washington Olivetto, com o "Homem com mais de 40 Anos", em que o Conselho Nacional de Propaganda assina a veiculação contra a não contratação de homens acima dessa idade. A iniciativa também retrata o direcionamento de uma época, isto é, as causas que são colocadas em circulação por organizações.

O segundo leão de ouro também tem sua origem em uma demanda social. Desta vez, a publicidade de causa assinada pela Banco Bamerindus, com criação de Washington Olivetto, discute o comportamento abusivo no trânsito. "Homem Frustrado" relaciona o comportamento no trânsito com problemas sexuais, utilizando a elipse. No vídeo, a atriz Irene Ravache, com câmera parada e emocionada, relata um problema do seu marido, que faz com que ele se comporte de maneira agressiva no trânsito e dirija em alta velocidade.

Ambos os casos remetem aos anos 1970, mas tornam visíveis as possibilidades de demandas coletivas estarem presentes na publicidade, de forma comercial ou social. Olhar para o consumidor não apenas como aquele que usufrui um produto, mas como um sujeito que vive as decisões coletivas, auxilia a compreender possíveis reações dos públicos em seu tempo e espaço.

Em alguns casos, a marca pode antecipar discussões e questionar com quais clientes deseja manter relacionamentos, pois o reforço para um público pode significar a desistência para outro. Dessa forma, a discussão de assuntos polêmicos possibilitados pelas marcas expõe a necessidade de entender as reações sobre essas mensagens e os significados resultantes. Questões que, embora possíveis de atenção, não são controladas integralmente pelos gestores dessas marcas. No caso da publicidade para o Banco Bamerindus, houve, inclusive, uma reação negativa pela audiência masculina nas salas de cinema, expondo o machismo, seguido da censura militar, como relata Washington Olivetto em texto sobre as premiações (Propmark, 2020).

Exemplificando com outros acontecimentos, apenas em 2019 foram verificadas amplas possibilidades de participação de marcas em demandas públicas, tornando visível a artificialidade da separação entre público e privado, pois uma esfera influencia a outra, mesmo que tenham domínios distintos. Entre essas pautas, estão o aumento do desmatamento e o incêndio na Floresta Amazônica, o derramamento de óleo no Nordeste brasileiro, a queda da barragem de Brumadinho, o garimpo ilegal, a violência e o homicídio nas escolas, além dos casos de racismo e suas intersecções (p. ex. jogos de futebol), os casos de homofobia (p. ex. proibição da venda de livro com beijo *gay* na Bienal do Livro no Rio de Janeiro), o machismo (p. ex. discussões realizadas a partir da Copa do Mundo de Futebol Feminino) e as questões de gênero de uma forma mais abrangente, com a menção do Poder Executivo sobre vestimentas azul e rosa adequadas para meninos e meninas, respectivamente.

Não faltaram oportunidades para a publicidade de causa, isto é, não ser apenas espelho da sociedade, mas também propor avanços a ela. Os anos consecutivos não ficam atrás, e as agendas organizacionais puderam incluir pautas relacionadas aos valores de marcas e suas comunidades.

No exterior, também se vê, na mesma época, algumas dessas pautas, como o incêndio na Austrália e nos EUA, os picos de calor e frio, o movimento *"el violador eres tú"*, além do prejuízo ao Patrimônio da Humanidade na Catedral de Notre Dame, os diversos embates políticos e o questionamento da cidadania na França, na Colômbia, no Chile, em Istambul ou Bagdá, não excluindo o Brasil. Todos esses embates em apenas um ano. Questões discutidas midiaticamente e que poderiam ter sua interlocução com a sociedade ampliada pelo poder de midiatização das marcas e pela penetração na vida cotidiana. Seguimos, no momento da edição deste livro, com acontecimentos de direitos humanos, guerras e tensões de direitos de minorias, meio ambiente e outros potenciais temas da publicidade.

Entre algumas das empresas que circularam os fatos apresentados anteriormente, atrelando suas marcas a essas discussões, estão a Natura, no caso da Amazônia, região com a qual a empresa trabalha uma de suas linhas de produto; e a Trident, que se manifestou sobre gênero, apoiando a liberdade de escolhas rotineiras ligadas aos seus chicletes, no embate com a declaração da Ministra da Mulher, da Família e dos Direitos Humanos, em 2019.

Para a Natura, a manifestação de marca extrapola os veículos tradicionais para alcançar experiências no evento Rock in Rio. Novamente, é preciso atentar para o campo de discussão e embate dos temas em que circulam mensagens de apoio e confronto à publicidade de causa, desde a não identificação ao enunciado, até o questionamento de autenticidade da ação proposta pela marca. Os copos plásticos deixados no evento também entraram como argumentos para quem critica a ação de sustentabilidade da marca. Ou seja, não está sob o controle puro da organização sem interlocução com os consumidores; ao contrário, expõe a marca às mais diferentes interações e a julgamentos, em tempos de fácil acesso à informação e cobrança na visibilidade das mídias sociais. Esses são apenas alguns exemplos que utilizaram temas do cotidiano na configuração das manifestações de marca.

Em 2020, a pandemia de Covid-19, além de estabelecer uma ruptura no consumo, com novos rituais de posse, arrumação, purificação, entre outros; modifica – sobretudo – as condições de vida. Situa novas formas de relacionamento e sobrevivência, impactados pelos setores de saúde, economia, mídia e educação, influenciados pelo distanciamento social e confronto com a finitude. Novamente uma possibilidade de ruptura também com formatos e discursos comunicacionais.

Dentre diferentes estudos realizados sobre o tema, o Google divulgou alterações do comportamento em três fases observadas. Na pesquisa "O Mundo Nunca Será o Mesmo", a primeira fase corresponde ao impacto inicial na economia e ao sentimento de estabilidade para os cidadãos; a segunda onda caracteriza o choque com a convivência inicial do vírus nos países, em que são intensificadas questões funcionais: a busca de informação, a diminuição da circulação, a diminuição da exposição ao risco (acesso a recursos e revisão da necessidade de contato), além do aspecto financeiro das famílias; a terceira onda afeta não apenas as questões funcionais, mas também emocionais, aspiracionais e sociais, exigindo adaptações em todos os campos da vida (Google, 2020).

Entre as mudanças previstas após a segunda onda, estão: aceleração da digitalização do trabalho e da educação, aumento da confiança em canais digitais para compra, maior penetração das plataformas de *streaming*, empobrecimento da população, aumento de peso e de problemas de saúde de cunho emocional, estremecimento das relações familiares e conjugais, maior consciência do coletivo e iniciativa de redistribuição de renda, urgência na recomposição de projetos de vida e compra de bens duráveis.

Outro estudo sobre o tema comparou diferentes países e o comportamento durante o primeiro ano de pandemia, incluindo a relação com as marcas (Kantar, 2020). As mídias sociais digitais auxiliam no momento de distanciamento, com tendência à circulação de memes e mensagens de humor, em que o Brasil se destaca pela positividade dentre todos os países pesquisados. Mensagens positivas também são o desejo dos consumidores para os conteúdos das marcas nesse contexto. Além disso, 29% dos entrevistados esperam que as marcas sejam um exemplo e guiem a mudança na crise.

No cenário de pandemia e influência em diversas áreas da vida, empresas do segundo e terceiro setores, assim como as organizações governamentais, posicionam-se por meio da publicidade de causa e da publicidade social. Ainda referente à pesquisa da Kantar (2020), 23% dos anunciantes nesse período têm como tema a Covid-19 em suas veiculações na televisão, sendo os setores com maior volume de inserções por ordem decrescente a administração pública e social, o comércio, o setor farmacêutico, o segmento financeiro e securitário, além das empresas de mídia. Embora o volume de inserções seja amplo para a administração pública, ele também é concentrado, uma vez que 88% dos anunciantes no período foram organizações privadas. Esse dado reforça a incursão das empresas em demandas sociais em uma situação em que o cotidiano é reinventado e se estabelece uma crise.

Algumas dessas iniciativas são articuladas aqui antes de discutirmos as proposições de pesquisadores brasileiros. O Banco BV, por exemplo, faz a divulgação da marcação #LeveASerio, incentivando que pessoas abracem uma causa e doem uma quantia monetária, que será dobrada pelo banco. Em meio às possibilidades de ações internas para auxiliar clientes, como a redução de juros, a extensão de prazos de pagamento, tendo em conta a empatia com o aumento do desemprego e queda dos índices econômicos, a decisão da empresa é questionada no ambiente digital.

A Vale, envolvida em dois desastres ambientais na época, com a queda das barragens de Mariana e Brumadinho, divulga, em sua publicidade de causa, um compromisso com o Brasil, reforçando transferência de recursos para o combate à Covid-19. A ação é alvo de críticas e defesas no ambiente digital. Nos dois casos citados, cabe a reflexão sobre como os negócios centrais das organizações podem auxiliar nas causas defendidas, além da autenticidade da ação em comparação às ações efetivas no mercado e na estrutura organizacional. Reforçam também a importância de análise dos conflitos no ambiente digital a partir da circulação e de eventuais respostas.

A constituição de significados distancia-se de uma agulha com poder de penetração nas diversas camadas dos públicos de interesse, para ser moldada e questionada por agentes humanos, mas também grupos anônimos, algoritmos e perfis falsos. Nesse sentido, por mais que a reputação possa beneficiar-se temporariamente de oportunismos, também há um questionamento possibilitado pela vigilância, tanto de sujeitos-consumidores quanto da sociedade civil organizada. Ou seja, a vigilância não á apenas das organizações para a captura e o tratamento dos dados de consumidores, mas também desses em uma varredura de dados sobre as ações empresariais, situação que intitulo no livro de vigilância do consumidor, também utilizando mídias digitais na cobrança de posicionamentos do sujeito-marca.

Esses parecem ser casos revisitados do que nomeio aqui como "efeito Rockefeller", em analogia ao aumento da filantropia realizada pela família Rockefeller no início do século XX e sua intensa divulgação nos veículos de comunicação da época, após a exposição negativa do Massacre de Ludlow (Hecht; Servent, 2015). Ou seja, o efeito Rockefeller se refere a uma tentativa de promoção positiva após casos de crise reputacional.

Contudo, se o poder das organizações privadas ainda permanece e se torna crescente, o contexto comunicacional do início do século XX guarda diferenças significativas com o século XXI. A rastreabilidade de informações e a exposição das empresas agora também ocorrem no sentido consumidor-marca ou sociedade civil-marca.

Ainda em meio à visibilidade gerada à ciência e à tecnologia, além da saúde e gestão pública, marcas do setor farmacêutico reforçaram valores e competências centrais para seus negócios. Esse é o caso da Pfizer, que reiterou a importância da ciência em momentos de incerteza, valorizando tanto seus colaboradores como os profissionais do setor e o investimento em pesquisa, competência central para a organização. O discurso toma outra dimensão ao combater informações falsas, ou o questionamento da ciência a partir do negacionismo aplicado à saúde, que leva aos movimentos anticiência, ou ainda mais específicos, como o movimento antivacina.

O último caso apresentado ressalta o setor de telecomunicações. No cenário de distanciamento e tentativa do contato para o afeto ou a rotina profissional, a comunicação é entendida como onipotência em meio às incertezas da crise. Tecnologias que pensávamos já estarem em outras condições de uso esbarram ainda na falta de estrutura, na não democratização do acesso aos dispositivos, no letramento digital incipiente, ou simplesmente na inação para a mudança. Mesmo assim, como as pesquisas citadas anteriormente apontam, a comunicação é a onipotência que permitiu não estagnar por completo a educação, a economia, a saúde, a democracia.

As quatro maiores empresas de telecomunicação do cenário nacional uniram-se para falar aos brasileiros. Mesmo que a comunicação não reforce inciativas dessas empresas sobre o que fizeram para auxiliar no momento de crise, informava sobre a importância de diminuir a circulação e não sair de casa, indicando posicionamentos de um setor de forma conjunta. Todas as possibilidades de auxiliar consumidores e cidadãos foram resumidas em um #fiquebem #fiqueemcasa. Assim, um volume de possibilidades para a publicidade de causa é diminuído na decisão em reforçar mensagens genéricas, sem explicações detalhadas do que as empresas fazem para auxiliar nesse aspecto, mesmo que tenham sido responsáveis, por exemplo, por informações sobre a circulação de pessoas em grandes centros urbanos, auxiliando com muitos dados as decisões públicas.

Para as empresas que fazem incursões em causas, o caminho base-topo pode auxiliar na configuração de ações, traçando um trajeto para o planejamento de comunicação. Primeiro, devem verificar como as comunidades que demandam os temas consideram a causa em sua importância e forma de expressão, além da relação com tempo e espaço. Depois, podem verificar o que já está sendo feito na organização a partir do aprendizado nas comunidades, evitando comunicar algo sobre aquilo que ainda não está inserido na cultura organizacional.

Na sequência, sugiro verificar como o negócio central da empresa pode auxiliar a causa e, após isso, como pode ir além do negócio central. A Ambev, por exemplo, não distribuiu cerveja na pandemia de Covid-19, pois viu que o negócio central não era o mais interessante, por outro lado, produziu álcool gel. Outras organizações preferiram investir no negócio central e distribuíram chocolates; ação desconectada do tempo pandêmico e sensibilidade do tema.

Só depois desse caminho base-topo é que a publicidade é acionada, pensando como manifestar a causa dentre as várias possibilidades discursivas e de formato e com quais parcerias, com mensagem preferencialmente validada por uma comunidade de intérpretes. Por fim, a avaliação de resultados é primordial para oferecer a devolutiva às comunidades e aos públicos de interesse, com indicadores que envolvam tanto aspectos da marca quanto da causa e dos públicos.

Em meio à pandemia, explodiram outras demandas, em uma relação que pareceu tensionar, nos últimos limites, a ansiedade em se fazer ouvir com equidade aos anseios de justiça de diferentes grupos. Racismo e violência são alguns dos temas que mobilizaram os entrevistados da pesquisa "Vida na Quarentena", realizada pelo Google em parceria com a MindMiners (2020), ainda que 39% comentem sobre a sensação de impotência para atuar nesse cenário, mas expectativa de que marcas tenham posicionamento acerca dos assuntos.

Somam-se à já comentada falta de confiança no primeiro setor os efeitos da morte de George Floyd por asfixia, que levaram à mobilização de movimentos antirracistas em diferentes regiões do planeta. Enfim, as várias manifestações do cotidiano relembradas aqui reforçam as projeções sobre a relação sujeito-sociedade, ou na inspiração latourniana de ator--rede, atravessadas pela mediação do consumo e publicidade de causa.

Os exemplos retiram o foco apenas da análise de mensagens e sua produção, para a necessidade de aprofundar a relação com o consumidor, os questionamentos, os conflitos, suas circulações e outros comporta-mentos na interação com a comunicação. Mas antes de embarcarmos em teorias que buscam esse tensionamento, cabe ressaltar as contribuições nacionais que tangenciam ou se dedicaram à publicidade de causa, pois tratam do cenário diferenciado que é a comunicação brasileira. A partir delas, também é possível estabelecer laços com outras propostas teóricas e metodológicas, que dão aos pesquisadores e estudantes subsídios para incursões aderentes à publicidade contemporânea.

Em um aspecto amplo da análise ética e moral, tanto Toaldo (2018) quanto Taschner (2009) contribuem de forma significativa para o objeto de estudo. Toaldo (2018), em análise longitudinal de 2008 a 2018, expõe que a problematização da ética e da moral na publicidade é fundamental-mente realizada por pesquisadores de outras áreas, como administração, psicologia e marketing. Além disso, a autora aponta um aumento das pesquisas empíricas nesse sentido, ainda que o foco esteja na produção publicitária e na influência dos públicos atingidos. As pesquisas marcam preocupação com mecanismos de persuasão não transparentes e convergem para a regulação com maior participação dos consumidores, ainda que necessitem atentar para os fatores mediadores do consumo, as práticas deliberadas dos consumidores e os conteúdos tratados nas publicidades.

Taschner (2009) compara a evolução do direito do consumidor internacional com a brasileira. Internacionalmente, verifica-se, como preocupação inicial, a regulação do comércio, passando pelo consume-rismo, para atingir, atualmente, uma realidade global mediada por redes, em que a proteção do consumidor não depende tanto de regulações e as reivindicações ocorrem mais por valores como o direito à diferença, do que aspectos objetivos como água e luz. Nesse sentido, o que se vê é a mudança das premissas para a presença da causa no cotidiano dos sujeitos.

No Brasil, ainda segundo a autora, com o atraso da industrializa-ção, também houve a demora da defesa do consumidor, que se evidencia com a ausência de tradição nas lutas tradicionais sobre cidadania, com entraves na relação do Estado com os demais setores e a necessidade de resolver diversas demandas sociais que, em outros países, já são vis-tas como não problemáticas. Ou seja, resultam em soluções anômalas que tentam resolver diversos problemas ao mesmo tempo, incluindo os aspectos de regulações do mercado. Apesar de o consumidor assumir diversas causas compatíveis com seus modos de vida, a autora sintetiza como possibilidade atual:

Assim, a existência de um Código avançado em uma sociedade que não tem uma tradição prévia de cidadania, onde o neoliberalismo traz dificuldades para o Estado difundi-lo e é composto por segmentos de mercado muito dispares em função de renda, educação, nível de informação, abre uma possibilidade meio insólita para as empresas: tratar melhor o consumidor e dedicar-se a "boas práticas", exercendo o que entendem por responsabilidade social, e usar isso como diferencial, não deixando de ser útil em um período no qual a globalização aumenta e traz maior número de competidores no mercado (Taschner, 2009, p. 183).

Na Universidade de São Paulo, o tema foi tratado empiricamente por Brandini (2015), no que chamou de era das causas na publicidade, com a entrevista de profissionais da área e estudo de caso da marca O Boticário, em anúncio do Dia dos Namorados. Sinteticamente, os resultados compreendem o domínio digital para anúncios de causas em que o elemento simbólico de demandas sociais substitui o antigo argumento de status pelo consumo de produtos. Além disso, por meio da circulação decorrente, observa que o ativismo de cadeira do ambiente digital é diluído em ações fora das redes, que ultrapassam a dimensão de consumo.

Como consideração, a autora ainda indica a projeção do consumidor narcisista nas mídias digitais, articulada pela marca em questões identitárias, em imagens idealizadas da realidade. Portanto, paradoxalmente, as ações de caráter coletivo parecem ser guiadas por aspectos individualistas. Interessante conclusão para pensarmos as estratégias persuasivas utilizadas.

A contribuição de Santaella, Perez e Pompeu (2021, p. 2) define a publicidade de causa como "toda ação comunicacional inserida na ecologia publicitária que, podendo ter objetivos mercadológicos mais ou menos evidentes, expressa o posicionamento ou a ação do anunciante (empresa ou marca) em relação a alguma questão social". Portanto, também reiteram a presença de objetivos mercadológicos e a diversidade de ações publicitárias possíveis. Mantêm a relação topo-base, deixando a pauta da questão social em aberto, sem a inclusão de envolvidos na discussão, e problematizam o termo causa, explicando que na contemporaneidade tende a ser considerado apenas por meio do determinismo causa-efeito. Para fugir dessa dependência, propõem uma avaliação a partir da teoria de causalidade de Charles S. Peirce, conforme Figura 1, a seguir.

Figura 1 – Interpretantes da Publicidade de Causa

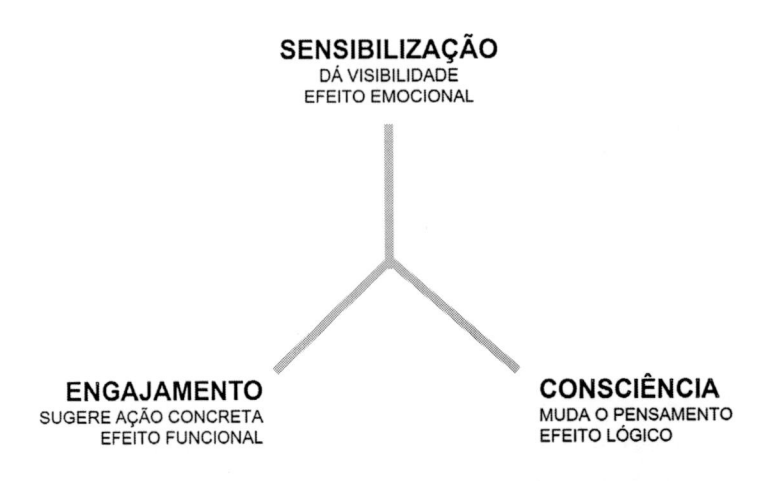

Fonte: Santaella, Perez e Pompeu (2021, p. 11)

Com uma concepção triádica, abordam o acaso, que seria a imprevisibilidade dos acontecimentos; a causação eficiente, que seria o evento concreto, seu aqui e agora; e a causação final, finalidade última da causa. Os autores fornecem também uma possibilidade de classificação da publicidade de causa por meio da teoria dos interpretantes de Peirce, em especial do objeto dinâmico, que se divide em: emocional, a reação primeira experenciada pelas sensações ao se deparar com o signo; o energético, que necessita um esforço mental e físico para chegar à compreensão; e o lógico, que vinculam hábitos interpretativos de uma dada cultura e grupo social.

A partir dessa classificação, identificam a publicidade de causa em três propósitos potenciais principais, ou efeitos de significado, ainda que não sejam excludentes: a sensibilização, ligada ao interpretante emocional; o engajamento, ao energético, propondo uma ação do consumidor; e a consciência, que seria uma ação de mudança de pensamento e de tendência coletiva do signo.

Os autores convergem ao ponto de que a causação final e, portanto, o estado de consciência coletiva completa seriam dificultados, pois iriam contra a própria existência das empresas com fins lucrativos. Nas palavras dos pesquisadores:

> [...] parece-nos um tanto quanto incompatível – ou pelo menos improvável, difícil, desafiador – tomar a publicidade como condutora do propósito da transformação da sociedade por meio da defesa de causas, de um lado, e os interesses efetivos das empresas anunciantes, de outro (Santaella; Perez; Pompeu, 2021, p. 16).

Dessa forma, a publicidade não tenderia à mudança efetiva da situação contestada, mas ficaria limitada às negociações do objeto dinâmico. Contudo, cabe refletir se, mesmo com a limitação de causação final, o intérprete não poderia assumir essa condição na produção de novos signos, apropriações e envolvimento de outras organizações nesse processo. Caminho no qual a publicidade é um importante potencializador da discussão pública na sociedade de consumo, agindo como amplificadora da aceitação de temas e do reconhecimento da importância pelo seu potencial semiótico, que faz sinergia ao não esquecimento e ao processo interpretativo mais homogêneo. Essas questões são discutidas junto das análises em campo e da teoria da justificação, apresentadas no capítulo 4. Mas cabe reforçar que talvez o principal potencial seja justamente o semiótico.

Especificamente do ponto de vista identitário, Leite e Batista (2019) organizam a obra *Publicidade Antirracista: reflexões, caminhos e desafios*, com diversas contribuições que ressaltam a possibilidade de pensar a publicidade brasileira como importante elemento de contestação do racismo e proposição de valores antirracistas. Já discutindo tanto a produção quanto o consumo, Leite (2019) propõe três estratégias publicitárias nesse sentido: atenção ao colorismo, uso de estratégias discursivas como a politicamente correta, além da contraintuição e do contraestereótipo que colocam em destaque positivo as pessoas negras. Dessa forma, distancia-se da publicidade apenas como reprodução de hegemonias, sendo um espelho social, para promover novas percepções e avançar na discussão e nas ações das comunidades envolvidas.

As práticas de contestação da publicidade são analisadas por Wottrich (2019), docente da UFRGS, que, no aspecto produtivo, compara a contestação institucional com a de receptores. Nessa avaliação conjunta, verifica-se maior pluralidade de denúncias dos receptores, e três categorias são alvo do questionamento tanto pelas organizações da área, quanto do público: publicidade infantil, publicidade de bebidas alcoólicas e o politicamente correto. Essa última categoria concentra a publicidade de causa, ou desvios morais. O termo é problematizado pela autora, embora seja mantido em referência ao uso já tendencioso e pejorativo, mas utilizado por anunciantes e agências nos boletins do Conar.

Os resultados apresentados na categoria de politicamente correto expõem a diferença da percepção dos produtores de publicidade, geralmente atrelada às limitações de enunciação, enquanto os receptores expõem comportamentos preconceituosos. A discussão ainda aborda a recorrente dicotomia entre liberdade e censura das expressões publicitárias. Dessa forma, as palavras mulheres, desrespeito e sensualidade destacam-se em denúncias da categoria, evidenciando a intersecção de gênero. A autora também realiza uma análise conjunta entre produção e consumo, e suas contribuições são muito úteis para a análise em campo, ao tratar dos usos publicitários e das interações com marcas. Revela a vigilância de sujeitos que buscam modificar e dar novos sentidos à publicidade contemporânea, ao não concordarem com suas abordagens.

No PPGCOM/UFPE, a partir da disciplina de "Publicidade e Consumo: causas e responsabilidades", Rogério Covaleski (2020) organizou as contribuições em livro, com a primeira parte dedicada ao que chamou de ativismos. Cabe ressaltar a iniciativa de disciplina específica para discutir o tema de forma ampliada, não se restringindo ao aspecto de normalização da publicidade.

No aporte de Dias e Covaleski (2020), as mudanças dos discursos publicitários com o crescimento marcário e a penetração em temas sociais é focada diacronicamente, incluindo a mais importante premiação da área, com uma categoria dedicada ao tema de transformação social. Nessa contribuição exploratória, é destacada a publicidade ativista tendo a necessidade de estar atrelada ao planejamento organizacional e a seus valores e, mesmo assim, questionando quais seriam os ganhos para movimentos sociais com a visibilidade gerada e se ela é capaz de gerar uma real transformação.

O *outvertising* é tema de outro capítulo do livro (Mozdzenski; Covaleski, 2020), em que se investiga até que ponto marcas contribuem para pautas LBGTQIA+. Essa análise percorre não apenas as diversas retóricas de comunicação, mas também as práticas empresariais. Os resultados evidenciam uma pluralidade de ações de marcas, variando entre o consumerismo e reforço da hegemonia do consumo, em que o foco está apenas nas transações comerciais.

Os autores também propõem um processo ideal ao *outvertising*, incluindo igualmente a participação do público e a análise da retórica do empoderamento, reforçando a possibilidade de transformação pelo consumo individualista. Mozdzenski (2021), soma outra análise empírica ao verificar o posicionamento de marcas durante e após a parada do orgulho em SP, expondo oportunismos e a possibilidade de estar vigilante sobre a prática empresarial, estabelecendo avanços e oportunidades nesse contexto.

Ainda referente às pesquisas da UFPE, Resende e Covaleski (2020) exploram a interação digital entre marcas e usuários em mídias sociais por meio da defesa de causas e das percepções de oportunismo. Partindo da junção das propostas de interação de Thompson (2018) e da midiatização, avaliam que a sugestão de regiões frontais de relação e de fundo pode ser um modelo viável para avaliar as interações com marcas no ambiente digital. Assim, não apenas indivíduos teriam um Eu socializado e exposto ativamente (região frontal), assim como uma restrição de socialidade de outras camadas identitárias (região de fundo), mas as marcas atuariam da mesma forma. Elas escolheriam falar aos já convertidos em mídias segmentadas, mas invisibilizam essas questões em mídias massivas.

As pesquisadoras Domingues e Miranda (2018) reforçam o termo ativismo para se referir ao direcionamento de marcas a causas, mas também dos consumidores na busca de outras dimensões de satisfação com as empresas privadas. A partir do conceito de sistema-mundo, que compreende os conflitos globais da existência humana, atravessados e mobilizados pelo consumo, as autoras fornecem exemplos que contextualizam amantes e inimigos de marcas que se direcionam a causas.

Elas definem ainda dois eixos do consumo de ativismo. O primeiro pelo polo produtivo, que se adequa ao seu tempo e percebe a tendência do consumo simbólico; e o segundo, pelo olhar do consumidor-cidadão ao compreender o consumo como forma de posicionamento político-ideológico e seus embates decorrentes. Por fim, classificam comportamentos ativistas em dois grupos: o consumo de ativismo como uma moeda social articulada pelo engajamento, a ser ostentada para a valorização da imagem pessoal; e o consumo ativista, que orienta todas suas ações de consumo nesse sentido, não apenas transações pontuais. Assim, discorrem sobre a crescente posição de interagentes do consumo ao utilizá-lo como uma forma de performance entre pares, ou um efetivo modo de vida. Discussão pertinente em tempos de reconhecimentos midiáticos.

Como últimas abordagens, destacam-se os estudos das pesquisadoras Patrícia Saldanha e Mônica Machado. A primeira, com extenso trabalho no Laboratório de Comunicação Comunitária e Publicidade Social (Laccops) da Universidade Federal Fluminense para a qual a definição de Publicidade Social é estabelecida como uma proposição guarda-chuva, que "envolve-se o cidadão comum na resolução de um problema que, aparentemente não lhe pertence, como se fosse seu" (Saldanha, 2017, p. 14), incluindo em seu escopo a publicidade de causa. As pesquisas envolvem intensamente as comunidades em que atuam, transformando realidades em uma orientação para ação.

Na concepção desta pesquisa, no entanto, a publicidade de causa ainda não atingiu esse envolvimento com o público e, embora a proposta seja uma via alternativa, contra hegemônica e de referência nacional, também torna nebulosa a utilização do termo social envolvendo questões comerciais, ou institucionais, de empresas com fins lucrativos. Como já comentado, essa é uma importante delimitação para a compreensão das possibilidades e limitações da publicidade de causa. O que não reduz o trabalho desenvolvido pela autora e o envolvimento da comunicação para a melhoria de qualidade de vida.

Mônica Machado (2011) apresenta sua contribuição inicial relacionada também ao público jovem, abordando a dimensão de politização em contato com marcas em uma perspectiva cultural. Embora não verse especificamente sobre o termo publicidade de causa, evoca a constituição da produção publicitária nesse sentido, em que a diminuição de participação institucional do jovem na política, a partir do discurso de ordem social, é sobreposta pelo exercício da política identitária, muitas vezes de motivação individual, mas que serve como fonte de organização coletiva não institucional. Busca a compreensão integrada entre produção e consumo, analisando a motivação contextual para a criação de anúncios, textos culturais e contextos de produção em comparação à recepção, assim como ordens discursivas acionadas pelos públicos jovens em grupos focais.

Fica evidente que a proposta da pesquisadora permite enxergar a publicidade em um estudo empírico, envolvendo a audiência e dando voz a ela, na comparação entre produção e recepção. Especialmente no caso da marca Dove, que promove a diversidade de corpos e chama o público para participar em defesa da autoestima feminina, a autora defende:

> As redes sociais são espaços de seus perfis, de traços de suas subjetividades, de seus desejos e anseios. Logo, se há mudança no modo de expressão política – esvaziando

> a participação presencial e ampliando as bases de política virtual -, estamos diante de novos modos de representação do conteúdo político. Não somente os meios de expressão se modificam como a própria essência do processo de politização, na visão dos jovens. O interesse manifesto por uma marca de produto que se propõe a discursar sobre políticas de identidade, como faz a Dove, parece fazer mais sentido para as culturas juvenis do que ouvir candidatos a cargos majoritários apresentando seus planos de governo para a próxima gestão (Machado, 2011, p. 181).

Além da consideração do ambiente digital como crucial para a subjetividade juvenil, a autora verifica a mediação institucional da marca, que ocupa o espaço do primeiro setor na articulação de demandas sociopolíticas, mas que caminham no sentido de uma busca dos jovens por socialização dentro de suas culturas, em que o consumo se torna dispositivo para esse processo. Portanto, passa de uma visão prescritiva da classificação da produção publicitária e seus intuitos ou legitimidades, para uma ação preditiva a partir dos dados coletados e suas comparações entre enunciação e interpretação, aplicados em uma comunidade de intérpretes.

Verifica-se que as pesquisas realizadas até o momento abordam, prioritariamente, três aspectos do objeto de estudo: definição, classificação e autenticidade de propostas das marcas e, em alguns casos, a forma de consumo. As dicotomias entre autenticidade e oportunismo das ações mercadológicas são bastante reforçadas, além dos discursos mais mencionados sobre identidade e sustentabilidade. Contudo, pouco se conhece sobre a interação entre atores e análises da produção que envolvam o contexto contemporâneo das marcas, suas comunidades e circulações, para aprofundar esses significados, ao compreender de forma integrada a produção e o consumo. Esforço no qual os estudos culturais latino-americanos nos guiam por suas cartografias, sendo um suporte teórico relevante às incursões da comunicação e consumo.

Nesse mesmo aspecto de valorização dos atores, ainda cabe refletir sobre o uso da expressão ativista ligada a marcas, desconsiderando um caráter ontológico do comportamento ativista como efeito final, uma prática efetiva da transformação da realidade, buscada por sujeitos que sofrem as consequências dessa mesma realidade. Assim, reforço o alerta trazido pelos estudos semióticos sobre a característica das empresas do segundo setor. Os estudos culturais latino-americanos auxiliam a compreender o objeto e o direcionamento dado.

> O mercado não pode criar vínculos societários, isto é, entre sujeitos, pois estes se constituem nos processos de comunicação de sentido, e o mercado opera anonimamente mediante lógicas de valor que implicam trocas puramente formais, associações e promessas evanescentes que somente engendram satisfações ou frustrações, nunca, porém sentido. O mercado não pode engendrar inovação social, pois esta pressupõe diferenças e solidariedades não funcionais, resistências e dissidências, quando aquele trabalha unicamente com rentabilidade (Martín-Barbero, 2015, p. 15).

O trecho anterior explicita a limitação do mercado em estabelecer um vínculo que tenha sentido político como projeto perene. Assim, Martín-Barbero critica o uso apenas da produção como fonte unidirecional de entendimento da sociedade, passando a fomentar o estudo da lógica síncrona do consumo e diacrônica de matrizes culturais e formatos industriais.

Pelos direcionamentos dados até o momento, fica claro que esta pesquisa procura a produção de sentidos a partir da conexão com a publicidade e, portanto, com o mercado. Mas o que o autor nos alerta enfaticamente é o que podemos acompanhar pela lógica dos projetos de Boltanski e Chiapello (2009): uma mudança constante de propostas para atender à sobrevivência institucional. Ou seja, o ativismo não é a lógica dominante historicamente; no máximo, um dos projetos em que se entra e sai constantemente, portanto, sem o compromisso contínuo com a mudança. Porém, essa condição não elimina os benefícios que movimentos sociais, organizações do terceiro setor, comunidades e sujeitos possam ter sobre a circulação dos discursos de causa. O próprio Martín--Barbero nos recorda sobre a potencialidade das competências ligadas ao consumo e o favorecimento por uma abordagem de análise cultural:

> Não estamos nem no terreno da tão combatida "compulsão consumista" nem no do repertório de atitudes e gostos recolhidos e classificados pelas pesquisas de mercado, mas tampouco no vago mundo da simulação e do simulacro

> baudrillardiano. [...] O consumo não é apenas reprodução de forças, mas também produção de sentidos: lugar de uma luta que não se restringe à posse dos objetos, pois passa ainda mais decisivamente pelos usos que lhes dão forma social e nos quais se inscrevem demandas e dispositivos de ação provenientes de diversas competências culturais (Martín-Barbero, 2015, p. 292).

Dessa forma, a publicidade poderia ser um dispositivo que possibilite novas vozes e apropriações de sujeitos para a ativação de outras instituições, inclusive midiáticas, favorecendo inovações e mudanças, mas não como um propósito do segundo setor. Por isso, a importância do termo mediação na relação da publicidade com a interação entre marcas e jovens. Nas palavras de Canclini (2001, p. 139), "a cidadania já não se constitui apenas em relação a movimentos sociais locais, mas também em processos de comunicação de massa". O registro dessa transformação apontada pelo autor faz-se no seu tempo, em que as redes digitais se mostravam ainda no início da vida privada. Os ícones de comunicação de massa do autor, que seriam mobilizadores populares superiores aos discursos intelectuais, assumem agora as figuras de influenciadores e marcas na semiose digital.

Embora os atores digitais geralmente não aprofundem discussões na rede, são capazes de propagar, por meio de uma cultura participava, gerar inspirações de liberdade e respeito, assim como atacar e tentar mitigar posicionamentos. Nesse alerta entre os simulacros de massa e a crítica racional mais aprofundada, o pesquisador expõe:

> Os conflitos, hoje, não se dão apenas entre classes ou grupos, mas também entre duas tendências culturais: a negociação racional e crítica, de um lado, e o simulacro de um consenso induzido pela mera devoção aos simulacros, do outro. Não é uma opção absoluta, já que sabemos que os simulacros fazem parte das relações de significação em toda cultura. Porém, estabelecer de que maneira iremos negociar o compromisso entre ambas as tendências é decisivo para que na sociedade futura predomine ou a participação democrática ou a mediatização autoritária (Canclini, 2001, p. 267).

Portanto, a mediação publicitária e as interações entre atores são fontes de análise para discutir em que medida a crítica e a comunicação digital estão presentes no consumo, cotidiano e ação social de jovens brasileiros, enquanto se acumulam crises e demandas por um futuro possível em coletividade. Em especial, o desemprego e a violência atravessam a realidade latino-americana e desafiam esses sujeitos em transformação a inovar para sobreviver. Como relatam Canclini, Cruces e Pozo (2012), a reação a esse cenário está presente nos discursos culturais envolvendo músicas, audiovisuais e mídias sociais, manifestando o mal-estar, as migrações e os questionamentos que parecem estranhos às instituições dos adultos.

Jenkins, Green e Ford (2014) consideram que a mídia cívica pode alcançar públicos imprevistos em tempos de redes e formas mais programáveis de mídia, mas também atuar no sentido de gerar compromissos ao longo do tempo, cuidando para que a alteração das mensagens não mude a proposta inicial, prejudicando as comunidades às quais se destina. Explicam também que, no ambiente digital, os discursos e processos produtivos se abrem tanto para a hibridização com o entretenimento no intuito de gerar circulação, como na produção de conteúdo não mais de cima para baixo, mas sim no "[...] empoderamento de intermediários autenticamente populares para atuar em nome de uma organização ou causa maior" (Jenkins; Green; Ford, 2014, p. 280). Dessa forma, analisar marcas e seus potenciais de significação, em conexão com as práticas juvenis, seus rituais e socializações, permite aprofundar a compreensão de fenômenos contemporâneos, em que a comunicação social se apresenta como central.

2

TRÊS FORMAS PARA OLHAR A PUBLICIDADE CONTEMPORÂNEA

Como a publicidade contemporânea envolve interações, mudanças discursivas e midiáticas que tornam ubíqua sua presença, além do maior dialogismo, compreender como cidadãos e consumidores entendem suas ações na coletividade e dão valor a elas faz sentido ao avaliarmos esse tipo de comunicação. Relembra-se que o termo ação social (Weber, 2012) é um comportamento interacional ao qual o sujeito atribui um valor de destaque em sua rotina.

A classificação abrange a ação social racional por fins, em que há um julgamento dos meios e consequências em busca de um objetivo, no sentido da melhor proposição tendo em vista os envolvidos; a ação social racional por valores, em que se prioriza os valores individuais, em detrimento dos meios ou consequências; a ação social afetiva, que possui condutas fomentadas por sentimentos; e, por fim, a ação social tradicional, em que se reforça as condições culturais, os costumes.

Essas tipologias ideais podem ser hibridizadas no seu trato cotidiano e dependem dos papéis assumidos nas comunidades, assim como dos significados atribuídos às ações, beneficiando os estudos antropológicos e semióticos. Ao longo do desenvolvimento das Ciências Sociais, outros autores realizaram contribuições que tentam englobar a ação do sujeito em uma estrutura social como as *práticas sociais* de Bourdieu (2017) e a *agência social* de Giddens (1999).

A partir dessa contextualização, veremos uma explicação ampla, não apenas comunicacional, entre essas interações e esses posicionamentos em busca de uma vida boa, compactuando questões pessoais e coletivas, para posteriormente aprofundar as conexões dessas propostas com a comunicação e as potencialidades na pesquisa da publicidade.

O estudo está em acordo com Ricoeur (1990. p. 5), que caracteriza o humano como capaz, devido às leituras que faz da realidade e de si, no sentido de uma identidade narrativa, pautada pela ética como "o desígnio de uma vida boa, com e para os outros, em instituições justas". Ao discutir o posicionamento de demandas sociais enunciado pelas marcas, por meio do olhar do consumidor, são articuladas questões de cunho público e privado como politização, políticas públicas, cidadania, consumo, direito, identidade, entre outras, que, neste caso, estarão direcionadas ao aspecto comunicacional, principalmente nas interações entre consumidores e marcas. Não se busca o aprofundamento de cada uma das demandas, independentemente do seu tema, mas uma análise anterior que repercute nos diferentes casos.

Para possibilitar a expansão do estudo, contemplando a moral de forma ampla, é que serão consideradas teorias que se orientam a essa questão do ponto de vista pragmático, em que o conflito toma destaque, mais do que a reprodução. **O caminho percorrido inicia na Teoria Crítica (lutas por reconhecimento; redistribuição), segue para a justificação na Sociologia da Crítica e finaliza com o Individualismo Metodológico.**

2.1 DA REPRESENTAÇÃO AO RECONHECIMENTO

A publicidade vem sendo objeto de questionamento há tempos, seja pela ampliação de estudos críticos, especialmente sobre pautas identitárias como gênero, sexualidades e cor; seja pelos limites discursivos ou novos formatos em que outras estéticas requerem avanços éticos. Discussão que ultrapassa a fronteira acadêmica e ganha as ruas, com cidadãos que exigem equidade e lutam contra o preconceito, o uso abusivo do poder, ou mesmo a vigilância de dados e desamparo para situações de direitos humanos. Os maiores eventos científicos do país na área de Comunicação já envolvem grupos de trabalho ou pesquisa sobre cidadania, publicidade e consumo, abrangendo trabalhos em que a análise da representação, ou, em alguns casos, as práticas de contestação das produções comunicacionais têm aparecido.

A tradição da representação pode ser vista nos estudos de ficções seriadas como as telenovelas ou séries, no jornalismo e nos anúncios publicitários, retomando potenciais de significação ou a busca da recepção, alinhada à percepção de representatividade. Portanto, os produtores de comunicação social são questionados a refletirem em que medida se aproximam da realidade nacional de mestiçagem e pluralidade cultural. Trabalho que envolve a consideração dessas instâncias, mas principalmente suas inclusões no processo produtivo, seja com equipes mais diversas, seja com cidadãos consultados para realizar uma comunicação base-topo que faça sentido não só à crescente quantidade de consumidores não hegemônicos, como ao retrato do que é o país, independentemente do potencial de consumo.

Autores como André Iribure Rodrigues, Elisa Piedras, Flailda Brito Garboggini, Francisco Leite, Nilda Jacks, Pablo Moreno e tantos outros pesquisaram a forma como são representados diferentes atores na comunicação brasileira, em especial nas mensagens publicitárias. Os estudos de representação apresentam conexão com os estudos culturais em lógicas que demonstram quão frágil e engessada é a presença e o papel atribuído ao outro; atores como pretos, mulheres, *gays*, lésbicas e suas intersecções. Focam também na discussão do poder midiático na construção de realidades, tendo como base os estudos sociológicos iniciais de Émile Durkheim, passando por vários autores da psicologia social e pelas contribuições de Stuart Hall, que tão bem mesclou a teoria das representações e os estudos de linguagem, dando suporte à comunicação social, explicando como ela auxilia na constituição de realidades coletivas.

A representação, no entanto, está fortemente direcionada à produção, e, a partir dela, alguns pesquisadores passam pelos processos de recepção, observando as lacunas de representatividade e as repercussões dos sistemas de signos para a constituição de significações que reduzem as possibilidades identitárias. Procedimento pensado para incluir o receptor na decodificação da mensagem, ainda que nem sempre realizado. Mesmo com a ampliação de representações mais plurais nos meios de comunicação, em quantidade ou na qualificação do papel associado a elas, ainda se multiplica a reprodução aquém da realidade nacional.

Dessa forma, o reconhecimento pode ser um aliado dos estudos culturais, envolvendo recepção, circulação e, principalmente, interação para então pensar a produção. Passamos da contagem de minorias na publicidade, dos papéis atribuídos a elas, da importante análise dos sistemas de signos e do questionamento da empresa, devido à reprodução de desigualdades; para o conflito e a contestação da publicidade, caracterização do processo de reconhecimento nas interações com a comunicação e formas de restauração desse reconhecimento por indivíduos e grupos, reforçando identidades plurais pelos próprios sujeitos. Isto é, passamos para a decodificação orgânica, anunciada pelo interagente, sem precisar ser necessariamente estimulada pela mediação do pesquisador, ainda que seja uma possibilidade.

Ou seja, acessamos interagentes que não aceitam mais os sistemas de signos e significações decorrentes, mas também seus opostos, evidenciando questionamentos, lutas, defesas, bem como a resposta dada a essas contestações por meio da publicidade e outras manifestações da marca. Isso não quer dizer romper a análise da produção e ignorar a problemática representação publicitária, mas se voltar a ela munido dos processos de reconhecimento, das apropriações realizadas no cotidiano, de como a publicidade pode ser um dispositivo para o reconhecimento ou sua discussão. Um dispositivo não apenas de reforço das desigualdades, mas de mudança, ao olhar para as interações, para as mediações que estão entre a produção e o consumo. É na interação que a complexidade se encontra, com ela, o entendimento dos resultados cotidianos, das experiências com as representações.

A base teórica do reconhecimento prescinde a intersubjetividade e a materialidade, portanto, de caráter prático. Materialidade que é exacerbada na publicidade contemporânea pelos vários estímulos aos sentidos, pelos discursos e conteúdo das mensagens, pelas circulações e interações – ou seja, materialidade efetivamente comunicacional. Esses elementos guiam também métodos a serem explorados, como já ocorre na análise da produção (análise de conteúdo, análise do discurso, semiótica, entre outros), agora misturados à complexidade do mundo digital, que exige métodos também para acessar os dados, realizando raspagens condizentes com o corpus analisado para não prejudicar resultados. Para abranger as contribuições do reconhecimento, é necessário compreender as origens da proposta e seu percurso histórico, que a tornam adequada às práticas cotidianas e à comunicação.

A proposta de lutas por reconhecimento emerge da crítica às contribuições habermasianas, na tentativa de superar o chamado *deficit* sociológico pela dualidade de moral e de poder. Axel Honneth (2017) propõe, em sua tese orientada por Habermas, que os conflitos não estão silenciados por lógicas de poder que atomizam a linguagem, mas as experiências pessoais ou coletivas evidenciam a ação em sociedade na tentativa de se posicionar intersubjetivamente, e o conflito para garantir reconhecimento fomenta o desenvolvimento social.

> [...] interessam-lhe aqueles conflitos que se originam de uma experiência de desrespeito social, de um ataque à identidade pessoal ou coletiva, capaz de suscitar uma ação que busque restaurar relações de reconhecimento mútuo ou justamente desenvolvê-las num nível evolutivo superior (Nobre, 2017, p. 18).

Nesse sentido, ao falar das relações entre sujeito e sociedade, principalmente do aspecto cultural e de suas influências nessas relações, retoma-se igualmente a perspectiva histórica da Teoria Crítica, nem sempre ligada ao que se intitula Escola de Frankfurt[2]. O legado de Adorno no campo comunicacional fornece aplicabilidade às pesquisas nos mais variados produtos industriais, destacando o foco empírico e a metodologia a partir da linguística e sociossemiótica. Todavia, tendem aos resultados de dominação do sujeito por meio do contexto capitalista, da análise macrossocial e do foco na mensagem.

Ainda que parta da fuga do funcionalismo, a cultura é vista como proveniente de recursos e aparatos mediadores de comportamentos, em que os indivíduos são manipulados a partir das mudanças econômicas e, portanto, os estudiosos se limitam à cultura de massa (funcionalista e institucionalizada), em vez de vislumbrar as práticas e os costumes dos sujeitos (Honneth, 2008). Ou seja, mesmo na Comunicação, o foco da pesquisa não estava nos interagentes e nas formas de consumo, mas na produção, a partir da qual se especula sobre o outro extremo.

---

[2] Marcos Nobre, em seu prefácio para a versão brasileira do livro *Luta por Reconhecimento: a gramática moral dos conflitos sociais,* discorre sobre a diferença entre Escola de Frankfurt e Teoria Crítica. A primeira está relacionada ao nome dado aos pensadores ligados ao início do Instituto de Pesquisa Social (1924), que, após a Segunda Guerra Mundial, com a volta da sede para a Alemanha, continuam a desenvolver seus estudos. Isto é, são os pensadores da primeira geração, que ocupam cargos diretivos na instituição entre 1950 e 1960, mas que iniciaram suas discussões nas décadas de 1930 e 1940. A Teoria Crítica englobaria de forma mais ampla os estudos com vistas à emancipação do sujeito e ao comprometimento com a exposição das fissuras do capitalismo, inclusive os pesquisadores da Escola de Frankfurt. "Pode-se dizer, portanto, que 'Escola de Frankfurt' designa antes de mais nada uma forma de intervenção político-intelectual (mas não partidária) no debate público alemão do pós-guerra, tanto no âmbito acadêmico como no da esfera pública entendida mais amplamente" (Nobre, 2017, p. 8).

Esse caminho aponta ser, até hoje, predominante nos estudos comunicacionais, ainda que por outras teorias e outros enquadramentos, em que se verifica o baixo número de estudos sobre a ótica do consumo mesmo na publicidade, apesar de crescentes, como discutem Perez e Trindade (2019) sobre a importância desse outro olhar por uma perspectiva comunicacional.

Ainda sobre a crítica à Escola de Frankfurt, Lopes (2014) reforça dois aspectos que ratificam as análises anteriores: a adoção tardia dos textos inicias da Teoria Crítica na área de Comunicação no Brasil, em um período de repressão e polarização ideológica dos anos 1970, que estimula sua circulação pela característica de dominação; e a visão elitista de cultura, que segrega as manifestações em erudita e de massa, compreendendo o proletariado como vítima da cultura reificada, sem atentar para a manifestação popular ou a apropriação das mensagens de massa. A autora acrescenta ainda que Walter Benjamin é uma exceção nesse caso e que, no Brasil, os próprios meios de comunicação de massa adotam a linguagem popular tanto no período nacionalista quanto transnacional, o que amplia a discussão em torno das características ressignificadas da indústria cultural e o *deficit* sociológico comentado anteriormente.

Apesar das contribuições para a análise das produções de comunicação de massa, o viés determinista e de manipulação cria dificuldade à aplicabilidade no contexto atual, ainda que se veja o delineamento similar dado à comunicação digital algorítmica. A vertente gramsciana, pautada pelas hegemonias, parece não eliminar por completo essa característica no campo comunicacional (Lopes, 2014). Além disso, o direcionamento à expansão digital encontra poucas aproximações com seu contexto de consumo, seus usos e apropriações, as percepções dos mecanismos utilizados nas interações entre interagentes, focando novamente os aspectos produtivos, importantes de serem compreendidos, mas não de forma exclusiva. As análises de Bucher (2017) e Trindade, Perez e Teixeira Filho (2019) evidenciam esse cenário.

Apesar de a segunda geração da Teoria Crítica ter amenizado essas questões e ampliado o debate sobre as dinâmicas públicas e privadas de interação, a dicotomia entre poder e moral limita sua aplicação. Afinal, a proposta também é desenvolvida de forma pouco prática e pelo esforço de generalização para a teorização. Contudo, já caracteriza uma postura mais participativa dos sujeitos em busca do agir comunicativo.

Habermas não foi o primeiro a conceber, mesmo que em pequena medida, uma postura mais ativa de grupos sociais. De certa forma, os escritos de Marcuse recorriam ao clamor participativo dos sujeitos, até em maior escala, convocando para uma ação pública revolucionária, particularmente fértil nos movimentos estudantis, com base na ressignificação de técnica e ciência.

Já nos anos 1960, em meio ao desenvolvimento tecnológico e à assimilação do trabalhador industrial à economia de mercado, a ação proposta por Marcuse volta-se aos estudantes e países periféricos. Apesar disso, mesmo que Habermas, por meio da representação democrática da linguagem, e Marcuse, por meio da tecnologia e da ciência, tenham em comum a dedicação do indivíduo na sua postura social e crítica para um melhor desenvolvimento das demandas coletivas e individuais, toca o fato de que o fascínio revolucionário do segundo coloca em dúvida seu comprometimento democrático. Como relata Terra (2008), a perspectiva autoritária de uma ditadura educacional proposta pelo autor, bem como a defesa de meios antidemocráticos para se chegar à concretização de novas utopias, estabelece a necessidade de crítica e reflexão sobre a obra de Marcuse.

A proposta de Habermas passa por uma institucionalização de direitos e representações, que se faz presente por meio da linguagem. É nesse sentido que reforça o debate democrático por meio da tentativa de fortalecer as bases normativas sociais, com a possibilidade do debate com equidade participativa. Esse reforço foi realizado com a obra posterior – *A Inclusão do Outro* (Habermas, 2009) –, que concentra os estudos da esfera pública, democracia e comunicação no diagnóstico social sobre casos contemporâneos de intolerância à diversidade. Outros pensadores, como Iris Young, por exemplo, discutiram a esfera pública e a representatividade a partir desse legado.

A contribuição de Habermas é paradoxalmente seguida da desconstrução da força institucional tradicional como mediadora de grandes narrativas (Lyotard, 2006), da articulação pública menos programática e mais efêmera (Bauman, 2013), das micronarrativas da participação dos jovens por vias menos institucionais de politização (Machado, 2011), assim como as interações digitais mais individualistas, por caminhos de menor identificação em grupos coesos, que evitam mediações institucionais tradicionais (Han, 2014). Cada uma dessas proposições, ao mesmo tempo que questionam o entusiasmo institucional para a organização e o desenvolvimento social, avigoram as iniciativas dos sujeitos em novas formas de atuação.

Soma-se, ao panorama anterior, o cenário traçado por Machado (2007, p. 260-263) sobre novas formas de organização e articulação das ações sociais em contato com as tecnologias da informação e comunicação, destacando três fatores que afetam os agentes de interação (primeiro, segundo e terceiro setores):

- **Interdependência e interconexão reativa**, que borra as relações entre governos locais e um "governo global", exigindo de empresas, sociedade e governo negociações mais complexas, fora do controle direto desses agentes;

- **Zonas cinzas de descontrole**, que promovem a atuação de grandes multinacionais nas lacunas jurídicas locais por sua presença internacional, o que desafia a relação democrática com movimentos sociais e Estados, tendo como reação em alguns casos o *ciberterrorismo* ou o *hackativismo*;

- **O empoderamento das agências sociais**, que em meio à dificuldade de governabilidade e responsabilização dos mercados globais, que afetam o cotidiano das pessoas por decisões em campos de indefinição jurídica e mínima influência dos cidadãos, vê nos usos da tecnologia de informação e comunicação uma forma de mobilizar indivíduos também em redes globalizadas.

Convivem, portanto, a institucionalização alcançada pela sociedade civil nos anos anteriores e o reconhecimento de sua legitimidade pelos governos e empresas, com ações digitais, baseada em redes de mobilização que compartilham valores aparentemente universais, mas orientados para causas específicas. Machado (2007) configura os novos campos para velhos conflitos em 10 características principais: proliferação e ramificação dos coletivos sociais, horizontalidade e flexibilidade das redes, tendência coalizacional, existência dinâmica ou segundo objetivos e fatos, minimalismo organizacional-material, universalismo e particularismo das causas, grande poder de articulação e eficiência, estratégias deslocalizadas de ideologias compartilhadas, multiplicidade de identidades, circulação militantes, ideologia difusa dos sujeitos sociais. De certa forma, as características apresentadas pelo autor trazem à tona o cenário de modernidade tardia, mas entrelaçam a participação dos sujeitos com os demais atores, sustentada no ideal habermasiano de Estado Democrático.

Não se busca nesta pesquisa ações já transformadas em movimentos sociais, no sentido de investigar grandes coletividades com poder de pressão institucional. Entende-se que o posicionamento do indivíduo, chamado de *forças dormentes* pelo autor, é o ponto de partida para uma reação coletiva, mas que nem sempre ocorre no sentido de mobilizar um movimento social ou um ativismo propriamente dito. Ao contrário, é uma ação de pouco engajamento efetivo, apesar de postura positiva à mensagem e à circulação de causas. O foco desta incursão, antes de buscar grupos já mobilizados, ainda que possam existir como consequência da interação, é entender como as demandas sociais estão presentes no cotidiano dos sujeitos por meio da mediação das marcas, em contexto midiatizado.

A breve retomada das contribuições críticas situa o ponto de partida dos pressupostos de Axel Honneth e fornece as bases para pensar sua teoria em contato com a Comunicação. Na tentativa de resgate da explicação das tensões entre sociedade e conjectura cultural e socioeconômica, o autor considera a moral nos estudos do jovem Hegel, em Jena, que esboçavam a ideia de conflitos. Ele sistematiza as etapas do reconhecimento para uma teoria que se pretende universal, com o suporte da psicologia pragmática de George Mead, além dos estudos de socialização na psicanálise voltada à maturação de Winnicott e o olhar sobre as contribuições da Teoria Crítica até o momento.

Na tentativa de superar o mencionado *deficit* sociológico, o autor não se concentra sobre a catarse popular, a inação dos sujeitos, mas - ao contrário - sobre os conflitos vivenciados no cotidiano, experiências de desrespeito em relações, que podem motivar ações em sociedade. Na visão do autor, as patologias coletivas são fruto da racionalidade deficiente provocada pelo capitalismo, que não envolve o indivíduo em sua coletividade e ideal de vida; provocando sofrimento pessoal em uma visão freudiana, mas que move o indivíduo na tentativa de sanar esse sofrimento (Honneth, 2017).

Embora essa relação de sofrimento esteja presente na Teoria Crítica anterior, ela não articula uma resposta racional no contexto atual. Assim, as questões práticas do cotidiano são os fenômenos em que devem ser concentras as investigações da busca de tentativas de soluções para o sofrimento. Essa perspectiva tenta unir novamente os aspectos subjetivos na constituição identitária, com os objetivos nas práticas de interação entre sujeitos pela perspectiva da gramática moral.

A base da pesquisa nessa terceira geração da Teoria Crítica é o reconhecimento, que tece uma teoria ligada ao Direito, não por meio da representação comunicativa na esfera pública, como fez Habermas, mas pela imputabilidade do outro, convertida em reconhecimento entre pessoas de uma sociedade com determinada normativa. **Reconhecimento pode ser entendido como o resultado intersubjetivo das formas de interação social com vistas ao respeito moral, considerando os participantes da interação em seu contexto (Honneth, 2017). Nessa perspectiva, a interação pode ser com pessoas próximas ao convívio, mas também indivíduos ou grupos que não fazem parte do cotidiano.**

Quadro 1 – Estrutura das Relações Sociais de Reconhecimento

Modos de reconhecimento	Dedicação emotiva	Respeito cognitivo	Estima social
Dimensões da personalidade	Natureza carencial e afetiva	Imputabilidade moral	Capacidade e propriedade
Formas de reconhecimento	Relações primárias (amor, amizade)	Relações jurídicas (direitos)	Comunidade de valores (solidariedade)
Potencial evolutivo		Generalização, Materialização	Individualização, Igualização
Autorelação prática	Autoconfiança	Autorrespieto	Autoestima
Formas de desrespeito	Maus-tratos e violação	Privação de direitos e exclusão	Degradação e ofensa
Componentes ameaçados da personalidade	Integridade física	Intregridade social	Honra, dignidade

Fonte: Honneth (2017, p. 211)

O autor decompõe o reconhecimento em três dimensões: amor, entendido como as relações primárias entre sujeitos com proximidade afetiva; direito, compreendido como a imputabilidade moral promovida juridicamente entre sujeitos; e solidariedade, que abrange os valores do indivíduo em sociedade por suas capacidades e propriedades. Dessa forma, considera que os conflitos sociais possuem complexas lutas, interpeladas por diferentes dimensões, mas que essas tensões (desrespeitos) podem melhorar as condições de respeito e compreensão do outro, além de fazer a reconstituição de si, levando ao desenvolvimento social.

Portanto, o pesquisador apresenta tanto um *potencial evolutivo* após a experiência de reconhecimento, como uma leitura de si, chamada de *autorrelação prática*. A experiência da interação pode ocorrer como violação de respeito (*formas de desrespeito*), que trazem *ameaças à personalidade*. O quadro apresentado anteriormente, ainda que uma visão reducionista de sua proposta, explicita essa classificação.

Outra característica do trabalho do autor é a modernização da visão moral da sociedade (vida boa garantida por um sistema jurídico), comparando Hegel, Hobbes e Maquiavel, autores dos seus tempos, mas que fornecem subsídios à pesquisa direcionada para casos empíricos. Nesse sentido, a divisão em amor, direito e solidariedade fornece uma acumulação de experiências do sujeito na constituição identitária. Diferentemente do pensamento do amor como casamento, ou relação sexual, a dedicação emotiva é baseada na relação materna, mas também nos laços familiares, afetivos e de amizades mais próximos, sendo seguidas e acumuladas por relações socializantes em menor ou maior grau com o respeito cognitivo e estima social.

O pressuposto honnethiano é o de que as lutas por reconhecimento auxiliam na constituição da identidade dos sujeitos e desses com grupos para a transformação e sustentação do reconhecimento, o que pode desenvolver-se em movimentos sociais. Assim, duas análises são necessárias nas suas contribuições: a constituição identitária pelo olhar do outro (intersubjetividade) e a influência do grupo nas práticas sociais.

Em uma retomada sobre o estudo da identidade, Carvalho (1999) relata que o objeto é disseminado em diferentes ciências e que é preciso considerar sua interdisciplinaridade. A pesquisadora reforça, ainda, que a identidade segue uma perspectiva histórica e indissociável dos fatores sociais, migrando de uma visão preestabelecida de caracterização do indivíduo, rígida e não questionada, devido à falta de mobilidade social, de liberdade e do controle institucional da intimidade; para uma posição de reflexão do Eu moderno, com o ganho de individualidade, porém, com o aumento do individualismo. A busca pelo novo, após a institucionalização da vanguarda pelo consumo, é repensada na identidade pós-moderna que "[...] constitui uma extensão da liberdade de escolha entre as múltiplas identidades do modernismo, mas que aceita e afirma a sua condição instável, transitória e aberta à redefinição permanente" (Carvalho, 1999, p. 731).

Nesse tensionamento entre contingências ambientais recorrentes, com a caracterização de sujeitos frente a essas condições e aos parceiros de interação, é que se intensificam os estudos contemporâneos da identidade. Woodward (2014) defende que as mudanças globais da economia e política, dos mercados de trabalho, das migrações e das representações constituem uma crise de identidade, que, por um lado, amplia as opções possíveis, mas que, por outro, causa uma luta entre essas possibilidades nas incertezas de melhor adaptação às alterações do ambiente. Giddens (2002) reitera essa crise e propõe que o entendimento do mundo contemporâneo pode auxiliar o sujeito com os dilemas identitários, no qual a comunicação e o consumo estão presentes. O autor considera que a atual modernidade é pautada por mecanismos de desencaixe, operados por sistemas abstratos e de espaço. A primeira estabelece trocas com valor-padrão, adicionadas à especialização do conhecimento; a segunda, modifica a percepção de tempo, ao intensificar a resposta imediata, ao globalizar as relações, mesmo as que ocorrem apenas localmente. Bauman (2005, p. 19) expõe o embate entre o individual e o coletivo, bem como a multiplicidade de possibilidades, ao dispor que:

> As "identidades" flutuam no ar, algumas de nossa própria escolha, mas outras infladas e lançadas pelas pessoas em nossa volta, e é preciso estar em alerta constante para defender as primeiras em relação às últimas. Há uma ampla probabilidade de desentendimento, e o resultado da negociação permanece eternamente pendente.

Em suma, verifica-se que os vários autores acolhem a identidade no cenário contemporâneo como socialmente constituída, diversa, embasada pela negociação do sujeito com o coletivo e o ambiente, não duradoura e conflituosa na reflexão do papel do indivíduo e em suas práticas rotineiras. Para Honneth (2013), a própria divisão proposta para o reconhecimento advém da constituição da identidade e de seu caráter dinâmico buscado por Hegel, como relata ao dizer que, na experiência de ser amado, o sujeito também tem a experiência de carência e desejo.

Para o autor, a comunicação entre os parceiros de interação supera a teoria da socialização, pois, ao não reconhecer o outro, esse sujeito também é privado de experenciar a si mesmo de forma integral. Essa proposta dialoga com o conceito de identidade como metamorfose, que captura tanto as mudanças do ambiente quanto os conflitos do sujeito, ao não se contentar apenas com um aspecto da identidade (substantivo – exemplo: um trabalhador), mas com a sua constituição pela ação (verbo). Para Ciampa (1984), a história contida no sujeito identifica-o como um "estar sendo", que é apenas uma parte de sua constituição frente ao outro.

Ao nos apresentarmos como representantes de nós, a partir do que é esperado pelo outro e por nós mesmos, moldamos essa relação entre identidades. Isso ocorre, segundo o autor, pelos papéis sociais, mas também pela dinamicidade da identidade, que o sujeito apresenta ou ausenta aspectos de si, pois o outro espera encontrar o mesmo ser do passado. Dessa forma, negar a condição de uma identidade pressuposta pelo outro como cristalizada, assim como os rígidos papéis sociais, possibilita representar a nós mesmos como um ser em transformação contínua. Nas palavras do autor:

> [...] só posso comparecer no mundo frente a outrem efetiva-mente como representante do meu ser real quando ocorrer a negação da negação, entendida como deixar de presentificar uma representação de mim que foi cristalizada em momentos anteriores – deixar de repor uma identidade pressuposta – ser movimento, ser processo, ou para utilizar uma palavra mais sugestiva, se bem que polêmica, ser metamorfose (Ciampa, 1984, p. 70).

Portanto, a teoria proposta não separa a identidade social e a pessoal, mas agrega essas duas instâncias. O processo de identidade--metamorfose-emancipação é explorado por Ciampa (1987) por meio das narrativas de vida e concebe um Eu representado, um Eu idealizado e um Eu temporalmente fixado. Lima (2010) ressalta dois pontos importantes nesse sentido, voltando-se ao reconhecimento: uma sequência de reconhecimentos faz parte da constituição identitária; e o reconhecimento ou sua negação podem levar à não emancipação dos sujeitos por condená-los às "mesmices". Neste caso, a mesmice é a representação de personagens fetichizados e predeterminados por outros, enquanto a "mesmidade" é a superação desse quadro para a transformação de identidade, ocorrida por uma busca emancipatória do sujeito em sociedade, isto é, por meio de lutas por reconhecimento.

O que se adianta pelas visões dos estudiosos da identidade e do filósofo do reconhecimento é que ambas dão espaço às mediações como fator predominante do ser no mundo e do ser em si mesmo, isto é, não são fatores predeterminados e inabaláveis, mas dependentes da constante negociação.

O último ponto que vale ressaltar sobre a identidade neste momento é que o reconhecimento pode não se dar no sentido emancipatório. Lima (2010) analisa esse aspecto como **reconhecimento perverso**, retomando a questão do sofrimento por meio de Lacan e sua conexão com Honneth e Ciampa e a análise de Safatle (2018) sobre o descrédito dos indivíduos na emancipação prometida pelo sistema de mercadorias e a consequente busca por determinações momentâneas. A condição de metamorfose como transformação identitária pode levar a uma pressão por assumir identidades fetichizadas, idealizadas (Lima, 2010). **Nesse caso, o problema não é a cristalização em uma identidade passada, mas a promoção de uma identidade ideal (anamorfose), embasada na insatisfação e no sofrimento, na qual a pessoa não se reconhece, mas é reconhecida socialmente só quando assume essa condição.**

Por exemplo, a percepção atual de idosos, que possuem a pressão por serem dinâmicos e descolados, acaba servindo ao papel para serem reconhecidos socialmente, ou ainda professores e pesquisadores, um clássico da identidade fetichizada. O autor utiliza como exemplo o caso de Severina, exposto por Ciampa (1987), que atua no papel de louca, diagnosticada institucionalmente, reconhecida apenas nessa condição com a possibilidade de respeito social, em vez das múltiplas possibilidades existentes. Ou seja, o reconhecimento perverso é a condição de respeito dos parceiros de interação apenas na identidade fetichizada, que é estabelecida para o outro.

O segundo elemento que interessa e distingue o posicionamento de ação social de Axel Honneth às demais propostas é o reconhecimento como mobilizador de grupos. Nesse sentido, a coletividade é um fator preponderante na teoria, não apenas para o aspecto subjetivo, mas para a gramática dos movimentos sociais. Ao tentar fugir de uma visão apenas positiva de caracterização de grupos (predominantemente de base sociológica e política) ou negativa (predominantemente de base psicológica), Honneth (2013, p. 60) busca analisar "processos pelos quais, na forma do desvio face aos sistemas predominantes de valor, são geradas identidades coletivas que devem dar ao indivíduo segurança e integridade psíquica". Ao descrever as duas visões, o autor pondera que:

Tal como a psicanálise não consegue admitir que a imersão no grupo social pode beneficiar as forças do eu do indivíduo, também na pesquisa sociológica sobre grupos falta a consciência dos riscos que podem ameaçar o indivíduo pela reativação inconsciente de antigas relações com objetos. Mais grave, contudo, é que as estilizações unilaterais parecem impedir radicalmente uma conexão conceitual básica entre as duas disciplinas (Honneth, 2013, p. 61).

Na tentativa de neutralizar a polaridade para a caracterização de grupos, o autor segue o caminho de entender inicialmente a formação coletiva como um interesse psíquico do indivíduo para estabilidade e ampliação pessoal, que depende das experiências de reconhecimento social, da necessidade individual de fusão e das idealizações inconscientes sobre o grupo. Assim, as autorrelações práticas de autoconfiança, autorrespeito e autoestima, derivadas do reconhecimento, estariam ligadas, respectivamente, à formação de grupos como pares afetivos, vínculos familiares e amizades próximas; coletivos para a recuperação de privação de direitos públicos em uma espécie de respeito compensatório – grupos chamados de contraculturas do respeito; e o campo em que habilidades do indivíduo são avaliadas como importantes socialmente, como a escola ou o trabalho. Essas formações não seguem uma sequência completamente linear e independente uma da outra, e, nessa concepção, a socialização auxiliaria no projeto individual em um primeiro momento.

É possível verificar que cada um dos agrupamentos está presente no desenvolvimento dos indivíduos e que seguem as experiências de socialização infantil até a vida adulta, coexistindo entre o amor (autoconfiança), o direito (autorrespeito) e a solidariedade (autoestima). Na concepção honnethiana, é a participação em grupos para a promoção do autorrespeito que, ao atingirem um crescimento em que não é mais possível o contato direto de todos os membros, originam os movimentos sociais, entrelaçados por símbolos e rituais tão fortes, capazes de auxiliar o indivíduo, mesmo distante fisicamente (Honneth, 2013).

No entanto, na concepção do autor, o campo mais fértil para a constituição de grupos é o da autoestima, uma vez que necessita reforço constante das habilidades e talentos individuais em sociedade, com formações específicas e mais diversas possíveis para a validação de seus membros. Essas interações se estendem pela diversidade de ambientes sociais e avaliações de habilidades que diferem muito entre os grupos, sem padrões distribuídos de forma homogênea, incluindo os espaços digitais.[3]

Contrapondo-se à abordagem freudiana de que os agrupamentos seriam um enfraquecimento do Eu, assim como ocorre na regressão como mecanismo de defesa, o autor busca a abordagem do amadurecimento de Winnicott na dependência absoluta. Portanto, explica os grupos como *objetos transicionais intermediários*, assim como os objetos, que estão entre o bebê e a figura materna ou sua representante, são responsáveis pela experimentação de independência no mundo após a experiência de fusão, na fronteira entre realidade interna e externa. Assim, a regressão ao estágio infantil não é negativa e auxilia na formação da identidade por meio do reconhecimento. "[...] o Eu busca o nós da vida comum em grupo, porque, mesmo depois de amadurecido, ele ainda depende de formas de reconhecimento social que possuam o denso caráter da motivação direta e da confirmação" (Honneth, 2013, p. 77).

O pesquisador alemão também engloba os grupos como espaços de conflito, mas que esses são majoritariamente racionais e possíveis de hierarquização. Embora as patologias coletivas possam ocorrer, elas são derivações de distúrbios dos indivíduos para a coletividade, e não o contrário, novamente se contrapondo ao posicionamento da psicanálise tradicional. Nessas condições, o autor exemplifica dois casos principais: indivíduos com idealizações primitivas sem a conclusão da separação da fusão, que são completamente dependentes do grupo e não autônomos, que enxergam nos líderes a onipotência; e indivíduos com potencial incontrolável de agressividade por casos de abandono ou desrespeito anterior. Nas palavras do pesquisador, "[...] a situação dos grupos numa sociedade sempre é tão boa ou tão ruim quanto o são as condições de socialização que nela prevalecem" (Honneth, 2013, p. 78).

Os levantamentos hipotéticos apresentados por Honneth, ainda que carregados pela generalização da socialização infantil para a fase adulta pela regressão positiva, em um primeiro momento do pragmatismo de George Mead (1973), nas fases *I* e *Me* e – posteriormente – do estudo de amadurecimento de Winnicott com os objetos transicionais, reforçam a influência do outro e do grupo na constituição identitária e na mobilização social. Seguindo as premissas dessa generalização,

---

[3] Uma análise mais aprofundada dos aspectos psicológicos e sociais da formação de grupos é encontrada no texto original do autor, que aqui foi reduzida e posteriormente direcionada ao objeto de estudo, mas que pode ser entendida também na associação de comunidades de marcas, orgânicas ou estruturadas pelas organizações, utilizadas na interação entre consumidores e desses com as marcas.

pode-se avaliar a formação de reconhecimento (amor, igualdade jurídica e realização individual) por meio das marcas e da ecologia publicitária; processo de reconhecimento que vai além da representação, ou recepção de um anúncio. Afinal, as marcas e a discussão em torno delas colocam em debate demandas socioculturais, seja pelo reconhecimento, seja por sua violação, em abrangência regional ou globalizante, guiadas pelo espírito do tempo e o contato com os demais atores inseridos nesses lugares de mediação.

Poderiam ser as marcas e suas publicizações objetos transicionais intermediários, a circular possibilidades de reconhecimento em diferentes dimensões, agindo por meio da formação de grupos ou da intervenção direta do consumidor? O uso de temas pautados como causas pelas marcas, incluindo as identitárias de reforço do autorrespeito, seria apenas reconhecimento perverso, que valoriza identidade fetichizada dos consumidores, ou autonomizam o indivíduo nas lacunas públicas, ativando forças dormentes, como um passo anterior às mobilizações coletivas? Ou seja, a publicidade pode ser um dispositivo para reconhecimento em grupos, como fator intermediário da emancipação do indivíduo pela apropriação que faz dos discursos enunciados? Essas são algumas questões que envolvem a publicidade do ponto de vista do reconhecimento, focada na relevância da socialização, da intersubjetividade e do aspecto coletivo de ação social.

Porém, o consumo e a publicidade tendem a ser vistos como engendrados à força dominante para a manutenção das estruturas sociais na Teoria Crítica. Essa questão será discutida posteriormente no direcionamento à publicidade e tensionada pelas outras abordagens do sujeito em sociedade, apresentadas ao decorrer do referencial teórico.

Werle e Melo (2008) relatam que Habermas avançou significativamente no *deficit* normativo da Teoria Crítica, e que o questionamento de Honneth para superar o *deficit* sociológico acontece em dois aspectos: na distinção entre o sistema e mundo da vida, que, em vez de verificar os conflitos diretos, foca algo muito abstrato para os sujeitos e no objetivo de dar voz para aqueles que já teriam e estão falando por meio das lutas; e na crítica da intersubjetividade comunicativa, que deveria focar o sujeito e a sociedade, em vez da economia ou do sistema, pois é por meio do fortalecimento das identidades que as transformações são possíveis.

No desenvolvimento da teoria do reconhecimento, o autor traça formas de entender os processos de justificação na intersecção do Direito com o conceito de eticidade como uma vida boa. Essas questões serão tratadas posteriormente na discussão com a proposta alternativa de justificação.

Assim como os demais autores, Honneth não está isento de críticas ao seu trabalho. Nancy Fraser (2001a), autora igualmente ligada à tradição crítica, relata a valoração do reconhecimento, que trata de aspectos culturais da sociedade, em detrimento da necessidade de redistribuição socioeconômica, em uma dinâmica de identidade de grupo contra o de classes.

Para ela, um reconhecimento efetivo só é possível ao aliar políticas culturais da diferença com políticas sociais de igualdade. Nesse sentido, busca promover a ampliação de equidade nas lutas sociais de reconhecimento, pois elas também dependem de condições econômicas para não minguarem. Nessa proposta, a autora tece sugestões para que ações culturais e econômicas não rivalizem entre si e reafirma a divisão e a necessidade em falar sobre redistribuição em um contexto de crescente diferença material entre cidadãos nos países. A proposta também assume as interseccionalidades ou "coletividades bivalentes", em que a questão econômica e a questão cultural se cruzam, tendo, de um lado, que dissolver as diferenças de grupo quanto à redistribuição e, de outro, reafirmar as diferenças da coletividade para o reconhecimento.

Para refletir as diferentes formas de ação e as projeções consequentes, a autora propõe a divisão entre remédios afirmativos e transformativos (Fraser, 2001a). Essa proposição é de especial importância, pois desloca a atenção do problema econômico ou cultural, exaustivamente expostos até aqui e na literatura, para se concentrar nas soluções possíveis, tanto para um quanto para outro. Enquanto os remédios afirmativos tratam os efeitos finais do problema, na tentativa de minimizar a injustiça enfrentada, os transformativos buscam mudar as estruturas que geram diferenças. A autora reforça ainda que não é uma questão de mudança gradual em contraposição à radical, mas, sim, do foco em que se dá às ações.

Os exemplos dados pela pesquisadora são esclarecedores nesse sentido, ao tomar remédios afirmativos da sexualidade para *gays* e lésbicas, que diferenciam esses grupos em busca de visibilidade das pautas e do reconhecimento, ou remédios afirmativos de redistribuição, com a transferência monetária a grupos específicos, ampliando o consumo. Nenhuma das ações questiona a estrutura que leva ao problema de reconhecimento, podendo, inclusive, gerar dificuldades nesse sentido por estigmatização de grupos como privilegiados ao longo do tempo, ou submetidos a um reconhecimento perverso, ainda que possam ser soluções interessantes emergencialmente.

Nos casos transformativos, o posicionamento *queer* na sexualidade desestrutura a discussão tradicional para colocar uma sexualidade fluída para todos, ou o reforço de uma identidade *gay* ou lésbica. É multiplicidade em vez da dicotomia existente. Para a redistribuição, a desestruturação de classes por meio de nova característica dos mercados, empregos e economia teria o mesmo sentido. A intenção não é focar apenas um ou outro remédio, mas considerar a dosimetria adequada ao fenômeno, tendo em vista as premissas de igualdade moral.

A resposta de Honneth é que a redistribuição está contida nas lutas culturais de reconhecimento, pois passam igualmente pelo respeito dos grupos e constituição identitária dos sujeitos. "[...] mesmo as injustiças distributivas devem ser entendidas como expressão institucional de desrespeito social – ou, melhor dizendo, de relações injustificadas de reconhecimento" (Honneth, 2003, p. 114). Do ponto de vista prático, as reivindicações para melhor distribuição econômica constituem-se em lutas por reconhecimento, que também falam sobre identidade e grupos. O autor adiciona que, qualquer que seja a pauta sobre injustiça contemporânea, ela prescinde a discussão do que se caracteriza como uma vida boa na sociedade. Contudo, compreende que havia na sua proposta original uma psicologização exagerada do sujeito em detrimento de sua condição socializante, sendo que o debate possibilitou a compreensão de que nem toda expectativa moral do sujeito é válida, pois pode ser prejudicial à sociedade, voltando a considerar a ordem em que ele está inserido. Ou seja, ampliando a discussão sobre o status normativo em relação à identidade.

Outra crítica realizada ao trabalho do filósofo alemão é tecida por Vladimir Safatle (2018), que leva ao limite as identidades coletivas e expõe que uma ação política transformativa só é possível com o desprendimento do foco de fortalecimento de identidades individuais. Como já visto, a ação de reconhecimento também está presente nos grupos e necessita deles para o reforço de autorrespeito e de autoestima. O próprio resultado da proposta de reconhecimento é o entendimento de movimentos sociais, dos quais dependem relações intersubjetivas.

Mesmo assim, Safatle (2018) considera o pensamento coletivo predominante sobre a individualização. O autor recorre ao desamparo freudiano para a compreensão do cenário que precisa ser transformado na busca de uma proximidade com a natureza do corpo político. Assim, ele recupera as abordagens negativas do reconhecimento desenvolvidas por Charles Taylor, somadas à proposta de sujeito descentrado de Lacan, suprimidas no Instituto de Pesquisa Social, pois elas afastam os princípios cooperativos de indivíduos como naturais. Na crítica de um *deficit* sociológico da negatividade do trabalho de Honneth, o autor expõe que:

> Honneth tende, entre outras coisas, a compreender o "negativismo" freudiano e sua tematização da relação dramática entre indivíduo e sociedade como mera expressão distorcida de uma visão proto-hobbesiana da fragilidade dos vínculos sociais diante da irracionalidade do comportamento humano. Irracionalidade que poderia ser, ao final de um processo bem-sucedido de maturação, submetida às exigências normativas da razão (Safatle, 2018, p. 202).

O autor critica ainda a generalização de Honneth dos grupos como objetos transicionais, pois a arte e a religião exploradas nesse sentido por Winnicott só são possíveis de serem transicionais, pois não ocupam a dimensão política globalizante, são aspectos da cultura, de admiração, de uma visão da natureza que não tem comprometimento com o todo social, a não ser que a proposta seja uma transformação normativa pela arte ou pela religião. Essa posição destaca a publicidade como lugar transicional, se considerássemos – assim como a arte e a religião – a limitação das dinâmicas sociais e suas complexidades em um momento específico de contemplação da realidade e constituíssemos, nesse momento de mediação com o sujeito, uma realidade específica, geralmente conativa e de cunho deliberativo, menos complexa do que seu objeto de interpretação. Por outro lado, ao considerarmos a tentativa de globalizar temas tratados na circulação de mídias com grande potencial de cobertura, tendo utilidade comercial e, portanto, também política, enfraquecemos as possibilidades transicionais.

A proposta de Safatle, para superar a crítica que faz à falta da negatividade como condição humana no trabalho de Axel Honneth, é recuperar a pulsão de morte freudiana, resultante na proposição de mal--estar e – a partir de Lacan – propor um *reconhecimento antipredicativo*, com uma indeterminação intrínseca para esse reconhecimento que move o indivíduo (Safatle, 2018).[4]

---

[4] O autor faz referência muito rica à obra de Freud e Lacan, que não é retomada aqui pelo direcionamento dado neste livro. Nessa perspectiva, aborda a consciência de culpa e o sentimento de culpa social como produção disciplinar da sociedade, isto é, um gozo enquadrado pelo social (Safatle, 2018, p. 220). É o que leva o autor a contestar a individualidade da experiência de fusão.

O reconhecimento antipredicativo se contrapõe à proposta cultural de Honneth, assim como à econômica de Fraser, acrescentando que os movimentos sociais para transformação, entendida neste caso como revolução, advém de uma dimensão política, que não nega as duas outras, mas dá o corpo social necessário para rejeitar os posicionamentos individuais em prol do social. Como expõe o autor:

> Falar em "reconhecimento antipredicativo" só faria sentido se pudéssemos afirmar a necessidade de algo do sujeito não passar em seus predicados, mas continuar como potência indeterminada e força de indistinção. Como se aprofundar as dinâmicas de reconhecimento não passasse por aumentar o número de predicados aos quais um sujeito se reporta, mas que passasse, na verdade, por compreender que um sujeito se define por portar o que resiste ao próprio processo de predicação (Safatle, 2018, p. 246).

Nesse sentido, o desenvolvimento social passa por entender que, apesar de importantes, as demandas de reforço da individualidade estão sob o invólucro dos direitos de cidadania de uma forma mais abrangente, o que interfere na desinstitucionalização do direito da vida privada em pautas de família e costumes, por exemplo. O caso apresentado pelo autor é o casamento em que as estruturas institucionais determinam cada vez mais formas legais para a garantia de direitos iguais, já contidos na premissa social.

Em vez do casamento homoafetivo e outras tipificações, o Estado deveria focar apenas as questões econômicas derivadas da vida privada e que essas sejam discutidas socialmente de forma não institucionalizada. A ideia é de que haja "forte regulação das relações econômicas e fraca regulação das relações sociais" (Safatle, 2018, p. 249). Por isso, superar a questão cultural é essencial nesse posicionamento, uma vez que ela se pauta justamente pela diferença, e não pela igualdade.

Ainda cabe reforçar que o autor retoma as propostas de governos com políticas multiculturais, em que a tolerância a essas diferenças pautadas na identidade fornece grande dialogismo e dualidade para quem tolera. **Em resumo, Safatle (2018) enumera três problemas centrais do reconhecimento predicativo: a diminuição da importância econômica, ao englobar essa questão como advinda da falta de reconhecimento; a** amplificação do discurso psicológico em vez do político, levando a uma demanda terapêutica do acolhimento, reforçando a representação do sujeito ou da instituição capaz de cuidar; o reforço da identidade que pulveriza o impacto político que a desidentidade pode trazer. Nesse último tópico, ainda que por caminhos diferentes, vemos a semelhança com a proposição dos remédios de transformação de Nancy Fraser.

O panorama de reconhecimento evidencia potencialidades na investigação dos sujeitos em contato com as publicidades que envolvem causas. Por uma perspectiva inicial, podem debater diretamente sobre o envolvimento do segundo setor no contexto de liberação econômica em atrito com o propósito da Teoria Crítica. Nesta perspectiva, a apropriação do mercado pelo social e o direcionamento de caráter público e não privado, o favorecimento de afirmações identitárias ligadas ao multiculturalismo e o reconhecimento perverso são alguns pontos a serem destacados.

No entanto, os estudos nos últimos 20 anos sobre reconhecimento e, mais recentemente, por meio das propostas e da discussão do tema fornecem amplo subsídio para entender as perspectivas do ponto de vista das práticas sociais dos sujeitos, neste caso, também pelo consumo e pelos sentidos atribuídos ao cotidiano midiatizado, envolvendo os atores. Para isso, cabe inicialmente compreender a questão do ponto de vista científico, envolvendo sua carga empírica.

Ante a esse panorama do reconhecimento, redistribuição e outras propostas da Teoria Crítica, assim como seus questionamentos, é possível dar continuidade, tendo elementos gerais em mente. Verifica-se que, mesmo sob críticas, seja da universalização e generalização do modelo de reconhecimento de Axel Honneth, seja pela capacidade de colocar em prática uma efetiva redistribuição socioeconômica aliada a aspectos culturais, como propõe Nancy Fraser, as propostas dão um passo importante para a fundamentação moral das sociedades e o desenvolvimento social. Isso ocorre tanto por meio de uma teorização menos abstrata, embasada nas angústias sociais cotidianas, quanto pela retomada histórica da moral.

Como vimos pelos apontamentos de Safatle, questiona-se em que medida é possível estabelecer gradações maiores de desenvolvimento social sem a mobilização política de grupos, além do alerta em submeter indivíduos às representações que não dependem exclusivamente deles. Diante das críticas, a defesa que se faz nesta proposta, ainda pelo reconhecimento, é a de que ele opera uma lógica da interação amplamente configurada pelo embate coletivo, principalmente sobre a degradação e as ofensas, assim como nas tentativas de recuperação do reconhecimento articulando questões subjetivas e objetivas. Isto é, uma gramática moral dos conflitos sociais, como propõe o título do livro do autor. Ainda que, para uma transformação social, a vertente desidentitária leve à força política do agrupamento, para avaliar as tensões e os embates, o reconhecimento opera uma lógica de compreensão dos discursos, muitas vezes focados nos aspectos individuais de diferenciação.

No outro âmbito, se a linguagem do consumo não opera integralmente o objetivo da Teoria Crítica em verificar as fissuras do capitalismo para estabelecer outras lógicas sociais e econômicas, tampouco é possível compreender o social hoje sem passar pela mediação com o consumo. Assim ocorre com a tentativa de mudanças maiores dependentes da força política e de grupos, que passam pelo entendimento das práticas sociais, incluindo potencialidades e fragilidades do consumo. O que se fará com os reconhecimentos operados na lógica publicitária é uma repercussão prática também a ser estudada. Esse reconhecimento é operado apenas perversamente, ou de forma plural, que gere reflexão? É possível ter ganhos para a causa, sujeitos e instituições parceiras? Ou seja, em que medida outras apropriações são realizadas fora do ambiente de consumo, mas não fora do ambiente comunicacional, o que inclui a esfera pública e política e podem levar a transformações mais intensas coletivamente.

2.2 JUSTIFICAÇÃO NAS INTERAÇÕES PUBLICITÁRIAS

O convite para pensar a justificação de Luc Boltanski e Thévenot (2006) é a segunda forma de compreender a atuação do sujeito no mundo por uma base moral, também situada em uma zona de conflito e negociações útil à publicidade contemporânea. Como já vimos, a publicidade atual possibilita a interação e o acesso à rede de relações pelo ambiente digital, tornando-se excelente objeto para a teoria, ainda que tenha surgido em contexto bem diferente.

É importante reforçar que a proposta de justificação não é uma teoria geral, mas voltada especificamente aos momentos de interpelação para a solução de crises. Boltanski reforça essa condição na entrevista dada à Faculdade de Filosofia, Letras e Ciências Humanas da Universidade de São Paulo, pautando que nem sempre os leitores e divulgadores de uma teoria fazem jus à condição na qual os pesquisadores originais a estabeleceram (Rosatti; Bonaldi; Ferreira, 2014).

Protagonista da sociologia da crítica, Luc Boltanski (2009) considera importante olhar para os atores sociais, não apenas para os fenômenos deles derivados, retirando a tendência dos pesquisadores em serem mensageiros da verdade, quando – na realidade – a verdade é vivenciada por cada ator, e a capacidade de crítica também está distribuída. A atuação, portanto, é embasada pelo pragmatismo[5], mas não foge da tentativa de uma estruturação dessa lógica, em que as incertezas das ações do sujeito são relevantes, em contraste com a reprodução a partir do *habitus*, proposto por Bourdieu (2017). Para a Sociologia da Crítica, assim como a terceira geração da Teoria Crítica, novamente as ações dos atores e de suas práticas cotidianas são o foco.

A proposta de justificação de Boltanski e Thévenot (2006) discorre em convergência à segunda dimensão de Honneth (2008) na esfera do direito, concentrando-se em como se dá a explicação de uma injustiça percebida por aquele que faz parte desse sistema de crise, de tal forma que essa situação possa ser dissipada por meio de uma mediação, de uma negociação válida, em que a explicação é tida como plausível. Ou seja, interessam aqui as disputas que não se concentram no estágio de indivíduos sem lei, isto é, aquelas apoiadas no poder e na força, mas, sim, nas prerrogativas de justificação, que podem levar a um bem comum sem uso da violência.

O ponto de partida para pensar a justificação vem de trabalhos anteriores (p. ex. *Les Cadres*; *La Denunciación*), em que Boltanski investiga as causas coletivas de denúncias públicas realizadas por trabalhadores que eram levados a se demitir e as cartas enviadas ao jornal *Le Monde* sobre casos particulares na tentativa de que fossem ouvidos por suas competências críticas, visando a uma denúncia pública. Como explica o próprio autor, foi uma derivação natural para entender em que medida os argumentos e as categorias encontrados (vítima, denunciante, juiz e sujeito que comete a injustiça) não desviavam para um comportamento entendido como paranoico, mas, sim, um caso possível de ser considerado pelo olhar do outro (Rossatti *et al.*, 2014).

---

[5] Sobre o movimento de pluralidade intelectual voltado ao pragmatismo nos últimos anos na França, verificar Correa e Dias (2016), que tecem interessante histórico em consonância com autores estadunidenses, como Charles S. Peirce, George Mead e John Dewey, comparando a incursão dos pesquisadores com Bruno Latour, que parte de outra corrente, mas também é influenciado pelo pragmatismo. Outra contribuição nesse sentido é o estudo de Vanderberghe (2006), *Construção e Crítica na Nova Sociologia Francesa*.

> [...] a causa (*affaire*) tornou-se um objeto central para apreender o esforço dos atores sociais em legitimar suas críticas na passagem do particular ao geral, do privado ao público e do individual ao coletivo. A busca por reparação e justiça numa causa exige dos atores a (re)qualificação tanto das entidades pertinentes envolvidas na disputa (momento ontológico) quanto do seu valor relativo (momento axiológico) (Correa; Dias, 2016, p. 72).

Tendo em vista a questão particular para uma conversação pública e o processo de justificação, é relevante que o ator se dispa de fatores extremamente pessoais, para entender como aquele que iniciou a causa e outras pessoas compreenderão o fato ocorrido. Esse momento de crise também levará a uma reconsideração ontológica do sujeito, o que se aproxima do embasamento de reconhecimento.

Comparando os autores franceses ao alemão, a teoria da justificação é mais específica em seu sentido social, e a moral é considerada menos uma estrutura predeterminada, ainda que em transformação na sociedade moderna, e mais algo que se dá na relação entre atores e que depende dos contextos, em termos de valores e de grandezas (lógicas que movem esse contexto para reconhecer o argumento do outro: criatividade, opinião, civilidade, entre outras).

Dessa forma, a sociologia da crítica contribui ao objeto de estudo por investigar a argumentação das violações de justiça percebidas pelos atores e, mais ainda, as formas conscientes de comunicação e as capacidades usadas para a justificação, que não surgem da teoria, mas dos próprios interagentes.

Ao comentar as diferenças entre a teoria do reconhecimento e da crítica, Boltanski *et al.* (2014, p. 570) relata que:

> [...] estamos interessados – principalmente – no problema de ordem e hierarquia, bem como em sua justificativa. Dado a existência de diversas reivindicações de reconhecimento, a questão é como se deve reconhecer. Um pode ser reconhecido como "significativo" ou "insignificante", como "grande" ou "pequeno"; e mesmo que alguém seja considerado "pequeno", ele tem um lugar na sociedade, embora alguém possa estar insatisfeito com isso. Portanto, precisamos examinar não

apenas os processos de reconhecimento dentro de um mundo particular, mas também as maneiras pelas quais eles estão relacionados a questões decorrentes de posição, hierarquia e ordem, que definem como se localiza neste mundo. Em outras palavras, o reconhecimento não é o fim do conflito.

Assim, avaliar as justificações nas interações publicitárias possibilita compreender a qualidade do reconhecimento, como ele é realizado e utilizado para resolver os momentos de crise, se é que está sendo resolvido, ou duas formas diferentes de justificação cruzam-se sem soluções imediatas, em defesas isoladas de seus pontos de vista.

As situações de provas institucionalizadas levam à diminuição de incerteza das pessoas no cenário público, sem tornar o embate perene sobre diferentes óticas. No entanto, mesmo se concentrando em momentos críticos e, de certa forma, em como são feitas as construções dos argumentos na tentativa de resolver disputas, a proposta não retoma as condições performáticas da linguagem exploradas por Habermas, como expõem Sobottka e Saavedra (2012). O agir comunicativo, dá lugar ao agir construtivo e reflexivo das pessoas em contato com a complexidade e as incertezas das situações de tensão vivenciadas.

Como apontam Correa e Dias (2016, p. 73), "o projeto do livro *De la Justification* surgiu precisamente quando a sociologia da crítica evoluiu da análise das causas (*affaires*) para a percepção de que existem formas plurais de vinculação ao bem comum". A teoria da justificação trata dos acordos e desacordos em situações de crise, entendendo a lógica que move as relações de negociação em busca de justiça, em ambientes que não limitem as disciplinas (organizações), mas que permitam certa liberdade dos atores. A dimensão de análise está entre a generalização social, pelo conceito de *cités*, e a individualização dos sujeitos, por meio da competência crítica-argumentativa, tentando minimizar a polarização teórica entre sujeito-sociedade, exposta no início da obra.

Comparando diferentes modelos de negociação como o contexto de mercado e o contexto político, os autores expõem como se dá a condição humana em relação à justiça, principalmente na ação de se defender em uma situação, ou defender alguém contra algo, isto é, no ato de justificação. Essa busca pela justiça dá-se interpelando o público e o privado, combinando as disciplinas de Sociologia e Economia dos proponentes da obra. Dessa forma, a justificação procura explicar expectativas morais não realizadas das pessoas, transformadas em situações de reabilitação da justiça, em que é preciso entender os contextos em que essas negociações se dão para defender e criticar posicionamentos (Boltanski; Thévenot, 2006).

Como o título do livro expõe – *A Justificação: sobre as economias da grandeza* – a teoria é uma forma de filosofia política em suas ordens e hierarquias, em que uma das possibilidades é a busca pela justiça, o que não ocorre de forma permanente, como explicação do todo social, mas apenas como uma das fontes que move a ação no mundo, entre tantas outras (violência, por exemplo). A influência do filósofo Wittgenstein leva à compreensão da lógica aplicada ao entendimento da realidade, e a de Chomsky, à linguagem usada por atores comuns em uma visão, como vimos, distinta da normatividade e institucionalização de Habermas.

Há alguns pontos na teoria da crítica que, por suas terminologias, podem causar confusão e são centrais para seu entendimento. O primeiro deles é o de *cités*, em que a argumentação da justificação e suas críticas dão-se do ponto de vista público, isto é, minimizando as individualizações no discurso em ambientes de ordens relativamente definidas por uma visão de mundo, ou seja, um modelo de valores sob o qual a argumentação ocorre.

As *cités* revelam uma filosofia política do bem-comum, que compõem um conjunto de aceitações entre as pessoas dentro de um contexto, sob o qual a argumentação acontece (Boltanski; Thévenot, 2006). Portanto, a *cité* é um entendimento de qual a condição em que a mediação entre sujeitos dá-se para possível teorização. Correa e Dias (2016, p. 74) corroboram o entendimento desse termo, expondo que:

> A cité é, em poucas palavras, uma formalização conceitual que explicita os critérios de robustez das concepções sobre o vínculo político justo, produzidas tanto pela filosofia política quanto pelas formulações mais mundanas. A justiça aqui é uma ideia central para pensar a relação entre as utopias políticas e a sua realização no mundo.

As *cités* conferem direcionamento à crítica sociológica, isto é, do pesquisador, voltando-se à segurança epistemológica, por um lado; mas também pragmática, por outro, ao reforçar a importância de seguir os atores, pois a estruturação feita pelo estudioso parte dos recursos operados pelas pessoas em seus embates. **Ou seja, nas *cités*, está o cerne para** evitar uma pluralidade relativista, ou um subjetivismo que pare no senso comum, ou na descrição. Para administrar os momentos críticos, as pessoas devem manusear diferentes dispositivos (objetos, regras, instituições) com a finalidade de escolher entre as muitas formas de legitimar os discursos de justiça. A perspectiva de *cité*[6], ao mesmo tempo que reduz a complexidade de formas aceitáveis de justificação e crítica, ainda amplifica o papel do pesquisador, embasada em uma estrutura teórica, uma vez que os autores representam cada *cité* analogamente a uma obra da sociologia ou economia.

A classificação de crítica também é relevante, pois a justificação é realizada de forma a tentar antecipar as críticas e selecionar a melhor forma de apresentá-la. Assim, podem ser favoráveis ao regime de justificação, geralmente feita por algum dos protagonistas contra aqueles que infringiram a justiça, possuindo um objetivo corretivo do percurso. Outra possibilidade é a contestação do regime de justificação, em que não se corrige as condições da prova[7] por outro teste, que suprime o anterior.

As tentativas de acordo dão-se em contextos específicos em que existe um afastamento quando argumentos de outras *cités* são apresentados. Mas os objetos transitam entre contextos diferentes e, por isso, a importância da capacidade dos atores para enfrentar situações de disputa e reconhecer a qual *cité* pertencem os envolvidos. Como exemplificam Correa e Dias (2016, p. 75):

> Essas situações geram uma incongruência situacional, razão pela qual pessoas, comportamentos ou objetos deslocados — celebridades em situações prosaicas, ex-presidentes e best-sellers na Academia Brasileira de Letras, presentes íntimos para o chefe, citações poéticas numa decisão judicial, o passo rápido numa galeria de arte, ou a avareza minuciosa numa relação entre amigos – geram falatório, mal-estar, fofocas, rumores, brigas ou mesmo conflitos.

---

[6] A configuração das *cités* atende a cinco axiomas, que permitem identificar essas leituras de mundo: humanidade comum, ausência de diferenciação, dignidade comum, ordem de magnitude e felicidade como construção comum, em vez de um gozo individual – o que leva a sacrifícios das pessoas para ampliar a grandeza das *cités*, ou seja, fortalecer a lógica que move a justificação (Boltanski; Thévenot, 2006).

[7] Prova é entendida aqui como o tensionamento dos valores/grandezas em uma *cité*, na garantia de estabilidade comum.

Com base na análise de um bem-comum contemporâneo, Boltanski e Thévenot (2006) propõem seis *cités*, pautadas por atores, mas subsidiados em obras que tiveram importância na configuração política da humanidade. Essas seis *cités* são: inspirada, doméstica, da opinião, cívica, industrial e mercantil[8]. Identificar o contexto no qual ocorre o momento crítico é um pressuposto para a solução da disputa. A relação entre as *cités*, suas grandezas e obras de inspiração pode ser encontrada no Quadro 2, a seguir, que sintetiza a matriz de análise dos autores.

Em obra posterior, Boltanski e Chiapello (2009) propõem uma sétima *cité*, a de projetos, inserindo o caráter histórico na teoria da crítica. Nesse caso, os autores relatam três momentos do capitalismo: o primeiro, pautado pelo espírito individual do burguês empreendedor, ligado ao processo de inovação; o segundo, caracterizado por grandes empresas industriais, centrado na figura do diretor e do modelo burocrático; o terceiro, movido pela adaptação constante e duração curta de cada projeto, faz com que todos os setores da sociedade adequem-se rapidamente a essas transições, sem começo, meio e fim, personificadas pela conexão em rede. A *cité* por projetos identifica esse terceiro momento, que estabelece a crise como vínculo fundamental da existência.

Além de uma matriz de análise, o quadro evidencia a presença das trocas, principalmente nos cenários industrial, mercantil e de projetos, em que a comunicação mercadológica está presente. Ademais, as possíveis intersecções entre *cités* e destas com o objeto de estudo permitem o aprofundamento dos contextos de civilidade e de opinião com as *cités* industrial, mercantil e de projetos. A transversalidade da comunicação e sua constituição como aquilo que possibilita o acordo e o desenvolvimento social, dando sentido aos entendimentos de justiça, também está presente na análise.

---

8 Verifica-se um melhor entendimento dos nomes das *cités* na tradução da obra para a língua inglesa, em que a *cité* opinião é tida como *cité* fama, compreendendo às necessidades de reconhecimento, embasada pelo amor, potencializando o formato semiótico da informação.

Quadro 2 – Exposição sinótica dos elementos da Teoria de Justificação

Cités	Obra Filosófica	Guia Contemporâneo	Humanidade Comum	Relação Elementar	Estado de Grandeza	Momentos de Prova	Formato da Informação Relevante	Declínio (pequeno)
Inspirada	Cidade de Deus (Santo Agostinho)	Guia de criatividade, escrito por um consultor	Inquietude da criação, amor, paixão, criatividade	Paixão, inspiração	Graça, indizível e etéreo, insólito, inquietante	Aventuras interiores, buscas e jornadas espirituais e experiências vividas	Emocional, espontâneo	Rotinização, hábitos, volta à "realidade", reprodução
Doméstica	Política tirada das Santas Escrituras (Bossuet)	Guia de boas maneiras	Naturalidade do hábito, caráter, bom senso	Confiança	Posição hierárquica, distinção, respeito e estima pessoal	Cerimônias familiares, celebrações, nomeações	Oral, exemplar, anedota	Indelicadeza, falta de consideração, traição
Opinião	Leviatã (Hobbes)	Guia de relações públicas	Desejo de ser reconhecido, amor-próprio	Reconhecimento, persuasão	Celebridade, renome, visibilidade, fama	Apresentação, coletiva de imprensa, lançamento, grande visibilidade	Semiótico	Banalização, esquecimento, anônimo
Cívica	O Contrato Social (Rousseau)	Guias sindicais	Aspiração aos direitos cívicos, políticos e de participação	Representação, solidariedade	Representativo, legal, unitário, oficial	Eleições, assembleia, manifestações, causa pública	Formal, oficial	Divisão, isolamento, individualismo
Industrial	Obras de Saint-Simon	Guia de produtividade	Trabalho, energia	Vínculo funcional	Funcional, eficaz, produtivo	Teste, controle, execução, implementação	Mensurável: critérios, estatística	Amadorismo, improdutivo, aleatório, pane
Mercantil	Teoria dos Sentimentos Morais (Adam Smith)	Guia de marketing	Interesse, amor pelas coisas, desejo, egoísmo	Competição, troca, relações de negócios	Desejável, preço, riqueza	Fechamento de negócios, transações e contratos	Monetário	Desvalorização monetária, pobreza, perda de liquidez
Projetos	Obras da "nova gestão empresarial" (década 90)	Idem (cité em formação)	Desejo de conectar	Conexão	Móvel, engajado, flexível, polivalente	Passagem de um projeto a outro	Número e complexidade de conexões	Rigidez, fechamento, imobilidade, enraizamento

Fonte: Correa e Dias (2016, p. 76-77)

Por meio da *cité* projetos, ainda se soma à discussão as sociedades em rede e ambientes digitais. Como sugerem os próprios autores, a justificação também se dá pelo seu caráter dinâmico, em que novas formas de explicação e crítica social são constituídas, visto que a interação entre atores pode ganhar novas configurações. Deste modo, está associado ao princípio fundamental de crescimento sígnico. **Essa dinamicidade, acompanhada da imbricação das *cités* em grandezas de outros contextos, pode ser observada na proposta de midiatização da sociedade (lógica midiática atribuída a outras instituições) e da análise das mediações do consumo, em especial pelas ideias de publicização (Casaqui, 2011).** Publicização que torna tênue as diferenças entre discursos pertencentes a contextos ou atores do primeiro, segundo ou terceiro setores, que enevoam as fortalezas construídas a partir das ordens e grandezas específicas de uma *cité*.

As assimetrias de poder são analisadas pela sociologia da crítica, mas não de forma antecipada à pesquisa, considerando sua característica dada e reprodutiva, mas, sim, pelos efeitos de sentido provenientes das comunicações de justificação, em que as grandezas e um bem comum prescindem equivalência entre atores. Mesmo que esse não seja o caso, o teste se dá somente pelos dados empíricos, e não por antecipação. Vandenberghe (2013) relata que a condição de equidade dos sujeitos em disputa dessa teoria minimiza a potencialidade crítica, e, na tentativa de afastamento da sociologia crítica de Bourdieu, Bolstanski e Thévenot permanecem próximos do autor, mas com neologismos, o que leva à sugestão de uma justificação a partir da dominação, capaz de tensionar a aposta na simetria dos atores.

No entanto, a permanência em resoluções de disputas apenas pelo foco axiológico, e não ontológico, assim como o direcionamento para situações não prolongadas de crise são críticas levantadas (Correa; Dias, 2016). Nesses aspectos, as disputas para afirmação ou desconstrução identitárias são exemplos proeminentes, que, na perspectiva do reconhecimento, trazem fortemente a premissa de mudança da realidade percebida.

Os embates políticos também podem referenciar essas situações sob a base persistente de disputas em que a solução passe mais por uma característica ontológica do que axiológica. As disputas de longa duração arrastam uma série de questões situacionais, e, novamente fazendo referência ao compilado de Correa e Dias (2016), o apego a dispositivos que garantam o senso de realidade fornece segurança psíquica. No entanto, em que medida se pode pensar que os dispositivos realmente tenham essa força, uma vez que também sofrem influência das bolhas de convivência, personalização de conteúdos com base em uma estrutura ontológica anterior e da própria disposição dos atores para um bem comum e o senso de realidade?

Essa incursão pela sociologia da crítica pode ser vista de forma inicial na contribuição do novo espírito capitalista, ao compreender uma retomada histórica e considerar aspectos do cotidiano e da intimidade ligados à *cité* projeto e à ampliação dos momentos de crise e incerteza em caráter subjetivo. O que vemos na proposta de justificação é como compreender os discursos que violam ou reforçam o reconhecimento.

O quadro de referência indica como exaltar cada argumento dentro das *cités*, seus momentos de prova e de declínio. Comparar as diferentes *cités* pelo olhar da publicidade de causa é um interessante exercício para pensarmos questões já levantadas até aqui como o oportunismo de empresas, a valoração da opinião pública sobre determinado assunto, os conflitos entre diferentes argumentos morais, o entra e sai de projetos empresariais, e assim por diante.

2.3 O RETORNO AO INDIVIDUALISMO METODOLÓGICO

A terceira contribuição para compreender a ação do sujeito na coletividade e, portanto, também interações, negociações e conflitos que emergem da publicidade é por meio do olhar do individualismo metodológico. Esse termo, de fato, não traduz uma teoria, mas qualquer forma de desenvolver pesquisa que se debruce sobre o sujeito, como já estabelecido por Max Weber. Na organização do Dicionário Crítico de Sociologia, Raymond Boudon e François Bourricaud (1986) avaliam o termo como a análise de fenômenos sociais como resultado do comportamento individual e, em relação com a economia, propõem uma matriz que contemple as dualidades teóricas encontradas (racional *versus* irracional, holismo *versus* individualismo).

Os posicionamentos em formatos de quadrantes ou gradações podem ser úteis também em uma eventual compreensão de discursos em triangulação com as teorias apresentadas aqui. O que se busca nessa perspectiva é a compreensão de quais questões individuais asseguram uma escolha racional dos atores para suas decisões em sociedade. Os questionamentos onto-epistemológicos da entrevista a seguir ilustram bem a disputa dos paradigmas do pensamento social:

> Serão os atores lançados num mundo já construído, em que as possibilidades de ação são extremamente limitadas (como no estruturalismo)? Ou devemos partir da perspectiva dos atores e das suas práticas situacionais constitutivas do mundo (como no pragmatismo e na etnometodologia)? Ambas as descrições estão corretas. É claro que os atores que vivem situações concretas não estão só expostos a um mundo já construído, como também o alteram. A integração destas duas abordagens, no entanto, ainda não foi realizada (Boltanski *et al.*, 2014, n.p.).

Como visto, o autor tenta aproximar-se de uma explicação meso, mas é julgado pela perda de crítica e otimismo voluntarista. Os autores apresentados na primeira e segunda etapas podem ser considerados pelo individualismo metodológico, seja por meio da identidade na proposição de reconhecimento, seja por ouvir e dar voz aos atores. Mas aqui a intenção é justamente estabelecer uma tensão entre possibilidades mais e menos socializantes de explicação. Dessa forma, os estudos anteriores guardam preocupações socializantes intensas no cerne das suas pesquisas, como na intersubjetividade e na influência dos grupos, ou no compartilhamento de ordens e grandezas das *cités*, para realizar suas justificações, ou seja, argumentos plausíveis para uma coletividade.

Portanto, o foco dessa terceira conjectura são as forças que se afastam do holismo. Geralmente, essa abordagem é influenciada por estudos da área de economia na chamada escolha racional. Aqui, são abordados alguns autores dessa perspectiva com diferentes explicações, uma vez que a intenção não é aprofundar cada uma das visões, mas entender o potencial e as debilidades que os aspectos ligados ao próprio indivíduo podem trazer para análise do objeto de estudo. Além dos autores plurais apresentados aqui, outros podem somar-se a eles com diferentes visões.

> O que eu acho curioso é que, no fundo, o pensamento de esquerda dos últimos cinquenta anos não foi pautado pela ideia de revolução; foi, sobretudo, um pensamento da não revolução. Isso é verdade em Bourdieu, mas também em Foucault e seus seguidores. Aqueles que procuraram interpretar as revoltas ou revoluções foram principalmente os pensadores de direita, que destacaram os motivos individuais que levariam à ação, como o ressentimento (Boltanski *et al.*, 2014, p. 219).

Ao tratar da sociologia da crítica em oposição à teoria crítica de Bourdieu, o autor revisita algo que o incomoda, assim como a Honneth, como já vimos: a condição da teoria social em falar da possibilidade de transformação, das lutas, das disputas, e não apenas da manutenção, do silenciamento e do aspecto condicionante do sujeito. Ele cita ainda um dos clássicos movimentos nesse sentido, que é o ressentimento.

Entre muitos estudiosos que trataram o tema, vamos recorrer a Nietzsche (2009), que comenta o ressentimento com sua intensa discussão sobre ética e moral, contrariando a condição natural do bem e do mal, ligados à metáfora de senhor e escravo, já utilizada anteriormente. A condição histórica e o uso religioso da moral para conquista de poder podem ser vistos na obra, que evoca um ressentimento do escravo no sentido de negação da sua existência por uma condição pautada na lógica do outro e na busca por uma melhoria utópica não embasada pela realidade vivida, mas, sim, pela promessa de uma vida boa cristã, melhor do que a própria vida, por meio da morte. Devido a essas experiências constantes de negação, o ressentimento da condição de escravo poderia também fomentar ações sociais, isto é, a atuações diferenciais e significativas de ressignificação da sua própria condição no mundo.

Ainda que o filósofo não tenha sido o primeiro a explorar o ressentimento, suas contribuições ampliam a potência dessa definição em três esferas: a fraqueza fisiológica, o desconforto psíquico e um problema social (Paschoal, 2008). Nesse terceiro aspecto, estão as relações de moral e justiça associadas ao ressentimento, em geral, conectadas aos indivíduos à margem do acesso à liberdade por meio de recursos financeiros.

Paschoal (2008) relata ainda que a palavra ressentimento na obra de Nietzsche ocupa diversas possibilidades semânticas, mas que sua origem está no auto envenenamento por sentimentos como inveja, rancor e ódio, que, ao não serem expressos nem digeridos, são sentidos novamente de maneira desproporcional ao estímulo causador. No entanto, para o autor, ao passo que a inação provocada pelo ressentimento é superada, ele também pode fomentar a vontade de poder, isto é, uma ação que sobrepõe as demais e toma proporções sociais, neste caso, sustentadas por um sentimento de vingança (Nietzsche, 2009). Nota-se, novamente, a condição da comunicação como catalisadora, assim como ocorre no reconhecimento e na justificação. Ao mesmo tempo que a metáfora da comida indigesta provoca um efeito individual, que faz rememorar e viver questões de ofensas novamente, também abre caminho para uma mudança social, ainda que por vias de uma moral ressentida, dificilmente assimilada como culpa por quem dispara a ofensa.

Ao retomar a dialética do senhor (sacerdote e guerreiro) e do escravo, o filósofo também aponta as relações de poder características dos atores, e, devido à impossibilidade de reconhecimento e justiça, a ação de cólera por transformação do injustiçado é utilizada pelo sacerdote, como mediadora da relação social do escravo, para obter recursos (fiéis) e ganho de poder. No exemplo utilizado pelo autor (Nietzsche, 2009), o próprio sacerdote também é um ressentido com a perda de poder, ignorando o adversário político e apelando a uma moral ressentida, associando o bondoso e malvado ao seu interesse, em que o guerreiro é o malvado.

O sentido dessa ação também é despertar o sentimento de culpa e vergonha sobre aquele que conquistou poder e não é passível de negação de si. Reginster (2016) vê nessa estratégia certa fragilidade pela necessidade de aceitação do ressentido aos novos valores atribuídos ao outro, como um autoengano, pois quem detém poder teria que sentir culpa pela posição que ocupa, vendo na vontade de poder uma saída para as alternativas de culpa ou vingança por si só. Para combater a moral do ressentimento, há que se fazer uma crítica da moral, em que só há uma melhoria do indivíduo ressentido em seu aspecto social quando se resolvem as questões de negação de si – ou seja, quando é possibilitado ao sujeito a exteriorização do seu incômodo com o ato sofrido. Assim, assemelha-se à relação com a mesmice e à fixação da identidade, discutida por Ciampa (1984). Reavaliar a moral do ressentimento ressoa na consideração da justiça, trabalhada por Nietzsche (2011), em *Assim Falou Zaratustra*", como igualdade de condição em detrimento da justiça como vingança.

No caso de Nietzsche, a mediação do sacerdote pode gerar boas analogias para pensar a relação sujeito-consumidor, ainda que excessivamente relativizadas no tempo e no espaço, além da relação entre público e privado. Nesse caso, o uso do escravo na tentativa de vantagem sobre o guerreiro poderia ser uma forma de avaliar a empresa como intermediária das causas do consumidor contra o Estado e em favor de ganho monetário e de poder de influência social? Essa parece ser uma analogia centrada nos momentos iniciais da Teoria Crítica, mas passíveis de reflexão.

Cabe recordar que o próprio Adorno utiliza o ressentimento como explicação em seus estudos. Mas essa relação poderia ser estabelecida de forma atualizada, em sua complexidade social e visibilidade da reivindicação do sujeito por meio das marcas? Esse exercício parece ser profícuo a partir dos dados levantados: seria a empresa uma reguladora da mesmice pela repetição do ressentimento, ou um dispositivo para os sujeitos expressarem suas outras formas de ser e estar em sociedade? Como vimos, para os autores nacionais que estudam o tema, essa percepção ainda se divide entre possibilidade de auxílio da causa ou manutenção dos problemas para uso comercial.

Outras duas questões podem ser manifestadas a partir do ressentimento: a negação da vida por valores cristãos, que, por uma condição individual, como orientação sexual, atribuem comportamentos possíveis aos sujeitos, reduzindo suas opções apenas à aceitação; assim como a atualização desse ressentimento para figuras hegemônicas do poder. Nessa segunda abordagem, o ressentimento hoje não estaria apenas no polo da servidão ou de minorias, mas também na percepção de perda de espaço de reprodução cultural da redução do outro, em que o dito politicamente correto não deixa mais essas pessoas se manifestarem livremente sem serem responsabilizadas, revivendo e ressentindo a perda dos seus espaços hegemônicos, reproduzidos por anos. Quando exteriorizados, também são tomados por cóleras, vinganças e afins, junto de tentativas de normalização de uma equidade ainda não alcançada, seja sobre gênero, seja cor, seja orientação sexual, entre outros temas que retomam essas dinâmicas sociais.

Outros autores manifestam interesse pelos aspectos individuais como motivações de ações sociais. Ayn Rand (2011) é enfática nessa questão, discorrendo sobre a virtude do egoísmo nos anos 1960. Conhecida pela oposição ao que ela intitula de altruísmo-coletivista, propõe uma análise declarada como objetivista, em que a moralidade provém do interesse racional do indivíduo em contato com os objetos concretos, despindo-se da orientação emocional.

No conceito de Rand (2011), o egoísmo é a preocupação com o interesse próprio e constitui a busca de sobrevivência do ser. Nessa visão, o homem deve ter benefícios sobre sua ação moral. Nas palavras de Rand (2011, p. VIII), a visão altruísta de ética sugere duas coisas: "a) que qualquer preocupação com os próprios interesses é má, independentemente de quais sejam esses interesses; b) que as atividades dos brutamontes são de fato para os próprios interesses (o altruísmo ordena que o homem renuncie pelo bem do próximo)".

Ao defender o egoísmo como virtude em prol da sobrevivência, é necessário ainda que a ética em convergência a essa visão seja estabelecida. Para isso, apenas a razão pode fundar a ética, pois exige um raciocínio a partir da realidade objetiva; e a razão é uma capacidade humana, não social, nem mítica; o que inviabiliza sua formatação por outra fonte que não o próprio indivíduo. A existência da ética está fundada na própria sobrevivência do indivíduo (Rand, 2011). Mas, se a constituição moral está na busca do interesse próprio, como escapar das demarcações que ferem a existência do outro?

No primeiro capítulo do seu livro, Rand discute que o alcance dos valores pelos sujeitos na ética objetivista ocorre inicialmente pela sensação física de prazer ou dor, passando pela consciência da percepção em relacionar o estímulo com outros fatores da realidade, finalmente chegando à terceira etapa – conhecimento conceitual –, que é a possibilidade de articular diferentes experiências de consciência, realizar a abstração e depois aplicá-la concretamente. Essa terceira etapa só é possível pelo processo do pensamento, do uso da razão, que é uma escolha, isto é, é algo voluntário do indivíduo querer ou não pensar sobre determinado assunto.

Dessa sequência cartesiana é que um padrão de valores é estabelecido pelo homem na garantia de sua sobrevivência. Em vez de um auto sacrifício para a sociedade, consiste na preocupação com a saúde mental do sujeito. O ideal social seria justamente a necessidade de julgamento das ações e, portanto, dos homens de forma constante, exercitando a razão, em vez de fugir ao debate e à exposição do julgamento, que leva à elevação do aspecto irracional no coletivo.

A autora também valorizava a forma capitalista de desenvolvimento econômico como premissa social, e, além do livro citado, seus ensaios literários podem ser vistos no livro *A Revolta de Atlas* (Rand, 2017). A autora resume sua busca pela ética centrada na sobrevivência do indivíduo da seguinte forma:

> A teoria subjetivista da ética não é, estritamente falando, uma teoria, mas uma negação da ética. E mais: é uma negação da realidade, uma negação não apenas da existência do homem, mas de toda a existência. Somente o conceito de um universo fluido, plástico, indeterminado, Heraclitiano poderia permitir a qualquer um pensar ou pregar que o homem não precisa de princípios objetivos de ação – que a realidade lhe dê um cheque em branco dos valores – que qualquer coisa que ele

queira escolher como bom ou mau fará – que o capricho de um homem é um padrão moral válido e que a única questão é como se safar dele. O monumento existencial a essa teoria é o estado atual de nossa cultura (Rand, 2011, p. 38-39).

No sentido abordado, a pergunta anterior de perigo social da prática individual ainda se mantém como lacuna, mas que as experiências do sujeito seriam capazes de melhorar as condições de escolha racional e punição sobre os atos. As colocações da autora expõem a liberdade de ação e expressão do sujeito para exercer a moralidade. Liberdades revisitadas recentemente e transmutadas como sinônimo de não responsabilização por discursos ou comportamentos que afetem o outro. Ainda sob esse ponto de vista, a ação individual seria mais concreta do que a ética coletiva abstrata para o auxílio de uma pessoa a outra. No trecho a seguir, a autora expõe essa condição, suprimindo a formação coletiva de ajuda ao outro:

> Somente os homens têm individualmente o direito de decidir quando ou se desejam ajudar os outros; a sociedade – como um sistema político organizado – não tem nenhum direito na matéria. [...] O que nos preocupa aqui é a premissa coletivista de considerar essa questão como política, como problema ou dever da "sociedade como um todo". Uma vez que a natureza não garante segurança, sucesso e sobrevivência automáticas a qualquer ser humano, é apenas a pressão ditatorial e o canibalismo moral do código altruísta-coletivista que permite ao homem supor (ou sonhar acordado) que pode de alguma forma garantir tal segurança para alguns homens às custas de outros (Rand, 2011, p. 93-94).

Nesse trecho, vemos quão individualista é a proposta ao compararmos às demais. Independentemente da concordância ou não, é possível perceber a reprodução desse discurso na atualidade, o que amplia a indicação do seu estudo. Do ponto de vista econômico, a escolha racional do indivíduo é destacada por Ludwic Von Mises (1963, p. 42):

> [...] devemos perceber que todas as ações são realizadas por indivíduos. Um coletivo opera sempre por intermédio de um ou vários indivíduos cujas ações estão relacionadas

> ao coletivo como fonte secundária. É o significado que os indivíduos que atuam e todos aqueles que são tocados por sua ação atribuem a ela, que determina seu caráter. É o significado que marca uma ação como a ação de um indivíduo e outra ação como a ação do estado ou do município

Curiosamente, os incursos teóricos do individualismo dão-se na mesma época das reivindicações identitárias nos movimentos sociais, que partem de privações dos sujeitos por sua condição humana, mas que possuem sua força na união coletiva. Em referência à atribuição de valor ao significado dado ao fenômeno, a influência das afirmações sociais da época e a retomada do indivíduo ao centro da discussão sobre o futuro da sociedade podem guardar mais do que uma coincidência. Nesse sentido, ao relativizar os significados, Arrow (2004) reavalia o individualismo, considerando modelos dessa abordagem, e conclui que o aspecto social está presente diretamente nesses estudos, como as empresas e outras instituições como agentes, ou mesmo no sentido em que as regras estipuladas pela decisão do indivíduo, em alguns momentos, são coletivamente estipuladas.

A discussão na área econômica é longa, estendendo-se pela Escola Austríaca, mas aqui servirá apenas de ilustração para como os aspectos individuais são o foco de campos sociais que atuam em dimensões coletivas. No caso da economia, a utilidade percebida de uma mercadoria é que leva ao seu valor; uma percepção racional, mesmo que os atributos do produto não sejam.

O individualismo metodológico concebe foco nos atores e em suas ações e se volta ao que é discutido durante essa obra por diferentes pesquisadores sobre o crescimento do individualismo e as escolhas que fornecem imediatos benefícios. De modo convergente a essa questão, estão as redes como potencialização da tomada de decisão individual, em contraste com sistemas complexos de decisão compartilhada. Por outro lado, a complexidade social e os diversos fatores que afetam uma ação dificultam a explicação do todo pela parte. Assim, mesmo que o individualismo ontológico esteja presente, cabe verificar quanto da explicação de fenômenos realmente advém apenas das decisões dos sujeitos. Mais do que uma separação completa entre holismos e individualismos, autores contemporâneos como Giddens (2002) parecem procurar explicações complementares.

Verifica-se, nas diferentes fontes de individualismo, ao menos duas acepções: 1) a articulação entre poderes e dominações, em que o ressentido majoritariamente normaliza seu papel na relação de poder, mas ainda há a possibilidade de expressar sua defesa; 2) que o altruísmo não deve ser alvo de ação coletiva, mas individual. Essa segunda questão é ampliada por Rand, ao discutir direitos em sociedades capitalistas e o racismo.

Para a primeira abordagem, o ressentimento pode operar a quebra do vínculo de poder que mantém cristalizada as identidades, ao exteriorizar comunicativamente essas relações. Portanto, apesar de ter sua possibilidade negativa em ser reativo e agir por vingança, pode apresentar uma forma de recuperação do desrespeito. Outro ponto é a expressão da religiosidade vista no ressentimento niilista, principalmente a cristã, articulando morais e condutas sociais, vertente rica para países como o Brasil.

Para a segunda abordagem, o racismo é a falta de consideração da racionalidade individual e a coletivização primitiva do ser, em que são desconsideradas as possibilidades de reflexão sobre a moralidade pela coletivização. O exemplo utilizado sobre o assunto compara o Norte capitalista dos Estados Unidos ao Sul menos industrializado, defendendo o capitalismo como incentivador dos direitos individuais, assim como a menor minoria como o indivíduo, em que ações do Estado não devem influenciar a liberdade individual, ou suprimir possibilidades de ação dos sujeitos dentro de uma definição moral.

Nesse sentido, critica as ações coletivas de combate ao racismo por atuarem em ações como cotas universitárias, assumindo que "aqueles que negam direitos individuais, não podem afirmar serem defensores das minorias" (Rand, 2011, p. 154). No discurso, portanto, engloba-se uma existência de equidade, em que se compete de forma igual entre os indivíduos, independentemente de quaisquer outros fatores, que não as forças subjetivas. Novamente se verifica o quanto esse mesmo discurso é presente na trama social atualmente.

A partir das diferentes abordagens vistas sobre a ação do sujeito em situações de tensão com o social é que se abre para um aprofundamento da relação comunicacional com o tema. É nessa comunicação imersa na compreensão do sujeito no mundo que se insere o objeto de estudo e aponta uma perspectiva presente e futura, ao pesquisar jovens adultos em contato com a publicidade.

2.4 O CARÁTER COMUNICACIONAL DAS ABORDAGENS TEÓRICAS

Antes de ingressar na teoria da comunicação propriamente dita, cabe refletir sobre o que há de comunicacional nas propostas apresentadas. Essa seção possibilitará o aprofundamento dos demais tópicos, assim como auxiliará na compreensão do caminho metodológico definido.

A proposta habermasiana é profícua à comunicação, debruçando-se sobre seu desempenho como possibilidade de emancipação e representatividade democrática. Até que ponto a divulgação, mesmo que atrelada à esfera do sistema habermasiano, pode auxiliar no debate público, ou na constituição do que se intitula como opinião pública. Portanto, a publicidade de causa não atende e, muito menos, se presta, em sua constituição, ao objetivo de capitanear transformações com fins públicos. Por outro lado, pode ser eficaz ao agenciar pautas e dar visibilidade a grupos em troca de resultados lucrativos.

Em um segundo momento, a discussão desses grupos pode realmente seguir o caminho institucional. Nesse sentido, pesa aos públicos ou às causas em que as marcas não veem a possibilidade de reversão em imagem positiva e, justamente por esse motivo, não substitui os papéis de Estado e sociedade civil, mas os agencia, ditando certa lógica mercadológica para ser inserido na agenda e nos benefícios monetários ou midiáticos decorrentes.

Mesmo ao pensar a dominação de uma linguagem sobre a outra, na dicotomia proposta pelos sistemas de Habermas, a visibilidade alcançada por ações que só procuram publicitar práticas sociais sem realmente conduzirem a um bem comum acabam gerando questionamentos sobre a autenticidade da marca para colocar em circulação a prática administrativa negativa. Esses são os casos denunciados de *greenwashing*, *pink money*, entre outros, colocando um risco à linguagem monetizada da organização. Isto é, utilizando da própria lógica do sistema para beneficiar o mundo da vida. Portanto, os atores têm, nesse contexto, uma linguagem intersubjetiva da realidade, na compreensão de si, mas também em conexão com outros atores e com a matriz cultural.

Os apontamentos anteriores vão ao encontro da estrutura proposta por Habermas (2012), de validação da comunicação e análise da linguagem por meio de três categorias que envolvem, respectivamente, a qualidade objetiva, social e subjetiva: veracidade de informação, fatos contidos na comunicação, que podem ser verificados; correção normativa, que trata das regulações das relações entre atores; autenticidade e sinceridade, experiências do enunciador sobre a comunicação realizada. Essas três formas de validação podem ser utilizadas na relação sujeito-consumidor, sujeito-marca, mas também entre os sujeitos e grupos para avaliar em que medida as ações em favor das suas pautas guiam propostas coerentes ao sentido de vida boa e justiça.

A publicidade traz, ao campo discursivo do excluído, uma lógica das mídias, possível de ser usada na midiatização política como competência transformativa. Assim, a institucionalização habermasiana se conecta com uma não institucionalidade, ou, ao menos, uma instituição não tradicional: a própria comunicação. Portanto, ainda que não seja a primazia da linguagem do mundo da vida sobre a monetização no sentido de levar em frente um ideal público, é a possibilidade de visibilização que ultrapasse as bolhas dos grupos que reivindicam melhores condições. Caminho que passa pela competência midiática e cívica, em letramentos políticos. Boicote, *buycott*, mas também o uso das mídias, incluindo a publicidade de causa como ponte para discussões, são exemplos dessas competências.

Como se vê em Hegel, mas também em Habermas e na releitura de Honneth (2017) de justificação pelo reconhecimento, a comunicação é um caminho para a liberdade do sujeito em que o mercado está presente na constituição da ética e da discussão moral entre pessoas. A política não foge aos três setores institucionalizados e, além disso, assume também as fronteiras da desinstitucionalização, pelos discursos não visibilizados dentro desse contexto.

A teoria de reconhecimento de Axel Honneth, embora altere a centralidade da comunicação para o respeito com base na moral normativa, carrega no seu desenvolvimento a capacidade de compreender as relações de reconhecimento ou sua violação e restauração também por meio dos textos. "Em resumo, a ideia básica é a de que sentimentos morais, quando articulados numa linguagem comum, podem motivar as lutas sociais" (Werle; Melo, 2008, p. 191). Ao entrar em contato com uma discussão em redes e mídias sociais, em um editorial de jornal, em uma telenovela, nas circulações advindas da ecologia publicitária, ou no questionamento da propaganda política, são várias as formas de vislumbrar as lutas por reconhecimento. Essa premissa se direciona para a esfera de direito e solidariedade de forma mais direta, mas também ao amor nas relações mediadas por dispositivos de comunicação, na fala entre amigos, na prática de *sexting*, ou nas violações que circulam a intimidade em rede.

Ainda que o reconhecimento não se faça só pela comunicação, pois é necessário colocar em prática aspectos normativos, práticas efetivas e não apenas discursivas e que se concretizem em uma perspectiva intersubjetiva, é possível ver nos discursos as camadas que favorecem sua concretização ou sua violação. O potencial comunicativo nesse sentido foi explorado por Teixeira Filho, Souza e Moni (2021), ao pesquisarem as mensagens circuladas sobre futebol em intersecção com racismo, homofobia e machismo no Twitter, em que se verificou como a metodologia proposta pode ser utilizada para análise de violações de reconhecimento amplificada por uma cultura midiatizada.

A pesquisa também evidencia que a dimensão de direito é seguida pela socialidade quando circulada no ambiente digital. Ou seja, a discussão sobre políticas de afirmação cultural (defesa ou crítica dos grupos negros, LGBTQIA+ e mulheres) segue para a desqualificação da competência dos indivíduos em sociedade com diferenças significativas nas categorias analisadas. Nessa exploração, é possível compreender pela comunicação como se apresentam as mediações entre sujeitos e os respectivos usos da linguagem e da institucionalidade.

> Essa espécie de tensão social, que oscila permanentemente entre a ampliação de um pluralismo valorativo que permita o desenvolvimento da concepção individual de vida boa e a definição de um pano de fundo moral que sirva de ponto de referência para avaliação social da moralidade, faz da sociedade moderna uma espécie de arena na qual se desenvolve ininterruptamente uma luta por reconhecimento: os diversos grupos sociais precisam desenvolver a capacidade de influenciar a vida pública a fim de que sua concepção de vida boa encontre reconhecimento social e passe então a fazer parte do sistema de referência moral que constitui a autocompreensão cultural e moral da comunidade em que estão inseridos (Sobottka; Saavedra, 2012, p. 137).

Essa expansão dos grupos pode ser vista nas competências midiáticas apresentadas recentemente, que articulam outras formas de visibilidade para causas. Este parece ser o caso do coletivo Las Tesis, que realizou um *flash mob* intitulado "Um estuprador em seu caminho", iniciado no Chile e rapidamente reproduzido em diferentes países latino-americanos (Correio Brasiliense, 2019). É a competência igualmente evidenciada nos blocos de rua do carnaval, em diferentes pautas unidas pela liberdade e, ainda assim, fortemente guiadas por marcas e – ironicamente – por uma sobreposição de estrangeirismos nas representações culturais (Perez; Teixeira Filho; Godoi, 2020). Competência midiática também vista na Parada do Orgulho LGBT em São Paulo e em diferentes cidades do mundo (ParadaSP, 2019), ou da circulação de #vidasnegrasimportam (Blacklivesmatter, 2019), citando apenas alguns casos mais disseminados durante a escrita deste livro. Essa circulação de temas promove um passo anterior à emancipação do sujeito pelo reconhecimento, mas também relevante, que é o debate, ou embate de sujeitos com posicionamentos distintos. Esses pressionam novas representações na mídia, que, por sua vez, constroem aos poucos realidades de mundo favoráveis às lutas em campo.

A publicidade, em seu transbordamento, assim como o consumo em suas instâncias materiais e simbólicas tornam-se paradoxalmente um campo fértil do reconhecimento, ou mais especificamente, de suas lutas, sobre as quais a comunicação, em seus diversos signos, camadas e interações, evidencia as mediações em um ambiente midiatizado. Essa proeminência empírica não quer dizer, no entanto, que há um reconhecimento horizontal das causas pelas quais grupos e indivíduos buscam legitimação, mas que, sobretudo, independentemente da condição de reconhecimento (sua afirmação, sua violação, ou sua manutenção perversa em leituras mais recentes), há materialidade. Isto é, há possibilidade de atingir discursos que demonstram essas lutas. Reforço novamente que essa materialidade é essencialmente comunicacional.

A modernização da moral hegeliana adicionada à psicologia pragmática na teoria de Axel Honneth tem grande foco nas questões identitárias, como exposto anteriormente, ainda que o autor tenha aberto o debate ao social com mais intensidade nas últimas revisões do seu trabalho. Nesse aspecto, podemos estreitar as interlocuções com as mediações comunicativas da cultura e com a semiótica no sentido de abordar a intersubjetividade a partir de elementos comunicacionais e seus dispositivos, bem como os potenciais de significação respectivamente.

O problema do reconhecimento – explorado nas obras do jovem Hegel e na psicologia social de Mead, e que aparece em Habermas como elemento necessário para a constituição do Eu – é retomado em Honneth como conceito central que possibilita potencializar a teoria crítica e redirecioná-la para o entendimento das mudanças sociais proporcionadas pela imposição do capital, em que mercado e Estado fomentam as instituições sociais que são cristalizações dos processos de aprendizado moral (Lima, 2010, p. 218).

Em direcionamento para a influência do Eu, Campanella (2019) propõe o reconhecimento midiático como uma nova forma em que as lutas históricas para a dignidade de parcelas desprivilegiadas da população dão espaço à popularidade, muito mais individualizada, em plataformas de comunicação digital. Ou seja, as redes serviriam aqui à autorrealização em busca de uma estima social, performática e despretensiosa em seu caráter político e social. O autor reforça a importância de considerar a comunicação para o reconhecimento e compreende a possiblidade de coexistência do reconhecimento tradicional no ambiente digital, ao afirmar que "em alguns momentos, quando é possível observar certas práticas midiáticas de grupos ativistas ou minoritários, pode-se até mesmo afirmar que ambas as estruturas de reconhecimento se misturam" (Campanella, 2019, p. 2).

Em discussão próxima, Teixeira Filho e Perez (2018) propõem a possibilidade de reconhecimento aliado à comunicação digital, mas consideram as potencialidades da marca nessa discussão. Sem desconsiderar a busca de reconhecimento midiático individualista e momentâneo, observa-se que não apenas os grupos ativistas ou minoritários, mas também as marcas, podem suscitar a questão. Não no sentido de emancipação do sujeito e das expressões de fissuras do capitalismo, pois a marca é representação máxima da categoria econômica, mas no sentido de suscitar a luta por reconhecimento por meio da lógica midiatizada, assim como da cobertura expandida de públicos que talvez não fossem acessados por esses discursos.

Apoiam essa afirmação as práticas marcárias que se apropriam de agendas de interesse público, como o de direitos humanos, ambientais e civis (Edelman, 2019a). Portanto, a concepção do que consiste uma vida boa em termos de integração social também influencia o reconhecimento (Honneth, 2017) e, nesse sentido, os discursos de consumo estão atrelados ao *zeitgeist* no invólucro econômico como predominância de linguagem e podem auxiliar na contemporaneidade para o entendimento das relações humanas. Em resumo, não apenas ativistas possibilitam o reconhecimento em rede, mas esse pode ser operado por meio de forças dormentes e isoladas dos indivíduos que curtem, compartilham, comentam, mas ainda não se mobilizam como ativistas; ou ainda por marcas, discussão aprofundada posteriormente, mas já preconizada por Machado (2017), com o uso de outra abordagem teórica.

Tendo em vista a imersão digital exposta anteriormente, configurar o reconhecimento e sua expressão objetiva apenas como presencial não parece encontrar suporte empírico. Dessa forma, a análise de ambientes digitais pode traduzir as acepções de grupos ou indivíduos. O reconhecimento, portanto, é exteriorizado por uma sequência discursiva, articulada nas transformações identitárias entre o individual e o coletivo, sustentados reciprocamente (Honneth, 2013). Nesta proposta, a relação entre sujeito institucionalizado pela marca e sujeito consumidor compreende as estruturas de reconhecimento não apenas entre si, mas ao articularem o direito e a solidariedade de grupos entre os parceiros de interação nos ambientes digitais, que podem estender-se ao não digital.

A evidência das demandas latino-americanas no que tange aos direitos civis, meio ambiente, educação, entre outros, é dada pelos discursos colocados em circulação a partir das mediações do consumo entre sujeito-marca e sujeito-consumidor, o que levanta a possibilidade de um observatório de tendências ao reconhecimento no ambiente digital. Recordando Canclini (2001), três fatores precedem o consumo cidadão: o acesso à diversidade de produtos e representatividades; as reflexões a partir de informações confiáveis que possam refutar a sedução publicitária, ou seja, uma educação para o consumo; a participação da sociedade civil nas decisões sobre consumo. Parece ainda não ser o estágio alcançado e que, para isso, não basta apenas o consumidor e a marca estarem direcionados para causas, mas, sim, uma revolução cidadã no sentido educacional e de direitos humanos.

Na interface reconhecimento, comunicação e consumo, tanto a distinção quanto o pertencimento são postos na interação entre sujeitos. Ao final da sua obra, o autor realiza uma provocação sobre valores materiais e a dimensão de solidariedade, ao colocar que:

> [...] a concepção aqui esboçada pode tirar do fracasso dos projetos de Hegel e de Mead somente o ensinamento de contentar-se com uma tensão insuperável: ela não pode

renunciar à tarefa de introduzir os valores materiais ao lado das formas de reconhecimento do amor e de uma relação jurídica desenvolvida, os quais devem estar em condições de gerar uma solidariedade pós-tradicional, mas tampouco pode preencher por si mesma o lugar que é assim traçado como local do particular na estrutura das relações de uma forma moderna de eticidade – pois saber se aqueles valores materiais apontam na direção de um ascetismo ecologicamente justificado ou de um existencialismo coletivo, saber se eles pressupõem transformações na realidade econômica e social ou se se mantêm compatíveis com as condições de uma sociedade capitalista, isso já não é mais assunto da teoria, mas sim do futuro das lutas sociais (Honneth, 2017, p. 280).

Embora o autor direcione a condição da materialidade para o futuro das lutas sociais, e não à teoria, há no estudo do consumo a possibilidade de investigação do impacto tanto material quanto simbólico na influência sobre o reconhecimento, a partir da linguagem publicitária ou jornalística e da descrição do que tem se apresentado nas lutas por meio daquilo que é circulado. Afinal, ao pensar a atual conjuntura da comunicação e seu amálgama aos modos de vida pós-modernos, há uma expansão da interação humana com os dispositivos digitais, assim como das lógicas de vida midiáticas e de consumo. Interações que não são convertidas automaticamente em comunicação reflexiva, como nos lembra Sodré (2021), mas que, no meio da reprodução esvaziada de significações, podemos encontrar resistências que permitam trocas e transformações intersubjetivas.

Em relação à proposta de redistribuição de Nancy Fraser, a efetiva ação nesse sentido não é comunicativa, visto que, para melhorar as condições de igualdade econômica, as ações precisam ser centradas nesse campo. Por isso, em comparação ao amplo escopo do reconhecimento, a redistribuição tem menor expressão por meio da discursividade publicitária. Essa questão também foi analisada em Teixeira Filho, Souza e Moni (2021) e na resposta de Honneth, por uma via contrária. Segundo Honneth (2003), a ideia de pensar o reconhecimento de forma generalizada, incluindo a redistribuição, evita o foco apenas em questões já midiatizadas de forma intensa, como a desigualdade econômica. É verdade que essa pauta pode ser encontrada em jornais, revistas, filmes, entre outros produtos comunicacionais, mas a publicidade dificilmente a retoma, pois – como já comentado – o objetivo do segundo setor é outro.

No entanto, como forma de estudo dessa questão, a sugestão contrária pode ser mais produtiva. Não por meio da defesa de uma redistribuição na publicidade, mas talvez pela análise da distinção encontrada nos anúncios e campanhas e dos papéis sociais que são reforçados, destinando determinadas representações a classes econômicas específicas. Observar como as interações manifestam igualmente o acesso a esses produtos, questionando valores monetários e munindo-se da pirataria ou da cópia, é uma interessante reflexão. Dessa forma, publicidades de imóveis que focam na distinção de classe econômica, ou de valorização de determinadas ocupações profissionais, podem representar essa questão, ou ainda o posicionamento de consumidores ao criticar ou reforçar as condições econômicas usadas como argumento publicitário. Os estudos de representação, representatividade e publicidade contraintuitiva podem ser úteis para avaliar como a má distribuição afeta os discursos e a teoria do gosto.

Além da possibilidade de avaliação por meio da distinção de Bourdieu (2017), os remédios de afirmação e transformação mencionados pela autora devem ser considerados como categorias de análise. Uma vez que a comunicação não neutraliza ou evidencia de forma direta a má distribuição de renda, ela pode servir como fonte, pensando nos ambientes publicitários que mobilizam amplas interações, para compreender em que medida as soluções propostas nas lutas por reconhecimento reforçam apenas o resultado ou, ao contrário, propõem a mudança desestabilizadora focada em causas. Esse exercício também se encontra em Teixeira Filho, Souza e Moni (2021), evidenciando nas lutas por reconhecimento o reforço de remédios afirmativos.

Sob a perspectiva de Safatle (2018), o reconhecimento não predicativo torna mais complexo vislumbrar um cenário publicitário, visto que geralmente aflora a segmentação, o uso de padrões e afirmações, em vez das propostas não predicativas. A própria concepção de posicionamento de marca é um reforço da identidade própria. Mesmo ao considerar uma extinção de público-alvo, as pegadas digitais estão lá, as representações publicitárias para o entendimento do consumidor também. Mesmo assim, ainda é possível tentar absorver da publicidade esse sentido de liberdade, de um não controle das relações sociais, de normativa direcionada para a decisão das pessoas, e não preestabelecida pela marca. Ainda assim, a entrada da marca nesse campo discursivo já seria vista como um estranho no ninho em termos de decisão pública, atribuída a uma influência privada.

Antes de mencionar o caráter comunicacional da teoria da justificação, cabe reforçar a pouca atenção dada para Pierre Bourdieu. Ele não foi esquecido nesse caminho, mas substituído por uma visão de contraste em vez da continuidade que limita a ação social. O intuito aqui, no entanto, mantém uma vigilância epistemológica no sentido de não negar as possíveis influências estruturais. No entanto, busca nos sujeitos também os dados de contextos moldados por eles. Dessa forma, opta-se por unir duas fontes de dados – uma intermediária com foco nos ambientes das marcas e outra específica –, com foco no indivíduo.

> Nos conflitos da vida cotidiana, atores 'ordinários' fornecem ampla evidência de sua capacidade para assumir diferentes pontos de vista, distanciar-se da situação e envolver-se em complexos discursos de crítica e justificação. A fragilidade da ordem social e a pluralidade de regimes de justificação tanto possibilitam quanto exigem dos atores que ajam de um modo reflexivo e crítico. Assim, eles não apenas têm de possuir um "senso prático" incorporado, mas também certo tipo de maestria na "arte de viver em diferentes mundos" que lhes permita orientar-se em contextos sociais heterogêneos e espaços argumentativos que só se sobrepõem parcialmente (Celikates, 2012, p. 35).

O trecho do autor, além de reforçar a importância dos sujeitos na pesquisa sobre conflitos, ainda extrai a posição da comunicação na teoria da justificação. A capacidade de compreender os discursos em diferentes contextos e ajustar as comunicações de justificações ou crítica corroboram a negociação. Assim, grupos e indivíduos podem se utilizar das forças midiáticas do segundo setor como estratégia para alcance dos objetivos da sociedade civil ou comunidades representadas. Essa habilidade é materializada por meio dos sujeitos interpelados em disputas, evidenciando o poder comunicacional para a busca de emancipação do sujeito como já anteciparam Habermas e Honeth. Lembra-se também que, em um cenário identitário, podem estar em disputa diferentes fins igualmente justos e com base moral próxima, como disputas étnicas, de direitos civis de minorias, e assim por diante. Nesse cenário, promover acordos para que o percurso seja favorável a diferentes valores, com uma base moral próxima, também depende das competências comunicacionais.

Boltanski e Chiapello (2009) expõem que a crítica no processo de justificação cumpre papel fundamental, pois esclarece os fundamentos normativos nos quais está sustentada e coloca à prova processos de solicitação de justiça que podem parecer morais, mas escondem hipocrisias, jogo de forças ou dominação. Este é, novamente, um reforço na validação da autenticidade das marcas para utilizar argumentos de causa, mas também das reivindicações de causas próprias, sem sustentação moral. Portanto, um campo em que marcas e sujeitos ficam expostos e, por isso, se utilizam do anonimato do mundo digital, *bots* e outros recursos que sustentem artificialmente argumentos de contraste.

Por sua carga abdutiva, a teoria da crítica tem na comunicação dos atores a principal fonte de conhecimento. Assim, considera diretamente o que é dito e interpretado pelos respondentes, tem em sua base um sentido objetivo, pragmático, para depois voltar à teoria, sem engessar modelos às práticas sociais, dependentes das mudanças culturais. Como resume Boltanski *et al.* (2014, p. 221):

> Em situações desse tipo, não podemos considerar somente as intenções escondidas e inconscientes dos atores, mas também o que eles dizem. Isso é o mínimo que podemos fazer para reconhecê-los, para reconhecer sua posição normativa, seu ponto de apoio normativo – aquilo que nomeávamos tradicionalmente como "valores".

Partindo do pragmatismo exposto, poderiam ser as manifestações de consumo, aliadas ao processo de justificação e crítica, de disputa em busca de justiça? É uma generalização da visão sociológica, mas inevitavelmente encontramos disputas entre sujeitos e uma discussão social a partir das mensagens de causa propagadas pelas marcas. Como, em seu nível operacional, analisa o repertório argumentativo e seu uso em diferentes contextos, tanto a análise do discurso, do ponto de vista do sujeito, como a proposta de experiência colateral pela semiótica norte-americana, podem auxiliar a interpretação de significações. Contudo, o direcionamento da justificação e da crítica, ao ter foco nos atores, pode traduzir apenas uma parte da situação, pois o uso do repertório pode ser limitado por pressões que não as individuais, dificilmente acessadas a partir da análise tópica.

Embora o conceito de *cités* atue por uma representação ideal de uma complexidade com dinâmicas similares e os contextos se cruzem no cotidiano, as mesmas expressões de comunicação em *cités* diferentes podem ter significados distintos. Neste ponto, a sugestão de Umberto Eco (2015) sobre uma comunidade de intérpretes deve ser considerada para uma análise da qual o pesquisador não tem proximidade, ou mesmo para avaliar se há convergência sobre as compreensões de sentido. Exercício profícuo para analisar a tensão entre comunidades que não vislumbram valores próximos.

A análise de diferentes contextos que modelam a comunicação e as disputas em sociedade é produtiva à publicidade envolvendo marcas, pois pode evidenciar contato entre diferentes *cités* por meio do uso de causas e circulação dos consumidores, além de envolver de forma ampla o contexto econômico ao social. Outro ponto a ser observado no direcionamento à comunicação é que a premissa abdutiva de inferência pode promover, a partir dos atores, considerações novas acerca do contexto sujeito-marca-sociedade. Nesse aspecto, a influência da cultura nacional e das demandas aqui presentes podem suscitar novas *cités*, ou novas formas de argumentação dentro de uma estrutura de valores parecida. Ao seguir os atores, abre-se a dificuldade de obter dados em diferentes ambientes e contextos.

Por fim, as atribuições dos indivíduos devem ser cuidadosamente submetidas à análise pela consideração do sujeito, seja pelo apelo ao grupo em uma decisão com indicação individual, seja pelo discurso do individual para desviar uma condição atribuída pelo grupo. Assim, não apenas o individualismo metodológico, mas as demais abordagens levam à pluralidade de métodos nesta pesquisa. Anotações de campo, participações na comunidade e proximidade com os casos estudados também podem servir como divã à tendência de socializar ou individualizar interpretações.

Do ponto de vista teórico, algumas análises de consumo direcionam-se aos sujeitos. Simmel (1957), por exemplo, destaca a questão do consumo conspícuo como projeto de diferenciação do indivíduo e reforça que, ao diminuir as formas de sociação (relações entre sujeitos – positivas ou negativas), a sociedade é colocada em crise. As relações patológicas com o consumismo ou de busca de completude também levam ao pensamento centrado no indivíduo, que podem ser produtivas à comunicação para acessar as estruturas psicanalíticas de sentido.

Campbell (2001) remonta a aspectos de intensificação do individualismo e da subjetividade para a expansão do consumo, apesar de influenciados por um espírito romântico de grupo. Da relação com o consumo, também podemos considerar as formas de comunicação da identidade, amplamente expostas anteriormente, em suas diferentes metamorfoses. Para a área da comunicação, cabe fazer a gradação entre uma escolha racional e a relação com emoções, assim como as decisões reativas de base negativa ou positiva na interpretação do sujeito e aquelas que despertam de forma espontânea. O olhar narcísico e, ao mesmo tempo, de aproximação do outro (Han, 2014), assim como a busca de autorrealização imediata imbuída da performidade social para interesse próprio (Campanella, 2019), são olhares recentes nesse sentido.

O esforço em dar voz aos atores pode ser interessante para adicionar camadas às categorias de Weber, Nietzsche e Rand, inclusive manifestando de forma atualizada os pensamentos de ação social, ressentimento e egoísmo. Pode elucidar ainda como a moral religiosa interfere na ação social por meio da comunicação e em que medida o silenciamento ou as respostas demasiadamente agressivas são realizadas entre interagentes. A individualização e contestação da defesa de causas por grupos também pode ser acionada por textos e discursos, ainda mais em um momento em que ações coletivas são tomadas por interesses individuais.

3

A PROPOSTA DE UM MAPA DE MEDIAÇÕES

Compreender os usos e as apropriações, os novos potenciais de significação envolvendo produção, consumo e circulação, entendendo a publicidade contemporânea como manifestação cultural, destaca a proposta dos mapas noturnos dos estudos culturais latino-americanos. Assim, é possível estabelecer conexões com as formas anteriores de vislumbrar a ação social, mas também a publicidade, junto às mediações comunicacionais da cultura. Processo de comunicação que deixa evidente a intenção de caracterizar aqui as interações de jovens com marcas, mediada pela publicidade de causa, sem a substituição do cidadão apenas pelo consumidor, mas entendendo que muito do exercício da cidadania hoje passa pelo consumo, ou por sua ausência.

Como Martín-Barbero (2015, p. 19) antecipa, em sua introdução, "[...] a comunicação se tornou para nós questão de *mediações*, mais que de meios, questão de *cultura* e, portanto, não só questão de conhecimento, mas de reconhecimento"[9]. Em seu posicionamento, há uma carga político-epistemológica, mas também de respeito à diversidade e ao outro, convergente às vozes dadas aos sujeitos nas abordagens apresentadas anteriormente, o que guiará também o acesso aos dados e o percurso metodológico.

A oportunidade da compreensão da cultura por meio da comunicação está atrelada à proposta do autor e, portanto, a não apenas conhecer,

---

[9] Grifo do autor.

mas reconhecer o que as práticas comunicacionais, do consumo, das formas de ser e fazer, assim como resistências podem falar da pluralidade e dos conflitos nos espaços latino-americanos. Reconhecimento de uma ciência do Sul, de uma proposta não centrada apenas nos meios de comunicação, mas também neles; de uma vertente que envolva os problemas de pesquisa locais em uma complexidade contextual de atores e conexões.

Com base na apresentação e conceituação da publicidade de causa e das teorias centradas em um pragmatismo moral, o que se pretende aqui é mostrar a riqueza que os estudos culturais trazem para avaliar as interações em um ambiente imerso em transformações, sejam elas digitais ou analógicas, entre diferentes redes – orgânicas ou artificiais. Para propor um mapa coerente à publicidade contemporânea e a seus diversos pontos de contato, passamos por um breve histórico das contribuições da comunicação e cultura, centrada na relação com as marcas.

3.1 COMUNICAÇÃO E CULTURA NA COMPLEXIDADE LATINO-AMERICANA

Após mais de 30 anos da proposta de Jesús Martín-Barbero ([1987] 2015) com o livro *Dos meios às Mediações: comunicação, cultura e hegemonia*, suas contribuições continuam a guiar autores da área de Comunicação. Como mencionado anteriormente, o trabalho do pesquisador posiciona-se frente à hegemonia científica dos países do Norte, incluindo os objetos de estudo que – recorrentemente – são apropriados na América Latina de forma descontextualizada. O autor reconhece a potencialidade comunicativa entre matrizes culturais e produtos industriais; produção e consumo. Como sintetiza Lopes (2018, p. 42) sobre a importância da sua produção:

> A epistemologia da comunicação barberiana pode ser entendida como uma nova tentativa de cartografar o conhecimento das práticas comunicacionais e culturais latino-americanas e ganha força nas abordagens que reivindicam a importância do papel das periferias num novo mapa global, onde os novos cartógrafos se utilizam do discurso da diversidade e da resistência.

A proposta de mediações, no entanto, conta com uma trajetória de abertura do campo às acepções dos estudos culturais, que assimilam e moldam propostas antropológicas e sociológicas para atuar com objetos de interesse comunicacional. Ao falar de estudos culturais, a referência ainda é a escola britânica, que desenvolve vasto e disperso corpo sobre comunicação e cultura a partir do final dos anos 1950, mas que ampliam sua repercussão nos anos 1970, por meio de Richard Hoggart, Raymond Williams e Stuart Hall.

Com teor crítico centrado inicialmente na análise dos meios e da cultura popular, formas de resistência e análise do poder e da ideologia, passam para temáticas de classe e identidades com influência coletiva. Escosteguy (1998) discute que a proposta dos estudos culturais britânicos é, ao mesmo tempo, teórica, por não compreender a cultura em uma única disciplina, influenciando abordagens e metodologias, mas também política, ao se aproximar dos movimentos sociais da época e buscar o lugar da recepção ativa, agindo sobre os contextos estudados.

A relação entre comunicação e cultura não está restrita à Escola de Birmingham, mas pode ser encontrada em outros centros de estudo. Por exemplo, as qualificações já vistas na França com Michel de Certeau sobre cotidiano em conjunto com a psicanálise, assim como outros pós-estruturalistas da região e – na mesma localidade – as pesquisas de Armand Mattelart. Na Alemanha, a Teoria Crítica, mencionada anteriormente, é mais uma forma de conexão entre cultura e comunicação. Na América, essa tradição pode ser vista ao Norte, com Douglas Kellner, e ao Sul, nas propostas de Orozco, Canclini e Martín-Barbero. Obviamente, outros autores podem ser somados a essas citações, mas a ideia aqui é apenas um breve panorama para evidenciar a crescente investigação, a partir dos anos 1970, da relação entre comunicação e cultura.

Embora cada uma das contribuições apresente diferenças significativas, inclusive metodológicas, podem ser traçadas convergências. Dessa forma, novamente Ana Escosteguy (2018) contribui ao debate, explicando que, em contradição do que Martín-Barbero afirma sobre a tradição latino-americana anterior à inglesa, o desenvolvimento dos estudos culturais só foi possível na região após a obra do autor sobre mediações. A pesquisadora pontua a interdisciplinaridade, o engajamento político, o reconhecimento da cultura popular e do sujeito comum em seu cotidiano, além da valorização da recepção e do consumo como convergências entre as propostas inglesas e latino-americanas, ainda que permaneça a vigilância em desenvolver modelos locais de análise da cultura.

O reforço do foco no sujeito nas condições cotidianas amplia o posicionamento sobre consumo atrelado à questão política e cultural. Martín-Barbero (2015), por meio da inclusão do consumo em seu modelo, reforça a necessidade em deslocar a investigação científica para o potencial comunicativo das apropriações de produtos pelos sujeitos, fortemente direcionado ao produto midiático pelo termo competências de recepção, mas que já altera o enfoque exclusivo na produção e em suas mensagens ou significações desejadas.

Socialidade e ritualidade são mediações específicas das práticas de consumo e se replicam em diferentes enfoques de pesquisa, associados com outras mediações da cartografia estabelecida. Complementar às contribuições do autor, outros pesquisadores também destacam o consumo como mediador das dinâmicas socioculturais (p. ex. Canclini, 2001; McCraken, 2003; Bauman, 2008; Lipovetsky, 2010). No entanto, nas pesquisas nacionais dos periódicos em estrato A2 (Capes – Qualis), apenas 17,46% tratam sobre publicidade e consumo, das quais uma parcela ainda menor (4,4%) é dedicada ao contexto digital no período de 2006 a 2018 (Trindade, 2018).

Ainda sobre o contexto da investigação em consumo, cabe recordar sua diversidade, mesmo que pouco explorada nos principais periódicos. Enquanto a cultura material se dedica ao estudo do significado dos objetos em si, mas já como um sistema de comunicação, e não apenas um rastro financeiro (Douglas, 1982), remontando à documentação por meio de artefatos físicos; o consumo cultural (Canclini, 2001) dedica-se às relações em que o fator simbólico supera a importância financeira e de troca física, abrangendo uma vasta dimensão de consumos nesse contexto. Como exemplo, temos o consumo midiático, que se refere aos meios de comunicação e seus veículos; e a recepção – uma delimitação deste – que está associada aos conteúdos e gêneros consumidos (Toaldo; Jacks, 2013).

Como proposição expandida, Trindade e Perez (2016a, p. 387) propõem o consumo midiatizado como "lógicas midiatizadoras utilizadas pelo sistema publicitário na promoção e institucionalização simbólicas das marcas, produtos e serviços na vida material/cultural cotidiana". Portanto, essa concepção promove a investigação de distintas expressões da comunicação e suas consequências na vida do consumidor, assim como suas formas de apropriação, nem sempre previstas no âmbito organizacional.

Nessa breve retomada, verifica-se a superação do caráter unicamente consumista do objeto de estudo, indo além da aquisição excessiva por gratificação, distinção ou compensação, para dar lugar a um sistema de significações e entendimento de lógicas da configuração do tempo e do espaço pela comunicação. Legado que é, portanto, parcialmente fenomenológico, isto é, preocupa-se em compreender as essências experienciais das práticas de consumo e suas comunicações, ainda que não contemple a negação do desenvolvimento científico anterior.

A retomada da literatura evidencia justamente a sobreposição da constituição cultural entrelaçada ao consumo nas sociedades modernas. Essa relação não apenas reflete a justaposição econômica e política no desenvolvimento dos países, mas também dos sentidos dados aos modos de vida nesse contexto, dos usos e das apropriações de produtos e marcas. Isso é verdade em Campbell (2001), que analisa o consumo por meio da ética romântica e relata a extensão do *self* e a constituição da identidade em sua prática; mas também em McCracken (2010), propondo os carregamentos de sentido dos produtos para os sujeitos pelos sistemas publicitário e de moda, entendendo o consumo como fator de mudança do tempo, do espaço e da sociedade (indivíduos, grupos e instituições).

Tendo em vista o cenário anterior, vê-se a necessidade em tratar teoricamente de diferentes consumos, ou ao menos delimitar qual é a abordagem desenvolvida em cada estudo científico. Ainda sobre a cartografia barberiana, cabe explorar o mapa de mediações comunicacionais da cultura, atrelado ao objeto de estudo da publicidade de causa. Anterior ao mapa apresentado, foi configurada uma proposta intitulada mediações culturais da comunicação.

Figura 2 – Mapa de Mediações Comunicacionais da Cultura

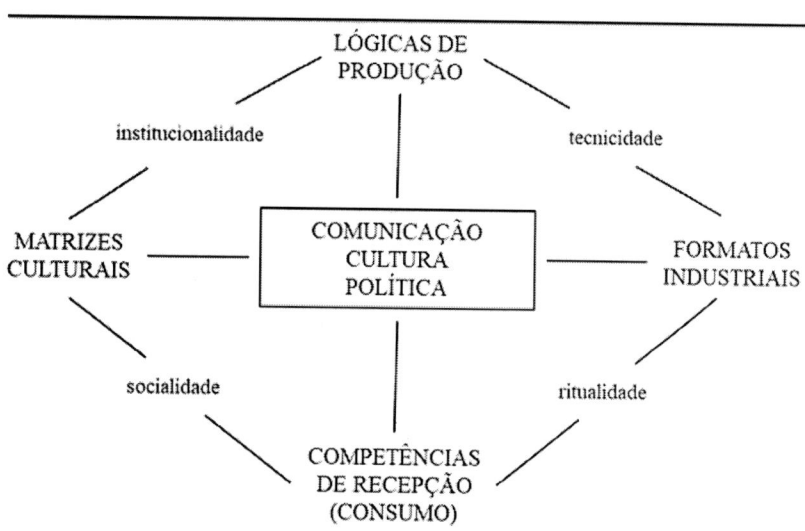

Fonte: Martín-Barbero (2015, p. 16)

Dentre as diferentes propostas de cartografia do pesquisador, o mapa representado possui ampla capacidade de análise dos objetos, ao articular cultura, comunicação e política às práticas sociais, concentrando o olhar para o que há de comunicacional nas relações entre atores. É relevante ressaltar que os mapas noturnos, como explica Lopes (2018), são horizontes buscados por uma disciplina, ainda em investigação, ainda como direções nebulosas, mas que melhoram as condições durante as viagens. Neste caso, as mediações estão situadas em um espaço específico a partir da matriz cultural popular. A autora ainda traça uma comparação com a proposta de complexidade de Morin e o rizoma de Deleuze com a teoria barberiana, em que a força está nas mediações, no processo; não em um começo e um fim previamente calculados.

> O segundo mapa é do fim dos anos 1990, quando fica evidente uma complexa teoria das mediações que ultrapassa a configuração de uma teoria da recepção. O mapa agora tem por objetivo o estudo da cultura a partir da comunicação, deslocando o estudo das mediações culturais da comunicação para o das mediações comunicativas da cultura. O olhar não se inverte no sentido de ir das mediações aos meios, senão da cultura à comunicação. É a própria noção de comunicação que é repensada. Passa-se a dar mais densidade epistemológica de conhecer o que vem da comunicação (Lopes, 2018, p. 54).

O deslocamento das mediações culturais da comunicação para as mediações comunicacionais da cultura será discutido posteriormente, em conjunto com o tensionamento da midiatização, já que elucida outras possibilidades para a teoria barberiana na contemporaneidade, em mais um mapa, com diferentes axiomas. O foco, por hora, é a centralidade da comunicação na cultura e as formas de investigação dos fenômenos cotidianos por meio de métodos que valorizem a complexidade comunicacional atual entre hibridações, mestiçagens, circulações, interações entre atores humanos e não humanos, alterações narrativas, ubiquidade da conectividade, composição de identidades, entre outras. O panorama abordado anteriormente sobre consumo retira este segundo mapa das fronteiras de recepção para avaliar aspectos de interação com marcas e produtos que superam essa competência.

3.2 MAPA DE MEDIAÇÕES E AS POSSIBILIDADES NO TRANSBORDAMENTO PUBLICITÁRIO

Para iniciar a discussão do objeto de estudo centrado na lógica das mediações, retoma-se a publicidade de causa em sua própria nomenclatura ou amálgama discursivo citado pelas propostas de publicização e ecologia publicitária. Nesse sentido, tanto o embaçamento de uma lógica comercial quanto os formatos diversos que atingem a sensibilidade dos consumidores são fatores que colocam à prova a divisão entre publicidade e propaganda. A propagação de ideias (propaganda) está presente na publicidade, por não anular uma ideologia na divulgação de marcas ou produtos. Contudo, a publicidade de causa propaga uma ideia voltada à discussão pública, não necessariamente com abordagem direta comercial, embora também tenha esse interesse. Intitular de propaganda de causa poderia acarretar preocupações como as campanhas do primeiro setor, ou com o possível ganho de imagem, vendas, posicionamento de marca, lembrança, e assim por diante.

Ressalta-se, portanto, que a chamada publicidade de causa, é – na verdade – um dos exemplos de hibridação entre a publicidade e a propaganda. No sentido de propagar ideias, os demais processos organizacionais devem compor coerência às questões problematizadas, isto é, os demais signos devem convergir à causa defendida. Como aludir sobre sustentabilidade, sem tratar os resíduos da produção? Como circular mensagens sobre educação ou aumento da leitura por crianças, sem investimentos na área, ou com produtos que desloquem o investimento familiar para o pagamento de juros?

Nesse sentido, o termo publicidade de causa flexibiliza uma questão essencial ao posicionamento das marcas, pois deliberadamente reflete uma preocupação organizacional em essência e socialmente secundária, devido à característica da empresa. Contudo, pensar a publicidade como superior à propaganda pode gerar prejuízos à marca, como os casos de crise junto a consumidores que contestam ações comerciais não vistas como legítimas.

É preciso ter em mente o lugar ocupado pelo segundo setor e, assim, compreender sua possibilidade de atuação por uma produção sustentável, sem esquecer sua essência mercadológica e competência articuladora de significações e representações. É por isso que a teoria das mediações torna-se coerente e coesa para este projeto, uma vez que busca pensar "a hegemonia comunicacional do mercado na sociedade: a comunicação convertida no mais eficaz motor de desengate e de inserção das culturas [...]" (Martín-Barbero, 2015, p. 13). Em uma abordagem semiótica, a coerência entre ações da empresa (objeto), sua comunicação (signo) e os efeitos de significações provocadas (interpretante) podem auxiliar na compreensão de como estabelecer um vínculo efetivo com os públicos, evitando crises no uso cosmético da causa e possibilitando ações dos sujeitos a partir das provocações aventadas.

O modelo de mediações ainda traz a presença central da cultura, comunicação e política em uma conjectura dinâmica dos fenômenos, isto é, possibilitando no próprio mapa várias análises, mas também abrindo à reconstrução de diagramas que se mostrem mais adequados ao comportamento dos objetos empíricos. **Essa condição triádica (cultura, comunicação e política), bem como o caráter evolutivo da teoria, fomenta a comparação à lógica peirceana (objeto, signo, interpretante) e à condição não estática do signo e suas significações (Peirce, 2017). Essa analogia é propícia não somente à abstração teórica, mas também à relação entre objeto teórico e objeto empírico, nas categorias de discussão dos dados.** A cultura é experienciada por meio de objetos, imediatos ou dinâmicos, que constituem a natureza de determinado local.

A comunicação possibilita a percepção dessa cultura ao mesmo tempo que a constitui, representando os objetos por meio de signos em relação com efeitos de sentidos. A política é a ação dos sujeitos em sociedade, seja ela institucional ou não, só possível em relação à cultura e comunicação, uma vez que estabelece uma interpretação e um posicionamento sobre o que se interpreta, assim como o interpretante em que o sentido final se dá na relação com o intérprete e seu posicionamento no mundo, ainda que o potencial de significação esteja encarnado no próprio signo. Logo, toda vivência humana é cultural, comunicacional e política, do ponto de vista que se coloca no mundo através de um olhar da realidade, possibilitado pelas leituras sígnicas dos objetos e sentidos gerados a partir das experiências colaterais.

O primeiro eixo analisado aqui é o longitudinal ou, na expressão preferida pelos linguistas, o diacrônico, que liga as matrizes culturais aos formatos industriais. Essa perspectiva é traçada historicamente, em que aspectos culturais – neste caso, um questionamento da separação entre erudito e popular – são assimilados por formatos industriais, assim como o contrário. Dessa forma, surge o posicionamento de uma cultura mestiça, isto é, do encontro das diferenças em um espaço marcado justamente pelos embates da multiplicidade, que repercute também na mestiçagem dos meios de comunicação.

Na proposta barberiana, essa relação se dá culturalmente por movimentos sociais e discursos públicos que enraízam as matrizes culturais em determinado tempo e espaço, criando vínculos fortes entre os sujeitos e as temáticas discutidas. Os formatos industriais se utilizam do aspecto histórico das estruturas culturais, mas não necessariamente de forma pura, incluindo e misturando diferentes modos de vida em um produto. Para o autor, é o campo fértil aos estudos culturais (Martín-Barbero, 2015), que podem discutir não apenas como os formatos industriais influenciam a cultura, mas também como esta é presente e representada nos diferentes gêneros e meios. Nesse sentido, a proposta das mediações amplia o olhar das culturas populares e seu convívio com outras formas de manutenção e transformação de valores.

Para o objeto de estudo, a interação entre matrizes culturais e formatos industriais dá-se justamente na apropriação das marcas pelos discursos de causas, oriundos das demandas de grupos sociais ou de enxames digitais, que serão foco posterior de análise. A história dos movimentos sociais, bem como as transformações das manifestações da sociedade civil organizada, evocam a integração dos diferentes setores – Estado, empresas e cidadãos – nas discussões públicas.

Soma-se a isso a multiplicidade de expressões da identidade pós-moderna (Hall, 2006) e a instabilidade da confiança em instituições tradicionais para lidar com as demandas sociais (Edelman, 2019b). Assim, o que as marcas circulam sobre causas leva em conta as mudanças de posicionamento de uma sociedade em um lugar específico; caso contrário, haveria apenas um agendamento no formato estabelecido pelas marcas, aceito de bom grado pelo consumidor.

No exemplo do futebol como mídia, o que se verificou foi um predomínio da discussão sobre racismo envolvendo as marcas esportivas, seguida, em menor quantidade, pelo machismo e depois pelo preconceito à orientação homossexual (Teixeira Filho; Souza; Moni, 2021). O que se coloca aqui é que, apesar da perspectiva diacrônica, cada local pesquisado em períodos diferentes, provavelmente, exporá dados distintos do cenário relacionado a causas, pois a própria discussão pública sobre o assunto é dinâmica.

A análise transversal ou sincrônica relaciona a produção ao consumo em efeito dialógico e simultâneo. Martín-Barbero (2015) cita três pontos a serem pensados na produção: a estrutura empresarial, a competência comunicativa e a competitividade tecnológica – cada um deles podendo fornecer vantagens à organização. Do ponto de vista do consumo, nem sempre os usos e as apropriações são realizados da forma como foram previstos nas lógicas de produção. Hall (1973) levanta essa questão ao expor as diferentes formas de decodificação. No presente mapa, essa discussão figura os sentidos dados ao consumo e às práticas dos sujeitos e suas subjetividades.

Os estudos de recepção, circulação e consumo, ainda que de formas distintas, estabelecem-se nesse conjunto dialógico, recorrendo também aos formatos industriais e às representações da cultura. Como já colocado, a análise da produção por meio dos conteúdos presentes nos meios tem sido beneficiada, seguidos por uma liberdade metodológica em que o comunicacional tem se perdido. Nesse sentido, unir análises de produção e consumo com técnicas que beneficiem o objeto comunicacional é um desafio da área (Trindade; Perez, 2019).

A relação entre produção e consumo no objeto de estudo é mais concreta. Nessa perspectiva, a lógica de produção publicitária (publicização) e a expansão dos formatos tradicionais ampliam os sentidos das marcas nas vidas das pessoas, na construção do cotidiano dos consumidores e de outras facetas que não envolvem apenas o papel de consumidor, mas o de cidadão, ao ocupar um espaço público, assim como a empresa. Essa perspectiva aparentemente não conflituosa gera aproximações entre as discussões em outros campos da vida e o consumo, não existindo uma separação entre as turbulências das experiências públicas (economia e política, por exemplo), com os enfrentamentos cotidianos do consumo material ou cultural, incluindo o midiático.

A aproximação entre lógicas de produção e consumo por meio da cidadania já foi realizada por Canclini (2001) e, no Brasil. podem ser vislumbradas em diversos casos de comunicação. A expressão "vem pra rua", utilizada por movimentos sociais e pela publicidade de carro, ou "o gigante acordou", em referência à turbulência política nacional, mas utilizado por uma empresa de bebidas em sua publicidade, são casos das relações diretas entre os três setores da sociedade. No entanto, outros exemplos são acrescentados, como os identitários em campanhas de cerveja sobre a cor da pele, ou o respeito às mulheres; os anúncios de chicletes sobre o uso de azul ou rosa independentemente do gênero; as ações mercadológicas em que "o amor ganha"; e, surpreendentemente, no mês dedicado à diversidade, proliferam-se os discursos publicitários nesse sentido, ou ainda a divulgação da contratação de atores negros para um anúncio de sanduíches, após a decisão do governo em não veicular uma campanha de banco por apresentar muita diversidade. Enfim, o eixo sincrônico corresponde à parte objetiva deste estudo que tem, na presença ou ausência de temas tratados e na forma como se constroem esses discursos, uma importante possibilidade de análise social.

Mas é na análise das mediações, das interações entre cada um dos extremos, que se configura a potencialidade do modelo. A tecnicidade permite materializar as ofertas industriais, não apenas no sentido de dispositivos técnicos como maquinários e a automação, mas também nas redes formadas por diferentes localidades, pelas possibilidades ampliadas do trabalho com dados, pela lógica numérica e algorítmica que molda percepções, acessa sentimentos e a vida privada, desaguando nas propostas apresentadas ao mercado.

Como relata Martín-Barbero (2015), a tecnicidade permite ampliar os discursos públicos e o uso dos meios. A institucionalidade realiza a mediação entre lógicas de produção e matrizes culturais e assim estabelece uma conexão entre o social e os setores que englobam essa dimensão de forma organizada. O autor defende que, enquanto o Estado procura a manutenção da ordem, os cidadãos buscam direitos, reconhecimentos e a reconstrução do social. Nesse sentido, há também uma institucionalidade do segundo setor, que se coloca entre essas duas forças, vendo tanto a reprodução quanto a transformação sob uma análise de oportunidades ligadas à construção de sua identidade institucional, de um posicionamento coerente aos anseios coletivos de seus públicos de interesse e dos seus objetivos.

Como afirma Lemos (2002), a cibercultura altera o espaço delimitado e o tempo linear, em que a circulação e os fluxos comunicativos não são simples trocas entre usuários, mas estão sujeitos ao imprevisto, aos excessivo e ao caótico com resultados inesperados. Portanto, o determinismo da tecnicidade não existe em sua função pura de previsibilidade e agendamento total das mídias sobre os usuários, sendo as práticas no ambiente digital uma forma de evidenciar essas organicidades.

Para o objetivo proposto neste trabalho e o atual momento do alcance tecnológico fundido à organicidade da vida social, torna-se difícil a separação entre institucionalidades e tecnicidades. Apesar de o autor refletir na institucionalidade como lugar de reconhecimento, este deve ser entendido como um reconhecimento público, um respeito da cidadania, e não do reconhecimento defendido na Teoria Crítica, que é influenciado pela institucionalidade, mas se concretiza por meio da intersubjetividade (socialidade). Assim, como dependente das subjetividades, no presente estudo, leva-se em conta de que forma as estruturas institucionais atuais ou suas rupturas estabelecem igualmente alterações nas concepções de identidades, como apontam Hall (2006), Giddens (2002) e Ciampa (1984).

Esse vínculo entre o que está posto e o que está em transformação deve ser pensado sempre como processo dinâmico, e não dado, por mais que pareça estabelecido, evocando o que Certeau (2020) chamou de táticas dos praticantes, modos de entrar em contato com o polo produtivo, mas nesse caso também a tensão entre cidadão e Estado, absorvidas aqui pelo escrever, falar e relatar, bem como pela própria produção publicitária e por seus potenciais sentidos.

Cabe reforçar que o próprio Martín-Barbero (2015) já relata a procura de outras institucionalidades que não as tradicionais para a completude cidadã. Nesse sentido, o consumo é a resposta que tem sido dada socialmente para Canclini (2001), mas que merece ser pensada sem a diluição do papel que cabe ao setor público. Em certa medida, essa perspectiva já consta no modelo barberiano, que propõe análise das mediações a partir da amplitude atingida pelo mercado na trama social e cultural. Nessa tensão pela reconstrução ou manutenção social é que as lutas ocorrem e produzem formas das organizações, mas também de os sujeitos se apresentarem às massas, ao povo, à massa (percorrendo o caminho que Martín-Barbero cita no livro), isto é, a constituição da identidade na relação entre matrizes culturais e lógicas de produção e consumo.

Sendo a identidade um olhar do outro e de si em meio às transformações de tempo e espaço, e tendo um caráter também discursivo, existe uma estreita relação entre comunicação e consumo, reconhecimento e identidade. Em síntese, "o conhecimento de si é dado pelo reconhecimento recíproco dos indivíduos identificados através de um determinado grupo social que existe objetivamente, com sua história, suas tradições, suas normas, seus interesses, etc." (Ciampa, 1984, p. 64). Nesse contexto, lógicas de produção e consumo, assim como as expressões comunicativas desses dois extremos, estão presentes nas essências dessa existência de forma objetiva e mostram capacidade de articular sujeitos, grupos sociais, instituições e Estado. Relações que podem ser consideradas intersubjetivas entre sujeito institucionalizado (marca) e sujeito consumidor, em que ambos internalizam suas interações, mas também socializam suas expressões objetivas no sentido de comportamentos e narrativas de consumo e, com isso, evocam dinamicidade à institucionalidade.

Uma vez que a institucionalidade atua sobre identidades, aqui se discute até que medida os traços ontológicos não são também favorecidos pelo grau de tecnicidade organizacional. O uso crescente de ambientes digitais como pontos de contato com o consumidor amplia as possibilidades de tratamento de dados e conhecimento dos públicos. Gillespie (2014) destaca essa questão expondo a atuação algorítmica, entre outras possibilidades, por meio dos ciclos de antecipação pela previsibilidade de comportamentos do consumidor; pelo envolvimento com a prática, em que o consumidor tenta prever as ações algorítmicas e moldar sua prática em relação a elas, ou até questioná-las politicamente; e pela produção de públicos calculáveis, que segmentam consumidores e fornecem um espelho invertido, em que é forçada uma identificação não necessariamente orgânica, intensificada por filtros-bolha que promovem o encontro de perfis similares.

O estudo de Carah (2017) retoma essas questões direcionando o poder da marca sobre o uso de dispositivos digitais e mídias sociais com seus públicos. Dessa forma, a expansão da tecnicidade atinge uma perspectiva ontológica, mas que só é possível pela produção socio-discursiva de fluxos comunicacionais e circulações, permitida pelo tratamento de grande quantidade de dados do ponto de vista organizacional e do enfrentamento com os discursos e a criação midiática do ponto de vista do sujeito.

Sob o prisma ontológico, a identidade projetada para o consumidor pode associar-se à mesmice, avaliada nos estudos de Lima (2010), em que há uma tentativa de cristalização da identidade projetada no sujeito e que leva ao seu reconhecimento apenas ao estar investido dessa sugestão identitária. Essa perspectiva, no entanto, desconsidera a socialidade como fundamento das expressões do sujeito, ao mesmo tempo que fornece interfaces para a socialidade digital, mediada pela análise de dados.

Sobre a circulação, esta impactará tanto a dimensão de produção quanto a de consumo (tecnicidade – ritualidade), influenciando na perspectiva da publicidade de causa, o delineamento do potencial de sentido buscado pelas marcas quando se expressam com essa estratégia, mas também os discursos e suas reformulações, as formas como são digeridos. É dessa forma que a tecnicidade projeta uma aproximação diacrônica com institucionalidades, levando a rápidas transformações, ao passo que a circulação promove a aglutinação de produção consumo, explicadas nas palavras de Fausto Neto (2010, p. 63):

> [...] a circulação – transformada em lugar no qual produtores e receptores se encontram em "jogos complexos" de oferta e de reconhecimento – é nomeada como dispositivo em que se realiza trabalho de negociação e de apropriação de sentidos, regidos por divergências e, não por linearidades. Este esforço analítico se volta para formalizar a existência da problemática da circulação já não mais como um conceito abstrato, mas efeito do avanço sobre a sua própria complexidade.

A circulação é tratada assim não como um tipo especial de recepção ativa, mas que supera a condição emissor-receptor para contemplar, em uma mesma terminologia, a produção, a programação, a distribuição e o consumo dos diferentes conteúdos e plataformas midiáticas formulados em negociação. Desse ponto de vista que a tecnicidade amplia a circulação, sendo atrelada mais recentemente às teorias da midiatização. Ainda nas palavras do autor:

> A complexificação tecnológica expõe o trabalho da circulação, muda os ambientes, as temporalidades, as práticas sociais e discursividades, os processos, o *status* dos sujeitos (produtores e receptores), as lógicas de contatos entre eles e os modos de envio e reenvio entre eles diluindo fronteiras outrora cristalizadas, em favorecimento desta nova "zona de contato", mas também de indeterminações[10] (Fausto Neto, 2010, p. 65).

A perspectiva de junção entre identidade pessoal e social, a intensificação de tecnologias convergidas ao corpo e sua presença ubíqua refletem a necessidade de se pensar uma identidade pós-humana, atreladas ao contexto dinâmico das circulações. Partindo de um *ethos* midiatizado, Sodré (2009) projeta a identidade virtual em um panorama de dessubjetivação, em que a interobjetividade, com as tecnologias em espaços urbanos, atua como estratégia social de discursividade; integração sistêmica

---

[10] Grifo do autor.

com outros sujeitos por dispositivos digitais inseridos em estruturas orgânicas, que inibem a individuação.

Essa perspectiva é apenas elucidada aqui, mas o trabalho não realiza um esforço nesse sentido. Está mais para uma humanidade digital, um estágio intermediário da prática midiatizada. Nesse sentido, cabe recordar os relatos de Lemos (2002), em que o ciberespaço pode, mas não é apenas, o lugar de partilha, de pertencimento e relacionamento de agrupamentos sociais inscritos no sentido de uma *comunidade;* mas que hoje, ao invés da ideia moderna de organicidade e presenteísmo comunitário *versus* a de processo reflexivo e aspiracional de sociedade, o que se vê não é uma luta contra o sistema, mas o esquecimento dele pela comunidade.

As mediações correspondentes ao consumo estão relacionadas tanto às matrizes culturais quanto aos formatos industriais. No primeiro caso, a socialidade é o lugar da interação entre sujeitos e suas configurações de poder. É por meio dessa mediação que se dão as formas de comunicação no cotidiano e as estratégias de uso da linguagem apropriadas pelos sujeitos aos seus objetivos dentro de um contexto cultural. Relação que é provida por consumidores, mas também pelo contato com outros atores sociais e instituições.

A ritualidade remete às formas, às condições de repetição nos usos e nas apropriações dos meios e dos formatos industriais diversos. Nessa análise, os cenários de consumo importam, bem como as condições do sujeito para a produção de significações por meio dos formatos industriais. Trindade e Perez (2014) discutem a validade do termo "rituais de consumo" em longa retomada da literatura e expõem que os atos de repetição e ampliação dos sentidos cotidianos fornecem estabilidade psíquica nas interações sociais. McCracken (2010) sistematiza algumas formas do ritual de consumo, como posse, troca, arrumação e desapropriação.

Ainda que o conceito de ritual em McCracken esteja fortemente atrelado aos bens materiais, a origem do estudo remete ao simbolismo do sagrado. No presente estudo, é atrelado ao consumo de marcas e aos possíveis sentidos que elas têm na vida dos consumidores, por meio do conceito de consumo midiatizado. São pontos a serem pensados nesse aspecto: como se dá o ajustamento dos discursos marcários para a vida dos consumidores em relação com as causas defendidas; de que forma os consumidores se apropriam desses discursos e como preparam ambientes em que circulam as narrativas de causa; como se dá a relação com outros consumos.

A ritualidade evoca as repetições, certa estabilidade nas relações e busca a performatividade e, nesse sentido, carrega uma dramatização não encontrada nos processos. Os rituais são expressos por diferentes linguagens que fornecem possibilidades de performance no dizer, fazer e valorar (Peirano, 2003). Em especial, essa última pode evocar a publicidade de causa, que retira de um processo com baixo potencial de significação as demandas sociais para evocar funções da linguagem em conexão com o ato de consumir aquela marca.

A socialidade envolve os ambientes de troca, de contato entre diferentes grupos e sujeitos a partir do entendimento de uma matriz cultural. É o lugar em que ocorre a mobilização da moral, a ação social do sujeito em diferentes abordagens (reconhecimento, justificação, escolha racional), em um ambiente da prática, e não de sua abstração. Nesse contexto da cotidianidade é que são dados e esboçados os sentidos, ampliados nas práticas urbanas, colocados em contato com aparelhos de encarnação e representação (Certeau, 2020), que aqui podem ser considerados a publicidade e os diferentes dispositivos de comunicação com a marca e do consumidor com outros atores. Por isso, o que importa ao objeto é a comunicação e seus textos, mas também de que forma as interações do sujeito ocorrem com os demais.

Sobre as interações entre atores, Montúfar (2011) considerou a importância em estudar uma *economia moral* para compreender princípios, valores e normas considerados ou não no processo de consumo, levando em conta o sujeito, mas também a família e a comunidade. Ou seja, como as práticas de consumo podem nos levar a compreender as formas de cidadania e que valores são primados nesse aspecto.

No que diz respeito à socialidade, verifica-se a interação on-line mediada (Thompson, 2018; Resende; Covaleski, 2020), dependente do dialogismo e de muitos para muitos, além de práticas com estratégias de visibilização de informações de interesse para a performidade dos atores. Assim, entender como se dá essa relação e o que é evidenciado em rede, ou silenciado, conduz ao contato do consumidor com os formatos industriais das marcas e outros consumidores.

Portanto, também se evidencia o ciberespaço como favorável aos ritos de passagem, seja da própria concepção desse ambiente em que a modernidade cede espaço para a pós-modernidade, seja como evento marcante aos sujeitos que vivenciam mudança de um estado para outro, em processos de iniciação (Lemos, 2002). Neste caso, importa-nos as mudanças relativas às discussões de causa, vivências do exercício da cidadania e uma vida melhor, mediadas pelo consumo e pela publicidade.

A Figura 3 resume o esforço realizado até aqui, com base no referencial teórico, no sentido de conceber um mapa para a publicidade contemporânea, que possibilite as diferentes conexões das marcas, mediada pela publicidade de causa no ciberespaço.

Figura 3 – Mapa de Mediação Proposto para a Publicidade Contemporânea

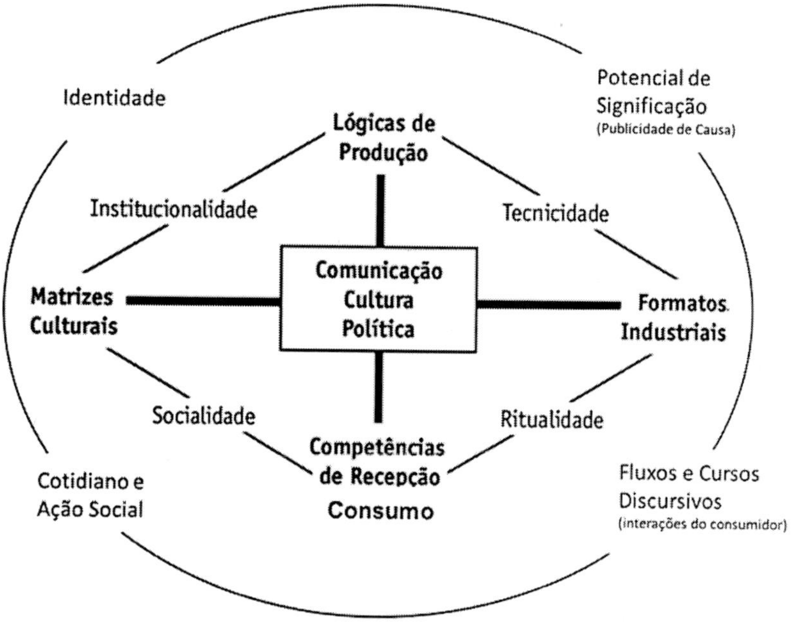

Fonte: o autor, com base na proposta de Martín-Barbero (2015)

É esse mapa que nos guiará no processo de análise. O exercício anterior de pensar o objeto de estudo a partir do modelo analítico das mediações é somado às recentes propostas da teoria barberiana. Antes, contudo, finalizam essa seção algumas críticas diante da proposta do autor, que servem ao direcionamento dado ao estudo. Follari (2002) tece críticas que atravessam os estudos culturais latino-americanos, destacando uma rasa interdisciplinaridade, exaltação da tecnologia, foco nas identidades e textualidades, esquecendo-se das lacunas socioeconômicas.

Nesta altura, parece evidente a possibilidade que as mediações fornecem para a interdisciplinaridade metódica, recaindo ao pesquisador as diferentes possibilidades de acesso à cultura e à comunicação, dependendo do objeto analisado. Já as demais questões socioculturais afetam identidades, sendo o foco tanto de Canclini (2001) quanto de Martín-Barbero (2015), que desenvolveram suas teorias com base na dimensão alcançada pelo mercado. Cabe, no entanto, ao acessar as informações do sujeito, não renegar a potencialidade dos estudos culturais em sua dimensão social, que também sofre críticas em outro extremo da teoria, ao se abrir demais às possibilidades de mediação e perder a delimitação conceitual.

A crítica para uma definição constitutiva alinhada aos estudos da comunicação, mas também às aberturas dos estudos culturais, é avaliada por Signates (1998), ao relatar a ausência de delimitação do conceito de mediações. O autor vai além, ao analisar os diversos significados dados ao termo por Martín-Barbero e outros autores, sugerindo o abandono da mediação por sua pluralidade e indefinição operacional do objeto comunicacional. A partir da pesquisa, Signates sugere uma aproximação com o termo prática comunicacional, que delimitaria tanto métodos quanto objetos dentro do campo da Comunicação.

No sentido de abertura extrema às possibilidades de pesquisa do campo da Comunicação, as mediações são sinalizadas como formas de compreender as mudanças sociais, mas também de negociação de poderes no cotidiano. Outros autores também questionam o uso aberto das *mediações*. Signates (1998) o faz negando o termo como sinônimo de intermediação, que traz uma carga positivista, mas, ao mesmo tempo, o uso indefinido não ajuda na delimitação do campo. Já Ferrara (2016) dissocia o uso do termo *mediação*, para ela, ligado a uma pretensão de efeito, uma sinalização de fim desejado da comunicação, um ato de intersecção e produção de acordo; do termo *interação*, destinado às práticas sociais sem previsibilidade, ainda que um esteja em conexão com o outro e possam ser úteis para entender as mudanças sociais.

Marcondes Filho (2008) critica a abertura dos estudos culturais latino-americanos à politização partidária e abertura demasiada à sociologia, que dissolve os objetos comunicacionais e os colocam em outros campos. O autor critica ainda o posicionamento hegemônico que leva a compreender o processo de comunicação como transmissão de coisas.

O conjunto de apontamentos passa, portanto, por dois eixos que auxiliam esta pesquisa em sua delimitação e seus métodos: o delineamento do que se pretende com as mediações em uma leitura conjunta entre acordos e interações sociais; assim como especificar o que há de comunicacional no objeto de estudo, compreendendo suas dimensões sociais, mas retornando ao processo de comunicação. É com essa precaução que o percurso metodológico foi pensado, acrescido dos estudos a seguir, que tratam das mutações culturais em consonância com um novo mapa de mediações e o diálogo com a midiatização.

3.2.1 O Mapa de Mediações e a Mutação Cultural

Como visto anteriormente, existe uma passagem entre o mapa de mediações culturais da comunicação e o de mediações comunicativas da cultura. Essa reconfiguração remete à quinta edição do mais divulgado livro de Martín-Barbero (2015). Ainda segundo o autor, há um reforço da necessidade de pensar a comunicação como eixo das formações culturais atuais, dando maior relevância ao campo em seu estudo. Nas palavras de Lopes (2018, p. 54), "o olhar não se inverte no sentido de ir das mediações aos meios, senão da cultura à comunicação. É a própria noção de comunicação que é repensada. Passa-se a dar mais densidade epistemológica de conhecer o que vem da comunicação".

O mapa apresentado na introdução torna a proposta do autor aplicável, dando um caminho metodológico, seguido de exemplos que ilustram as possibilidades epistemológicas existentes. Em suma, o direcionamento dado tenta transformar as análises de uma indústria cultural dirigida para massas com um olhar instrumental centrado apenas nos meios, para abranger de forma ampla as influências da comunicação na cultura, nas negociações realizadas pelos consumidores e transformadores dessa comunicação.

Na concepção do autor, o mapa das mediações comunicativas da cultura responde às solicitações realizadas durante os anos de novas edições da obra para considerar que a tecnicidade e institucionalidade se dão por uma lógica midiática capaz de realizar mutações na sociedade (Martín-Barbero, 2015). Diante dessa consideração, a proposta se aproxima da teoria da midiatização, divulgada mais recentemente, embora alguns autores vejam uma necessária ruptura com a ótica das mediações. A definição de midiatização, ainda que articulada de diversas formas pelos autores da área, remonta à análise estrutural das instituições e suas mudanças por meio da comunicação institucionalizada, e não apenas às questões operacionais do uso da tecnologia.

Na aproximação das propostas, Braga (2012) aponta que a midiatização estabelece uma continuidade das mediações ao entender a penetração da comunicação na cultura. Na abordagem disruptiva, mesmo que Couldry e Hepp (2013, 2017) considerem a relevância das mediações como proposta que amplia a discussão sobre a comunicação com ampla consequência para a vida cotidiana, defendem que a midiatização apresenta outro meio para atuar na construção da realidade. Hjarvard (2014) não considera a tradição latino-americana de mediações, mas expõe a midiatização como uma teoria alternativa às propostas culturais e frente ao que já foi discutido sobre a influência da lógica midiática na sociedade.

> A midiatização surgiu como um novo quadro teórico para reconsiderar questões antigas, embora fundamentais sobre o papel e a influência da mídia na cultura e na sociedade. Em particular, o conceito de midiatização revelou-se produtivo para a compreensão de como a mídia se difunde para, se confunde com e influencia outros campos ou instituições sociais [...] (Hjarvard, 2012, p. 54).

Couldry e Hepp (2013) classificam as teorias da midiatização por meio de duas abordagens: a estruturalista e a social construtivista. Enquanto aquela reflete a institucionalização da mídia por meio de regras próprias e afeta as demais instituições, fazendo com que elas se adequem a uma lógica midiática, esta entende que não é uma pressão de externa às demais instituições, mas, sim, uma construção social dependente das várias mídias em que os demais setores participam, envolvendo a complexidade institucional, mas também tecnológica. Como expõem Perez e Trindade (2016), essas duas abordagens parecem entrelaçar-se, já que a construção social da realidade depende de instituições.

Seguindo as premissas de uma construção social da realidade (Berger; Luckmann, 2014), em vez de uma realidade dada, é que Braga (2012, p. 32) analisa o termo mediação como o processo que intercala um elemento entre sujeitos ou ações para organizar essa relação, aproximando-se do conceito de interação supracitado (Ferrara, 2016), ao abordar de forma extremamente aberta a mediação como "relacionamento do ser-humano com a realidade que o circunda". O autor avalia ainda o termo midiatização como um estágio de transformação social em que não há mais um estranhamento da mídia pela sociedade, mas uma aproximação, causada tanto pela penetração de novas tecnologias no cotidiano quanto pela experimentação da produção midiática, antes destinada à indústria cultural.

Ainda sobre a comparação entre mediações e midiatização, Couldry e Hepp (2013) consideram que a primeira analisa o processo comunicacional de forma genérica, para compreender a produção de sentido, enquanto a segunda avalia e descreve a mudança da e a partir da comunicação. Para concluir este breve apanhado antes de realizar sua discussão, Hjarvard (2014) reforça que, além de analisar uma transformação institucional, e, por isso, deva ter um foco diacrônico nos estudos, a midiatização se estabelece no nível meso de análise, isto é, não se preocupa nem com o sujeito, nem com as grandes perceptivas sociais, mas, sim, com as instituições ou as partes que formam o todo. Nesse caso, a possibilidade de aplicação aos fenômenos cotidianos é um ganho para a instrumentalização, justamente separadas em partes no livro do autor. Essas incursões podem ser vistas na transformação da religião ou do habitus, já trabalhadas, respectivamente, em Teixeira Filho e Azevedo (2020) e Teixeira Filho e Perez (2018).

Na tentativa de diferenciação da mediação como processo, também recai a mesma crítica apontada sobre as diferentes abordagens da midiatização, uma vez que as mudanças podem ser lidas por meio dos processos de interação. As diferenças nas dimensões de análise podem resultar na separação entre as propostas, ainda que a observação das institucionalidades e das mediações fundamentais (cultura, política e comunicação) coloquem-se em articulação com uma abrangência também meso. Dessa forma, é profunda a dedicação realizada por Martín-Barbero para acessar os sujeitos, reforçando essa potencialidade em histórias de vida e práticas de recepção e consumo, mesmo que incluídas sua dimensão de socialidade.

Consequentemente, a análise da transformação social por meio da importância e penetração da mídia atualmente na cultura refletiria em formas de negociações entre agentes, assim como competências comunicacionais que alteram a interação entre sujeitos e desses com as instituições. Nessa perspectiva, a midiatização é entendida como contextual e constituída ao mesmo tempo que altera as várias formas de mediação.

Para investigar as aproximações teóricas pelo olhar das mediações, Lopes (2009), em entrevista com Martín-Barbero, questiona diretamente se o atual momento não reflete uma mudança para a exploração da midiatização. O autor comenta que sua proposta já traz, na condição do mapa da quinta edição de seu livro, a centralidade e institucionalidade da comunicação, que não é uma questão das mediações para os meios, mas da comunicação para a cultura. A retomada do autor sobre cada mediação amplifica as análises em proximidade com o que foi realizado na seção anterior, a partir do objeto de estudo.

Frente às críticas colocadas na seção anterior, a mesma entrevista esboça a defesa das mediações em três principais contribuições: 1) superação da visão instrumental, centrada nos efeitos, para uma visão de trocas, de vínculos que ampliam a comunicação e seus fluxos, extrapolando os meios; 2) bagagem epistemológica com aprofundamento operacional-metodológico, permitindo a construção da complexidade dos dados, isto é, a densidade das análises por meio de diversos métodos; 3) o sentimento de comunicação-sociedade, a inquietude de cada pesquisador que tem sido evidenciada em meio às tensões sociais, culturais e políticas, que dão vazão para tentativas de mudar o cenário.

Para compreender mais intensamente as mudanças pelas quais a sociedade passava, fazendo jus à dinamicidade dos mapas noturnos, foram acionadas ainda outras especulações no sentido de mediações que se somam às anteriores. Lopes (2018) compila as indicações posteriores ao mapa de mediações comunicativas da cultura. Para a discussão desta pesquisa, fixa-se na última versão apresentada na comemoração dos 30 anos da publicação de *Dos meios às Mediações: comunicação, cultura e hegemonia*, em entrevista do autor para Omar Rincón.

A proposta visa a investigar as mutações culturais de um *sensorium* contemporâneo (Rincón, 2019). Dessa forma, parece tentar suprir o entendimento das transformações citadas anteriormente, mantendo os preceitos epistemológicos e metodológicos, isto é, o foco nos processos comunicativos entre sujeitos e os mapas noturnos. A apresentação dessa reconfiguração reforça a constituição do modelo para pensar as mutações que se colocam nas vivências pessoais, uma nova civilização englobada pelos sentidos dos mercados:

> Esta nova civilização é vista e adjetivada como "bárbara" para o *establishment* acadêmico, da cultura e dos moralismos de direita e esquerda. Em que consiste essa nova civilização? Em uma que produz os sentidos de outros modos e que habita a experiência de outras maneiras: mais digital, fluida,

hipertextual, caótica. Não há mais nenhuma autoridade cognitiva, moral ou política: apenas capitalismo financeiro e entretenimento expandido[11] (Rincón, 2019, p. 17).

A Figura 3 sintetiza a proposta dessa mutação cultural, que se estabelece a partir da proposta de Walter Benjamin sobre as sensibilidades do cotidiano, aquilo que é sensível, que traduz uma época. A perda de autoridade é colocada como diminuição das institucionalidades tradicionais. O que se vê, a partir da proposição desse novo mapa, é o reforço do objeto de estudo apresentado dentro do mapa de mediações comunicativas da cultura e a reiteração dos posicionamentos em cada uma das mediações. Fornece, além disso, direcionamentos metodológicos para atuar nesse cenário.

Na interpretação de Omar Rincón sobre a proposição de Jesús Martín-Barbero, é exposta a perspectiva semiótica e discursiva, por reforçar "[...] a sensação, a percepção e a interpretação da informação sobre o mundo que nos rodeia", exaltando a experiência, o "sentir para perceber" (Rincón, 2019, p. 18). Em sintonia com a ampliação das sensações e dos potenciais de sentidos despertados pela marca pós-moderna, é compreensível que se questionem também identidades e cidadanias a partir de narrativas e redes de conexão que moldam o fazer.

O mapa exprime um espírito de tempo em que a diversidade identitária tenta converter as linguagens modernas para traduzir as mudanças constantes. Rincón (2019) resume que hoje o *slogan* não sintetiza um posicionamento para falar com mais pessoas, mas, sim, com menos; sobretudo em causas pequenas, as micronarrativas políticas como as ambientais e animais, ou a luta por direitos específicos em que se misturam o caos político e social ao otimismo tecnológico. Logo, analisar como se dão as conjecturas atuais de moralidade e ação social na configuração de instabilidade pode auxiliar a entender e atuar sobre a interação entre agentes englobadas na linguagem da mídia e do mercado.

---

[11] Tradução livre de: "Esta nueva civilización es vista y adjetivada como 'bárbara' para el establishment académico, de la cultura y los moralismos de derecha e izquierda. ¿En qué consiste esta nueva civilización? En una que produce de otros modos los sentidos y habita de otros modos la experiencia: más digital, fluída, hipertextual, caótica. Ya no hay autoridad cognitiva ni moral, ni política: solo capitalismo financiero y entretenimiento expandido."

Figura 4 – Mapa sobre o *Sensorium* Contemporâneo

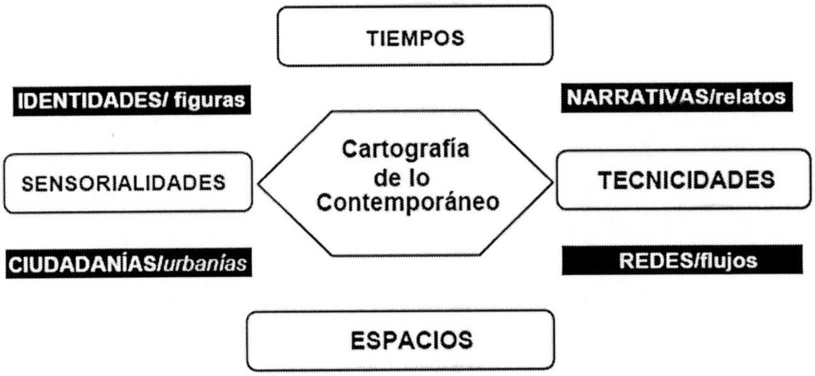

Fonte: Jacks, Schmitz e Wottrich (2019, p. 18)

Na relação entre tempos e espaços, coloca-se como a percepção do tempo é somada às demandas urbanas, do digital e de fuga para as realidades virtuais. Dessa forma, os espaços também se moldam ao tempo que condicionamos pelo ritmo do audiovisual ou do sincronismo das respostas no enfrentamento de situação complexas. A tecnicidade ganha importância no novo mapa, configurando um eixo de sentido em conexão com a sensorialidade. Assim, uma linguagem artificial se mescla à humanidade do sentir, que coloca desafios para a inteligência, para a solução de problemas e para o desenvolvimento social.

Nas palavras de Rincón (2019, p. 21), "existe inteligencias nas sensorialidade e na tecnicidade, não é a mão e a ferramenta, são juntas e interdependentes". Soma-se a esse exemplo a leitura feita por Eliseo Verón para quem "o receptor não é meramente ativo: será operador/ programador de seu próprio consumo multimediático. De um certo ponto de vista, se poderia dizer que assistimos à culminação natural, no mercado dos meios, do individualismo da modernidade" (Verón, 2007, p. 14). Nesse sentido, o autor pensava os meios e a circulação, mas o pensamento pode ser expandido para outros horizontes da vida.

As temporalidades e espacialidades intensificaram a tentativa de entender as transformações do sujeito. Afinal, os sistemas simbólicos da cultura são justamente centrados em representações que se manifestam na tentativa de signos globalizantes e ágeis (Hall, 2016; Woodward, 2014). Representações realizadas nas comunicações de massa, segmentadas, ou no transbordamento publicitário. Mas, se a identidade é transitória, permeada por múltiplas opções e sensível às incertezas do ambiente, não é possível ao pesquisador avaliar o ser em si como resultado de uma permanência definida nos anos iniciais de vida, mas apenas como um instante repreendido por um recorte cultural de uma identificação às representações, isto é, um ser em outro, confrontado com a ideia de que faz dele mesmo. Logo, é mais frutuoso para nós o aspecto comunicacional e relacional do objeto de estudo do que a identidade em si, na impossibilidade de enclausurá-la e induzir uma explicação. Nesse sentido, a identidade se aproximaria do termo *narrativa do Eu* sugerido por Giddens (2002) e possui fortemente uma comunicação narrativa e, portanto, manifestada no discurso.

A partir do panorama traçado, como é possível posicionar o consumo e suas mediações na constituição de identidades? Primeiro, porque, como anunciado na introdução e reforçado anteriormente, comunicação e consumo são fatores estruturantes da cultura na qual o sujeito está imerso e negocia com a coletividade sua identidade. Os estudos culturais ingleses já apontam essa questão, e no caso dos estudos culturais latino-americanos não é diferente; seja pela mestiçagem e mediações dos sujeitos (Martín-Barbero, 2015), seja pela contestação de uma identidade nacional única, seja por elementos institucionais tradicionais, substituídos pelo posicionamento de consumo (Canclini, 2001).

Segundo, porque a própria identidade é comunicacional e reflete as interações dos sujeitos. Assim, a narrativa pessoal sobre quem somos pode expor e constituir identidades, em contraste de narrativas expostas por outros. Emerge como proposta a teoria da comunicação da identidade (Jung; Hecht, 2004), que não apenas relata a influência da comunicação, mas as aproximam, ao expressar que identidade é comunicação. Ainda que a abordagem positivista busque essa conexão na autodeclaração quantitativa, o estudo considera a multidimensionalidade da identidade e suas concomitâncias: pessoal, interpretativa (encenação), relacional e comunal (memória coletiva).

Os rituais se transformam em narrativas, e estas, em relatos. Na abordagem do novo mapa, há uma crítica na produção de relatos sem que haja uma história e um ritual que o sustentem. Sobre essa passagem de um estágio a outro, vemos que:

> Em nossa atualidade assistimos à expansão de rituais (ver séries, conversar em rede, assistir a espetáculos, comida e arte) e, por conta disso, as narrativas (se multiplicam) porque

> dão conta da experiência que se vive nos rituais. As narrativas geram histórias e conversações. O ritual necessita do corpo, da oralidade e da espiritualidade para se converter em relato. Para que haja relato, este deve carregar-se de ritualidade e narrativa, por isso, de território, cultura e sujeitos com identidade (Rincón, 2019, p. 22).

A produção de identidades fixas em mesmices não leva às narrativas e aos rituais. É a proposta inversa que dá força e sentido aos relatos e, portanto, faz com que a empresa, empunhada de um sujeito-marca, compreenda as vivências do sujeito-consumidor. Dessa forma, a tecnicidade leva à tentativa de acesso às narrativas de marca e do consumidor (por exemplo, os formatos audiovisuais para a circulação da vida cotidiana nas mídias digitais, ou os influenciadores digitais que tentam encarnar narrativas e rituais, mas que geralmente ficam na dimensão do relato).

Para concluir, as cidadanias e redes/fluxos interpelam os tempos e a convergência de espaços, criando uma memória do lugar, o que determina novos sentidos para um mesmo objeto, ao longo de diferentes espacialidades. Porém, a cidadania é pensada no mapa como um posicionamento em rede, o que leva a pensar qual o fluxo que esses posicionamentos seguem; em que direção se constroem as articulações em redes e as formas de se apropriar de objetos. Sobre essa interdependência entre o tempo e a sensorialidade, Rincón (2019, p. 22) imprime sua visão de cidadania urbana, de reconfiguração e conversão dos espaços:

> As cidadanias são mais perenes [do que a reconfiguração urbana] e há que pensá-las em relação com o *civitas,* o que habita a cidade, e com os direitos e os modos de ganhar poder na vida cotidiana, com a aparição de sujeitos políticos inéditos como as mulheres, os jovens, as culturas ancestrais que fazem da cidadania outra coisa, um modo de existir politicamente.

Esse trecho resume como a composição desse novo mapa soma-se ao anterior e não o invalida. A tensão entre o público e o privado das institucionalidades e a socialidade são vistas aqui em conexão, criando um viver político de cidadania, mas que também é subjugado às microações de sujeitos, em perspectivas latentes que desafiam as possibilidades de mudanças mais amplas, contando com uma rede de atuação que talvez possa alterar essa conjectura.

É por isso que a proposta feita neste livro, de um mapa para compreender a publicidade contemporânea, encaixa-se nesse aspecto, pois conta com a compreensão da ação social dos sujeitos a partir da ótica do cotidiano. O mapa sugerido será utilizado para ampliar as análises de relações entre os dados e se aproxima de alguns pontos da proposta de renovação que nos mostra o mapa de mutações. Por hora, vamos aprofundar nos entendimentos sobre juventudes, antes de conferir o que ocorre efetivamente em campo, de forma aplicada, na interação entre jovens e marcas.

4

CULTURAS JUVENIS E CONSUMO ORIENTADO A CAUSAS

A proposta de um mapa de mediações para a publicidade contemporânea é elaborada a partir das mudanças sociais discutidas anteriormente, que levam também às alterações da produção publicitária. Elas afetam em maior ou menor grau diferentes interagentes. Um desses grupos são os jovens. Longe de serem representações homogêneas, como veremos, mas ampliam a importância das mediações do mapa proposto aqui, ao falarmos de identidades, fluxos de comunicação digital e, principalmente, a ação social.

Veremos, ao decorrer deste capítulo, como ocorreu o desenvolvimento do estudo das juventudes, assim como suas práticas com o consumo e com a publicidade, envolvendo as causas. Posteriormente, vamos a campo na intersecção de todos os pontos traçados até aqui, na interação entre jovens e marcas, mediadas pela publicidade de causa.

A Unesco (2019) define jovens como as pessoas compreendidas entre 15 e 24 anos e considera que as experiências dessa faixa etária são moldadas fortemente pelo contexto local. O Estatuto da Juventude (Brasil, 2013), que regula as questões desse segmento em âmbito nacional, estende a idade até os 29 anos, e, ainda que se tenha presenciado o envelhecimento da população nacional, 42,9% estão abaixo dos 30 anos (Pnad, 2018). Portanto, ao englobar jovens em uma grande categoria etária, ainda assim se alocam pluralidades significativas entre adolescência e fase adulta, experiências laborais e vivências de maturação, classes econômicas, gêneros, cor, assim como as interseccionalidades propiciadas pela localidade.

Mais do que a definição etária, é preciso caracterizar a juventude por suas práticas e mediações com o espaço em que convivem, compreendendo, ainda que com certa generalização, as multiplicidades mencionadas anteriormente e seus impactos na constituição do cotidiano. Nesse sentido, Rocha e Pereira (2009) defendem que, apesar da importância recente dada a essa categoria a partir do século XIX, estudar os jovens é entrar em contato com os rituais de iniciação e passagem, bem como as transições de uma sociedade, articuladas para esses sujeitos sempre em formatos de ações em andamento e contato com inovações e experimentações em conjunto com o que já se coloca como definido.

Essa andança e não permanência também coloca o jovem em uma condição de passagem, na qual muitas vezes não tem voz para decidir sobre aquilo que está estruturado no círculo dos adultos e para seus interesses. Convivência entre gerações, muitas vezes com visões distintas. A proposição de geração tenta abarcar experiências de uma comunidade com vivências históricas aproximadas, por meio da inserção aproximada no processo histórico-social, influenciando o processo de criação cultural (Foracchi, 2018).

Como características da chamada geração Z[12] pelas pesquisas de mercado, segundo estudo da Ernst Young (2019) focado nos EUA, além de serem nativos digitais, também cresceram com instabilidades constantes, recessão e tensão da falta de segurança, mas conscientes da importância da paridade social, econômica, política e suas discussões, assim como o respeito às diferenças, espírito empreendedor e criativo na solução de problemas e novas formas de trabalho, como menor lealdade em suas decisões de consumo. A análise da Bloomberg (2019), embasada em dados das Nações Unidas, expõe que o grupo superou a geração Y em quantidade ainda em 2019 e se apresenta em uma condição menos autocentrada em comparação à geração anterior.

A Verizon Media (2019) analisou que a geração Z tem maior probabilidade de consumir, responder e compartilhar conteúdos relacionados à política, às questões sociais e ao meio-ambiente no contexto digital. Comparando-se os dados a 2016, o interesse por esses temas cresce em 72% para a política, 14% para questões sociais e 62% para o meio-ambiente no Brasil, o que parece confrontar a caracterização juvenil

---

[12] Entende-se por geração Z os nascidos entre 1997 e 2003 pelo estudo da Ernst Young (2019).

da atualidade como despolitizada, consumista e alienada. Ao avaliar a tradução de valores socioambientais e culturais no comportamento do consumidor, a Ipsos (2019) divulgou ser mais comum essa ação entre os jovens da geração Z, seja na destinação de parte da receita para uma causa, seja na decisão de compra entre produtos concorrentes.

Entende-se, a partir do perfil apresentado, que, além do direcionamento para causas, as culturas juvenis atuais também se caracterizam pelo consumo, que comunica aspectos geracionais, somados às relações com os mais variados dispositivos comunicacionais, não entendidos aqui apenas como *gadgets*. Nesse sentido, a ampliação dos meios de comunicação de massa configura concomitantemente ascensão juvenil em práticas objetivadas, ainda que idealizadas pelos produtos industriais. Contudo, os movimentos síncronos de produção e consumo são complexificados por outras abordagens de caracterização juvenil e suas formas de pesquisa, em especial, na intersecção com a publicidade.

Na defesa da pesquisa da juventude pelo olhar da comunicação e consumo, Pereira (2017) expõe que, devido ao sucesso da representação juvenil pela cultura midiática e ao profundo esforço de pesquisas sociológicas e antropológicas para caracterizar esse grupo, a análise geracional da cultura juvenil pouco mudou. Segundo a autora, é na superação da pesquisa geracional que se captura a potencialidade social por meio dos estudos culturais, representações midiáticas, consumo e seus sistemas de significação, assim como a vida digital; aspectos que abarcam o jovem como ator social. Ou seja, há um reducionismo dos estudos de mercado ao tratarem as questões geracionais, sendo necessário retomar a importância do desenvolvimento histórico e as contribuições dadas até o momento.

Do ponto de vista dos estudos antropológicos, Bucholtz (2002) relata a transição da juventude como categoria biológica e psicológica de adolescência, para uma juventude cultural como sinal renovador e criador de contexto pelo qual as relações sociais são reproduzidas e contestadas nas práticas cotidianas. Diferentemente da generalização dos estudos geracionais, as práticas culturais dos jovens apresentam pluralidades que evidenciam os diferentes espaços, classes, gênero, cor e usos de bens, serviços e marcas.

Para abranger a juventude como eixo cultural, os novos comportamentos que se consolidam no século XIX e configuram a potencialidade moderna são profícuos. Campbell (2001) foge às explicações da ampliação do consumo e da Revolução Industrial do século XVIII, apenas pelo aumento da oferta, ampliação da renda ou emulação comportamental de classes para tratar de uma revolução sustentada por valores românticos, como o egocentrismo, a subjetividade por meio do sentimentalismo, o nacionalismo e a liberdade. São essas pré-disposições, associadas à tentativa de ascensão social e melhorias nas condições de distribuição e comunicação comercial que consolidam o consumo. Para Campbell, portanto, antes do êxito de uma Revolução Industrial, é preciso levar em conta as mudanças práticas de uma revolução do consumo. Essas condições corroboram para crenças, valores e atitudes na classe média do século XIX.

Interessante recordar aqui a inspiração romântica do grupo de jovens, amigos de Lord Byron, evidente até no clássico Frankenstein, de Mary Shelley ([1818] 2017), ao enaltecerem, durante a integração em noites chuvosas, os ideais românticos do Eu e uma ruptura da tradição racional clássica, ainda que pertencentes à aristocracia. Grupo que já parecia bem subversivo e polêmico, como os estereótipos mantidos sobre os jovens no imaginário ocidental, incluindo a aura escapista. Na transição do século XVIII ao XIX, verifica-se os avanços científicos na obra, mas também a crítica ao cientista e à moral racional frente à criação.

As alterações do consumo consolidam-se no século XIX, expondo mudanças da modernidade. Enne (2010) relata que, antes da juventude ser considerada como recorte geracional, ela está presente nos valores do tempo da modernidade ocidental. Para a autora, é nesse período que se abrem as possibilidades de o indivíduo compor suas pessoas públicas pela ideologia individualista, mas também pelo aumento do consumo, exigências de protagonismo de novos sujeitos e cultura de massa direcionada a uma classe média.

A juventude supera uma faixa etária para se concentrar como ideal moderno. Assim, a tendência de ruptura com antigos padrões e movimento da sociedade encontra na expansão da mídia e do consumo expressões da juventude como signo da modernidade. O cinema, o rádio e a televisão passam a traduzir as transformações do século XX e permitem, enfim, a valorização do jovem como sujeito. Na visão de Kehl (2004), a juventude é um sintoma da cultura, reconhecida na sociedade capitalista como uma fatia de mercado, mas que se transforma, apesar das angústias vividas pelos adolescentes e jovens adultos, no ideal a ser mantido como símbolo de renovação, produtividade e felicidade buscado pelos adultos.

A era de ouro iniciada no pós-guerra estende-se até os anos 1970, criando uma cultura jovem global, nas palavras de Hobsbawm (1995), em que a tradicional família é remodelada, dando voz a novos sujeitos e guiando movimentos sociais, junto do crescimento econômico. Embora a juventude já fosse representada como ideal de renovação dos regimes totalitários europeus dos anos 1930 (Savage, 2009), a segunda metade do século XX torna o projeto juvenil sem barreiras e abre-se para os ambíguos direcionamentos da pós-modernidade.

Savage (2009) também realiza um histórico de tribos e estudos anteriores aos anos 1950, retomando, desde o século XIX, iniciativas nesse sentido, que culminam no termo *teenage* com publicações segmentadas de periódicos e uma nova realidade com o término da Segunda Guerra Mundial. Assim, o autor se coloca contrário à invenção da juventude apenas no pós-guerra, apesar de considerar que o reconhecimento dado a partir desse período tenha sido diferencial, pelo contato com a finitude e o desejo por mudanças embasadas numa cultura de consumo de massa e pelos ideais hedônicos.

Desde a segunda metade do século XX, portanto, não apenas o espírito do tempo estava coberto de juventude, na ruptura com o tradicional, na intensificação das condições individuais, na mídia e no consumo, mas agora o sujeito jovem também poderia sonhar com esse espírito de renovação. O acompanhamento realizado por Borelli e Oliveira (2010) descreve a compreensão dos jovens por pesquisadores, associada aos fatos históricos nacionais. Segundo as autoras, nos anos 1960, o foco se concentrava nos movimentos estudantis de uma juventude crítica e ativa na política institucional e na cultura, além do reconhecimento do segmento na sociedade e como objeto de estudo.

Na década seguinte, em meio ao regime militar, o autoritarismo em contraste à alienação é exposto em meio à discussão da urbanização, do lazer e da educação. A partir dos anos 1980, a fragmentação da produção em diferentes temas começa a ocorrer, principalmente com o estudo de tribos específicas. São grandes temas, como a ausência da participação política institucionalizada, canalizada para micropolíticas do cotidiano como urbanização, identidades e formas de expressão.

Comportamentos e estilos de vida juvenis que contestam a cultura dos anos 1990 somam-se às políticas públicas de educação e trabalho, assim como o movimento "caras pintadas", mas distanciando do caráter político dos anos 1960. As autoras reforçam ainda o papel da etnografia nesse momento para entender os lugares dos jovens nas cidades. Por fim, a partir dos anos 2000, práticas estéticas-culturais como o hip hop e as interações com redes digitais na vivência diferenciada de espaços e tempos são aprofundadas. O consumo e o lazer como modo de vida compartilham lugar com a violência e a criminalidade, principalmente das periferias.

O panorama de pesquisa anterior reflete as formas de intervenção do jovem na sociedade, além da necessidade de adaptação metodológica para acompanhar o público das ruas às redes digitais, das instituições tradicionais aos fluxos de micronarrativas. Do ponto de vista das representações midiáticas juvenis, são várias as expressões que podem ser citadas para exemplificar o crescimento da comunicação de massa atrelado às culturas juvenis. Juventude Transviada, *Grease, Footlose*, sagas de aventura fantasiosas, Cinema Novo, Tropicalismo, Jovem Guarda, Novos Baianos, rock, POP, MTV, séries como Anos Incríveis, Confissões de Adolescente e Malhação são alguns exemplos. Sem esquecer a volta dos musicais ao cinema, como a adaptação de *Hairspray*, retomando as pautas sociais dos anos 1960 em um manifesto de causas contemporâneas.

Além dessas representações, são muitos também os signos da cultura material, como chicletes, jaquetas, bicicletas, drogas, camisetas, "pixos", celulares, skates, pranchas de surf, fones de ouvido e fotografias. Os produtos da cultura de massa são apropriados por jovens para enaltecer uma linguagem espetacularizada da existência e identidade, facilmente entendida por *slogans* da época, focados na liberdade e hedonismo, que relacionam juventude à mídia e ao consumo (Enne, 2010). No entanto, não apenas de integração harmoniosa com os meios ou de reprodução das estruturas vive a juventude. Ao contrário, uma das características mais associadas à categoria é a de resistência, um inconformismo que leva à busca por mudanças, registrado em algumas das produções culturais mencionadas anteriormente.

Sobre o registro das diferentes formas de resistência, Freire Filho (2007) traça um panorama iniciando com os estudos culturais ingleses nos anos 1970, passando pela crítica dos pós-modernos a essas pesquisas nos anos 1990, até novas formas de resistência a partir dos anos 2000. Para o autor, ainda que nem todos os julgamentos à Escola de Birmingham sejam coerentes ao escopo adotado por seus representantes, as análises mostram que, no esforço para caracterizar subculturas juvenis trabalhadoras em oposição à cultura juvenil mercadológica, o anseio de prever uma resistência política, metodologicamente operada como leitura de um texto, apresentou inconsistências comparada às ações efetivas das subculturas.

O elitismo cultural, que separava apropriações criativas e rebeldes das subculturas, do consumo passivo de outros jovens; a minimização das intersecções raciais e de gênero; a análise do signo imagético, mais do que as atividades de consumo e seus significados para os próprios jovens; assim como a amplitude do poder de resistência e seu caráter político são algumas das críticas realizadas a esses estudos. Contudo, as pesquisas subsequentes também sofrem com a fragmentação, e, embora tracem outras formas de resistência, ainda permanece certo saudosismo da força política juvenil. Assim, os pioneiros das pesquisas sobre jovens dedicam-se inicialmente aos desvios vistos em *gangs* ou na delinquência pelos estudos da Escola de Chicago, vistos como uma contracultura, para se concentrar na resistência dos estudos culturais nas subculturas marginalizadas (Guerra; Quintela, 2016).

Somam-se às questões anteriores o próprio deslocamento temporal dos grupos de jovens e suas novas práticas. Para Freire Filho (2007), as propostas de tribalismo e cenas juvenis conseguiam englobar de forma mais precisa o hibridismo em diferentes grupos e a ocupação de novos espaços e formas de apropriação cultural. Nota-se também, como resumem Enne (2010) e Cruz e Pereira (2021), que recai sobre os jovens o projeto de mudança social, seja ele uma retórica midiática que gera expectativas revolucionárias e pressões geracionais, seja como práticas de resistência e proposição de alternativas.

A pluralidade de diferentes juventudes, superação do jovem apenas como faixa etária e juventude como ideal de sociedade evidenciam quão complexas as relações com a publicidade também podem ser. A sequência dos estudos sobre culturas juvenis dá espaço a novas formas de lazer, prazer e independência, por vezes mais individuais e dispersas do que a resistência institucional apregoada. Cabe, portanto, compreender como as práticas juvenis são abordadas recentemente e quais categorias analíticas se constituem para a compreensão e produção de significações envolvendo mídia e consumo.

Em perspectiva atualizada, os rituais de passagem das sociedades pré-modernas dão lugar a novos sistemas de significação pela música, ocupação de espaços urbanos, como bares e a participação em eventos de rua, ou espaços destinados a festas, como sinalização de uma vida adulta (Kehl, 2004). Socialidades e ritualidades distintas, mas também outras formas de fluxos comunicacionais.

Acrescentam-se às representações de comunicação de massa, que percorrem a maior parte do século XX, as redes digitais e seus atores, protagonizando uma cibercultura integrada aos modos de vida juvenil, em especial da classe média, mas também presente em outras classes pela ampliação das tecnologias móveis e pelo acesso à internet. Como recorda Lemos (2013), a comunicação passa a não mais ser o elo entre atores, para se tornar forma constituidora, em que as *cartografias das controvérsias* podem ser úteis ao entendimento das dinâmicas fenomenológicas.

Complementa essa mudança da comunicação em rede o que expõe Castells (2015), que a entende como esfera social onde se colocam em disputa valores e interesses de atores em uma lógica de comunicação e poder indefinida frente às mídias de massa, mostrando o poder da comunicação. Portanto, compreender o que se fala e as estruturas possíveis para gerar discursos é essencial ao ambiente digital mediado pela marca e publicidade.

Ao relatar as práticas juvenis em rede, é comum depararmo-nos com os perigos da socialidade sem rosto e dos conteúdos de interação, como *cyberbullying, sexting* e *phishing*. Em uma abordagem distinta, mas sem negar possíveis perigos da rede, Boyd (2014) procura compreender a interação de adolescentes norte-americanos com as mídias sociais por meio da etnografia. A pesquisadora relata duas funções principais na utilização de tecnologias digitais por jovens: a constituição de identidades móveis e a gestão da privacidade.

Nesse sentido, os usuários interagem com membros da sua comunidade não digital e com um público em rede ainda idealizado, mas que permite experimentações diferentes ao espaço do quarto. Experiências que são complementares aos espaços públicos concretos, que muitas vezes limitam a participação juvenil em nome da segurança ou ordem. Assim, conhecem formas de se apresentar publicamente, pensando que informações fornecer e como elas serão vistas por outras pessoas.

Na conclusão da autora, as mídias sociais permitem sair do privado e acessar um espaço público, experimentando riscos e oportunidades na gestão da privacidade, em interações úteis para manejar a vida social também fora do ambiente em rede, uma vez que as diferenças sociais e seus desafios também estão presentes no mundo digital. Segundo Boyd (2014, p. 11)[13], é relevante olhar para as *affordances* digitais e suas possibilidades:

- **Persistência:** durabilidade das expressões e do conteúdo;
- **Visibilidade:** o público potencial que pode testemunhar as mensagens;
- **Circulação:** facilidade com que o conteúdo pode ser compartilhado;
- **Capacidade de Pesquisa:** capacidade de encontrar conteúdo.

---

[13] Tradução livre de: "[...] persistence: the durability of on-line expressions and content; visibility: the potential audience who can bear witness; spreadability: the ease with which content can be shared; and searchability: the ability to find content."

A partir desse olhar, os jovens podem construir relações e acessar informações que permitam compreender o mundo no qual estão inseridos. Porém, diferentemente do que a visão de nativo digital prega, a autora reforça que jovens são plurais em relação às competências digitais, e, além disso, a criação, o acesso e o compartilhamento de conteúdo não significam um olhar crítico para a rede, necessário de ser construído em contato com uma educação formal e não formal. As pesquisas da autora convergem à relação de grupos como objetos transicionais intermediários, exposta por Honneth (2013), em que as mídias sociais são dispositivos de acesso ao aprendizado da vida pública e a suas interações. Isto é, um espaço simbólico para a intersubjetividade, em que diferentes competências são solicitadas.

No Brasil, inspirada pelas pesquisas de Boyd (2014), Dias (2016) realiza uma netnografia com jovens da região metropolitana de Belo Horizonte e suas interações por meio do Facebook, em que expõe igualmente a constituição da subjetividade. Singularidades dos adolescentes são publicizadas por eles na rede, mas de forma seletiva, em que escolhem uma audiência para visualizar essas informações e refletem sobre a mensagem pelos olhos desse público. Essa articulação da privacidade mostra-se complementar a uma visão consciente dos riscos da plataforma e com uma percepção negativa de que pais e educadores possam orientar sobre esses aspectos, já que possuem competências limitadas com tecnologias digitais.

A pesquisadora segue a mesma conclusão de que as mídias sociais podem ser campos intermediários para a vivência da vida pública e o contato com atores do cotidiano juvenil, somando-se à escola, à família e ao quarto. Percebe-se, portanto, que as mídias sociais e outros circuitos configuram-se como espaços relevantes para a compreensão dos sujeitos juvenis com outros atores. Experimentação que pode progredir para formas de argumentação em temas que circundam o cotidiano, como causas entendidas por eles como relevantes, em lugares em que se prolifera o transbordamento publicitário.

Outros esforços foram realizados para compreender os jovens brasileiros, seus valores, a visão de Brasil e o contato com dispositivos digitais e internet. A empresa de pesquisa Box 1824, por meio do Projeto Sonho Brasileiro, traz informações já no ano de 2011, articulando abordagem qualitativa e quantitativa, em diferentes capitais do Brasil, com jovens de 18 a 24 anos das classes A, B e C. A percepção de Brasil na época era positiva, como um país do presente, com orgulho de ser brasileiro e a visão de que estava melhorando, segundo o estudo. O sonho individual remetia à formação profissional e à conquista de emprego, enquanto o sonho para o país remetia à reparação com menor violência e corrupção.

Palavras definidoras da geração, que foram mais citadas: sonhadora, consumista, responsável, batalhadora e comunicativa. As pautas ambientais e o sentido comunitário estão presentes como ideais não dualísticos, não extremados, ainda que não colocados em prática pela maioria dos jovens no cotidiano, que também enxergam no consumo uma forma de cobrar mudanças sociais. Por fim, o uso de tecnologias de informação e comunicação evidenciou a hiperconexão com o presenteísmo e a não linearidade que promovem conhecimento global para mobilizar redes locais, incluindo questões políticas do real, do cotidiano, das microrrevoluções.

Em estudo posterior, a Fundação Telefônica Vivo (2019) desenvolveu a terceira edição do Juventudes e Conexão, com a participação da faixa etária de 15 a 29 anos em diferentes regiões do Brasil. A hiperconexão é detalhada, percorrendo diferentes regiões, idades e classes, que possui o telefone celular como principal dispositivo. São atrelados sentidos pelos jovens pesquisados para as mídias sociais, que influenciam os usos e a forma como atuam sobre a exposição de seus dados, além de considerarem não apenas como espaço de entretenimento, mas também de informação e trabalho.

Ainda referente à pesquisa, o WhatsApp é um contato com laços próximos, indissociável do cotidiano juvenil, inclusive para realizar trabalhos. O Facebook ainda faz parte da rotina como uma necessidade, mas é considerado saturado para a participação social e quantidade de grupos e informações existentes, além de apresentar participantes dos quais os jovens não querem compartilhar dados privados, como familiares ou empresas, tendo uma imagem antiquada e de baixo vínculo.

O Instagram é o lugar visto pelos pesquisados como de convívio da juventude, em sentido de inspiração, seguindo perfis com as quais se identificam, expondo questões pessoais e o que pensam por meio da linguagem imagética, além de circularem suas atuações profissionais. O YouTube é o lugar de aprofundamento de conhecimentos após um contato inicial com o tema, que abre a possibilidade da educação não formal e de conhecimento de pessoas referência na área, que, na pesquisa, não são os profissionais influenciadores, mas, sim, pessoas mais próximas de uma realidade de convívio, como professores, profissionais da área em que atuam, ou outros jovens. O audiovisual é transversal aos comportamentos juvenis em diferentes dimensões, seja no contato com colegas, seja no posicionamento social.

É relevante notar que o uso da internet para participação social pelos jovens passa pela decisão entre abrir demais os limites da bolha e não concordar com outros interagentes, com consequências como o sentimento de raiva; ou fechar demais e viver uma realidade limitada. Nesse aspecto, existem diferença por regiões do Brasil no uso da internet.

Ainda segundo a pesquisa, no Norte, enfatizam conflitos por opiniões diferentes na rede, ainda que considerem útil para resolver problemas sociais; no Nordeste, são os que mais se preocupam em checar a veracidade de informações, incluindo a participação social; no Centro-Oeste os conflitos com opiniões distintas voltam à pauta, mas são os que menos concordam em utilizar a internet como espaço para discussão social. Já no Sudeste, a quantidade de curtidas tende a ter menor importância, mas não acreditam que a internet mobilize recursos para causas de forma prática; e o Sul foi a região em que a percepção de mais tempo do que o necessário foi gasto digitalmente, mas a que mais acredita na internet como promissora para uma visão crítica da sociedade. Para a participação social, a pesquisa mostra que o off-line e on-line andam juntos, articulando práticas em rua ou em organizações com as solicitações para participações em grupos de mídias sociais.

A conexão é vista pelos jovens pesquisados com riscos e oportunidades associados à identidade (emulação de contatos na rede, ter é mais do que ser, espaço para quebra de preconceitos e padrões) e aos comportamentos (ansiedade, bolhas sociais que mostram homogeneidades, riscos para mais novos que incluem o *bullying*, sensação de confusão em meio a tanta informação, mas também participação política e social, acesso a novos comportamentos e conhecimentos).

O uso de perfil falso é uma forma recorrente para expressar traços identitários que não desejam socializar, ou ainda utilizado para descobrir informações de outros, reforçando os vários Eus no ambiente digital. Sobre espaços físicos em que os primeiros posicionamentos são apresentados de forma coletiva, destacam a escola, onde começam a lutar não somente pela expressão das identidades, mas por aquilo que acreditam como correto socialmente, do ponto de vista de direitos e de qualidade de vida.

Ainda sobre o contexto pós-moderno e os modos de vida juvenis, Enne e Procópio (2020) comparam as representações fílmicas com as competências desenvolvidas para agir em sociedade, em especial no mundo do trabalho. Ansiedade e redes de afeto atuam como capital neoliberal para o desempenho, focando jovens no imediatismo produtivista, além das redes de relacionamento mais flexíveis, com objetivos contíguos e rapidamente alteradas conforme um novo projeto se faz presente. Dessa forma, apresentam características outras que não apenas a transgressão ou resistência. Cabe questionar se a ansiedade e as redes flexíveis de relacionamento atravessam a expressão na interação com marcas e causas, pois parecem favoráveis a relações mais objetivas e de experimentação. Transversal a essas questões é a discussão sobre a identidade, já antecipadas e vistas agora pelo paradigma da juventude.

A alta interação com o mundo digital e os contextos de instabilidade vivenciados pelos jovens levantam a constituição da identidade por uma abordagem não essencialista. Nesse sentido, entende-se identidade no cenário contemporâneo como socialmente constituída, diversa, embasada pela negociação do sujeito com o coletivo e o ambiente, não duradoura e conflituosa na reflexão do papel do indivíduo na sociedade e em suas práticas rotineiras (Hall, 2006; Woodward, 2014; Ciampa, 1984).

As temporalidades e espacialidades intensificaram a discussão sobre o tema na tentativa de entender as transformações do sujeito. Afinal, os sistemas simbólicos da cultura são justamente centrados em representações que se manifestam na tentativa de signos globalizantes e ágeis (Hall, 2006; Woodward, 2014).

As diásporas contemporâneas e vivências digitais também relativizam as subjetividades apenas pela região em que nasceram. Assim, compreender as relações dos jovens com causas por meio das comunicações marcárias, além de descrever as demandas sociais e as narrativas de marca, ainda corrobora o entendimento de quais são as facetas latentes atualmente na constituição do Eu pelo olhar do outro.

Em outras palavras, aproxima-se da relação de identidade como signo, exposta por Noack (2006) em sua relação triádica com outros signos e com a continuidade. No que tange à diversidade sígnica, a publicidade como sistema de carregamento de sentidos para objetos e transferência desses para os sujeitos por meio de rituais, como já menciona McCraken (2010), é amplificada pela polissemia e circulação digitais.

Tendo em vista as contribuições apresentadas, verifica-se que o panorama atual das juventudes é entendido pela multiplicidade de vivências, mais efêmeras do que a cristalização em tribos específicas, em que a identidade metamórfica se soma a capitais sociais mutáveis, envoltos pelas apropriações que realizam da tecnologia digital como forma de interação com diversos atores. Portanto, o mapa de mediações proposto para a publicidade contemporânea tem suas mediações ampliadas ao tratarmos de juventudes.

Como já apontado pelos levantamentos, muitas vezes recai aos jovens a qualidade da mudança, da revolução ou ainda da comparação a outras gerações como menos politizada ou ativa. Sobre esse aspecto, partindo da proposta de hipermodernidade, Lipovetsky e Serroy (2015) fogem à condição inativa de juventude, sempre comparada à revolucionária dos anos 1960, para uma visão somativa em que novos comportamentos são derivados de novos tempos. Para os autores, as lutas da contracultura dos anos 1960 foram importantes para dissolver padrões rígidos de moralidade e conformismo com a vida, adotando a liberdade como nova estética, em que o andar do consumo, questionado naquela época como massificação passiva, agora permite a expressão romântica da realização pessoal.

É por essa via do viver hedônico, representada nas diferentes práticas de consumo, como moda, música, maquiagem, entre outras, que se passa de um ideal de mudança de vida para um projeto de valorização das identidades, do ser você mesmo. Interessante observar novamente a aproximação da estética com a ética, aqui como uma semiótica da experiência, em que as sensações valorizam a individualidade e a liberdade. Os autores resumem o cenário da seguinte forma:

> O capitalismo artista, nesse sentido, leva adiante a obra moderna de valorização do indivíduo e da experiência como valor supremo. Empenha-se nisso não mais por meio da negação transgressiva das normas coletivas morais e religiosas, mas como o convite para aproveitar a vida escolhendo cada um seu próprio estilo de existência na oferta proliferante de bens de consumo (Lipovetsky; Serroy, 2015, p. 391).

Esse projeto de gozo individual e valorização das experiências parece ter suportado sua prova durante a pandemia de Covid-19. No entanto, no lugar da otimista paisagem de ganho coletivo pelas expressões da individualidade, o que parece ter sido reforçado foi o individualismo com consequências coletivas que ultrapassam as barreiras do egoísmo e a reprodução da estetização econômica frente à valorização da vida. A pandemia é um símbolo da antijuventude como espírito do tempo e como projeto geracional, pois, além do encontro com a finitude da vida, condições da idade e comorbidades, ainda expõe o desemprego e a necessidade de novos modelos das interações entre os setores da sociedade e o exercício da cidadania, muitas vezes não estabelecido, em prol da manutenção de uma realidade anterior à crise.

O Brasil somou 14,7% de desempregados no primeiro trimestre de 2021, maior taxa desde o início da série histórica, em 2012, em que jovens são os mais prejudicados, chegando a 31% de desempregados (IBGE, 2021). Mesmo com o avanço da pandemia em território nacional, não foram registrados esforços em ações centralizadas do governo federal para o distanciamento social, ou a compra antecipada de vacinas (Senado, 2021). Ademais, a pressão empresarial pela abertura dos estabelecimentos comerciais, em vez da pressão por vacinação, e a aglomeração justamente majoritária pelas juventudes brasileiras foram uma marca durante a crise sanitária (Brasil Econômico, 2021; Agenciamural, 2021).

A desigualdade de renda e as condições de moradia e acesso ao lazer atravessam essas discussões e evidenciam igualmente o papel central da comunicação para a gestão pública e privada no contexto de anormalidade cotidiana. Enfim, os fatos parecem sucumbir a supervalorização afetiva e o espírito de coletividade juvenil.

Nem mesmo a proporção mundial de colapso, durante o período de desenvolvimento de soluções contra o vírus, colocou em prática uma ruptura da valorização da microeconomia e do consumo como soluções ao desenvolvimento social. Por outro lado, os resultados no desenvolvimento de vacinas ocorreram em tempo recorde. Também se acompanhou a influência do distanciamento social e da falta de contato com a natureza, que dão novos sentidos ao morar, ao lazer, ao cozinhar, e assim por diante.

Compete aos pesquisadores sociais acompanhar se, assim como no período pós-guerra, as vivências contraditórias da crise levarão ao questionamento de padrões e modos de vida, após a pandemia. A comunicação não será apenas coadjuvante nesse sentido, seja pela sua associação à saúde pública, seja pelo sistema publicitário de carregamento de sentidos a objetos e desses para sujeitos.

Como último tópico antes de acessar a mediação publicitária, é relevante notar como as formas de operacionalização metodológica, por meio de categorias de análise, modificaram-se para dar conta das transformações observadas nos modos de vida juvenis. O neotribalismo apontado por Maffesoli (1998) contesta o individualismo e a homogeneidade da comunicação de massa, convergindo para a formação de microgrupos com identidades fluídas, embasadas nas comunidades emocionais weberianas, com a possibilidade de afetos dispersos na metrópole.

A abordagem de tribos juvenis, amplamente difundida nos anos 1980 e 1990, procura entender a formação de grupos efêmeros pelo nomadismo, pelo consumo urbano e pelas localidades. Ao mesmo tempo que apresenta uma via possível para estudar a sociedade pós-moderna e suas comunidades afetivas, caracterizadas por formações mais temporárias e fragmentadas, também é criticada pela contradição com o uso do termo *tribos* na etnografia tradicional, que sugere fortes laços de comunalidade em grupos maiores, como comenta Magnani (2005).

Mesmo que anterior ao crescimento de mídias digitais, a proposta de tribos juvenis sustenta a interação contemporânea de união em torno de um objetivo específico, mais disperso, em que não há um individualismo puro, mas também não se cria comunhão permanente; passa de um grupo contratual para uma tribo afetual. Ao questionar o individualismo, no entanto, também suprime reações como as de silenciamento do outro ou não reconhecimento, vistos nos ambientes digitais, assim como comportamentos reativos por meio da degradação e da ofensa, algumas vezes estabelecidos pelo anonimato.

Para sustentar sua abordagem, Maffesoli (1998) indica a existência de uma aura estética e de uma experiência ética. A primeira comparada às auras teológica, política e progressista, respectivamente da Idade Média, do século XVIII e século XIX, promove a união pela diversidade e, em vez de protocolos, se estabelece de forma orgânica, compreendendo a estética como um modo de configuração da socialidade, um modo de se apresentar em locais específicos da metrópole. Nas palavras do autor, "[...] o espaço, por sua vez, vai favorecer uma estética e produzir uma ética" (Maffesoli, 1998, p. 22).

A segunda proposição – experiência ética – é entendida como aquilo que une as pessoas em comunidades, longe de uma teorização ética, mas, sim, o ajustamento cotidiano de membros a outros em um território específico, que foge do simples refúgio e faz com que, a partir da identificação, ocorra uma devoção ao grupo, onde cada pessoa serve ao interesse comum e contribui de alguma forma, envoltas por redes afetivas.

Dando sequência às categorias, além da já comentada subcultura juvenil e do neotribalismo, surge a proposta de culturas juvenis distanciando-se do projeto inicial de Birmingham, ligado à resistência política operária, mas que já mostrava o foco nas identidades, mais do que marginalização ou desvio moral. Feixa (2004) explora essas culturas juvenis expondo igualmente as proposições de sub e contracultura, mas vai além ao problematizar a investigação em um cenário de redes digitais e proposições pós-subculturais que deem conta das práticas cotidianas atuais. Para o autor, as transformações que influenciam o estudo das juventudes podem ser sintetizadas a seguir (Feixa, 2004, p. 25-28):

> **Geração @:** caracterizada por ser a geração do início do século XXI envolvida por três fatores principais. 1) Acesso universal às novas tecnologias de informação e comunicação, ainda que não se apresente de forma geral e homogênea; 2) quebra de fronteiras entre sexos, incluindo neutralidade de gênero; 3) globalização acentuada que leva a evidenciar exclusões.

> **Espaço Global:** ampliação das redes de comunicação e aumento da mobilidade, além do acesso ao mundo a partir do quarto, que concretiza o glocalismo, sem esquecer das migrações pela tentativa de melhores condições de vida.

> **Tempo Virtual:** tempo dos microrrelatos e microculturas, mas também do imediatismo, da simultaneidade em que se trabalha com as informações, ao mesmo tempo em que permite experiência virtualizada e hipertextual para acessos posteriores; também é confrontado pelo tempo do desemprego das impossibilidades de realização prática.

> **Nomadismo:** desterritorialização do espaço, capacidade de mobilidade e conexão entre diferentes locais, mas também a incerteza e a vivência ambígua de não ser mais jovem com esperança de futuro, de não caber mais em uma faixa etária e ser apenas um ideal social, diversidade de identidade, subjetiva, mesmo com a experiência global.

> **Redes:** pluralização das conexões e grupos com os quais interagem, em relações de fluxos comunicacionais não lineares, como ocorria nas tribos, e mais descontínuas, individualizadas e polimorfas das redes.

Nessa comparação com uma perspectiva recente de juventudes, o que se vê são interações diversas facilitadas pelo ambiente em rede, em que as diferenças estão presentes tanto quanto as características de efemeridade, com entrada e saída de novas ações e práticas polimorfas individualizadas. A proposta de microculturas juvenis destaca-se nesse sentido como tentativa de abranger as práticas contemporâneas, de experiências plurais e identidades múltiplas, em um entra e sai de grupos, em uma relação de ambiguidade afetiva quando comparada às tribos.

"Pretende-se assim ultrapassar a reificação ontológica e estática, a homogeneidade e fechamento social, a cristalização identitária e a determinação ideológica, frequentemente pré-suposta ou pós-suposta nas anteriores nomenclaturas" (Ferreira, 2008, p. 101). Dessa forma, o consumo material e cultural e os afetos mais superficiais tomam conta do cenário, em que a linguagem musical, em seus diversos estilos, abarca as formas de socialização. Como o autor expõe, os laços permanentes e com compromissos elevados, com baixa mobilidade, dão lugar ao transeunte de compromisso mais fraco e mudança entre grupos, de lealdade transitória, renegociada, em que a diversidade de estilos convive alterando a ética de resistência por uma ética da existência, mais celebratória.

Como se vê, os laços e as contribuições do Eu para um espírito de grupo também se tornam mais frágeis, voltam-se às contemplações hedônicas, convergentes à ética estetizada de Lipovetsky e Serroy (2015). Na visão de Guerra e Quintala (2016) as microculturas juvenis se opõem ao estereótipo de juventude dos meios de comunicação de massa e se direcionam às redes, em que práticas ligadas à formação de identidades prolongam-se ao longa da vida, flexibilizando os critérios de idade, que superam as análises desviantes da juventude e dão valor às diferenças.

Outras categorias ainda são propostas, como a de cenas, vinculada aos estudos de música, assim como a de circuitos. Ambas valorizam os espaços ocupados por jovens, explorados em conjunto com os sentidos e usos a eles atribuídos, interações realizadas, trajetórias envolvendo a metrópole, mídia e consumo. Não se procura exaurir aqui todas as explicações categóricas e aplicações em diferentes objetos juvenis, mas recordar contribuições relevantes à publicidade que possam ser consideradas metodologicamente em conjunto com os estudos culturais latino-americanos.

Bucholtz (2002) reflete a transferência da rigidez das culturas juvenis dos estudos culturais britânicos para as práticas culturais muito mais fluídas e que não delimitam de antemão a socialidade ou os sentidos.

Como uma das práticas citadas, está o contato com a mídia, entendida anteriormente como vilã das massas, mas presente no cotidiano juvenil, contrastando as representações da vida moderna com a limitação econômica dos jovens.

Nesta pesquisa, parte-se da cartografia barberiana para propor um quadro de análise que envolva produção e consumo. Mas se nota a inclusão de vários dos tópicos abordados pelos autores de microculturas juvenis nas mutações culturais e propostas relacionadas em conjunto com a identidade, como metamorfose, fluxos comunicacionais, ação social e semiótica. Em especial, além das características de redes fluídas citadas pelas microculturas juvenis, presentes nos ambientes digitais e no glocalismo, em que pautas identitárias são mobilizadas globalmente, mas com interações influenciadas pela cultura regional, destacam-se as diferenças dos participantes dessas redes.

Canevacci (2005) apresenta uma proposta profícua à realidade juvenil contemporânea, estabelecendo análises para a interpretação de diferenças, e não de homogeneidade. Inicialmente, o autor realiza uma analogia com os estudos geracionais, caracterizando o que chama de geração k e geração x, passando para uma etnografia em Roma. A comparação estabelece proximidade com o detalhamento anterior de subcultura e microcultura, em que a geração k remete ao poder e domínio, inicialmente autoritário e rígido, ligado ao sujeito em identidade cristalizada e que deriva, posteriormente, ao consumo e a suas possibilidades de estilo de vida.

A geração x, por sua vez, é a concepção de uma ex-geração, isto é, não mais atrelada a uma faixa etária, mas, sim, de múltiplas interpretações, também característica da polissemia digital, do pornográfico ao artístico, do excesso. As críticas político-sociais da geração k dão lugar aos conflitos comunicacionais da metrópole simbolizada pela proposta de eXtremo, em que o irregular se torna recorrente para os multivíduos, consequência das múltiplas identidades e das diásporas. Nesse cenário hipermidiático e de incertezas, a publicidade também é representada por seu transbordamento, sua fluidez e suas novas discursividades, já comentadas. O consumo segue a cultura digital e suas relações em rede, estabelecendo circularidades por meio de táticas de marcações, influenciadores e antecipação de ofertas pela mensuração de comportamentos que penetram o cotidiano e a privacidade.

O consumo como forma de pensar, presente nas propostas de Néstor G. Canclini sobre posicionamento em sociedade, incluindo os aspectos sociais e políticos, podem ser avaliados no contexto juvenil. Como o autor relata em obra dedicada a esse universo, há muitas formas de ser jovem hoje, mas a transversalidade da cultura digital faz com que seja necessário avaliar os espaços e circuitos, assim como o que é colocado em circulação nesses ambientes (Canclini, 2012). É nesse aspecto que o sistema publicitário, em suas comunidades digitais, representações, reações e, principalmente, nas interações circulantes entre marcas e consumidores, pode ser objeto de análise parcial do modo de vida, atrelado às dimensões do cotidiano desses atores.

Complementar aos estudos de mercado focados na chamada geração Z, sobre a relação entre juventudes, marcas e defesa de causas, apresentados no início desta seção, o Atlas das Juventudes expõe um conjunto de dados que contribuem para a discussão deste livro. A publicação reforça o acesso à internet por mais de 90% dos jovens, em que as mídias sociais têm espaço diferencial, além do uso da internet para a busca de empregos, ainda que a presença dessa tecnologia nos domicílios brasileiros varie muito em cada região e por classe econômica (Atlas Das Juventudes, 2021).

O estudo ressalta também o interesse em transformar a realidade com participações políticas em manifestações de rua, associações e coletivos ligados a causas, embora a participação em partidos políticos ou as mediações institucionais tradicionais tenham diminuído. As mídias digitais se destacam nas práticas juvenis, tendo uma divisão entre os que entendem a possibilidade de participação política por meio delas e os que consideram não ser possível. Nesse contato, as tecnologias cívicas para possibilitar acesso dos jovens a informações públicas e a educação para a cidadania podem auxiliar na participação, com a sugestão para estudos que analisem os limites da participação democrática. "A suposição de que as juventudes são desinteressadas por política e a falta de reconhecimento social de que expressões culturais das juventudes podem constituir atos políticos, contribuem para deslegitimar a participação desse segmento na esfera pública" (Atlas Das Juventudes, 2021, p. 302). Para esse aspecto, o conjunto de dados destaca o consumo cultural audiovisual como relevante na constituição de identidades coletivas e diversidade.

Outra análise exposta é a condição dos jovens na pandemia, com o aumento do desemprego e a procura de trabalhos alternativos, acompanhados do acréscimo de ansiedade, insônia e distúrbios de peso, além da evasão escolar e diminuição das perspectivas de

futuro (Atlas Das Juventudes, 2021). Essas características situacionais, segundo o Atlas, influenciam os jovens em seus posicionamentos políticos, incluindo o voto.

Com esse panorama, liberdade, lazer, alegria incondicional e resistências evidenciadas nas representações juvenis de produtos culturais e de publicidades parecem contrastar com experiências menos glorificantes, em que o avanço de pesquisas é necessário. Assim, mais do que reforçar o que já foi estudado sobre o tema, procura-se progredir nas análises, saindo de exploração apenas teórica para o campo. Nesse processo, cabe analisar o que já foi desenvolvido, mesmo que tangencie o objeto de pesquisa deste livro, já que há poucas pesquisas em campo sobre a publicidade de causa e a interação com juventudes, sob abordagem do consumo, e não da produção, além dos estudos geracionais de mercado.

Em uma das poucas incursões nesse sentido, Machado (2011), ao tratar da politização juvenil, evidencia que, ao contrário do que se apregoa sobre o desinteresse e esvaziamento na área, os jovens passam de articulações institucionalizadas em torno de grandes narrativas, para ativismos micronarrativos identitários em contato com marcas, isto é, uma politização autocentrada. Conforme já analisado anteriormente, nessa desvinculação à institucionalização, as marcas e o consumo se colocam como uma forma de posicionamento político, socioambiental e cultural. Os resultados da comparação das recepções publicitárias de Coca Cola, Dove e Oi, além de exporem o ambiente digital como relevante à subjetividade, ainda revelam valores associados aos anúncios pelos jovens.

A transformação social e o exercício da cidadania, a autorrealização, a diversidade corporal como projeto individual de engajamento, a liberdade de escolhas e o amor, além do humor para tratar de questões sociais são alguns dos valores observados nos grupos focais (Machado, 2011). A autora ainda reforça a cautela ao estabelecer a cidadania pelo consumo, em que se alarga o sentido dessa prática para o desenvolvimento do indivíduo em sociedade, dependente do aumento de produções discursivas não hegemônicas.

Em estudo mais recente, a pesquisadora avalia a importância de tratar o ambiente digital a partir da perspectiva de humanização por meio da antropologia, que entende como as relações face a face e as culturas locais influenciam o espaço digital, seus usos e apropriações, ainda com mediações comunicativas pujantes (Machado, 2017). Tanto as análises de produção quanto de consumo evidenciam como é relevante a discussão social a partir da circulação sígnica e dos potenciais de significação das marcas na contemporaneidade e, em contato com os atores, essa discussão se distancia da interpretação superficial e pejorativa das culturas juvenis.

Sobre os usos e as interações com marcas, Wottrich (2019) dá continuidade na contestação publicitária não apenas pela reclamação institucional no Conar, mas outras práticas que evocam conflitos e subversões com os discursos comerciais. Para a autora, embora a contestação já estivesse presente antes do adensamento de tecnologias digitais, a cibercultura proporciona a ampliação da circulação das produções realizadas pelos receptores em suas práticas de debate, que são necessariamente reflexivas, e não apenas reativas. Entre as consonâncias que as interações ampliadas de contestação evidenciam, estão (Wottrich, 2019, p. 260-270):

- **Geradoras de tensionamento:** contradições entre produção e recepção, que geram ações informais de práticas contestatórias, políticas por meio de leis e institucionais por meio de regulações

- **Coletivas:** realizadas por grupos de pessoas, em que as ações individuais crescem pela circulação das mensagens gerando maior visibilidade entre os participantes da discussão, nem sempre em concordância.

- **Midiáticas:** as práticas de contestação estão presentes nos meios digitais, em interação com os usuários, mas ganham a atenção dos veículos de comunicação institucional, de forma mais espetacularizada, mas que suscitam respostas do campo produtivo.

- **Buscam reconhecimento:** na exposição de discriminação e preconceito da publicidade, os receptores não buscam apenas serem representados, mas uma qualidade nessa representação ligada às duas diversidades identitárias.

- **Tematizam gênero:** grande parte das contestações versam sobre a forma como mulheres são representadas na publicidade e seu papel na sociedade, entendido nas narrativas acionadas.

O estudo sobre a disputa discursiva no campo publicitário sugere, portanto, um processo de ativação de causas, em especial, relacionado à identidade e ao reconhecimento, em que se sobressaí o individualismo. Além disso, como visto nos exemplos de publicidade de causa da seção anterior, essas não tendem a ser aceitas sem conflitos ou discussão sobre o tema, o que amplia a relevância do estudo das contestações publicitárias.

Muitas vezes, ações atreladas a causas são acionadas após crises geradas pelo confronto dos atores com as manifestações marcárias. Nesse sentido, a organização parece entender a publicidade de causa como um remédio a ser aplicado. Nesse cenário, principalmente no ambiente digital, seria relevante avaliar se as práticas de ruptura e mudança são acionadas por jovens, como ressalta a questão das diferentes resistências apontadas por Freire Filho (2007), em que o feminismo se apresenta igualmente ao questionar as formas de pensar gênero atualmente.

A análise da produção publicitária e seus discursos ligados à juventude, assim como o consumo de forma contextual, parecem mais recorrentes nas pesquisas do que a interação dos jovens com a publicidade e as formas de socialização, os valores de comunidades a partir dessa relação e seus rituais (Gonçalves; Souza, 2020). Um dos estudos sobre as representações de juventude como ideal pós-moderno é apresentado por Rocha e Pereira (2009), no levantamento de anúncios da revista Veja, entre 1989 e 2009. Segundo os autores, a publicidade caminha da representação juvenil ao público jovem, nos anos 1990, para a representação da juventude para públicos de todas as idades, nos anos 2000. "O que esses anúncios evidenciam é a ideia de que há, na produção publicitária um conceito de juventude que não se limita a uma fase da vida, mas a um conjunto de valores e práticas que são imitadas, desejadas e consumidas pelos adultos (Rocha; Pereira, 2009, p. 64).

Ainda sobre a análise dos anúncios, são classificados em cinco grandes temas: felicidade, socialidade, amizade, liberdade e modernidade. Revela-se o desejo de juventude como atributo a ser consumido. **Na visão dos autores, os jovens assumem influência cultural na sociedade como formadores de opinião, principalmente no campo da tecnologia, em que carregam o espírito de renovação da modernidade e têm no uso de** *gadgets* **a convergência de valores a eles associados: gregarismo, afetividade, ambivalência, fragmentação, poder, autenticidade e premência.**

O estudo anterior abre espaço para a incursão empírica desta pesquisa, ao também articular os valores de comunidades associadas à juventude e à tecnologia, aqui envolvida pela publicidade de causa e pelo ambiente digital. Além dos já citados estudos geracionais de mercado, sobre a relação de jovens com causas e marcas, assim como as poucas incursões científicas que foram a campo analisar essa relação, os dados da publicação recente do Atlas das Juventudes podem auxiliar na compreensão do posicionamento sobre o tema.

Nessa relação entre consumo e juventude, uma análise superficial poderia recair ao consumismo inoperante, imperativo da transformação social mandatório apenas ao ator juvenil, ou ainda à generalização geracional. Por isso, a importância de compreender as práticas efetivas realizadas no contato com a publicidade, objetos e manifestações culturais, dependente de uma materialidade, de um pragmatismo. Em proximidade a essa abordagem, Lipovetsky e Serroy (2015, p. 363-364) exemplificam o momento atual do consumo como forma de reter a juventude:

> O look jovem ou adolescente tornou-se o referencial dominante das roupas dos adultos: antes era preciso exibir os sinais honoríficos da riqueza, hoje é preciso parecer jovem, eternamente jovem [...] Mas é inegável que o look jovem suplantou o look rico, o que não quer dizer que as diferenças tenham sido eliminadas. Vistos de cima, os jovens e os adultos se vestem da mesma maneira, com as mesmas roupas esporte descontraídas, "bacanas". Vistos de perto, não é bem assim. Ainda que as peças de roupas possam ser parecidas a maneira de combiná-las e de vesti-las revela grandes diferenças ligadas à idade.

Nessa comparação, os autores sinalizam a importância da interpretação além da superfície, envolvendo as práticas e suas formas de uso dos objetos e de reflexão do consumo – neste caso, da moda. Contextualização semelhante pode ser traçada na publicidade, com seus usos e apropriações, além das novas mensagens, circulações, discussões e formas de dar novos sentidos à produção comercial, mesmo que pela contestação. Tendo em vista o que já foi produzido na área, procura-se avançar nos aspectos analisados até o momento, entendendo que a publicidade influencia ações juvenis de discussão de demandas sociais de forma coletiva no cotidiano, procurando entender como se dá as interações entre jovens e marcas .

Antes de prosseguir ao campo, duas recomendações lembradas por Rocha e Pereira (2009) cabem como atenção. A primeira, de influência bourdiana, é a de que, ao reunir jovens em grupos, adultos operam poder perante eles definindo quais assuntos podem ou não ser tratados. Em certa medida, o olhar do pesquisador sobre a cultura do outro também ocorre em uma posição de poder, em que o envolvimento dos atores e as formas de acessar os dados pode auxiliar. A segunda, por outro lado, é o discurso nativo do jovem que pode projetar aquilo que ele acredita ser o ideal que o pesquisador busca. Por isso, a composição de diferentes fontes de dados, incluindo os não estimulados, triangulações, profundo conhecimento sobre os métodos empregados, suas potencialidades e limitações e envolvimento do pesquisador atento a essas questões, é importante.

4.1 INTERAÇÕES ENTRE JOVENS E MARCAS, MEDIADA PELA PUBLICIDADE DE CAUSA

O caminho buscado nesta pesquisa valoriza o pragmatismo por meio dos dados espontâneos e a materialidade comunicacional, assim como as articulações entre produção e consumo, mas sem renunciar as estruturas em que os atores estão inseridos, bem como as importâncias de tempos (juventudes, espírito do tempo e contingências do período como a pandemia) e espaços (brasilidade e regionalismos retratados, além dos circuitos digitais). A metodologia percorre transversalmente o estudo, fornecendo coesão, validade e confiabilidade aos resultados, assim como capacidade explicativa do fenômeno analisado. Para a adaptação à linguagem de livro, foram conservados apenas os pontos principais do percurso metodológico, que pode ser consultado na íntegra no material original.

Tanto as teorias de base quanto as mediações comunicativas da cultura procuram entender os processos envolvidos nas dinâmicas socioculturais. Nesse sentido, parte-se das Ciências Sociais, que fornecem quadros gerais das interações entre sujeitos, para alcançar um recorte antropológico, isto é, o entendimento dos modos de relação em grupos específicos, focados aqui na comunicação digital, e suas interfaces com o cotidiano, consumo e ação social. Busca-se, portanto, o que Marc Augé (2012) colocou como o sentido do trabalho etnográfico, que não é a descrição densa de comunidades, embora passe por ela, mas, sim, interpretar a interpretação que a comunidade faz do outro, estabelecendo as individualizações necessárias.

Ao pensar a pesquisa multimétodo, são desencadeadas distintas concepções. Entre elas estão: a imbricação de métodos e técnicas da pesquisa qualitativa, a execução conjunta de pesquisas quantitativas e qualitativas, assim como a relação entre abordagens interpretativas e construtivistas (Collier; Elman, 2008). Esta pesquisa está alinhada com a primeira compreensão: a integração de diferentes métodos qualitativos e como eles cumprem papéis para a explicação do fenômeno.

Defendo um caminho multimétodo possível para a publicidade contemporânea, em especial a publicidade de causa, que siga da base ao topo, não o contrário. Isto é, que seja embasada no consumo, nos usos, construída a partir dos dados fornecidos por cidadãos e consumidores para acessar as interações entre atores e a produção publicitária, tão rica no ambiente digital, mas também presente no analógico, ainda que o registro e seus resíduos sejam distintos. Nesta pesquisa, os jovens fornecem seu olhar daquilo que pensam sobre causas e marcas, e, a partir dessa construção, avançamos para as etapas seguintes, considerando a comunidade pesquisada.

O reforço de uma pesquisa multimétodo dá-se pelo fato do encadeamento epistemológico, teórico, metódico e técnico. Não sendo apenas um instrumento aleatório de pesquisa utilizado para a coleta, mas uma defesa de que pragmatismo e diferentes fontes de informação, atreladas a métodos coerentes, podem falar muito sobre o consumo contemporâneo. Saímos da reprodutibilidade para pensar novas questões de pesquisa, que emergem do cotidiano e das virtudes provenientes de interações, sejam elas conflituosas ou não. A figura a seguir resume esse processo.

Figura 5 – Percurso Metodológico

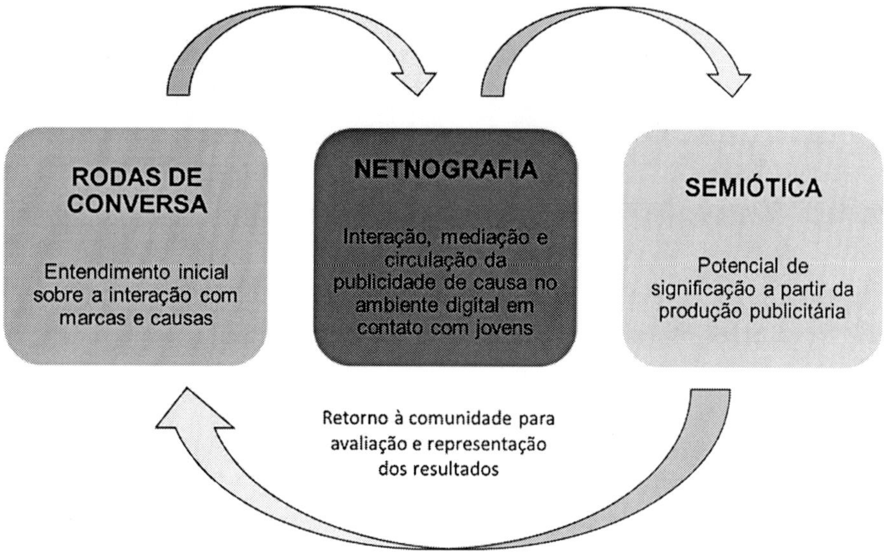

RODAS DE CONVERSA

Entendimento inicial sobre a interação com marcas e causas

NETNOGRAFIA

Interação, mediação e circulação da publicidade de causa no ambiente digital em contato com jovens

SEMIÓTICA

Potencial de significação a partir da produção publicitária

Retorno à comunidade para avaliação e representação dos resultados

Fonte: o autor

A abordagem multimétodo tem por finalidade acessar aspectos distintos do objeto de estudo em abordagem construtiva e interpretativa, sendo eles: a exploração do fenômeno com uma comunidade de intérpretes para constituição do corpus e a triangulação entre dados empíricos e a teoria; a análise de fluxos comunicacionais, interagentes, enunciações, enunciados e circulações a partir do contato com a publicidade de causa no ambiente digital de marcas; o exame do potencial de significação a partir da produção publicitária. Assim, as etapas consistem em entrevista em grupo por meio de rodas de conversa, netnografia e análise semiótica de extração peirceana.

As três etapas de pesquisa convergem às mediações como proposta metodológica contemporânea para o ambiente digital. Antes de apresentar a pesquisa de campo, relembro o que está sendo considerado como ponto de partida para as principais definições da pesquisa:

- **Publicidade de causa:** os diferentes esforços de publicização de organizações com fins lucrativos, suas marcas e seus produtos, que envolvam interesses comerciais, ou institucionais, em conjunto com a informação, sensibilização, persuasão ou dissuasão dos públicos de interesse sobre demandas vistas como relevantes por uma comunidade, agindo sobre a qualidade de vida em sociedade, ou exercício da cidadania.

- **Interações:** práticas sociais sem previsibilidade, influenciadas por *affordances*, que não colocam necessariamente uma negociação em discussão, podendo evoluir para ela, mas acionam a relação de dois ou mais interlocutores em rede, além de outros atores do ambiente. Integra-se aqui a abordagem de Ferrara (2016) e Thompson (2018), em que este último, com a proposta de *interação mediada on-line,* a reconhece como dialógica de muitos para muitos.

- **Mediações:** negociações em que tensões ou estabilidades são vivenciadas pelos sujeitos nos processos comunicacionais de exercício do poder, em que lógicas pretendidas podem ser alteradas por meio de acordos entre interagentes. Cultura, política e competências comunicacionais são imbricadas nesse processo, em uma perspectiva híbrida entre Ferrara (2016) e Martín-Barbero (2015 *apud* Lopes, 2020).

Além dessas unidades, também foram tratados ao longo do texto: o **cotidiano**, isto é, a disputa entre estabilidade cultural e a caça não autorizada dos sujeitos por meio de suas práticas criativas e rotineiras, como nos sugere Certeau (2020); o **consumo** em sua visão ampliada como parte da cultura e produção de significações nas apropriações de produções organizacionais na vida cotidiana; e a **ação social**, que se traduz em uma série de interações à qual o sujeito atribui um valor e uma finalidade.

4.1.1 Rodas de Conversa

Nesta primeira fase, foi explorada a interação de jovens com marcas e a publicidade de causa, uma vez que pesquisas envolvendo o tema, ou mesmo as marcas mais prestigiadas por jovens, concentram-se em realidades internacionais, possuindo uma visão geracional. A intenção não era totalizar de forma significativa e com representatividade estatística os estratos dessa população no Brasil. No entanto, ainda que rejeitada essa condição, a seleção de participantes envolveu alguns critérios: diferentes regiões do Brasil, idade entre 18 e 22 anos, de diferentes gêneros e orientações sexuais, pertencentes a distintas classes econômicas, segundo o Critério Brasil (Abep, 2020) e informação sobre a percepções de cor ou raça, segundo a descrição utilizada pelo IBGE (2020).

Cabe ressaltar que, a partir das respostas e das interações nas rodas de conversa, havia possibilidade de alteração do roteiro inicial, com a adição de questões ou alteração na forma de questionar os participantes. Ainda que apresente flexibilidade na entrevista, a execução desta fase conta com as etapas de apresentação, desenvolvimento e encerramento, com a intenção de criar um ambiente propício à interação entre participantes e respostas sobre o tema.

A avaliação do material ocorreu por meio de análise de conteúdo, em uma abordagem mista, envolvendo aspectos da literatura, mas também as expressões vindas do campo, migrando entre as abordagens indutiva-construtiva e dedutiva-objetiva.

Os resultados desta primeira etapa são divididos em perfil dos participantes; consumo e cotidiano; atuação em causas; marcas e causas; e, por fim, a relação com o período em que a pesquisa foi realizada, articulando o tema à pandemia de Covid-19 e às manifestações de movimentos antirracistas, após a morte de George Floyd nos EUA, no final de maio de 2020. A saturação foi estabelecida pelo pesquisador após a quinta roda, em que novos códigos eram mínimos na análise de dados e não se concentravam no objetivo central da fase. O infográfico elaborado a seguir resume os resultados da primeira fase.

Figura 6 – Perfil de Participantes

Esta etapa contou com **34 participantes**, divididos em **5 rodas de conversa digital**, entre os meses de junho e julho de 2020. A ideia central foi compor, a partir de uma comunidade de intérpretes, **o *corpus* da próxima etapa**. Além disso, a análise possibilitou a primeira triangulação com a literatura e a **exploração de categorias indutivas.**

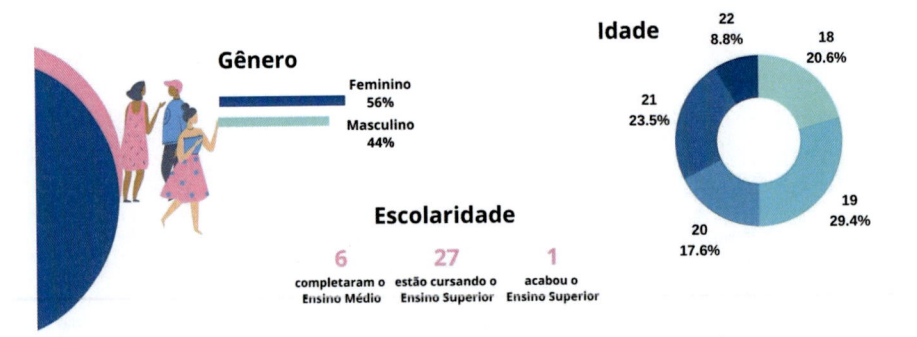

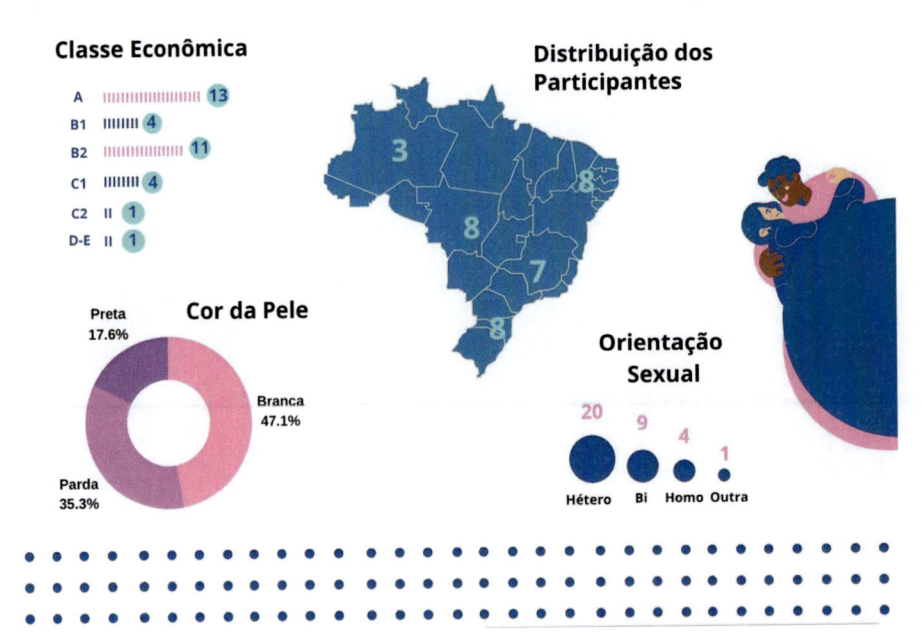

Fonte: o autor

Figura 7 – Marcas e Cotidiano I

RODAS DE CONVERSA

Ainda que a reação inicial seja a não preferência de marcas e a indicação de outros elementos no processo de decisão de compra, a **relação entre o cotidiano dos jovens e segmentos específicos** está presente. Ao longo da pesquisa **foram expostas 69 marcas.**

Principais Segmentos Citados na Pesquisa

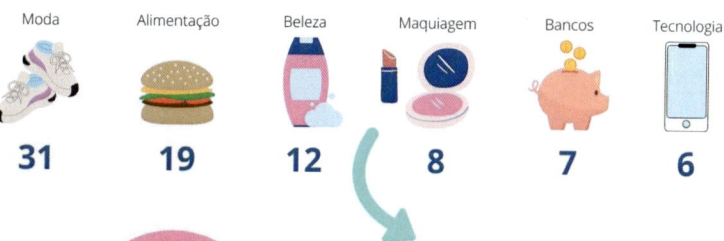

Moda	Alimentação	Beleza	Maquiagem	Bancos	Tecnologia
31	19	12	8	7	6

Marcas e cotidiano

Adidas

Apple

Samsung

Burger King

Maquiagem foi isolada da beleza, devido à recorrência e aos vínculos estabelecidos. O shampoo é o produto de beleza mais citado, reforçando a **representatividade** dos cabelos cacheados. A maquiagem além de remeter também ao **uso masculino e cultura LGBTQIA+**, está presente na **comparação de preços, experiência de consumo e preocupação com o processo produtivo.** Vemos nesses e outros segmentos, a identidade e o reconheciemnto atuando por meio do consumo.

Outros Elementos para o Consumo e seus Vínculos

Preço foi um atributo forte para a decisão de compra, aliado à **configuração do produto**, principalmente o **design e a interface**, no caso de tecnologia. A importância dada à **experiência de consumo no PDV** também foi mencionada, tendo modificações na pandemia compesadas por promoções no **ambiente digital** e a oferta de produtos pesquisados.

Fonte: o autor

Figura 8 – Marcas e Cotidiano II

Outras Associações entre Marcas e Cotidiano

- Influência da **família e amigos** na indicação e uso dos produtos;

- **Vegetarianismo e veganismo** como preocupação para segmentos não apenas alimentares;

- **Estranhos no ninho** não se sentem tão ligados a marcas como os outros participantes e buscam preço e avaliações de produtos;

- A **área de atuação** (estudo ou trabalho) promove vínculos com marcas.

Percepção de oligopólio das marcas no momento da compra e a **vigilância da marca** sobre o processo produtivo e cumprimento do que promete.

A comunicação digital é a forma de pesquisa de produtos, tanto no buscador **Google,** quanto em avaliações na linguagem audiovisual do **YouTube.**

Faz, acho que, uns dois anos que eu tô mudando muito a minha relação com as marcas em si. Desde que eu parei de comer carne, comecei a **pesquisar de onde vem** tal coisa, **para onde vai** depois que a gente usa, qual o **impacto que isso vai causar no meio** etc (GR - 4).

Mas eu tenho uma grande admiração por marcas que investem em **sustentabilidade, produtos ecológicos e veganos.** Tenho vontade de consumir quando eu tiver meu dinheiro (CY - 3).

Eu só queria ter muito dinheiro para ter o **guarda-roupa inteiro da Farm.** (risos dos participantes) **É a mesma relação que eu tenho com a Adidas** também (NB - 2).

Clóvis, eu acho que tipo, as pessoas que mais me influenciam para comprar as coisas **são os meus amigos** (GG - 4).

Então eu sou bem ligada com essa coisa de esporte. Mas fora isso não me influencia muito, eu não sei porque eu tenho esse **carinho pela Adidas,** acho que é mais por essa interação esportiva, mesmo. E por **influência da minha irmã,** que eu sou bem influenciada pela minha irmã nessas coisas (AC - 4).

Fonte: o autor

Figura 9 – Meios de Contato com Marcas

RODAS DE CONVERSA

Contato dos Jovens com Marcas

Instagram	40
YouTube	17
Twitter	11
Facebook	9
LinkedIn	2
Spotify	1

A comunicação digital é a forma mais utilizada para o contato com as marcas. Entre as possibilidades destacam-se as mídias sociais, com diminuição do uso do Facebook e **concentração no Instagram e YouTube.**

Além de declararem o consumo midiático digital, ainda **reforçam que não assistem mídias tradicionais, como a televisão.**

Diminuição do Uso do Facebook

Ah, eu não! Eu só entro no Facebook quando é meu aniversário (AC - 2).

Eu só entro pra ver meme (risos) (NB - 2).

Nossa, eu nem entro mais. Eu só entro pra ver o aniversário das pessoas. Olha, aniversário de fulano. Muito bom (risos) (FV - 2).

Ah, eu também sou bem assim: quando a gente quer ver aniversário serve muito (RM - 2).

É o melhor calendário (BK - 2).

Exato! (FV - 2).

Lives e Cultura do Cancelamento

O aumento das lives e principalmente da **publicidade** inserida nessas apresentações foi comentado. Entre as características desse evento digital são expostos o **patrocínio** de shows e a **realização de doações** durante a pandemia. O **segmento de bancos** foi o mais lembrado nessa categoria, além das marcas **Ame e Skol** como patrocinadoras.

O cancelamento de **celebridades e marcas** aparece como preocupação da comunicação digital, expondo o **protagonismo do consumidor** para o posicionamento nem sempre autêntico de marcas. A preocupação com a **falta de diálogo** surge nesse contexto, principalmente no caso das celebridades..

Fonte: o autor

Figura 10 – Atuação em Causas I

RODAS DE CONVERSA

Atuação em Causas

A partir deste ponto da pesquisa a **pluralidade de posicionamentos** amplia, envolvendo as **diferentes formas de ação social,** ainda com a possibilidade de separação em **dois grandes grupos**: um que não possui atuação direta em causas e outro com experiência em pautas específicas, geralmente identitárias.

Os que não possuem ação direta pertencem a diferentes classes econômicas, majoritariamente brancos e heterossexuais. Mesmo assim, **tendem a compor forças dormentes digitais**, circulando causas quando consideram importantes. Um grupo menor não atua e nem compartilha, sendo que alguns projetam atuação futura.

A diversidade, em vários direcionamentos, foi a causa mais defendida por aqueles que têm alguma atuação no campo social. Em especial a **pauta antirracista e a diversidade sexual e de gênero.** Nesse campo os jovens brancos também se direcionam ao antirracismo. **Ações digitais somam-se às intervenções em contextos como a faculdade**.

Outras Pautas Levantadas

A diversidade sexual e de gênero apresenta vínculos embasados em **símbolos como a bandeira, ou as marcas.** Nesse sentido, o consumo como forma de se posicionar é citação recorrente. A **cultura drag e pop**, a **circulação de temas nas redes** e a presença da pauta majoritariamente por bissexuais e homossexuais reforçam a **questão identitária e o reconhecimento.**

Educação

Proteção Animal

Distribuição de Renda

Feminismo

Libertarianismo

Xenofobia

A sustentabilidade é compreendida mais pela **dimensão ambiental** e seu direcionamento ao **consumo consciente.** Possui associação com o veganismo e, assim como as demais causas, tem forte presença da **formação educacional** para esse posicionamento. No entanto, o **poder aquisitivo** é um limitador enfrentado ao atrelar essa causa ao consumo.

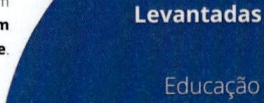

Fonte: o autor

Figura 11 – Atuação em Causas II

Posicionamentos em Causas e Percepção das Marcas

As ações dos jovens em causas antecipam as percepções que têm das marcas nesse contexto. Foi possível avaliar as três abordagens teóricas nas falas dos participantes: **teoria crítica, teoria da crítica e individualismo.**

As relações de reconhecimento estão nas **pautas identitárias e estilo de vida,** negando reconhecimento perverso ou essencialismo. A redistribuição, ainda que timidamente, surge como intersecção, em que os remédios propostos são mais afirmativos do que transformativos.

A justificação está presente na **percepção dos contextos de crítica e assistência de grupos distintos ao qual pertencem.** Na divulgação do desempenho dessas causas há confusão entre o resultado efetivo para para o público assistido, ou apenas engajamento em mídias sociais.

O individualismo está presente na **liberdade de poder criticar e defender o que cada indivíduo acha conveniente,** como forma de melhoria pública. No entanto, ao tratar de causas tendem a generalizar direitos e deveres em condições pressupostas de equidade.

Desafios, Hashtag e Redes

A interação digital é considerada uma forma de atuação, mesmo por aqueles que não estão envolvidos diretamente com causas. **Desafios em formato de jogos** auxiliam a circular causas de forma descontraída nas redes. O envolvimento se dá também com laços fracos e ganha capilaridade com auxílio de marcações (hashtags). Como exemplo, citam o **"Don't rush challenge",** que propõe a exaltação da beleza em diferentes formas.

Desempenho de Causa

Ao tratarem das causas, são projetados **sentimentos como alegria e satisfação.** O **reconhecimento de privilégio** está presente como uma das motivações. Nas ações de assistencialismo, os resultados para o público assistido são expostos, mas concomitantes aos resultados midiáticos como entrevistas, ou engajamento da audiência. **Há uma apropriação da lógica do digital na exposição do desempenho de causas.**

Religião

Apesar de surgir pontualmente, a religião possui vínculo com a atuação social, seja pela **formação em escolas confessionais, ou pela participação em grupos religiosos.** As ações, inicialmente assistenciais, abrem espaço para projetos sociais específicos e autorais ao longo da trajetória.

Fonte: o autor

Figura 12 – Marcas e Causas I

RODAS DE CONVERSA

Marcas e Causas

O posicionamento anterior está presente na avaliação sobre marcas e publicidade de causa. Nesta categoria, **camadas contraditórias entre o oportunismo e o auxílio mais imediato da pauta defendida** estão presentes. Algumas marcas citadas no cotidiano desses jovens são repetidas, com exceção do segmento de tecnologia.

Marcas mais lembradas

O Burger King foi lembrado como marca dedicada às **causas LGBTQIA+,** principalmente no mês do orgulho e pelas **doações** de parte do lucro a organizações da área.

Além de estar presente no cotidiano, foi **lembrada por ações antirracistas** envolvendo esportistas, influenciadores e patrocínios.

Mesmo sem compor as marcas do cotidiano de jovens, a Natura é recordada por sua **sustentabilidade e diversidade.**

Começar por Dentro

A percepção de oportunismo da marca se dá, principalmente, pela **falta de atividades no ambiente interno das empresas.** Aqui, os bancos são os mais cobrados. Processo de contratação, cuidado e valorização da equipe, assim como o processo produtivo nas indústrias são alguns dos pontos citados.

Politização

O clima de **desconfiança e a lembrança de exemplos negativos** dominou a fala dos participantes. Ao recordar dessas marcas, os jovens colocam em seus discursos o **posicionamento político.** Aqui, destacam **Havan, Madero e Riachuelo** como marcas com posicionamentos políticos não atrelados ao respeito coletivo. Reagem com **anulação do consumo** e associação de ações da empresa com **falta de representatividade.**

Fonte: o autor

Figura 13 – Marcas e Causas II

RODAS DE CONVERSA

Marcas e Causas

Entre visões favoráveis e críticas das marcas, as interações com o consumo ressaltam o **protagonismo do consumidor e a conexão com a realidade local.** Portanto, o sentido de proximidade das marcas está presente, seja na empresa da cidade, ou no conhecimento que se tem sobre as demais.

Vigilância da Marca também em Causas

Com a retomada de vários casos de marcas e causas, percebe-se que há o **estudo sobre as práticas da empresa pelo consumidor.** A comunicação digital é o centro dessas pesquisas, o que leva também a saberem se o posicionamento é autêntico ou não. Essa é uma **abordagem complexa, pois compreende que o segundo setor tem como propósito o lucro,** ultrapassando a dicotomia do público e privado, envolvendo responsabilizações.

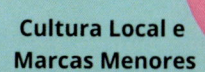

Cultura Local e Marcas Menores

Nas associações entre marcas e causas houve pluralidade nas empresas citadas, pulverizando os resultados entre as rodas e seus participantes. Um dos motivos é o envolvimento com marcas menores e valorização local. Em muitos casos, não recordando o nome da marca, mas assumindo uma **crença maior nelas para ações voltadas à coletividade, com resultados estruturais ao incentivarem o crescimento desses negócios.**

Portanto, **tendem a entender a marca local como oposta aos exemplos negativos, associados a grandes corporações.** Outra questão levantada é o preço, geralmente mais elevado, o que dificulta a adesão a esses produtos.

Exemplos Negativos

Antes de qualquer exemplo de publicidade de causa, o que surgia eram os inúmeros relatos de práticas suspeitas nas empresas. **Trabalho análogo à escravidão e racismo** foram os fatores mais citados. Novamente retomam a centralidade na discussão ao dizerem que **evitam consumir** ao lembrarem desses casos. Outro ponto interessante é o **questionamento do processo publicitário,** passando por tantas pessoas e, mesmo com problemas na comunicação, ainda ser veiculada. Os segmentos lembrados possuem relação com o cotidiano. As empresas mais citadas negativamente por ordem decrescente foram: **Itaú, Madero, Riachuelo e Zara.**

Fonte: o autor

Figura 14 – Marcas e Causas III

Marcas e Causas

RODAS DE CONVERSA

Agora, são retomadas as **três proposições teóricas** apresentadas anteriormente e suas conexões com os jovens na interação com marcas, mediada pela publicidade de causa. Também são apresentadas **visões críticas desse processo de associação.**

Reconhecimento e redistribuição podem ser vistos tanto nas **propostas de doação direta, quanto na percepção de representatividade** na comunicação e na composição de **consultorias ou comitês** para tratar os temas.

As desconfianças sobre os propósitos da marca variam entre a **condição monetária** (cité mercantil) e a **condição de visibilidade e engajamento** (cité projetos). Citam também o **consumidor como parte desse processo** e os **influenciadores digitais** como marcas em que esse posicionamento é cobrado (cité opinião)

Há também a posição por **empresas que não tratem de causas,** justificando que assim atendem os públicos de forma genérica e que **devem se direcionar aos negócios centrais e produtos da marca.** Reforçam que a cobrança social deve ser realizada às pessoas e não às marcas.

Mas por exemplo, o Burger King uma época ele fazia tipo... As coroinhas eram arco-íris e tais, aí esse ano eles fizeram tipo: **"ah no dia do orgulho, os nossos lucros vão ir para causa LGBT". Aí eu fui lá e comprei, entendeu?** Eu falei: "Não, eu vou comprar". Eu comprei um monte de lanche. Porque eu queria ajudar, entendeu? (AC - 4)

Eu não sei **se o intuito da marca é fazer aquilo para se promover** e falar: estamos fazendo trabalho social, então quando isso acabar comprem mais da gente. Ou se realmente é o desejo da marca, dos executivos da marca ajudar. Mas, assim, por mim, **contanto que esse dinheiro chegue no público** destino dela, que as pessoas sejam ajudadas realmente, está bacana (VA - 3).

A marca, ela produz garrafa PET, **você tem que cobrar da marca a melhor qualidade** da garrafa PET, enquanto uma pessoa pode, um empresário, quanto a pessoa de importância na sociedade, tem que cobrar sim dela nos meios sociais e em questões sociais, em causas (LC - 5).

Fonte: o autor

Figura 15 – Marcas e Causas IV

RODAS DE CONVERSA

Marcas e Causas

A disforia parece ganhar contornos eufóricos no digital, com **pouca transformação estrutural** nas pautas defendidas. Em geral, o não posicionamento de marcas em causas presentes na vida dos jovens, pode ser considerada como omissão, ainda que a maioria seja vista como oportunista nas atuais ações mercadológicas. Ou seja, **as direções procuradas parecem ser diferentes entre consumidores e empresas.**

Circulação da Causa

Apesar da desconfiança de grandes marcas e dos motivos da publicidade de causa, **a circulação de temas importantes é considerada uma resposta positiva**, principalmente na comunicação digital. Além das grandes marcas, **os próprios jovens acabam usando redes sociais digitais para circular temas** com os quais se identificam e iniciam projetos para influenciar pessoas próximas.

Oportunismo e Falta de Autenticidade

As conversas retomaram constantemente o oportunismo de marcas sobre situações de desrespeito do cotidiano, sem que se tenha um histórico de investimento em causas.

Linguagem da Causa

Pink money, queerbaiting, boicote, militante não descansa (referência de respostas dadas para o ativismo digital) e a ironia são elementos constituintes da linguagem associada às marcas e causas.

 A gente fica questionando: será que é realmente verdadeiro? **Esse posicionamento ele é eficaz para alguma coisa?** Tudo bem que, por um lado, ele serviu para aumentar a visibilidade do movimento, só que acaba, querendo ou não, só buscando o lucro. As empresas estão buscando lucro do que de fato apoiando (MH - 5).

Uso as minhas redes sociais para falar sobre as coisas que eu acredito, que eu pesquiso, que eu estudo e aí quem discorda, né? Tipo eu estou aberta a conversar comigo, mas é isso aí (SB - 4).

E eu acho que as marcas, com relação ao coronavírus, teve muitas que montaram em cima, digamos assim, para poder ganhar mais credibilidade, principalmente banco. **Os bancos, você vê em todo lugar propaganda de banco** falando sobre empréstimo, e sobre diminuir taxa, por causa do coronavírus, então eu acho que eles se aproveitaram muito, nesse sentido (CS - 1).

Fonte: o autor

Figura 16 – Macas, Pandemia e Movimentos Antirracistas

RODAS DE CONVERSA

Marcas na Pandemia

A mudança de rotina e as incertezas decorrentes da pandemia foram registradas. A alteração do comportamento de consumo também, com **aumento de compra pela internet, lives e posicionamento de marcas e influenciadores em comunicação digital.** Outro ponto levantado foi a monetização de serviços e produtos na quarentena. **Bancos, empresas de educação e de entrega** foram recordadas pela publicidade.

Movimentos Antirracistas

Durante o período também ocorriam atividades de movimentos antirracistas pelo mundo, sobre os quais os posicionamentos de marcas foram pouco lembrados. Nesse sentido, a expressão **#blacklivesmatter e a atuação de personalidades foram mais recorrentes do que marcas.**

Comunicação e Pandemia

Formas de circulação da marca, como **sorteios e promoções** foram mudanças comentadas na publicidade.

A circulação das marcas em ambientes digitais pelos próprios consumidores era realizada com as táticas mencionadas.

Ações de **veículos de comunicação** durante a pandemia e também do **Magazine Luiza** foram recordadas.

Cancelamentos e a Privatização Moral

Ao enfrentarem a pandemia e os movimentos antirracistas, retomam a **cultura de cancelamento como forma de ativar um posicionamento, mas sem a discussão aprofundada do tema.** Essa reação, acaba influenciando posturas momentâneas, embasadas no resultado mercadológico.

 Eu acho que o marketing captou isso na gente. [...] Então a gente fez com que a cultura do cancelamento não conversasse com esse...Com o público no geral, com as pessoas. A gente só cancela e se você fez errado, você não impulsionou, vamos boicotar, ninguém mais vai comprar essa marca. E...Não que isso seja errado, mas isso deu viés para as marcas captarem isso, sabe? **Captarem que se elas não venderem uma imagem, vão perder dinheiro.** Então elas vão falar aquilo a todo custo, mesmo que elas tenham que entregar uma pessoa preta no dia, pra falar sobre o movimento antirracista, sabe? E elas conseguiram, a gente está comprando essa ideia (NB - 2).

Eu achei interessante também, por causa da pandemia, **muitas marcas se adaptaram** a isso e inclusive uma que eu sigo e gosto bastante que é a Quem Disse Berenice, por causa de tudo fechado e das pessoas não conseguirem ir até a loja física, além do site estão vendendo também pelo whatsapp (RM - 2).

Fonte: o autor

O perfil e a quantidade de participantes foram importantes para verificar diferentes visões de mundo e estimular a saturação dos dados, ainda que se deva destacar a configuração majoritariamente urbana de classe média, sem a intenção de gerar representatividade dos diferentes segmentos de jovens no país, mas apenas de explorar uma comunidade de intérpretes sobre o assunto, para ingressar em comunidades digitais com esse suporte.

Fica expressa, ao mesmo tempo, a contradição da representação juvenil na produção publicitária em relação aos resultados encontrados. Enquanto aquela geralmente apresenta um direcionamento de plenitude, felicidade incondicional, liberdade e consumo, comentada no referencial teórico, esta se refere a expressões de dúvida em relação ao futuro, condição de desemprego e, em muitos casos, impossibilidade de pagar por produtos, projetando consumos ainda inacessíveis à condição financeira. Apesar dessas colocações, exteriorizam a situação de maneira divertida e irônica, buscando outras formas de potência, distanciando-se da sublimação.

Como última questão sobre a composição dos entrevistados, alguns dos participantes têm no empreendedorismo uma forma de atuar sobre a condição financeira e a independência, o que leva a se colocarem como empreendedores em suas falas, mais do que consumidores. Esse traço é encontrado em empreendedores de diferentes perfis econômicos. Outra característica das entrevistas é o uso do "a gente" em uma perspectiva de discurso generalizador, em conjunto com o "Eu", repetido seguidamente nas falas sobre o cotidiano, conectando-se ao suporte das falas dos demais participantes como fortalecimento do grupo juvenil.

Exemplos sobre a projeção de consumo e a relação com o poder aquisitivo podem ser vistos a seguir, o que também leva à procura de promoções ou ao acompanhamento dos preços para aquisição, seguindo as experiências de crises econômicas vivenciadas:

> Mas é que eu tenho Iphone desde que eu comprei um 4, aí eu tive um 5, aí o 7 e, por mim, eu vou até o 12. Nem tem, mas eu iria. Não tenho dinheiro pra comprar um Macbook, mas se tivesse, gostaria de um também (RM – 2).[14]

> E, acho que é mais isso, eu tento me desapegar um pouco mais de marcas, buscando algo mais personalizado, só que

---

[14] Todas as citações contidas nesta fase da pesquisa provêm de informação verbal. As siglas são seguidas do número da roda de conversa do participante (1 a 5) por ordem de realização, mantendo o anonimato do discurso. Entrevistador: Clóvis Teixeira Filho.

isso acaba ficando um pouco fora do orçamento, assim, sabe? Mas é algo para o futuro, tipo daqui a alguns anos, quando eu tiver mais dinheiro, busco mais alguma coisa personalizada, sabe? Tipo roupas feitas sob medida, este tipo de coisa. Mas é um sonho longe ainda (NL – 1).

E eu não tenho muita relação ainda, porque eu não tenho meu dinheiro. Sou estudante (CY – 3).

Uma coisa comum com as outras é preço. Preço bom, né? Mas claro, eu vou comprar um tênis, eu vou ver os melhores, que acabam sendo de marca conhecida. Só que eu não vou especificamente: eu quero um Nike. Pode ser um Nike, um Adidas, um Asics, qualquer um desses, sabe? (BK – 2).

A união entre a família e parentes próximos é citada nas classes C e D como forma de decidir por produtos mais baratos; nesses casos, as marcas perdem a motivação principal. O vínculo com categorias de moda e tecnologia é mais presente no consumo e na lembrança de marcas. Mesmo nas classes econômicas superiores, o preço e o poder aquisitivo são citados, ainda que não envolva uma condição familiar. Exemplos da expressão de sobreposição empreendedora dos jovens consumidores podem ser observados nos excertos a seguir, configurando essa experiência como significativa do ponto de vista da formação discursiva sobre marcas. Afinal, a atuação é direta e retoma os desafios de produção enfrentados no atual contexto:

É...Diferente de todo mundo, minha relação com marcas é muito maior. Porque eu respiro marca no dia a dia por conta da minha empresa. Então minha relação com marca de roupa é muito maior, assim. É...Desde que a gente começou com esse projeto, eu fiquei fascinado de estudar como que a gente constrói uma marca para que uma pessoa...Ela sinta aquela vontade de ter aquele produto, só por uma necessidade por conta da marca. Então é uma construção assim, muito, muito legal. O processo de você construir uma marca é um processo muito prazeroso (TM – 3).

Exatamente isso que eu ia falar: inovação. Eu acho que com a pandemia quem trabalha com alimentação tem a inovação. Todo dia é uma invenção diferente, porque não é fácil, né? (CS – 1).

Eu concordo também, eu acho que a gente busca, né? Pelo menos é o que eu penso em relação à doceria. Eu busco me aproximar mais de pessoas que eu sei que sempre vão estar aí, sabe? Tipo, compartilhar aquele acolhimento com os clientes, então eu sempre prezo por um diferencial que vai marcar para as pessoas (CL – 1).

Outra característica das conversas é a refutação inicial da presença de marcas no cotidiano. No entanto, essa condição é descartada no andamento da entrevista, com a expressão de segmentos específicos, geralmente de moda, beleza, alimentação e tecnologia.

O primeiro ciclo de codificação finalizou com 327 códigos, distribuídos entre as cinco rodas de conversa. Após uma apuração, permaneceram 257 códigos, categorizados e agrupados para possibilitar as análises. A Tabela 1, a seguir, apresenta os 15 códigos de maior magnitude (recorrência) e densidade (quantidade de relações com outros códigos).

Tabela 1 – Classificação dos Códigos das Rodas de Conversa

Código	Magnitude	Código	Densidade
marcas e causas	154	marca e cotidiano	72
marca e cotidiano	121	marcas e causas	67
Instagram	40	atuação em causas	56
exemplo negativo	36	exemplo negativo	35
influenciadores	36	marcas na pandemia	29
vigilância de marca	35	comunicação digital	25
circulação de causa	33	influenciadores	13
marcas na pandemia	33	publicidade digital	12
mudança na quarentena	32	politização	10
LGBTQIA+	31	LGBTQIA+	9
moda	31	racismo	8
atuação em causas	29	diversidade	8
comunicação digital	27	lives	8
falta de autenticidade de marca	26	antirracismo	7
marcas menores	25	vigilância de marca	7

Fonte: o autor

Dentre as lembranças de consumo no cotidiano, foram recorrentes seis segmentos, destacando-se o relacionamento com as marcas de moda. Nessa categoria, o estilo de vida é retomado como justificativa, junto de manifestações de alegria e satisfação. Dentre os produtos mais citados na categoria, estão os tênis. Nos demais segmentos, o reforço da identidade e das diferenças entre sujeitos também é observado. Nesse sentido, mesmo sem o questionamento sobre causas nesse momento, alguns participantes expõem essa associação como motivo do consumo. Expressões de reconhecimento também são vistas, ampliando vínculos, que extrapolam a questão comercial e anunciam emoções:

> Eu tenho bastante, principalmente com Adidas. Porque eu tenho muita essa vontade de aprender muito a andar de skate. Aí eu sigo a página da Adidas focada só em skate, aí tem muito isso que eu acho que a M.K. falou de interação, sabe? Mostrando os esqueitistas com uns tênis específicos, feitos para eles. Aí eu fico: "nossa eu queria esse, eu quero esse, porque tal esqueitista tá usando" ou senão quando eu fico pra comprar chuteira. Eu comprei a Nemesis, que é a chuteira que o Messi usava, daí eu ficava: "Nossa eu tenho a chuteira do Messi, cara, nossa, que incrível". Então eu sou bem ligada com essa coisa de esporte (AC – 4).

> Olha, fazendo aquela publicidade, né? Eu to gostando muito da Maybelline, de maquiagem, mas vai muito além de questão do custo benefício que ela traz para mim. É mais em questão de representatividade, porque eu acompanho muitas YouTubers e blogueiras que são negras e elas têm muitos problemas de alguma base, alguma marca que consiga agradar elas de fato, entendeu? Elas estão conseguindo e estão começando a divulgar muito. Então, a Maybelline, entrou no meu coração não só pela qualidade dos produtos, mas pela representatividade que ela está trazendo e se empenhando em trazer (SB – 4).

As empresas mais citadas na categoria de **Marcas e Cotidiano** foram Adidas, Apple, Samsung e Burger King. Assim, já são expostos concorrentes na área de tecnologia, ainda que ela não articule questões como reconhecimento, mantém-se na lembrança por meio dos atributos do produto. Esporte e alimentação rápida contrastam no cotidiano desses jovens, estabelecendo características antagônicas, mas que sustentam potências do hedonismo, por um lado, e da representatividade, por outro. No primeiro, em aspectos de competição, de melhoria da condição física e cuidado com o corpo, além da relação com ações antirracistas; no segundo, novamente com a representatividade LGBTQIA+, mas focada na escassez de tempo, na diversão e no lugar de encontro com amigos.

Já o segmento de moda e maquiagem, como visto anteriormente, expõe identificações com celebridades, usando produtos para obter competências similares, ou se aproximar de quem admira, assim como privilegiando a representatividade. Ainda nesse sentido, os seguintes excertos reforçam o uso da maquiagem também por homens, mas com o benefício de preço, as relações com a comunicação digital, além da experiência de consumo no ponto de venda:

> E as meninas comentaram anteriormente maquiagem, também é uma coisa que eu consumo, não tanto, acredito, que quanto elas, mas consumo um pouquinho e procuro também pesquisar *reviews* de... Dessas blogueiras assim, mesmo que eu não consuma o perfil delas em si, quando eu procuro um produto, eu procuro sempre, é... Jogo no YouTube e vejo alguns *reviews* dos produtos, assim, de pessoas, meio que, que usam a mais tempo ou que tem maior conhecimento sobre ele do que eu, por exemplo (AM – 1).

> Algo que eu consumo muito são livros e mangás que eu compro bastante. Então seriam essas marcas que eu vou sempre prestar atenção e acompanhando o processo gráfico e a qualidade de cada uma. Comparando com o que é melhor, apontando as vendas e as ofertas de algumas, e maquiagem também que é uma coisa que eu consumo mais ou menos, já que eu faço *drag*. Então eu vou atrás de maquiagem mas nesse caso é mais pelo preço, ou o que for mais barato é o que acaba indo sabe, o que for mais barato e que funciona é o que vai, mas não tanto pela marca (MT – 5).

> Mas....Eu sempre preferi, acho que foi a N. que falou, essa experiência presencial das coisas. Ir lá, ver, tocar no tecido pra comprar. Então eu acabei diminuindo meu consumo na quarentena (AC – 2).

> E eu gosto de experimentar, também, bastante para saber o que... o que vai, vai estar comigo, entendeu? Para eu não me decepcionar depois, não me arrepender e ter cem por cento certeza de que é aquilo que eu quero (CS – 2).

> E uma marca agora que eu descobri e que eu gosto muito, no ramo de cosméticos, é uma marca chamada Unevie. Que ela é bem legal, ela é aqui de São Paulo mesmo. Então ela faz tudo natural, processo natural (GR – 4).

> É porque assim.... Eu, desde pequena, eu passei pela transição capilar, né? Desde pequena eu tinha o costume de vir alisando o cabelo. Por quê? Porque o cabelo liso é o cabelo padrão, né? (EB – 4).

No segmento de beleza, os cabelos motivam discussão sobre o posicionamento dos jovens em causas, transversal ao consumo de produtos. Nesse sentido, a busca de influenciadores digitais e avaliações de produtos no YouTube, ou a busca de informações no Google, estão presentes. O cabelo crespo, ou a mudança de cor no cabelo, é um ponto da identidade a partir da diferença e de seu entendimento social, em que a intersecção com o sexo feminino é dominante, o que acontece igualmente com a diversidade de corpos.

A beleza do cabelo liso, do *cabelo bom*, do que é bonito e feio, não apenas leva a comprar produtos específicos que falem de formas diferentes, mas também a discutir e se engajar em causas. Ou seja, o produto é uma forma de se posicionar. Prática de consumo que reforça características individuais (cabelo), mas sobretudo de reconhecimento da existência de algo diferente, algo fora da definição padrão, mas que comunga e se fortalece em grupos, com poder de cidadania e consumo. Nesse aspecto, desde o início da pesquisa, são recorrentes as exposições de rituais de busca e aquisição, em que o digital atravessa as relações sociais.

Antes de seguir para a atuação em causas, é possível verificar que o estilo de vida vegano e vegetariano envolve a presença e o estudo de marcas no cotidiano. Essa influência ocorre em organizações não somente atreladas à alimentação, mas que se preocupam com o processo produtivo, sem o uso de animais em testes, ou com a composição da matéria-prima. A família e os amigos ainda compõem o corpo de influenciadores para a decisão de marcas, seguidos pela formação universitária, que tende a criar um *habitus*, em que a seleção de serviços e produtos pode ser uma das derivações.

A percepção dos jovens consumidores sobre as empresas não é ingênua, ou desinformada. Pesquisam em várias fontes e, ao comentarem sobre o varejo, reforçam que diferentes marcas pertencem a uma mesma organização. Nesse sentido, expõem a limitação do poder do consumidor, mas reforçam a pressão em adquirir produtos que façam parte de seus critérios:

> Então, é... Eu também sou bem chato com isso, eu procuro muito, assim, pesquiso muito. Se é eletrônico, principalmente, porque normalmente são produtos de maior valor aquisitivo, né? A gente precisa, demanda mais dinheiro, então eu pesquiso muito no YouTube *reviews* dos produtos eletrônicos (AM – 1).

> Sim, eu sempre estou pesquisando e vendo o que tinha de avaliações de youtubers pela internet também. Geralmente, tipo eu...Comparo muito só que eu não compro por poder aquisitivo mesmo, sabe? De marcas que são mais caras assim, eu tento comprar as que cabem no meu bolso e geralmente é bem mais barato (MT – 5).

> É, então, porque acho que comida é o que a gente mais consome de marca. A gente vai no mercado e a gente acha que são várias marcas, mas na verdade é uma só que tem várias (GR – 4).

Os pontos de contato com as marcas geraram a categoria de **Comunicação Digital**, com desdobramentos em códigos, como influenciadores, publicidade digital, *lives* e politização. Como ponto de contato recorrente, estão as mídias digitais e, quando era possível, ocorria a experimentação no ponto de venda. Não só verbalizam o ambiente digital, mas também relatam gostar de conteúdos das marcas, que não necessariamente se transformam em compras. Nesse caso, novamente a moda, com marcas *fast fashion*, são exemplos. Por mais que haja engajamento com outras empresas, a compra recai em grandes varejistas.

Outra característica foi a necessidade de pontuar o distanciamento com meios de comunicação tradicionais, como a televisão. Ou seja, não apenas se identificam com o digital, mas não se identificam com aquilo que o antecede. No contato com marcas, fogem de um caminho linear, compondo narrativas transmidiáticas com o auxílio de vídeos do YouTube, séries, influenciadores, mídias sociais, e-commerce e a própria história de vida, em que a pesquisa do produto dá-se sobre o cumprimento de valores buscados. Isto é, uma vigilância da marca estabelecida pelo consumidor juvenil, mas também por preços acessíveis e indicação de familiares e amigos.

Atrelado ao processo de compra e contato com marcas pela **Comunicação Digital**, a influência de amigos e da família é retomada para o conhecimento de outras empresas. Nesse sentido, a interação em redes sociais e redes sociais digitais incluem a percepção do algoritmo em promoções e o seu uso como estratégia para alcançar objetivos, não só do produtor, mas também do consumidor:

> Mas ontem mesmo, eu tava comentando com minha mãe, eu recebi um "oi, A., tudo bem? Faz tempo que você não compra com a gente, está aqui 20% de desconto." Puts, não tem como resistir a um negócio desse, né? (risos) Aí eles vão fisgando a gente assim. Mas é totalmente digital, ainda mais nossa geração que consome muito mais internet do que televisão, ou qualquer outro meio (AC – 2).

> Bom, lá em casa é tudo muito no boca a boca, assim, então aí um parente comprou um produto lá, sei lá, um eletrodoméstico. Ah isso aqui é bom, compensa comprar, então, aí indica lá e a gente fica sempre pesquisando, quando o preço vai baixando, né? Tem muito isso de buscar para receber promoções, né? Então, assim mais pelo boca a boca mesmo, não é que eu fique pesquisando tanto assim o produto (MS – 1).

> O que eu ia falar era basicamente o que o I. tinha dito. Porque o negócio é que a maioria das propagandas é feita pelo Google e quando o Google descobre coisa que você quer ele vai te bombardeando até você comprar, porque semana passada eu fui comprar uma cadeira e está com propaganda até hoje nas minhas coisas. Mas tem outra marca que está me atacando, que eu lembrei, que é a Amazon Prime Vídeo. Eu consumo muito Twitch [site de streaming da Amazon] e lá na Twitch tem esse jeito pra ajudar os streamings que eles passam um ad [*advertising*] para ajudar as plataformas. Eu escutei Solteiros em Floripa e estou um mês inteiro com essa série e eles não conseguiram fazer eu ver. Mas essa relação é muito forte, você sempre vai ficar ligado no que tá passando na Amazon Prime (RN – 3).

> Eu acredito que, pelo pra mim, o maior influenciador é o Instagram. É...Aparece muita propaganda, eu sigo muitas empresas. E no Google mesmo, se você pesquisar qualquer coisa, você vai passar um mês tendo anúncio no Instagram, NO Facebook sobre aquilo que você pesquisou. E aí você acaba comprando, né? Porque toda hora você vê e isso aumenta mais a vontade de ter. E é isso, mas o que eu mais vejo mesmo é no Instagram (IO – 3).

> E depois eles começam a usar a ferramenta do Instagram de sugerir as coisas. Então, direto aparecem uns produtos que vão sendo sugeridos conforme as pesquisas que você vai fazendo e aí o meu Instagram é basicamente coisas de mulheres, LGBTQ, mulheres, tudo isso daí, entendeu? Mas é basicamente isso (SB – 4).

Ainda que o Instagram seja a mídia social com maior recorrência, cabe aprofundar as relações encontradas nessa etapa, como os usos realizados pelos jovens e as conexões atreladas a cada mídia social. Nesse sentido, cada uma das mídias parece cumprir um fim próprio, antecipado pelo *design* da interface oferecido aos usuários. Isto é, coloca em prática certas *affordances* (usos previstos) e com elas discursos e sentidos potenciais, mas que podem promover o desinteresse do público, ou limitações de usos, como já visto no caso do Facebook.

O resultado é similar ao maior uso do Instagram por jovens nos EUA, em pesquisa realizada pela Pew Research (2021). Nas rodas de conversa, o Instagram, além de estar ligado às iniciativas de circulação de causas pelos jovens, incluindo projetos envolvendo colegas e instituições educacionais, é a interface que aproxima as marcas no cotidiano, o que é visto também internacionalmente (Phua; Jin; Kin, 2017). Como observado anteriormente, comentam sobre a percepção do algoritmo nas publicidades e promoções, além de outros conteúdos indicados por meio da interação do usuário e suas pegadas digitais e analógicas.

A mudança na quarentena, pelo contexto de pandemia da Covid-19, faz-se pelo aumento de *stories* e indicações para o consumo, bem como estratégias de sorteio e marcações para estimular a circulação pelo próprio consumidor. As associações de redes a seguir exploram como Instagram, YouTube e a Publicidade Digital estão relacionados aos demais códigos da análise de conteúdo, proveniente das percepções dos jovens sobre esses temas.

Figura 17 – Análise de Redes do Instagram

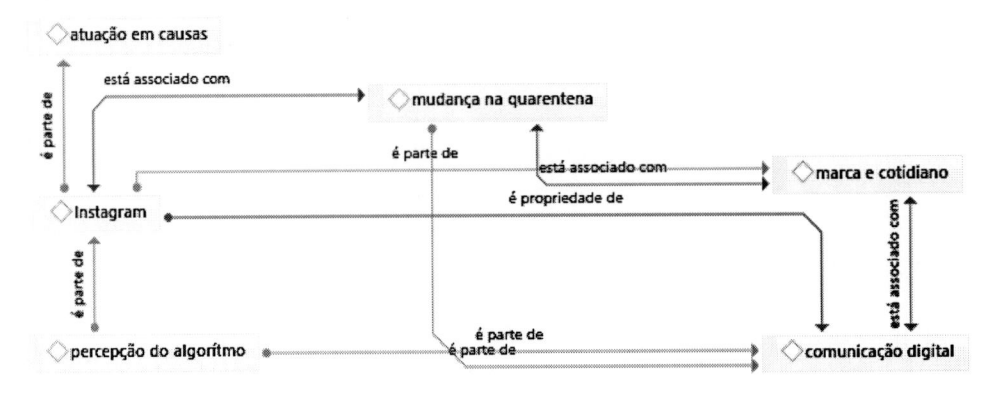

Fonte: o autor

Figura 18 – Análise de Redes do YouTube

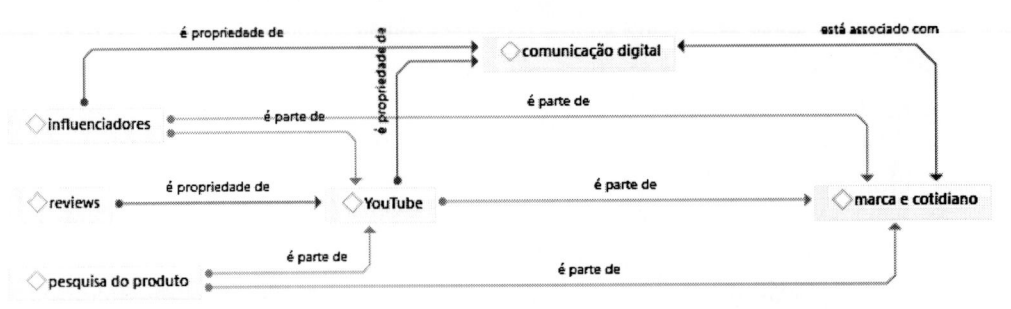

Fonte: o autor

Figura 19 – Análise de Redes do Twitter

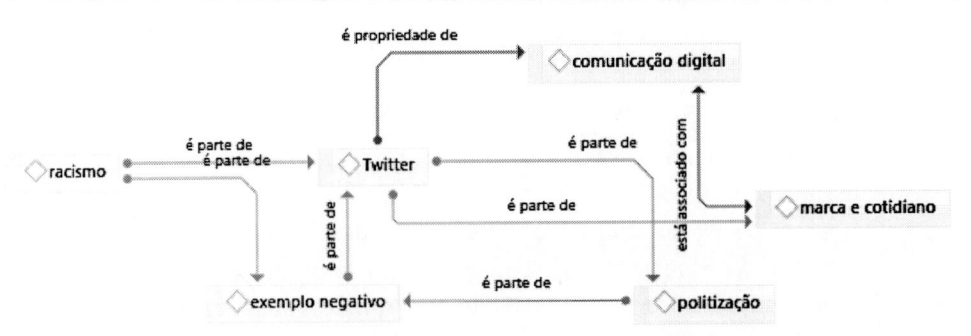

Fonte: o autor

Figura 20 – Análise de Redes da Publicidade Digital

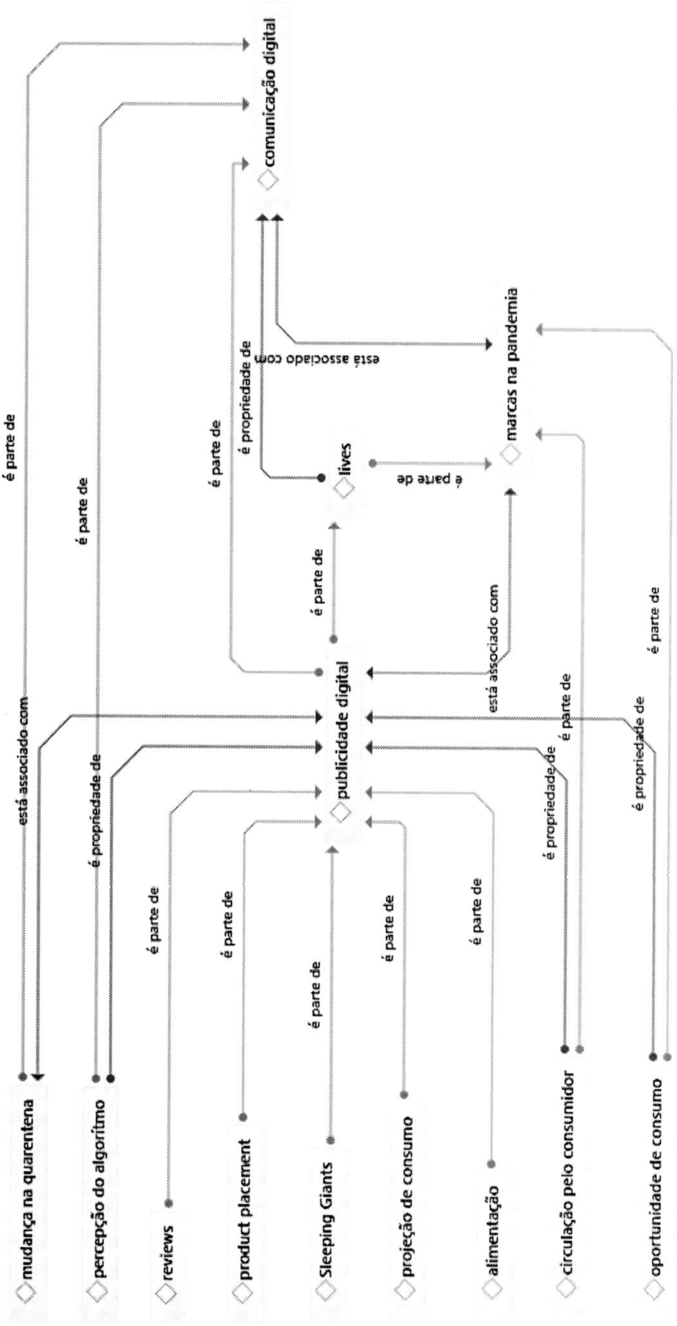

Fonte: o autor

No YouTube, o laço com marcas é mantido, mas surge a pesquisa de produtos, em busca de avaliações e exemplos de uso. É também o lugar de contato com influenciadores digitais, que, por sua vez, estão conectados à circulação de marcas. O que pode estabelecer uma fuga da exposição direta à publicidade das marcas pela vivência do consumidor com pares, mas também recai na presença das organizações na plataforma por meio de outras táticas.

Já o Twitter, atual X, está relacionado aos exemplos negativos de marcas e causas, ao racismo e à politização, mas também ao contato com o cotidiano. Nesse sentido, como analisado por Teixeira Filho, Sousa e Moni (2021), a mídia social age como dispositivo discursivo para generalizações e contraposições sem o aprofundamento da discussão, envolvendo a degradação e a ofensa para a desconstrução de reconhecimentos. A dimensão política é reforçada pelos usuários com a citação de figuras públicas, como políticos, mas também pelo próprio posicionamento politizado na rede, que parece ser o espaço de enfrentamento das marcas com posições distintas de grupos de consumidores.

Ainda sobre a influência da comunicação digital no cotidiano e na interação de jovens com marcas, a publicidade digital e as *lives* seguem explorações contemporâneas. A primeira é na busca de novos lugares, a expansão da marca para meandros variados da vida privada. A segunda é a publicização, que se distancia da linguagem puramente comercial para abarcar discursos mais tênues de construção coletiva de significações, por vezes imersos em questões de caráter não organizacional, procurando uma despublicitarização, pelo menos do seu conceito de mensagem e mídia tradicional.

Nessa busca por abordagens discursivas não comerciais, mas presença em várias dimensões do campo social, a publicidade digital, além de incentivar a circulação pelos próprios consumidores, atua com a exposição de produtos (*product placement*) ao longo da apresentação de conteúdos não comerciais e, assim, marca presença nos eventos digitais durante a pandemia. A alimentação é o segmento de maior percepção direta da publicidade, mas estão conectados a ela o senso de oportunidade de consumo por meio de promoções, como nos mostram os trechos dos comentários das rodas de conversa. Como aspecto de vigilância, ainda surge a lembrança da iniciativa *Sleeping Giants*, em que ativistas digitais expõem as marcas que sustentam *sites* com alto acesso, mesmo que contemplam conteúdos de ódio; o que questiona a própria lógica de quantidade de visualização da marca, em detrimento da qualidade de penetração e aderência aos conteúdos em rede.

Figura 21 – Análise de Redes das *Lives*

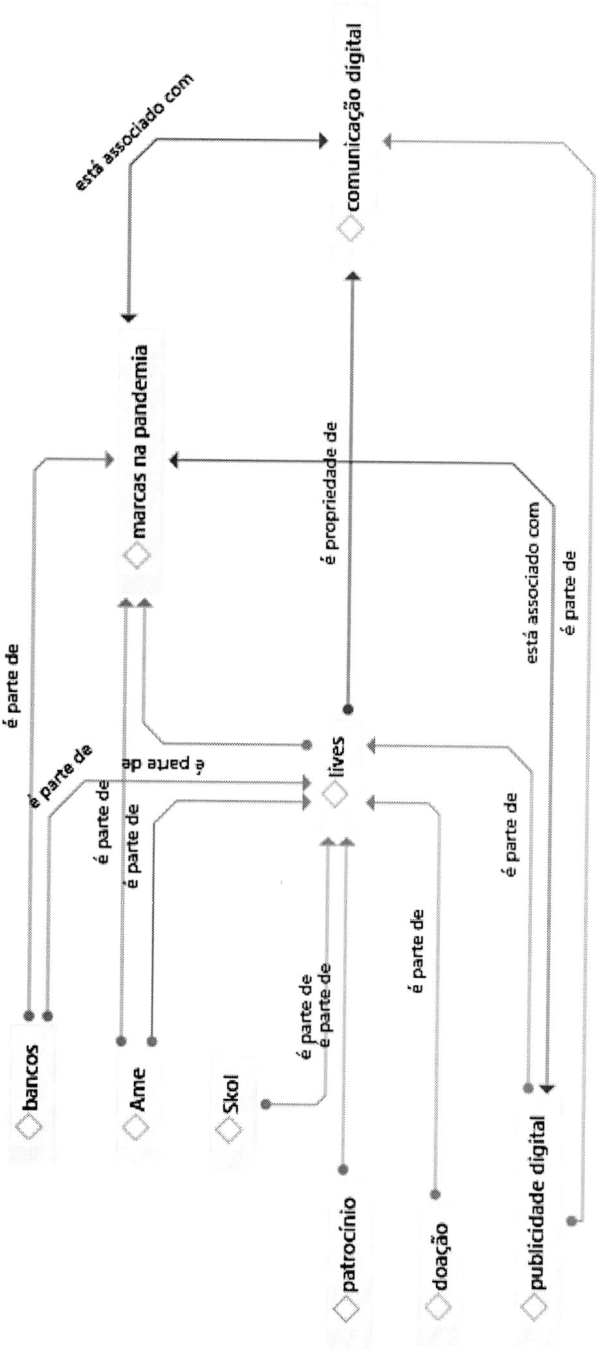

Fonte: o autor

Nas *lives*, as visualizações correspondentes a shows mantêm o faturamento de artistas, ao mesmo tempo que permitem às marcas estarem presentes nos meandros do cotidiano, em tempos de mobilidade reduzida. Para os jovens, o contexto pandêmico e comercial é amenizado pelas doações, ainda que percebam a monetização das empresas financeiras por essas táticas, o que levará ao enfrentamento do oportunismo de marca.

O entretenimento e as formas possíveis de interação, com celebridades de renome e outros espectadores, conduzem as marcas para a lembrança dos consumidores, que também pontuam a quantidade exagerada de publicidade nesse novo espaço. O viver, o morar, o residir do verbo em inglês foi igualmente um convite para discutir conhecimentos da faculdade em palestras digitais com colegas, ou estudar questões envolvendo o ambiente social.

Os influenciadores e a cultura do cancelamento são pontos de destaque ao tratar a comunicação digital. Além dos aspectos já relatados nos infográficos, os nomes de Felipe Neto e Maísa surgem não só como marcas, mas mediadores de posicionamentos sociais e políticos. Nesse sentido, a falta de mediação institucional do primeiro setor é encapsulada pela tecnicidade em personagens com competências midiáticas capazes de falar aos sentidos daqueles que convivem nos meios. Essa condição mobiliza também os não seguidores, amplificando a cobertura de temas sociais e políticos. Porém, há na cultura do cancelamento a reação direta por não ouvir a posição oposta, de silenciar o aprofundamento de discussões. Portanto, as discussões ocorridas até o momento para a compreensão de demandas identitárias, por exemplo, não seriam explicadas, mas, sim, impostas por uma relação de troca, com mercadorias da economia de atenção (engajamento e circulação positivos) e da economia mercantil (compra de produtos e margens de lucro).

Esse panorama estabelece uma camada tênue entre inserção de discursos periféricos para o centro, mas também de uma força não transformadora em sua essência, uma forma ressentida. A reação amorfa e a cólera nas mídias sociais, muitas vezes sem rosto, sem identidades, produzem coletivos sem capacidade propositiva (Han, 2014). Assim, o questionamento não está na reação negativa por uma posição de não concordância, como já visto em boicotes, mas em como a negociação é feita e o que ela busca: uma resposta pontual reparativa, ou a reflexão contínua. Claro que uma pode apoiar a outra, mas essa condução deve ser observada, ou seja, como se dá a discussão do tema para sua solução.

Ainda sobre as rodas de conversa, os influenciadores aparecem como opção para as marcas de esporte, trabalhando por meio de estratégias testemunhais, igualmente em meio ao contexto pandêmico. Nesse sentido, as propostas de *cité* opinião, configurada pelo reconhecimento da celebridade, e *cité* projetos, caracterizada pelo engajamento e pela constância de novos projetos, mesclam-se na comunicação digital por meio de influenciadores. A cultura do cancelamento, nesses dois aspectos, age sobre as fraquezas e os momentos de provas, tornando a celebridade esquecida e o engajamento fraco ou negativo, sem contar a imobilidade adicionada ao novo posicionamento de marca, que é destinada apenas às associações contrárias ao novo projeto.

A postura de vigilância de marcas pelos consumidores leva ao entendimento de oportunismo de empresas com o uso de causas. Contudo, pode levar da condição buscada de cidadania à implementação superficial de projetos, apenas para amenizar a desconstrução do desempenho de marca. Trataremos dessa condição adiante, incluindo as falas dos participantes.

Figura 22 – Análise de Redes de Influenciadores

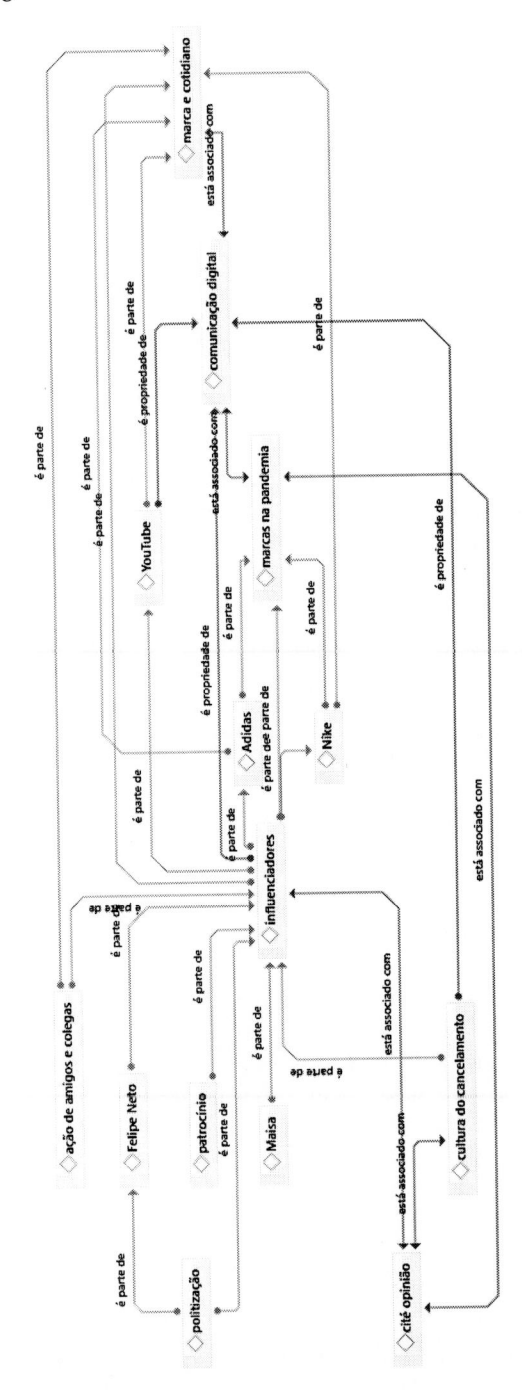

Fonte: o autor

A categoria seguinte aborda a **Atuação em Causas**, cabendo aqui a discussão sob a ótica dos três posicionamentos teóricos levantados neste livro: teoria crítica, teoria da crítica e individualismo. Antes disso, ressalta-se que a atuação em causas não é uma prática generalizada nos grupos juvenis, ao contrário, está mais destinada aos que se identificam com alguma minoria. Brancos e héteros tendem a não ter uma atuação direta em causa, mas alguns ainda ajudam a circulá-las.

Nas pautas mais citadas, percebe-se que novamente a formação educacional e as experiências identitárias estão presentes na decisão da atuação em causas. Os que são atuantes têm nas mídias sociais o início de suas atividades, geralmente atreladas à institucionalização em faculdades, como grêmios estudantis, atléticas e centros acadêmicos. Os espaços educacionais proporcionam o encontro com pessoas com as quais se identificam em similaridades de experiências, mas também a convivência com diferentes grupos, em que a música, a troca de ideias e o contato com celebridades atravessam os usos e as apropriações das mídias sociais.

Em poucos casos, as ações ganham proporções maiores em ambientes off-line, incluindo grupos aos quais não necessariamente pertencem de forma identitária, mas apoiam. **Cor, sexualidade, assim como a classe econômica possuem influência no maior direcionamento de ação social dos participantes, sendo mais presente na classe média (B e C) de *gays*, bissexuais e negros deste estudo.** Os trechos que seguem exemplificam os temas recorrentes e a forma como se desdobram.

> Eu, antigamente, eu não era nem um pouco ativa, mas quando eu entrei na faculdade e assim, eu entrei em agronomia, o pessoal é bem mais conservador e eu percebi que quando eu sinto necessidade de me apresentar, não necessariamente que eu vou mudar a vida da pessoa. Cada um é cada um. A gente tem nossas opiniões. Mas, por exemplo, o pessoal lá vive falando que eu sou a pessoa, "a militante do curso", porque eu vivo colocando Pabllo Vittar pra tocar no centro acadêmico, essas coisas. Ou senão alguém fala alguma coisa e eu falo: "olha gente, não é legal falar isso, porque fere tal e tal coisa". Esses dias eu fiz um negócio no meu Instagram, falando sobre a questão LGBT, falando de coisas que pessoas de fora da comunidade fazem que machucam a comunidade e aí muita gente veio interagir comigo, essa é a que eu mais

sou presente mesmo. [...] Inclusive, a presidente da atlética da agronomia veio falar comigo: "você gostaria de fazer um vídeo pro Instagram da agronomia", falando sobre questão LGBT e tal. Aí eu falei que eu faria. E um amigo meu pediu para eu fazer uma live com ele e eu fiz. Então eu sou bem presente nisso, eu queria ter mais condição de, sei lá. Eu nunca fui num protesto em relação a isso, porque antes eu era menor e minha mãe achava que não era bom e aí eu fiz 18 anos, ano passado, e aí chegou a pandemia não deu para eu ir. Eu acho que é porque, eu acho que na questão de você lutar por alguma coisa, só pela internet não funciona muito, porque tem muita gente que não tem acesso, né? (AC – 4).

Eu comecei a trabalhar com causas sociais desde muito novinho. Não que eu seja velho agora, mas desde muito cedo. Isso porque eu estudei num colégio particular que tinha muito projeto social [escola confessional] (AC – 2).

Olha, eu nunca trabalhei em uma causa em si, mas existem causas que eu procuro me aproximar como, por exemplo, o consumo consciente e, é... meio ambiente (NL – 1).

Eu estou no Teto já faz alguns anos e o coletivo Cássia eu conheci o ano passado, quando fui convidada para tocar e...estava tendo uma série, muito antiga que continuaram a produzir. É legal ter esse contato com pessoas do mesmo sexo, mas que têm uma orientação sexual diferente da sua, pela questão de militância, digamos assim. Tipo...de dizer: eu existo, eu estou aqui e trazer vários pontos entre feminismo, machismo, misoginia, é...racismo. Tipo...traz várias coisas sociais. [...] Eu me identifico com os dois sexos e transito entre o feminino e o masculino (IR – 2).

A gente fez uma série de posts sobre racismos em diversos lugares, como que isso interfere na sociedade, explicando para outras pessoas que talvez não entendam tão bem sobre essas relações mais profundas no racismo. Um racismo estrutural, como ele ocorre, que não é só fala...Como um fala ocorre de forma errada, porque um gesto está errado, ou frases que a gente usa o tempo todo derivam de frases racistas de muitos e muitos anos atrás. Quantas pessoas sofrem racismo e são ricas: jogador de futebol, cantores.

> Então todo esse conglomerado de coisas que envolvem o próprio racismo mesmo, a gente fez uma série de posts para o centro acadêmico de Farmácia da UNIFESP e posta frequentemente no Instagram (FV – 2).

As mídias sociais, portanto, canalizam o que a socialização nas instituições educacionais permite experenciar, como já analisado por Foracchi (2018), mas que não se estende aos vínculos com movimentos sociais organizados. Após o contato familiar, é nas escolas, nas faculdades e no espaço de trabalho que o convívio com diferentes modos de vida e a pluralidade ideológica estão presentes. Nesse sentido, o digital é espaço potencial para o reconhecimento em grupos, recordando o exposto sobre objetos transicionais intermediários (Honneth, 2013), as justificações e os momentos de provas, em que argumentos são expostos no contato com outras ideologias e formas de pensar o cotidiano (Boltanski; Thévenot, 2006), além das questões individuais ligadas à expressão da livre vontade do objetivismo, e não de uma projeção do social como rede de acolhimento (Rand, 2011). Dessa forma, as mídias sociais podem ser observadas como ambientes condicionantes que permitem ações culturais e sociais específicas, em que os processos de inteligência coletiva ampliam as apropriações de grupos e indivíduos.

Para aqueles que se dedicam a causas, há um estudo das áreas de atuação. Como geralmente estão atreladas à formação ou a questões identitárias, os participantes retomam a pesquisa na internet, a leitura de livros e notícias sobre os temas, além da discussão com pessoas próximas. Para o racismo, por exemplo, foi lembrado como porta-voz o professor Silvio Luiz de Almeida, presidente do Instituto Luiz Gama e entrevistado em diversos veículos de comunicação no mesmo período das rodas de conversa.

A xenofobia também foi comentada por participantes do Nordeste, por entenderem ser excluídos das configurações de valorização do brasileiro, que tende a beneficiar Rio de Janeiro e São Paulo, o que leva à busca de marcas locais e da extensão do Eu no consumo e na linguagem regional.

Outro ponto relevante a ser tratado é a linguagem digital de *gamificação*, de desafios em conteúdos audiovisuais curtos para a replicação e circulação de causas de forma descontraída. Ação nos mesmos moldes ficou famosa em 2014, pelo *Ice Bucket Challenge*, responsável por ampliar arrecadações para o estudo da Esclerose Lateral Amiotrófica (ALS, 2020).

Nesse sentido, estratégias envolvendo o entretenimento mostraram-se eficazes não apenas dentro do ambiente digital, mas para alterar o cenário fora das telas. A abordagem parece estar em acordo com a postura mostrada pelos jovens frente aos questionamentos de instabilidade financeira ou não reconhecimento, em que se movimentam para agir e hibridizam humor e tons sérios com embasamentos dos argumentos.

As teorias de base estão presentes na atuação em causas em que puderam ser identificados os três posicionamentos. Nas falas expostas anteriormente, vemos a questão identitária em que participantes de grupos específicos defendem sua forma de ser, sua biopolítica, sua psicopolítica e lutam para expressá-las. O mesmo ocorre para expressões de modos de vida, como o veganismo ou vegetarianismo, preocupados com a questão ambiental. Em geral, a atuação em causas e a percepção de marcas e seus vínculos de consumo são intensamente pessoais, ainda que encontrem outros sentidos na coletivização.

Em menor grau, observa-se a atuação entendendo o contexto do outro, os diferentes núcleos em que é preciso passar por um diagnóstico das necessidades, nem sempre completo, o que é observado ao discorrerem sobre os resultados efetivos do trabalho, em que se mistura desempenho pessoal com o desempenho para o público atendido. Já a expressão de livre vontade e objetivismo, presente em menor quantidade nas rodas, ecoa que a decisão em ajudar ou criticar está no indivíduo e que, a partir de sua liberdade, pode ajudar a sociedade. Assim, organizações privadas deveriam destinar-se à área comercial de atuação, e não a questões dos indivíduos. Portanto, tendem a homogeneizar condições e não creditar potenciais sentidos em ações coletivas. Além dos trechos anteriores sobre o assunto, são expostos outros exemplos:

> Quando eu tinha 8 anos, eu ia com aquele meu cabelo lá, todo, todo top para a escola, o que que as meninas falam para mim: "nossa você está parecendo um coró[15]". Tipo, é uma criança. Imagina para uma criança ouvir que ela parece um coró, entendeu? É muito ruim [...] Então eu acho muito importante ver as crianças e olhar o cabelo dela, olhar para ela e falar: "cara, seu cabelo é foda, olha o volume do

---

[15] Coró é definido pelo Dicionário Aurélio da Língua Portuguesa como "bicho do esterco". Ao questionar os participantes, o pesquisador se deparou com a resposta de um animal curvado, que se enrola, e, por isso, a analogia com o cabelo ondulado. Nesse aspecto, reforça-se a desumanização nos atos de racismo e preconceito.

seu cabelo, olha como seu cabelo é bonito". Porque... Você olha ao redor as modelos são o quê? Cabelos lisos, ou loiras, brancas. Então tem tudo disso, entendeu? Então nesse *challenge* que o E.P.F. está falando, é justamente para isso. Para mostrar vários cabelos cacheados, cabelos afros e ter um pouco mais de representatividade, entendeu? É muito importante (EB – 4).

A gente está com vários professores, todos voluntários assim, né? Que estão numa faculdade e querem dar o seu tempo para ajudar essas pessoas. Então a gente tem quase quinhentos alunos e foi tudo do dia para a noite que surgiu. A gente apareceu na Record, teve bastante... (risos) Foi muito divulgado. E isso é algo que me movia muito, porque eu tinha acesso a uma educação, por estar na faculdade, que muita gente não tinha. Eu falei: caramba, estou na quarentena, sem fazer muita coisa, a faculdade mais tranquila por conta do EaD. Aí acabei criando esse projeto e é algo que me move muito assim (EM – 3).

Em relação a causas eu não sou participante ativo. Geralmente eu gosto muito do libertarianismo. Porque é uma ideia aqui que prega a liberdade, liberdade de expressão. Eu vejo hoje o pessoal falando que liberdade de expressão não é liberdade de ofensa. Eu já entrei em alguns debates, mas eu geralmente...Eu passo, porque são muito acalorados hoje em dia, principalmente nas redes sociais. Mas eu sou sempre a favor da liberdade. Inclusive se eu não concordar com o que a pessoa faz com a liberdade dela. O libertarianismo seria isso. Não há nenhuma omissão do Estado porque tem aquela frase emblemática de que o imposto é roubo e aí vem derivada de outros pensamentos, é só essa causa que particularmente sigo. Mas não estou participando muito (LX – 5).

Assim, eu não participei de uma causa. Eu só respeito todas, porque eu tenho a minha opinião própria, o que eu penso sobre isso. Como o L. disse sobre essa questão de liberdade, eu acho muito massa ter liberdade, só que quando você atinge o outro de forma agressiva, para atingir, ou para fazer mal para o outro eu acho errado [...] (GC – 5).

Vamos falar a respeito da liberdade de expressão. Eu falei realmente, eu discordo moralmente de uma agressão a outra pessoa, verbal, física principalmente; eu não discordo eticamente. Eu vejo que a pessoa é livre. Você é livre para falar o que você pensa, você é livre para ser o que quiser. Mas se você agredir outra pessoa verbalmente eu entendo, mas eu não concordo moralmente. Apenas eu não não sou a favor de uma censura, censurar a liberdade de ofensa. Porque eu digo que liberdade de expressão, você não pode ofender, você não é livre para se expressar. Você é livre apenas para falar ou agradar aos outros. Então vejo que você deve ser livre sim para se expressar em qualquer um, qualquer posição. Mas eu discordo de algumas (LX – 5).

A categoria de **Marcas e Causas** auxiliou diretamente na configuração da próxima etapa de pesquisa, abrindo também densas possibilidades para estudos futuros, guardando conexões com as categorias anteriores. A relação de desconfiança do propósito da marca, o questionamento de resultados, a lembrança de práticas organizacionais negativas, o vínculo com marcas menores e locais, além da politização e do papel do consumidor são alguns dos desdobramentos dessa categoria.

Observa-se a relação entre as marcas do cotidiano com as marcas lembradas por causas. Mesmo que a Natura não tenha sido uma das mais lembradas no cotidiano, estava presente em menor escala. Já o segmento de tecnologia não figura nessa categoria, o que sugere que o segmento de atuação da empresa pode ser um influenciador na decisão sobre a publicidade de causa. Interessante destacar, também, que cada marca foi lembrada por causas específicas, que fizeram parte da categoria de **Atuação em Causas** dos participantes, em algum momento. Em outras palavras, percebe-se a união de pessoas de uma mesma comunidade para cada marca, associada à defesa de uma causa específica. Entre as marcas mais associadas a causas, destacaram-se, em ordem decrescente: Burger King, Adidas e Natura. A Figura 23, a seguir, expõe a rede de cada uma delas e reforça as formas de atuação por meio da comunicação.

Figura 23 – Análise de Redes de Marcas e Causas

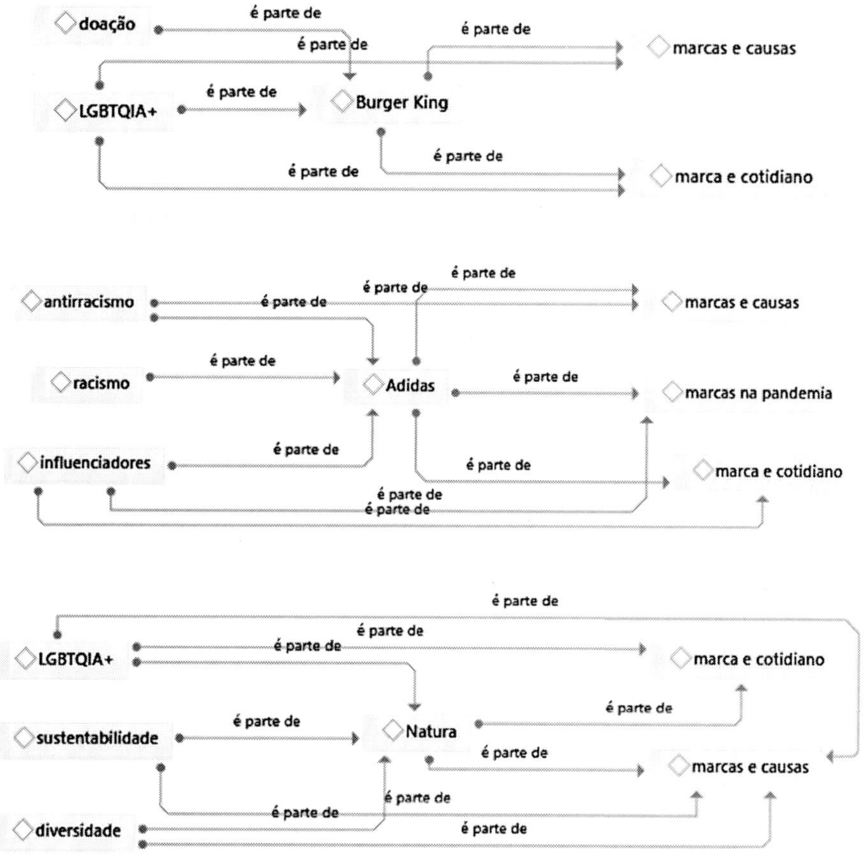

Fonte: o autor

A Natura é a marca que mais demandas trata na percepção dos jovens, envolvendo sustentabilidade e diversidade, em múltiplos sentidos. A Adidas foi lembrada por pautas antirracistas por meio de esportistas, mas também pelo posicionamento durante a pandemia e pelo caso de George Floyd, reconhecida como a única marca que atrela influenciadores a causas. Já a Burger King se direciona para causas LGBTQIA+, lembrada por doações diretas.

Na categoria de **Marcas e Causas**, houve um espalhamento das empresas lembradas, incluindo organizações menores e locais e outras experiências em que se recordavam do produto, mas não do nome da marca. Essa situação envolve a desconfiança de grandes marcas ao tratar de temas não comerciais, ainda que haja uma cobrança nesse sentido. Portanto, reforça o estudo da Edelman (2019a, 2019b), que expõe a desconfiança generalizada das instituições, mas a expectativa de que o segundo setor se movimente de forma estrutural.

Ainda que se possa verificar as três abordagens teóricas novamente, é relevante destacar que, independentemente do direcionamento do participante, a visão de oportunismo da marca e a falta de autenticidade dominaram as falas. Por outro lado, ao lembrarem de marcas que investem historicamente em causas e as vinculam ao seu negócio central, há uma defesa das práticas dessas organizações. Esse comportamento, mesmo que mais escasso, defendia o equilíbrio entre mudanças internas e externas da organização e evidencia os resultados a longo prazo.

O reconhecimento foi observado nas comunicações lidas como representativas, com inclusão de diferentes públicos na defesa de causas. Outro ponto é o comportamento imediato em benefício da causa, como as doações e as parcerias com instituições não governamentais. Nesse sentido, volta-se ao conceito inicial de marketing relacionado à causa dos anos 1980 (Varadarajan; Menon, 1988), como destinação de parte da renda para organizações parceiras. Aos olhos da comunidade de jovens intérpretes, essa atividade é valorizada, na defesa de que o benefício não é apenas o resultado comercial para a marca, ainda que o propósito permaneça sendo questionado. Destinam-se, portanto, tanto ao reconhecimento de direitos em questões civis de igualdade quanto à solidariedade, reconhecendo competências públicas e auxiliando na equidade.

Também se caracteriza na dimensão de reconhecimento a lembrança positiva de marcas que historicamente investem em causas específicas e, além de comunicarem, alteram suas estruturas internas (contratações, equipes diversas, lideranças, processos de decisão), discutindo as demandas por meio de comitês ou consultorias do campo social. Além disso, questionam situações que podem ser atreladas ao reconhecimento perverso (Lima, 2010), como o essencialismo, em que pardos e pretos só poderiam posicionar-se e ser aceitos em falas sobre temas como racismo, não nos demais.

A abordagem da justificação é a mais proeminente na discussão de marcas e causas, superando o reconhecimento. O que se percebe nas conversas de cada roda é que a publicidade de causa é um dispositivo para a justificação, isto é, propicia o momento em que se defendem e criticam práticas em busca de uma mediação e negociação. Como a proposta de Boltanski e Thévenot (2010) valoriza o sujeito, sem dicotomizar com a estrutura social, potencializando a condição do cotidiano, do viver, dos regimes de ação e do posicionamento crítico, as decorrentes enunciações e as reações tornam-se objetos de análise. Nesse sentido, a *cité* mercantil é a mais recorrente nas justificações de posicionamento das marcas e causas, em que os participantes reforçam o interesse monetário e a falta de autenticidade das marcas. Assim, os participantes tendem a uma postura atrelada majoritariamente à *cité* cívica, de união de grupos e discussão pública. Contudo, essa posição não é unanimidade, sendo contraposta pela eficiência empresarial e pelo desempenho mercadológico (*cité* industrial), na entrega de produtos e serviços, com preferência para que as marcas não se envolvam em outros temas. A discussão em rede tende a ser uma experimentação de argumentos na defesa de práticas juvenis e mudanças sociais.

Outra postura amplamente verbalizada, geralmente na sequência das críticas monetárias às empresas, é o valor da visibilidade e do engajamento ao redor da marca, dado pela publicidade de causa, sem que os benefícios recaiam de maneira significativa às demandas sociais e aos públicos de interesse. Ao contrário, banaliza e perde o sentido inicial da causa, o que se volta à *cité* projetos, em um entra e sai superficial de temas em busca de visibilidade midiática e manutenção de imagem de marca, em períodos curtos. Dessa forma, a empresa renova projetos, dependentes de calendários de varejo, em que o mês do orgulho LGBTQIA+ foi uma das referências, mas também a inclusão de pessoas pretas na publicidade após cobranças.

É interessante notar que a mesma tática, mas do ponto de vista do consumidor, parece ser utilizada pelos jovens, ao reforçarem a necessidade do investimento em causa, sem a conversão em consumo; uma espécie de marcação moral e continuidade de vigilância da marca para só então entregar algo em troca, neste caso, o que interessa ao propósito monetário: o consumo. A desconfiança passa a ser tão grande, que só vale a mudança comportamental após várias situações com a conformidade moral do consumidor. O que as rodas evidenciam nesse caso é uma discussão profícua entre os participantes, que está longe de ser acrítica, ou superficial, mas que procura compreender os diferentes aspectos de negociação, inclusive articulando a complexidade da vida em sociedade com os objetivos empresariais. Discussão que não possui a mesma profundidade nas mídias sociais, como veremos adiante.

O aspecto anterior guarda associação com a moral do ressentido, expressa na abordagem do individualismo (Nietzsche, 2009), em que, na cobrança das empresas para se posicionarem, reforça o sentido esvaziado de mudança, sem uma crítica da moral; consideração necessária às organizações que permanecem em práticas que não valorizam a melhoria da qualidade de vida, na visão dos participantes.

Outro aspecto presente na condição de individualismo nesta primeira fase da pesquisa foi o posicionamento de que a publicidade de causa afetaria a condição individual, pois se destina a um público restrito, sem um benefício genérico. Esse argumento ocorre, principalmente, quando a pauta são os movimentos antirracistas. Nesse sentido, o individualismo se direciona à cobrança de posicionamentos pessoais, em vez de organizacionais, questionando o papel da empresa nessas ações. Este posicionamento é presente em participantes brancos e héteros, independentemente de gênero, não sendo notado nos demais participantes. O ressentimento está presente ao entender que, com a publicidade de causa, o consumidor perde a preocupação com produtos e seria afetado negativamente. Pelo predomínio da enunciação dos participantes, abre-se a possibilidade de futuros estudos compreenderem se há no discurso a manifestação de perda de poder em sociedade ao verem consumidores negros terem finalmente suas representações sinalizadas na publicidade.

A partir do panorama sobre a discussão de **Marcas e Causas**, são desdobrados códigos como a categoria de **Exemplos Negativo**, em que práticas organizacionais criminosas, preconceituosas, ou não adequas aos olhos dos consumidores eram recordadas, incluindo as consequências para o desempenho da marca. Entre eles estão os casos da Victoria Secrets, sobre a negação de diversidade na seleção de modelos e comentários em mídia, ou da apropriação de produtos regionais pela Prada. Aqui também havia tensão entre a proposta de comunicação das marcas em contradição com as suas práticas.

O processo publicitário foi questionado como uma das causas de tantos casos negativos, passando por diversas pessoas, mas ainda assim com casos de racismo ou machismo, em que surgia a indagação de diversidade nas equipes. As marcas mais recorrentes nos exemplos negativos presentes no infográfico ainda contam com duas condições para isso: a primeira é a já mencionada distinção entre comunicação e prática, com atuação muito pontual em causas vistas como oportunistas; a segunda é a politização, observada na defesa de agendas públicas contrárias ao reconhecimento ou de apoio a práticas como *fake news* pelas empresas. O consumidor, em ambos os casos, se afasta dos produtos. Então, se o consumo como consequência da defesa de causas nem sempre é um apontamento direto dos participantes, a rejeição por práticas negativas parece ser.

Figura 24 – Análise de Redes de Politização

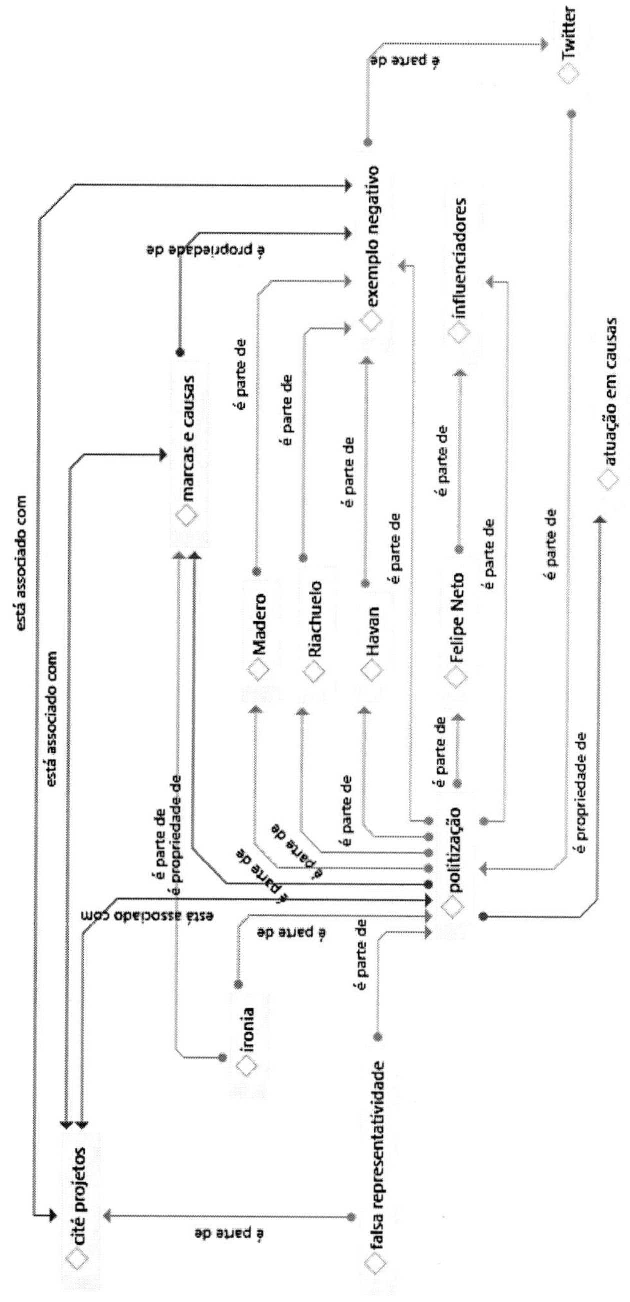

Fonte: o autor

A politização está presente na defesa de políticas públicas e práticas que interfiram diretamente no cotidiano dos jovens. Essa conexão com a política ocorria tanto nos participantes que tinham atuação direta com causas, como os que não tinham. Nomes e ações de políticos aparecem, como a exposição do caso de Carlos Decotelli no Ministério da Educação e a ligação com uma falsa representatividade negra. As marcas são identificadas por sua posição política, contraditória na defesa de causas, portanto associada à *cité* projetos, na relação com o engajamento e a liquidez das propostas. Assim, a ironia é retomada para se manifestar em relação a elas, e os influenciadores digitais são citados como porta-vozes. A rede apresentada e as falas que seguem exemplificam essas relações, que levam tanto à percepção negativa da marca quanto à prática em causas pelos jovens, que se colocam como atores sociais.

> A Riachuelo, por exemplo, sempre no mês de junho vai lá colocar sua bandeira LGBT na porta, vai lá fazer uma coleção especial com a bandeira do arco-íris, mas a gente sabe que financia o candidato que não apoia os nossos direitos, os direitos dos LGBT, né? Então, assim, não é muito difícil descobrir estas coisas, quando é do meio. Quando a gente está no meio ali, é um pouco mais fácil, ainda mais na moda, né? Que eu conheci mais, já é uma coisa que me vem de uma forma mais fácil, aí outras marcas, outras questões como essa do Itaú, né? É questão de observação mesmo, né? Poxa, mas... algumas empresas assim você vê uma capa lá, e só tem branco, as vezes não tem sequer um oriental, sabe? (AM – 1).

> Eu compartilho do pensamento parecido com do NL, eu mais evito consumir algumas marcas do que escolher alguma marca específica. Eu vou muito, por exemplo, na hora de escolher alguma roupa eu não vou muito pela marca, eu vou, eu gosto de roupa mais neutra, por exemplo, qualquer marca que tiver uma roupa mais neutra eu vou comprar, não necessariamente uma marca específica, assim. É... Eu deixei de ir em muito lugar, também, por causa de posicionamento político como eu comia bastante no Junior Durski, eu parei de ir, por motivos óbvios (GN – 1).

> E puxando lá atrás também sobre a Calvin Klein, eu discuti essa semana com uma amiga minha, que é muito isso

também. Você tem essa representatividade no *outdoor* e não tem dentro da empresa. Você tem propaganda e você não tem em altos cargos. Você tem grande opção de peças, por exemplo a Zara, e você tem trabalho escravo por trás. É muito preocupante essas pautas porque elas não fazem parte da pauta da mídia também. Em 2011 a Zara foi denunciada por trabalho escravo e quem disse que ela não continua fazendo isso? Mas essas marcas são grandes. Então essa falsa representatividade, de você querer ajudar minoria, de você querer inclusão na propaganda e não mostrar fazendo isso no trabalho, ajudando as causas. Muitas dessas empresas ainda ajudam a boicotar as causas, né? (FV – 2)

E o que a MK falou sobre: ai a Nike e a Zara fazem isso, isso e isso. Mas na época que saiu aquela problemática gigante da Havan e da Riachuelo, sobre a exploração de trabalho, eu fiquei com receio, sabe? Com nojo da marca. Tipo: "meu Deus! Como que eles conseguem?" Uma empresa tão grande consegue fazer isso e ter escondido isso por tanto tempo (SB – 4).

Teve marcas grandes, Skol patrocinando, ou o grupo AmBev patrocinou algumas. Agora assim, algumas marcas me deixaram um pouco...(risos) Eu parei para olhar: o que você está fazendo aqui? Por exemplo, Riachuelo teve a questão do executivo, ligado ao atual presidente da república (som e cara de nojo). Enfim... (risos) E financiando causas sociais. Então eu ficava assim...Um pouco controverso. Mas é aquilo que eu disse, contanto que o dinheiro realmente chegue pra quem precisa, tudo bem. Não significa que depois eu vou comprar da Riachuelo (risos) (VA – 4).

Os pontos destacados na categoria **Marcas e Causas** e seus desdobramentos foram possíveis de análise devido à participação e interação entre os jovens e a recorrência de exemplos de marcas nesse contexto. Esse vínculo com marcas no cotidiano e as lembranças de casos ao longo das rodas mostram como a vigilância do consumidor torna isso possível. Ou seja, a busca por informações e a pesquisa de práticas atreladas à construção da rotina compõem rituais de posse e de arrumação, que têm nas informações constantes das marcas o suporte para a transferência de significados. Assim, a vigilância se constitui como questão fundamental para as práticas de consumo e a apropriação de sentidos associados aos estudos de rituais apontados por McCracken (2010) e reforçados no tempo e no espaço nacional pelo ritual de busca em Perez (2020).

Essa vigilância, como nos mostram as relações em rede dos códigos da pesquisa, possibilita ao consumidor compreender a autenticidade da marca e estabelecer se as práticas estão de acordo com os critérios de inclusão no cotidiano desse consumidor. Esse movimento de pesquisa das marcas é essencialmente digital e permite a consulta às avaliações de pares, às expressões em mídias sociais e a outras buscas centradas no Google.

As práticas demonstram também o alinhamento com o chamado Efeito Diderot, em que, a partir de uma aquisição de produto, o consumidor tende a manter a complementariedade com esse bem em novas aquisições. Isso foi visto nos casos de sustentabilidade e consumo vegano, iniciados na alimentação e derivados para outras categorias. É visto também em marcas com vínculos fortes, como as de tecnologia.

Ainda sobre a vigilância, foi recordada a atuação do grupo ativista digital *Sleeping Giants*, como possível base de informações, acrescentando mais uma camada à desconfiança em grandes marcas. Ou seja, passa por um suporte institucional para manter a vigilância em marcas, contando com pressão midiática para ganhos monetários, tentando beneficiar consumidores e cidadãos.

Figura 25 – Análise de Redes de Vigilância de Marca

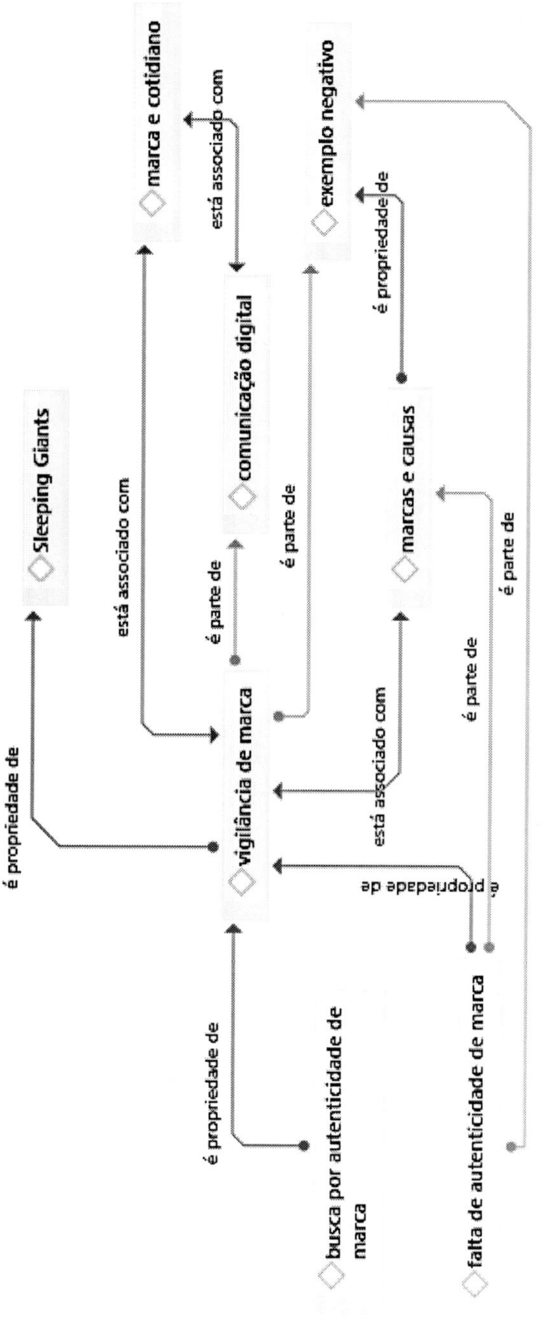

Fonte: o autor

O protagonismo do consumidor por meio da vigilância ainda estabelece a recorrência de uma linguagem própria desse cidadão sentinela. Expressões que se ramificam em marcações com palavras curtas, com impacto e potencial de circulação, como "#vidasnegrasimportam", mas também a lembrança de ações sociais e políticas, como "quem tem fome tem pressa" e "militante não descansa". Além disso, no campo da diversidade sexual e de gênero, utiliza-se termos mais técnicos, de uma linguagem não ordinária, como *queerbaiting* e *pink Money,* para identificar as práticas empresariais. Isso nos mostra a preocupação dos jovens em aprofundar seus conhecimentos nos temas do cotidiano, resistindo às ações esvaziadas de autenticidade das empresas e beneficiando aquelas com longo histórico em temas que os interessam socialmente. Mesmo aqueles que não participam de atividades sociais são vigilantes às ações das marcas e atuam na cobrança digital.

A comunicação por meio de símbolos é recorrente no ambiente digital, como a bandeira da diversidade. O digital assume a constituição não apenas da expressão linguística em sua escrita, mas também uma estética e estilística imagética, de fácil identificação e replicação, em que os símbolos auxiliam. Ao tratarem de marcas e causas na sua expressão negativa, ou vistas como oportunistas, a ironia é uma astúcia enunciativa que articula o locutor, o interlocutor e o discurso, valorizando interdiscursos compartilhados pelos participantes por meio de expressões, memes ou frases utilizadas em marcações (*hashtags*).

Para finalizar esta fase da pesquisa, foi questionado sobre duas demandas presentes no momento da entrevista e o envolvimento das marcas nessas questões: a pandemia de Covid-19 e a luta de movimentos antirracistas após violência policial nos EUA. O envolvimento de marcas na pandemia de Covid-19 está presente em dois aspectos na visão dos participantes: as mudanças comerciais para continuar vendendo e o apoio à saúde. No primeiro caso, há o aumento da publicidade digital e das compras on-line, influenciadas por descontos e novas formas de aquisição. Como já comentado, as marcas também investiram em estratégias em que o próprio consumidor faz circular sua imagem.

Os jovens empreendedores relataram a dificuldade inicial em manter as vendas e a intensificação de ações de comunicação digital. A presença nas *lives* de grandes artistas e a ampliação da exposição de marcas no YouTube e Instagram compõem o aspecto comercial, seguidas da monetização de produtos com preços altos, como máscaras das marcas Nike e Oakley.

Do ponto de vista da saúde, os novos protocolos de comercialização retomam as marcas de entrega, como Ifood e UberEats. O segmento de educação e o de veículos de comunicação foi lembrado no sentido de flexibilizarem seus serviços para auxiliar as demandas sociais no período, como cursos gratuitos ou espaços para mensagens de utilidade pública. As *lives* também cumprem seu papel nesse sentido, ao possibilitarem doações e os contatos entre a audiência e dela com as personalidades, em uma comunicação mais direta. Ação em plataformas de *streaming* pela Gillette para auxiliar a remuneração de artistas e o investimento do Magazine Luiza na segurança doméstica são lembranças de ações na pandemia, como publicidade de causa.

Os exemplos negativos novamente são recuperados ao longo da categoria **Marcas na Pandemia**. Dessa vez, os bancos foram mais citados, devido à tentativa de ampliar a carteira de clientes ou oferecer crédito, mas não atuarem diretamente no auxílio à saúde, ou demorem para agir em questões de interesse da sociedade, como doações ou flexibilização para quem possui dívidas. O Madero e a Havan foram citados novamente pelo posicionamento despreocupado na pandemia, incentivando ações contrárias à saúde pública e o reforço de seus posicionamentos políticos, fortemente contrários à ciência.

Já nas lutas antirracistas, pouca lembrança é dada às marcas e, quando feita, surge mais para o não alinhamento delas com o tema, ou na pressão do consumidor por uma conduta favorável à defesa de equidade. Nesse sentido, o caso da Bombril com o reforço da comunicação da esponja Crespinha, no mesmo instante das lutas antirraciais, foi condenado. A lembrança de celebridades é novamente citada. Participantes se dividem entre a necessidade de discussão dessas pautas e o questionamento da reação de cancelamento. Portanto, o que se vê, na pandemia ou nas lutas raciais, é a justificação das marcas e celebridades pautadas nos argumentos de *cité* mercantil e *cité* opinião, em que poucas empresas conseguem realizar um trabalho com desempenho coerente na visão da comunidade estudada.

> Queria falar sobre os posicionamentos de pessoas sobre o COVID e achei muito importante as empresas, porque é uma questão de saúde mesmo. É muito importante, muita gente se posicionar sobre Vidas Negras Importam. Muitas artistas se posicionaram, muitos influenciadores e eu vi a Maísa no Twitter. Ela assim, ela se posicionou. Alguns seguidores

dela não viram. Aí eles começaram a questionar que ela não tinha se posicionado e ela postou alguma coisa: "gente eu já me posicionei, sou totalmente a favor e por favor não me cancela". Ela pediu para não cancelarem ela porque ela já tinha se posicionado. Ah! Também sobre política, em que o Felipe Neto, ele postou que ele fez uma carta aberta aos influenciadores e artistas. Ele falou que não se posicionar contra o fascismo é ser fascista. Ele fala alguma coisa assim, sabe? Não achei muito legal. Ele está cobrando exatamente dos artistas porque tem gente que não se posiciona e não é a favor, entendeu? É só não se posiciona mesmo ele disse que ficar calado é ser cúmplice. É uma pressão muito grande em cima dos artistas eu só queria falar isso mesmo (KM – 5).

Mas eu queria fazer um comentário sobre essa questão. Assim você pode cobrar hoje das marcas se posicionarem a respeito das pautas sociais e tudo mais. Eu vejo que hoje nós temos uma realidade diferente da que nós tínhamos há uns dez anos atrás. As pessoas hoje debatem política com muita, muita frequência, com uma frequência muito maior. Hoje, as pessoas procuram mais estudar sobre essas coisas. Eu acho que é uma questão onde eu não sei nem como dizer, mas hoje é uma outra realidade e as pessoas realmente procuram saber mais, procuram entender o histórico das coisas e das marcas que consomem. Então eu acho que é uma coisa natural hoje existir essa cobrança. Até porque se você consome algo é porque você, de alguma forma, se identifica com aquele produto. Então eu acho extremamente natural também. Buscar, entender, buscar um posiciona-mento daquela marca, porque de alguma forma você se identifica com aquilo. Você espera alguma coisa em troca daquela marca que você consome. Eu acredito nisso, é só isso (GM – 5).

Bom, eu acho que essa questão das marcas serem neutras, elas terminam sendo omissas. Porque eu até vi um negócio, acho que da Skala, que teve esse negócio de *Black Lives Matter* e aí estavam várias marcas se posicionando e eles não se posicionaram e aí quando eles foram cobrados sobre isso, a mulher falou que não se posicionava porque o dono da marca achava que isso podia fazer ele perder dinheiro. Só

> que a maioria dos consumidores deles são mulheres pretas de cabelo cacheado. Então conheço algumas pessoas que disseram que iam deixar essa marca, porque ela falou isso. Então acho que tem essa linha aí tênue, de até que ponto essa marca está sendo omissa sobre essa causa. Sabe, eu acho que a gente está na época agora que não tem mais como você ser omisso, sabe? Não tem como você ser neutro, porque as pessoas cobram isso. As pessoas começaram a entender que o nosso consumo é um ato político também. Então acho que isso, é bem isso assim (LC – 5).

Esta primeira fase foi fundamental para estabelecer contato com uma comunidade de jovens intérpretes, para uma efetiva análise base-topo, permetindo assim uma "facectomia epistemológica"[16]. Ela possibilitou o olhar da enunciação das práticas em triangulação com a literatura. Prática que será considerada na próxima fase pelo comportamento efetivo e pelos fluxos comunicacioanis no ambiente digital. O que essa primeira fase evidencia, além de uma caracterização exploratória da interação de jovens com marcas, mediada pela publicidade de causa e por seus desdobramentos no cotidiano, consumo e ação social, é a complexidade de posicionamentos, longe de um grupo homogêneo, ainda que pertencentes à mesma geração. Portanto, reforça a complexidade exposta por Pereira (2017) e Machado (2011), ao se referirem às dificuldades de tratar os jovens apenas por meio de pesquisas geracionais, compreendendo comportamentos homozeinizantes.

A pluralidade de posicionamentos e dos dados construídos nas rodas de conversa convergem no sentido de beneficiar individualidades e micronarrativas. Seja na escolha da causa para atuar, seja na percepção de marcas envolvidas em demandas sociais, os aspectos identitários prevalecem em comparação a temas como educação ou distribuição de renda.

Mesmo em pautas globalizantes como a sustentabilidade, a pulsão existente parte de uma posição individual, como o veganismo e o vegetarianismo, para depois, em alguns casos, estabelecer um sentido comunitário e público. Essa característica pode estabelecer dificulda-

---

[16] Uso o termo da cirurgia de catarata pela relação com o processo na pesquisa interpretativista. Ao olhar para o outro, enxergamos com opacidade as vivências, os rituais e as operações realizados no cotidiano. O contato com a comunidade, assim como a substituição do cristalino por uma lente, faz-nos enxergar de forma mais nítida as possibilidades para a entrada (*entreé*) e a imersão, sob a lente do ator, somando-se às demais camadas culturais que os dados do campo podem trazer, embasados pelo pragmatismo.

des para a inclusão de temas mais gerais, como a educação, saúde ou distribuição de renda na agenda defendida por jovens. Introduzir esses temas no cotidiano do indívuo é, mostrando a importância subjetiva, um caminho possível para a estratégia comunicativa. Nesse aspecto, assemelha-se intensamente aos achados de Machado (2011), na comparação de propaganda e publicidade, em que o indivíduo passa a ser a potência política, buscando fontes morais que o toquem.

No cotidiano, conforme apontava Lyotard (2006), há o questionamento das forças institucionais, negando visões totalizantes de moral e de metanarrativas revolucionárias para assumir os reconhecimentos de diferenças na sociedade, mas aplicadas a essas realidades locais. Isto é, uma sobreposição das micronarrativas, em que o plural descortina o silêncio de qualquer homogeinização, tentando articular uma ordem a partir do indivíduo, saindo do não dito e do não existente, expondo a diversidade por meio da força midiática das marcas. De certa forma, o desempenho atrelado à comunicação dá-se nas táticas dos consumidores, principalmente em uma lógica digital que se divide entre o reconhecimento midiático (Campanella, 2019) e os resultados mais imediatos derivados para as causas, envolvendo públicos próximos, como amigos e colegas e as circulações digitais. Por isso, a importância de se pesquisar os fluxos de comunicação e as interações de comunidades, detalhadas na próxima etapa.

Machado (2011) retrata a associação da política com a falta de ética e a corrupção na percepção dos jovens, bem como os argumentos deslocados da propaganda da área em relação às perpectivas do cotidiano juvenil. No cruzamento com o consumo, a institucionalização política surge nas rodas de conversa. Porém, reflete igualmente uma refutação, isto é, oposição a marcas alinhadas com representantes políticos vistos como prejudiciais às pautas defendidas e ao debate coletivo. Assim, citam nomes de políticos e suas ações, não se distanciando desse debate, mas ainda com a presença apenas negativa da política intitucional. Por outro lado, ao retomar a proposta de política-vida de Giddens (2012), como antecipou Machado (2011), as articulações com o cotidiano emanam o posicionamento juvenil em questões mais práticas da rotina, que trazem outros pontos expostos por Giddens, como o imediatismo nas soluções apontadas, em bases de trocas e de relações distintas do consumo mercantilizado.

A inversão do posicionamento político pelo consumo, observada por Machado (2011) com a marca Oi, em que jovens se sentem engajados politicamente por consumirem seus serviços, também é vista aqui por uma perspectiva de punição do representante político e suas marcas apoiadoras, como atos de autorealização do indivíduo. As abelhas de Canclini e Han parecem zumbir em outros sentidos na vivência juvenil, mas, por enquanto, ainda permanecem na projeção de ações mais robustas fora do espaço digital.

Ainda sobre o cotidiano, vemos a presença expandida da publicidade na vida dos jovens por meio das marcas, em que novamente os estímulos digitais são constantes, aprofundados pelo distanciamento social. As rodas de conversa abrem espaço para a captura inicial de um modo de pensar que leve a um modo de agir. Ação aliada à expressão de "caça não autorizada" também proposta por Certeau (2020) e percebida nas falas destinadas à intervenção no espaço digital para acessar promoções, estabelecer a vigilância de marca, discutir assuntos de preferência, em que o consumo atravessa outras dimensões, como a política e os afetos. O contato com as marcas leva à discussão da tecnocracia e semiocracia, citadas pelo autor, como uma forma de diminuição das possibilidades de ação não autorizadas, moldadas na cibercultura.

Na perspectiva do consumo, percebe-se uma análise crítica dos jovens, em que diferenças envolvendo formação (preocupações com os produtos e segmentos consumidos – produtos naturais ou de moda), poder aquisitivo, redes de relacionamento e envolvimento com as pautas sociais são algumas influências. Independentemente dos meandros em contato com os produtos, a pesquisa sobre as marcas e suas manifestações, bem como da cadeia de valor, faz parte dos rituais de busca, posse e arrumação, envolvendo a comunicação digital.

O ressentimento mais imediato, atrelado à falta de poder de consumo, mas também aos atos políticos e à busca de qualidade de vida, está presente nos discursos juvenis. A insatisfação e a desconfiança com as orgnizações do primeiro e segundo setores leva a uma prática do ressetimento, mais profunda, embassada pelo não reconhecimento sistêmico. Discutida anteriormente, em contato com a filosofia existencialista, esse sentimento tende à reprodução de estruturas, longe do anseio transformativo. É uma constatação da falência das estruturas institucionais, ante as possibilidades do indivíduo e dos agrupamentos fluídos de resistir e tentar mudar o contexto pela única linguagem que parece ainda ter importância: o aspecto monetário dos projetos temporários e seu poder de circulação e reputação.

Seguindo o posicionamento de Morace (2018), o consumo e as socialidades, derivadas do ambiente digital, transformam as mídias sociais em lugares cheios de significações, vividos com intensidade tanto para o consumo como para experimentações em diversas áreas, como representações e representatividades em projetos pessoais. O lugar e o tempo, questões especiais para Martín-Barbero (2015) na intersecção com a comunicação, estão presentes nas rodas. Primeiro, no reforço das regionalidades dos participantes, na valorização do Nordeste em relação ao Sudeste e na questão das marcas menores e locais. Depois, no aspecto temporal, a própria discussão de temas não centrados ao lazer jovem, mas nas causas, por meio de vivências desde a infância com experiências de degradação ou privação de direitos, denotam outras temporalidades para a comunidade juvenil. Além disso, a vontade de um desempenho evidente e presente das atuações de empresas em causas, bem como as projeções para um futuro próximo, seja da ampliação do poder aquisitivo, seja de um ativismo mais proeminente, manifestam igualmente o espírito do tempo.

As marcas mais citadas na relação com causas aproximam-se das propostas levantas por Semprini (2010) para a pós-modernidade, distanciado-se de seu caráter midiático inacessível, para fazer parte de uma relação intimista com as pessoas. Como antecipa o autor, os segmentos ligados ao corpo, como moda e maquiagem, criam vínculos fortes com os consumidores, estendendo aspectos físicos dos sujeitos e estesias não apenas visuais ao consumo. Nesse processo, são recorrentes ao longo das falas as *narrativas do Eu*, construções de sentido que retomam histórias de vida, ou transformações por um consumo que se posiciona em sociedade, que adota uma postura política e identitária.

A mediação digital, igualmente abordada por Semprini (2010), caracteriza a necessidade de envolvimento de três aspectos para a marca nesse espaço: a expansão das possibilidades de relação com o cliente em frentes abertas e livres de diálogo, o espetáculo das expressões marcárias promovido pelos conteúdos audiovisuais e a inclusão do entretenimento e do jogo. Para a publicidade de causa, todos esses fatores aparecem durante as rodas, sendo motivações para a maior interação com marcas nas mídias sociais.

O consumo não ocorre de forma unilateral, e vemos que, nessa criação da marca também pelo consumidor, a produção midiática dos próprios jovens é destacada, seja na intervenção empreendedora, seja na criação de conteúdos para discutir causas ou na circulação de conteúdo.

Nesse sentido, a criação de representações pelos próprios jovens reflete como o digital pode ser direcionado às significações da identidade e socialidade. Aqui se cruzam as vivências em diferentes dimensões do cotidiano com a busca pela qualidade de vida, trazendo um pragmatismo e imediatismo daquilo que efetivamente fará diferença na rotina desses jovens.

A ação social no espaço digital pode ser uma forma de empoderamento das agências sociais para mobilização dos indivíduos frente às zonas cinzentas comerciais, em que a vigilância do consumidor protagoniza a relação por laços híbridos entre o entretenimento e os propósitos de uma vida boa. As ações das marcas são percebidas em seu conjunto, não mais separadas da publicidade tradicional, em que a valorização da autenticidade pressiona a combinação de elementos internos e externos da organização, com resultados imediatos para causas defendidas. Celebridades medeiam as pautas políticas e sociais, sendo vetores para a visibilidade dos temas.

O primeiro setor só foi lembrado negativamente por ataques a grupos ou inação, mas sem existir uma responsabilização ou um direcionamento das causas como prioridade governamental e de política pública. As motivações individuais são percebidas nos mais diferentes posicionamentos, prevalecendo as pautas identitárias, em que grupos são pensados consequentemente, mas com poucas ações de maior impacto. Essa exploração abre espaço para a próxima etapa da pesquisa, aprofundando a interação entre marcas, consumidores e redes envolvidas nos fluxos de comunicação.

4.1.2 Netnografia

Essa etapa possibilitou a densa descrição cultural com o intuito de compreender o olhar de uma comunidade e sua interpretação sobre temas específicos em interações com diferentes atores no espaço digital. Os processos envolvidos neste método são: planejamento e *entrée* cultural; coleta e análise de dados; ética na pesquisa; avaliação e representação (Kozinets, 2014). Não são momentos isolados, mas que se sobrepõem e adicionam camadas à análise do objeto, conforme a pesquisa avança.

A partir da etapa inicial, o corpus se constituiu das três marcas mais citadas na intersecção com causas e seus perfis nacionais verificados na mídia social Instagram, sob a ótica da relevância para os intérpretes, homogeneidade do tema na seleção das publicidades de causa, além da sincronicidade do período de avaliação. Dessa forma, o Burger King foi analisado por meio do perfil @burgerkingbrasil, a Adidas por meio do perfil @adidasbrasil, e a Natura pelo perfil @naturabroficial.

As comunidades on-line seguem os preceitos apontados também por Kozinets (2014) de relevância para a questão de pesquisa, uma vez que necessitava apresentar o contato com a publicidade de causa em marcas do cotidiano juvenil; de permanecer ativa com comunicações regulares e recentes; de interação entre participantes por meio de fluxos de comunicação; de substancialidade no sentido de massa crítica e uma discussão que se coloque em ação entre membros; de heterogeneidade com diversos participantes que apresentem certas características diferenciais; e finalmente rica em dados, com a possibilidade de aprofundamento. Portanto, ainda que os laços entre membros sejam mais fracos do que grupos menores em outras mídias sociais, ou de encontros físicos, por exemplo, as três comunidades seguem os critérios para seleção e, principalmente, apresentam a possibilidade de interação dos jovens com as marcas, mediada pela publicidade de causa.

Além dos perfis das marcas, foram observadas as marcações referentes às publicidades de causa como dados adicionais à pesquisa, em outros espaços digitais por onde circularam discussões sobre os temas. Nota-se que, além da atuação com dados gerados espontaneamente pelos consumidores e marcas, a seleção de organizações de diferentes segmentos, bem como a possibilidade de caracterização dos atores, beneficiam o objeto deste estudo, focado nas interações e nos potenciais de significação mediados pela publicidade.

Esta etapa envolveu dados de nove meses, dedicados exclusivamente aos fluxos comunicativos das publicidades de causa nos perfis das marcas. Ressalta-se que a mídia social Instagram, no momento desta pesquisa, se caracterizava como a quinta maior no mundo em usuários e a terceira em tempo de permanência, perdendo apenas para Facebook e WhatsApp, tendo 1,22 bilhão de usuários, sendo o Brasil o terceiro país com mais contas, abaixo apenas dos Estados Unidos e da Índia (Wearesocial; Hootsuite, 2021). Ainda segundo o estudo anual, a audiência publicitária na mídia social concentra-se, principalmente, nas faixas etárias de 25 a 34 e 18 a 24 anos. Dentre as cinco mídias sociais com maior número de usuários, o Facebook detém quatro: Facebook, WhatsApp, Facebook Messenger e Instagram, sendo acompanhada pelo YouTube, da outra gigante tecnológica, a Alphabet. Portanto, ainda que não seja o foco desta pesquisa, os resultados podem ser analisados sob a perspectiva da quantidade de dados, de relações sociais e suas influências públicas e privadas concentradas em uma única organização de mídia tecnológica, como aponta os ensaios de Morozov (2018).

O estudo da Faap em parceria com a Socialbakers (2021) ressalta a diminuição de seguidores para celebridades e o aumento de seguidores de marcas, que, na comparação entre 2016 e 2020, ampliou 620% no Instagram. Ainda sobre a mídia social, a própria marca revela que 90% dos usuários seguem uma empresa e que os consumidores entendem a plataforma como possibilidade de interação com as marcas (Instagram, 2021). Uma das tendências destacada no site comercial da mídia social (https://business. instagram.com/) para as organizações é a educação social, sobre a qual relata: "o ativismo digital fez surgir um novo estilo de conteúdo voltado para o compartilhamento de informações e a educação das comunidades. Agora, empresas de todos os tamanhos estão se engajando no movimento" (Instagram, 2021, n.p.). A notícia segue com a defesa de que o Instagram tem impacto visual e textual rápido e de alta replicabilidade, com exemplos de como as marcas realizam essa tática, apresentando um modo de operar em rede para que outras marcas repliquem essa ação na mídia social.

Tendo em vista as informações anteriores da presença dessa mídia social no Brasil, do crescimento da interação entre marcas e consumidores, do apelo publicitário ao público jovem e do discurso de causa, aliados à tendência de queda de usuários do Facebook e da interação entre usuários 20 vezes maior no Instagram, discutida na pesquisa do Socialbakers (2020) e nas rodas de conversa, a concentração do corpus nas comunidades digitais dessa mídia social mostra-se coerente para o objeto de estudo.

Figura 26 – Diagrama de Pesquisa Netnográfica

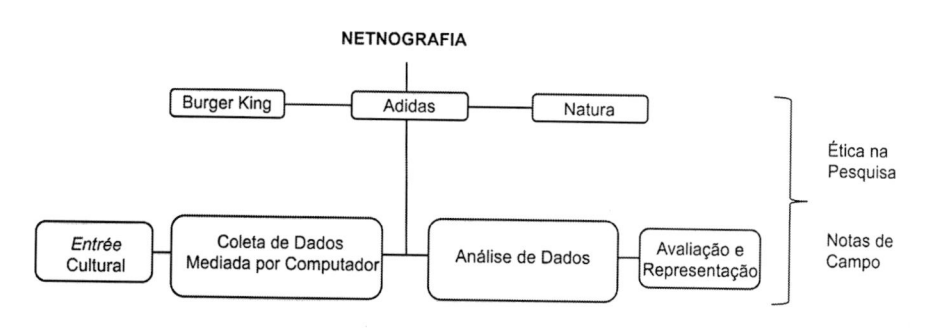

Fonte: o autor

Como as contas movimentam grandes quantidades de dados, foram utilizadas técnicas de coleta em mídias sociais mediadas por computador. Elas suportam a análise humana para o aprofundamento na cultura em meio à densidade de dados. Nesta pesquisa, foi utilizada rotina de programação em Python™ para a extração de dados da mídia social. Ao todo, foram consideradas 28.925 mensagens, distribuídas entre os três casos, das 152 publicidades de causa no período.

A análise dos dados arquivais (gerados e mantidos na interação de atores inseridos na mídia social), mas também dos extraídos (aqueles que o pesquisador realiza a interação com atores) e das notas de campo, foi realizada com auxílio do *ATLAS.ti 9 Windows*, por meio da análise de conteúdo. Para os dados extraídos, foram realizadas entrevistas em grupo, com membros específicos de cada marca, sendo feita a validação da análise, em que os mesmos termos de consentimento e uso de imagem das rodas de conversa foram requisitados.

Ainda para a análise dos dados arquivais, além dos conteúdos das mensagens ligadas à causa e das respostas da empresa, foi realizada uma *mineração de texto*, também por meio do *Phyton*, a partir dos resultados da primeira fase de pesquisa e da análise de conteúdo desta segunda fase, classificando por meio das três abordagens teóricas das Ciências Sociais.

Quadro 3 – Expressões para a Extração Textual Aplicada a Cada Teoria

Base Teórica	Termos
Reconhecimento	reconhec*; orgulho*; respeit*; represent*; preconceit*; vai ter; visibili*; vergonha; vegan*; vegetar*; veggie; negr*; pret*; gay; LBGT*; lacra*; politicamente correto; racis*; homo*; macho; machista; gord*; hipop*; baleia; rinoceronte; drama; Brasil; explora*; movimento; renda; pobre; periferia; comunidade; meu time; minha cidade; classe; bosta; merda; pqp
Justificação	marketing; publicidade; propaganda; comercial; anunc*; vender; compr*; consumir; discurso; produtos; promoção; preço; marca; religião; Deus; sou fã; vim pel*; projeto; projetos sociais; causa; bolsom*; *bolson*; gado; qualidade; #fiqueemcasa; #quemlacranaolucra; #acaba2020; #carnaemcasa; #readyforsport; #LoveUnites; #PorUmMundoMaisBonito; #MeuVerao; #CompartilheSeusSonhos; #ChamadoDoOceano
Individualismo	Liberdade de expressão; opinião; não um grupo; minorias; sem necessidade; não vejo necessidade; não precisa; quem lacra não lucra; pecado;

Fonte: o autor

Além disso, foi verificada a circulação tanto na mídia social Instagram quanto no YouTube, uma vez que os resultados da primeira etapa de pesquisa mostravam esse caminho como lógico para aprofundar discussões sobre temas de interesse. Para isso, foram utilizadas tanto as ferramentas de busca das próprias mídias quanto o site *Social Searcher* (www.social-searcher.com), iniciando um mês antes do período em que os dados arquivais foram coletados e terminando um mês depois. A análise semiótica pode ser considerada inserida na interpretação da abordagem netnográfica. A separação ocorreu mais pelo caráter didático do que epistemológico. Também se destaca nesta etapa a preocupação com a anonimização dos dados pessoais, respeitando a Lei Geral de Proteção de Dados.

Na interação com as marcas, fica evidente a maior concentração de jovens, principalmente nos dois primeiros casos apresentados – Burger King Brasil e Adidas Brasil. Para cada um dos casos, é apresentada uma descrição do perfil da marca e sua comunidade, além das interações, pensando a questão principal da interação entre jovens e marcas, mediada pela publicidade de causa. Destaca-se o trabalho com marcas de diferentes segmentos de atuação, o que beneficia a análise para a generalização teórica do objeto de pesquisa e futuras incursões sobre o tema em diferentes contextos.

4.1.2.1 Burger King Brasil

O Burger King (BK) é a segunda maior rede de hamburgueres do mundo, fundada em 1954, com atuação no Brasil desde 2004, como um master franqueado da *Burger King Corporation*. Desde 2011, a corporação foi adquirida pelo grupo 3G Capital[17], que opera a rede por meio de uma *joint venture* com a Vinci Partners (Burger King, 2021a). Ainda segundo informações da empresa, a companhia teve um prejuízo líquido de 445,6 milhões em 2020, com recuperação no quarto trimestre, incluindo a participação de mercado, mas sendo afetada pela epidemia de Covid-19, embora a venda pelo canal digital tenha ampliado 188%, representando 21% do total no mesmo ano (Burger King, 2021b). Esses dados nos mostram o contexto empresarial em que a pesquisa foi desenvolvida.

---

[17] O grupo de investimentos internacionais é formado em sua maioria pelos brasileiros Jorge Paulo Lemann, Marcel Telles, Carlos Alberto Sicupira, que possui foco em ampliar o potencial de valor a longo prazo de marcas e negócios. Heinz Company, Kraft Foods Group, Burger King, Ab Inbev e Lojas Americanas são marcas pertencentes ao grupo.

Ainda sobre o investimento durante o período, Iuri Miranda, presidente do Burger King Brasil, credita nos produtos e na marca um dos três pilares da empresa (acompanhado da tecnologia e do demonstrativo financeiro), em que a comunicação ativa, ousada e irreverente é responsável por atingir a característica de *brand love,* nas palavras do gestor, com níveis de preferência jamais vistos internacionalmente, utilizando o posicionamento de *welcome everyone,* uma marca que abraça a diversidade, o que pode ser visto nos exemplos de publicidade por ele citados: Vassoura Thru, Fique em Casa e Natal Antecipado (Burger King, 2021c).

O que se vê nesse breve histórico é uma marca com abrangência internacional, que tem na publicidade de causa uma estratégia para acessar a diversidade de públicos com um tom específico utilizado no Brasil, estabelecendo vínculos com consumidores também apoiados no uso da tecnologia. Portanto, relaciona-se com o tema desta pesquisa ao ser lembrada diretamente pelos jovens entrevistados na primeira etapa, sendo complementada pelo perfil da comunidade e dos vínculos de consumo apresentados a seguir, aprofundando análises sobre a produção, o consumo e a circulação derivada do ambiente digital.

A descrição inicial da comunidade de marca ocorre pelas definições do produtor nos campos propostos pela mídia social Instagram, direcionados ao ambiente de consumo e à ampliação da interação com a comunidade. A Figura 27 demonstra as primeiras análises nesse território, que estabelecem *affordances,* mediando interações com usuários.

O logo reformulado retoma uma imagem anterior da empresa, apesar de não ser utilizado no site ou em todas as subsidiarias da marca. Ele fica disposto no Instagram na parte superior, junto do nome do perfil, da quantidade de publicações, dos perfis que seguem a marca e perfis seguidos por ela. Isso se repete para os demais casos, por ser uma característica da mídia social.

Figura 27 – Perfil da Marca Burger King Brasil no Instagram

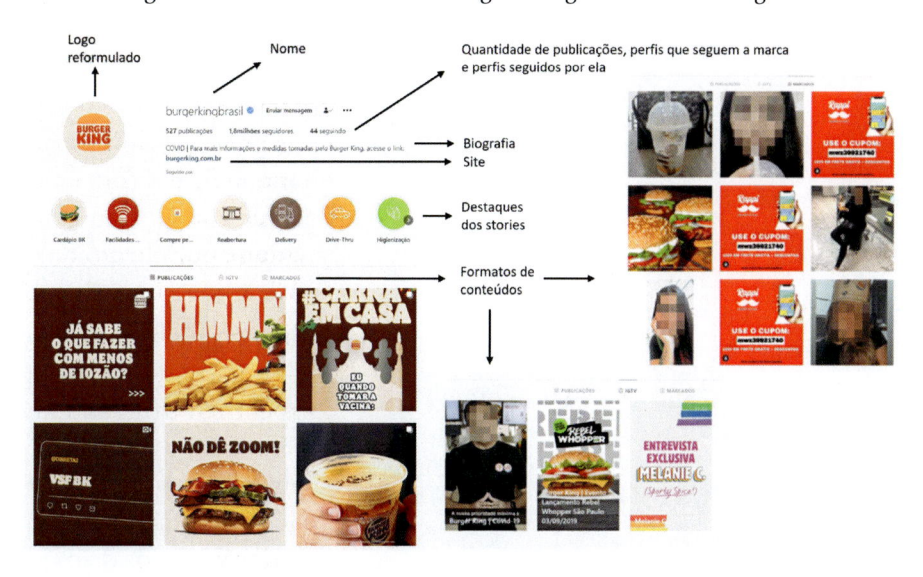

Fonte: o autor, com base nos dados do perfil @burgerkingbrasil no Instagram

No campo biográfico, a marca não indica nenhuma descrição geral, mas aponta o cenário de pandemia e das medidas que foram estabelecidas para manter a operação, seguidos do site da empresa. Portanto, revela que a história da marca atualmente é fixada pela pandemia. Ao todo, são 1,4 milhão de seguidores e 44 perfis seguidos por ela, contemplando, até a data da pesquisa, 527 publicações. Dentre os três casos analisados, é o que apresenta os menores índices nesses três tópicos. Entre os perfis seguidos pela marca, estão influenciadores digitais da cultura LGBT-QIA+, porta-vozes sobre diversidade de corpos e raças, em sua maioria humoristas, franquias da empresa em outros países, o *reality show* BBB e a Parada do Orgulho LGBT de São Paulo.

Os *Stories* são publicações temporárias de texto, imagem estática ou audiovisual que ficam disponíveis temporariamente em um espaço específico. No espaço **Destaque dos *Stories*,** os conteúdos temporários selecionados pelo administrador da conta ficam disponíveis pelo período desejado. No Burger King os destaques foram divididos em oito temas: um sobre o cardápio (produtos da empresa), seis sobre o cenário atual da pandemia e conveniência ao consumidor (facilidades BK, compre pelo app, reabertura, *delivery*, *drive-thru*, higienização) e um relacionado a doações em tempos de pandemia (alimentos para instituições sociais, dinheiro para a compra de EPIs em hospitais ligados ao SUS e informação na distribuição de cartilhas para prevenção da Covid-19 do Ministério da Saúde, junto dos pedidos).

No perfil do Burger King, os vídeos longos contavam com três publicações no período: uma sobre as medidas tomadas durante a pandemia, nas palavras de Iuri Miranda, reforçando a preocupação com vendas; uma sobre o *Rebel Whopper*, o hamburguer sem carne da marca, protagonizada pelos artistas John Drops e Glória Groove em evento na loja física; e uma entrevista exclusiva com Melanie C., ex-integrante das Spice Girls, relacionada ao público LGBTQIA+, realizada por Pedro HMC, criador do Canal Põe na Roda.

Nas **Marcações**, os conteúdos gerados por usuários são recorrentes os cupons de promoção e as selfies de jovens, geralmente utilizando o símbolo da coroa, parte da expressão da marca no ponto de venda. Dessa forma, há interação do público com a marca e reforço do trabalho nas condições de pandemia, assim como do produto e da diversidade, apontadas, além da substituição da carne por plantas, traduzido como ato de rebeldia juvenil personificada pelo produto transgressor.

Ainda assim, o que se pode observar nesses comentários é o questionamento do cumprimento dos protocolos (incluindo o fundo de um dos vídeos longos, em que os funcionários e clientes aparecem sem máscaras), relatos de experiências negativas no ponto de venda ou com a entrega; além de elogios e agradecimentos do público jovem. Nesta etapa da pesquisa, no entanto, a prioridade para o aprofundamento na comunidade foram as publicações do *feed* e a interação com os consumidores por meio de mensagens. A proposta é compreender as interações, mais do que as mensagens unidirecionais.

Após o panorama do perfil da marca na mídia social, a Figura 28 e a Tabela 2 resumem os dados sobre as publicações do período e a caracterização da publicidade de causa, servindo como um ponto de partida para interagir com a comunidade. **Observa-se que 16% (12 casos) das publicações no período são configuradas como publicidade de causa, predominando a pauta da saúde e ações durante a pandemia, como ficar em casa, usar máscara, ou ainda o reforço para que tudo acabe logo, para estabelecer segurança física e psíquica. Outra característica é o reforço do produto como conteúdo principal de contato com a comunidade. O tom da comunicação remete ao humor e à ironia, inclusive ao falar sobre as causas.**

Há um calendário de varejo estabelecido, acompanhado pela publicidade, que destaca ações de oportunidade no que se refere às causas, como o Mês da Diversidade (junho, transbordando para julho) e a limpeza durante as eleições (novembro), novamente direcionando o foco para os produtos da marca. Há também uma estabilidade da publicidade de causa, com pouca variação entre os meses, não acompanhada pelo quadro geral de publicações, que enfatiza os meses de agosto e outubro.

Figura 28 – Publicidade de Causa em Relação às Publicações do Burger King Brasil

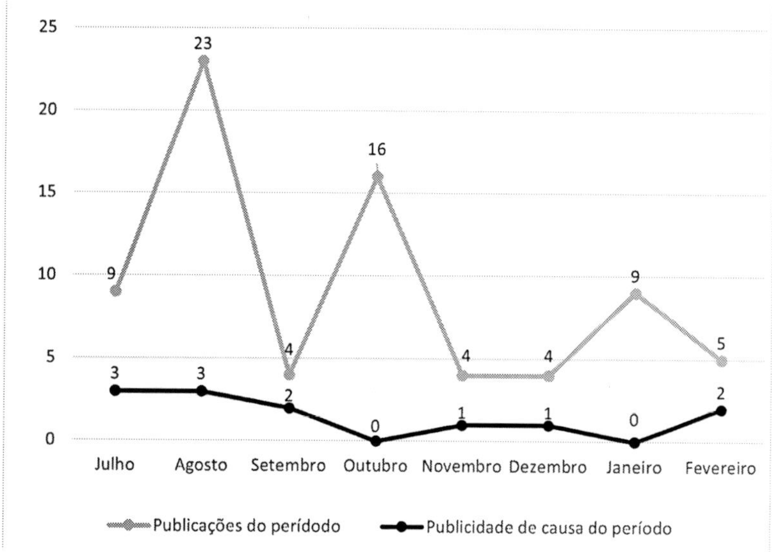

Fonte: o autor

Tabela 2 – Publicações da Marca Burger King Brasil

Causa	Julho	Agosto	Setembro	Novembro	Dezembro	Fevereiro	Total
LGBTQIA+	1						1
Pandemia	2	3			1	2	8
Alimentação Saudável			2				2
Sustentabilidade				1			1

Fonte: o autor

Dentre os três casos, o Burger King é a marca com menor quantidade de publicidade de causa, assim como a menor pluralidade de temas. Nos meses de outubro e janeiro, não foram caracterizadas publicidades nesse sentido, sendo desconsideradas as mensagens referentes à campanha Vassoura Thru. Embora ela trouxesse a representação da máscara, não tinha como tema a pandemia ou a saúde, mas, sim, o *Halloween* como calendário de varejo, incluindo críticas dos consumidores e especialistas por gerar aglomeração, mesmo que tenha sido considerada pela organização um sucesso nos indicadores de comunicação digital (Meio&Mensagem, 2020). Nessa campanha, os consumidores eram instigados a ir ao *drive thru* montados em vassoura para retirar um sanduíche gratuitamente. Portanto, retoma-se as questões levantadas durante a primeira etapa da pesquisa sobre as formas de avaliação de resultado frente às ações empresariais e da própria comunicação mercadológica e institucional na atualidade. Mesmo sem incidir sobre causas, permanece a vigilância do consumidor entre expressões marcárias e seus discursos, frente às ações efetivas ao longo do tempo, influenciando a reputação. Por isso, ter formas de avaliar as campanhas, tanto em seus objetivos de marketing e comunicação quanto na interação entre consumidores e circulação proveniente, permanece relevante.

O foco das publicidades de causa, em sua maioria, recai para os produtos da marca, dividindo-se também com as doações. Pelos dados analisados, o determinismo das pautas está aliado ao aproveitamento delas para a comunicação mercadológica. Isto é, o ambiente determina a reação empresarial, não havendo proposta de ações disruptivas nos temas, ou mesmo um planejamento que acompanhe a incidência de mensagens gerais da marca.

Permanente é o tom utilizado na comunicação, em que a ironia e a irreverência predominam. Como última descrição geral, percebe-se o direcionamento para inclusão de produtos veganos, gerando ações específicas no ponto de venda e a circulação nas mídias digitais, assim como a utilização de marcações como #quemlacranaolucra, #acaba2020, #carnaemcasa, que serão exploradas adiante.

A próxima etapa da netnografia foi a análise dos dados arquivais por meio dos comentários nas publicidades de causa. Nesse estágio, ainda não se optou por realizar o *entrée* cultural, visto que a apreciação dos dados auxiliaria na apresentação à comunidade para aprofundar relações, sendo que as fases da netnografia não precisam seguir uma ordem preestabelecida.

A quantidade de mensagens nas publicidades de causa da marca foi de 8.398, das quais 74,61% estão diretamente relacionadas às causas ou são respostas da empresa aos consumidores. Além disso, 59,60% de todos os comentários, das 12 publicações, citam algum outro perfil nas suas mensagens, o que reforça a interação estabelecida por meio da mídia social e a postura ativa da comunidade. Dos 6.266 comentários sobre causas ou respostas da empresa, 85,68% foram positivos, 5,76% negativos, e 8,55% representam as respostas da empresa aos consumidores, conforme sintetiza o Figura 29.

Cabe ressaltar que, para essa apreciação, apenas o tratamento de uma análise de sentimento mediada por computador não teria a mesma acuidade que a classificação direta feita pelo pesquisador, com operacionalização densa e trabalhosa para cada um dos comentários realizados. No entanto, possibilitou captar: 1) as interações referentes à publicidade de causa, ainda que as demais tenham sido analisadas superficialmente para compor o quadro de interação do público com a marca e outros interagentes; 2) classificar as interações entre comentários negativos, mas que não versam sobre causa, comentários neutros ou positivos que não versam sobre causas, comentários positivos e negativos sobre causas e as repostas da marca para as interações; 3) analisar cada uma das interações referentes às causas com os diferentes atores.

Figura 29– Hierarquia dos Comentários sobre Causas da Marca Burger King Brasil

Fonte: o autor

Das mensagens não relativas à causa, sobressaem reclamações que focam no serviço principal de comida rápida e atendimento das promessas da empresa nas comunicações. Premiações não entregues, referentes aos descontos ou produtos, além de promoções durante a madrugada que estão indisponíveis nas lojas, somam a maioria dos questionamentos. Além disso, está presente o mau atendimento ou as condições das lojas físicas, citando a unidade, assim como o descumprimento de protocolos de proteção para a Covid-19.

A demora na entrega, ou simplesmente a não entrega, sem cancelamento da compra, soma-se às reclamações, que pedem franquias próximas de onde moram e respostas sobre as situações ocorridas, mesmo que por outros canais de atendimento. As mensagens evidenciam a cobrança de ações nas questões centrais da empresa, mesmo quando o tema abordado é uma causa. Essa condição reforça a importância de iniciar as ações dentro da empresa e manter o negócio central em pleno funcionamento, pois os posicionamentos serão questionados pelos consumidores, caso vejam rupturas nas promessas centrais.

As 12 publicidades de causa estão dispostas a seguir, de forma cronológica, da esquerda para a direita e de cima para baixo, na Figura 30. As interações foram analisadas tanto individualmente quanto em conjunto, destacando categorias pela recorrência, triangulação com o referencial teórico e a primeira fase da pesquisa, assim como a convergência da cultura juvenil nas interações com outros interagentes. Percebe-se que, pela causa atribuída à marca, de reconhecimento e defesa LGBTQIA+, a única ação do período foi decorrente do mês do orgulho, beneficiando temas da pandemia e alimentação saudável. As 12 publicidades de causa do período foram: quem lacra não lucra, Natal antecipado, fiquem em casa bem acompanhados, 2020 – um delírio coletivo, prontos para receber, King Jr. e proteção, comida de verdade, Whopper sem conservantes artificiais, eleição consciente, retrospectiva 2020, samba enredo 2021, carnaval em casa.

Figura 30 – Publicidades de Causa do Período: Burger King Brasil

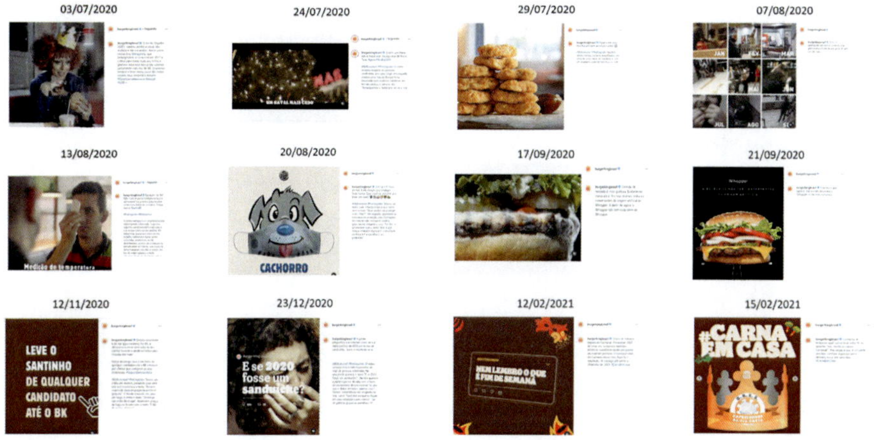

Fonte: o autor, com base nos dados do Instagram

A análise dos comentários sobre a publicidade de causa iniciou pelos posicionamentos positivos, destacando quatro categorias: emoções acionadas; marketing, publicidade e circulação; relação comunal; primazia do produto. Em todas as categorias, a permanência da menção de outros perfis e a inclusão de sujeitos na discussão estavam presentes na ação dos membros da comunidade. Verifica-se que não há uma categoria específica para causas, pois embora algumas menções ocorram, não justificam a formação de uma categoria exclusiva para a defesa dos temas tratados pelos membros da comunidade.

Para a categoria de **Emoções Acionadas**, os *emojis*[18] isolados ou seguidos de texto evidenciam afeto, amor, alegria, além da representação do arco-íris para as mensagens destinadas à defesa do público LGTQIA+. Em especial, alguns jovens relatam o amor pela marca, ou grande admiração, colocando-se como fãs, comprometidos em manter o relacionamento com ela, defendê-la e distanciá-la da concorrência, gastando mais com os produtos em vínculos de lealdade.

A leveza da comunicação também é destaque nas interações, utilizando o humor em temas densos como os ocorridos em 2020, especial-

---

[18]   Uma imagem que representa reação a algo. Portanto, a riqueza sígnica pode levar à diversidade de sentidos, mesmo que as representações se pretendam simbólicas, em convenção de uma linguagem pretensiosamente universal. Pelo uso da imagem, atuam muitas vezes por meio de representações icônica. A origem oriental e sua adaptação ao Ocidente também pode trazer ruído para a compreensão das mensagens.

mente a pandemia. Nesse cenário, a emoção de saudade e distanciamento é enaltecida com a marca, personificando-a como uma relação de amizade, ou pertencente ao círculo familiar. O desalento e a falta de perspectiva nacional levam a rir da própria situação, sem solução prevista, a não ser ações paliativas ou fantasiosas, dispostas tanto pela publicidade quanto pelos comentários dos consumidores. Como parte da grande categoria de emoções acionadas, a ironia reforça o humor sobre os temas tratados, seguidos por *emojis* e pela linguagem memética com referências extratextuais, que criam frases repetidas no ambiente digital.

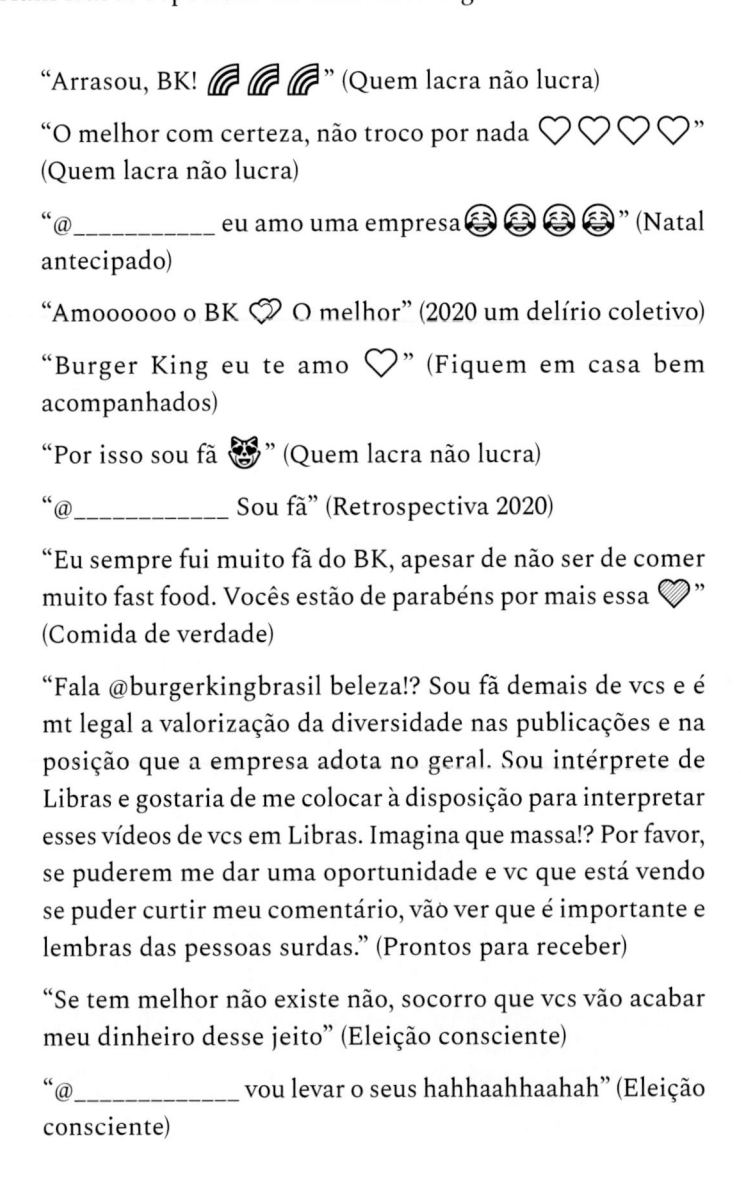

"Arrasou, BK! 🌈🌈🌈" (Quem lacra não lucra)

"O melhor com certeza, não troco por nada ♡♡♡♡" (Quem lacra não lucra)

"@_____ eu amo uma empresa😂😂😂😂" (Natal antecipado)

"Amoooooo o BK 💟 O melhor" (2020 um delírio coletivo)

"Burger King eu te amo ♡" (Fiquem em casa bem acompanhados)

"Por isso sou fã 😼" (Quem lacra não lucra)

"@_____ Sou fã" (Retrospectiva 2020)

"Eu sempre fui muito fã do BK, apesar de não ser de comer muito fast food. Vocês estão de parabéns por mais essa 💚" (Comida de verdade)

"Fala @burgerkingbrasil beleza!? Sou fã demais de vcs e é mt legal a valorização da diversidade nas publicações e na posição que a empresa adota no geral. Sou intérprete de Libras e gostaria de me colocar à disposição para interpretar esses vídeos de vcs em Libras. Imagina que massa!? Por favor, se puderem me dar uma oportunidade e vc que está vendo se puder curtir meu comentário, vão ver que é importante e lembras das pessoas surdas." (Prontos para receber)

"Se tem melhor não existe não, socorro que vcs vão acabar meu dinheiro desse jeito" (Eleição consciente)

"@_____ vou levar o seus hahhaahhaahah" (Eleição consciente)

"@burgerkingbrasil a rede estrangeira mais Brasileira do mundo! ♡" (Eleição consciente)

"Saudades de um Whopper né minha filha?? 😂 😂" (Comida de verdade)

"O BK arrasa, e não é pouco... Saudades do que vivemos juntos BK!!!" (Carnaval em casa)

"♡ ♡ ♡ ♡ ♡ por isso eu vivo quebrando a dieta😂 😂😂😂meu orgulho" (Carnaval em casa)

O amor e a saudade pela marca reforçam as características de afeto e gregarismo da juventude (Rocha; Pereira, 2009), na convivência com amigos na lanchonete, nos acontecimentos da madrugada, com ou sem promoções, e na relação de amizade, amor e compartilhamento de valores hedônicos, comemorando espaços de lazer na rotina.

O hedonismo é evidente no prazer ligado aos produtos e nas experiências com amigos no local, mas também no entendimento de que a marca manifesta uma identidade múltipla das juventudes e no respeito às diferenças, mediada pelo consumo, conforme apontam Ferreira (2008), Enne (2010) e Lipovetsky e Serroy (2015). Essa condição aparece na diversidade de orientação sexual como expressão identitária e de classe econômica, por oportunizarem um lanche rápido, em local próximo e mais barato. Quando a proximidade não acontece, os consumidores solicitam esses pontos de venda como quem solicita companhia e inclusão. A linguagem imagética como resposta dos jovens e a extensão do relacionamento com a marca pelo reconhecimento dessa identidade múltipla reforçam a valorização da liberdade.

A relação com a pandemia, o distanciamento social, um 2020 incomum e a sujeira das eleições é tratada com ironia e humor, ressaltando o cenário de incertezas expresso na primeira etapa da pesquisa, com uma discursividade contraditoriamente bem-humorada, igualmente analisada na pesquisa sobre politização jovem por Machado (2011).

A circulação digital utiliza de casos amplamente divulgados que sinalizam a linguagem memética, em que novamente humor e ironia se misturam, seja na fala de Drauzio Varella em reportagem sobre a população trans no sistema carcerário – "Solidão, né, minha filha?", seja por exposição de conversas íntimas do jogador Neymar, das saudades do que não viveu, convertida aqui para a marca por uma saudade dos momentos vividos. **Ambos os comentários indicam a presença da empresa no cotidiano juvenil, marcada pelo ponto físico como extensão do entretenimento noturno, ou encontro com amigos, reforçado pelo audiovisual ou por imagens das publicidades, assim como marcações de perfis de amigos e comentários de situações presenciadas.**

Mais do que uma abordagem ao público jovem ou restrita ao segmento dos restaurantes, a marca e sua publicidade são percebidas como símbolos da cultura brasileira, uma celebridade da qual são fãs e com a qual compartilham atitudes e comportamentos, marcados pela displicência como forma de resistir às disputas da rotina, do trabalho, dos preconceitos e da condição pandêmica.

Na categoria **Marketing, Publicidade e Circulação,** os membros da comunidade expõem em seus comentários elogios e reconhecimentos às ações diferenciais de comunicação mercadológica e institucional por meio das causas. Essa interação leva a marca a não decepcionar seu consumidor sobre algo que ele também acredita e espera, ou ainda à superação do que se espera dela. Expressões marcárias criam vínculos com os consumidores, como o uso da figura do rei e da coroa, sendo percebidas como um produto de melhor qualidade e um atendimento respeitavelmente merecido, evidenciando o cuidado semiótico da marca. O contrário também ocorre com o concorrente, lembrado como palhaço negativamente. Alguns membros da comunidade agem como porta-vozes, explicando as ações de publicidade de causa para quem questiona ou não entende a mensagem.

A circulação pelos usuários ocorre no chamamento de amigos, tanto nas publicidades afirmativas da cultura LGBTQIA+ quanto naquelas que relatam as dificuldades dos brasileiros em 2020 e no início de 2021 pela pandemia e nova rotina. O uso de menções (*hashtags*) atreladas à marca e às causas pelos consumidores auxilia na circulação da publicidade e no destaque em meio às demais marcas e mensagens da mídia social. Estabelecem também um antagonista comercial mesmo nas publicidades de causa, uma vez que, majoritariamente, estão ligadas aos produtos. O vilão e opositor é a marca líder do segmento: McDonald's. Mencionam a preferência do Burger King, ou intimamente apelidado de BK, em oposição ao Méqui, MC, ou ao perfil @mcdonalds_br e @mcdonalds, chamando o opositor a participar das interações, ainda que sem sucesso. Na categoria de circulação, também dão novos sentidos à publicidade, utilizando-a como um dos argumentos de crítica ao atual governo, emergindo mensagens de politização. Assim, o poder de amplificação da marca e das marcações na rede beneficia o discurso político.

"ORRA NAO DEIXAVA @mcdonalds_br 😂😂" (Comida de verdade)

"Melhor do que mc" (Samba enredo)

"Marketing do BK é o único que a gente da replay, que perfeição, conseguem nos entreter em um anúncio! Parabéns a todos # 🖤 BK." (Natal Antecipado – verde)

"#vimpelanatisozza amo essa blogueyra 🥴" (Sem conservantes artificiais)

"@_____ cara eles superam sempre minhas expectativas 😍" (Santinho de eleição)

"NÃO DECEPCIONA HAHAHAHHHHAHAA AMEI 🤍" (Natal Antecipado)

"@_____ olha mãe que bonitinhas" (Máscaras infantis)

"Olha esse q ótimo @_____" (Quem lacra não lucra)

"@_____ eles que lutem kkkk" (Quem lacra não lucra)

"@_____ meu, pra começar Mequi não tem nem gosto!!!! Batata parece salgadinhos Fabitos!!! E cadê a maionese????? Não, definitivamente não dá pra ser palhaça do palhaço, prefiro ser rainha ao lado do rei 🤍👸🤴🍔" (Comida de verdade)

"Certo palhaço 🤡 tem que contratar uma equipe melhor de Marketing. BK tá frente disparado 👀" (Santinho de eleição)

"Publicidade saindo fora da caixa. Perfeito 👏👏" (Sanduíche 2020)

"A melhor publicidade é a do @burgerkingbrasil" (Natal antecipado)

"Melhor campanha do mundo!! I 🍔 BK" (Natal antecipado)

"@_____ mano... Olha essa propaganda! Marketing do @burgerkingbrasil é de Fu**** com a concorrência!" (Comida de verdade)

"Parabéns burguer King, é muito legal vcs fazerem isso e informar, diferente da concorrente 👍" (Comida de verdade) "o q vc acha disso, @mcdonalds_br ?" (Natal antecipado)

"#pride" (Quem lacra não lucra)

"@_____ a propaganda é para mostrar que são feitos com ingredientes naturais, e tudo que você come q é natural e livre de conservantes depois de alguns dias fica embolorado mesmo estraga. Estão tirando onda com os casos dos hambúrgueres do mc que são guardados por vários meses e ficam "intactos" aparentemente apenas. Ninguém vai comprar um hambúrguer e esperar 34 dias pra comer né" (Comida de verdade)

"@_____ manoooo... EU NÃO TÔ ACREDITAN-DOOOOO! #2020deu 😂" (Natal antecipado)

"👏 GENTEMMMM O @burgerkingbrasil É O MELHOR ❤ OLHA A CAMPANHA QUE ELES FAZEM PRA NÓS ANIMAR😎 NÃO TEM PREÇO 👏 #BKOMELHOR 👏♡" (Natal antecipado)

"O tabefe na cara dos bolsominion" (Quem lacra não lucra)

"Animal chamado: Bolsonaro" (Mascara infantil)

"Kkkk amo o deboche kk os Bolsominons não comem mais bk" (Quem lacra não lucra)

"Se rolar impeachment, 2021 será mais fácil de engolir com certeza." (Retrospectiva 2020)

Na disputa com o concorrente, os jovens querem ver briga, interação entre as marcas, concorrência que beneficie o mercado com ações voltadas ao consumidor. Os símbolos são acionados como identificação das marcas, compondo sinergia entre produção e consumo na formação de sentidos concretos de superioridade e ironia. Estão presentes aqui os três elementos de mediação virtual citados por Semprini (2010) – interatividade, espetacularização do audiovisual, divertimento que gera leveza –, além da criatividade contraintuitiva dos signos que desmaterializam o produto (Perez, 2016). Ainda que o sanduíche esteja presente, o tema, os símbolos e a sintonia entre produção e percepção superam o bem material.

O acesso à marca é indicado por outros perfis, tendo contornos de influenciadores. Reconhecimento por ações da marca, dedicadas a perfis específicos geram identificação, mas também a dinâmica do nós *versus* eles, expondo a existência da diversidade, chamando outros jovens que se identificam, mas também condenando a expressão de grupos contra a diversidade. Nesse aspecto, a política expressa nomes, indica quem são os heróis e anti-heróis, abrangendo questões da vida prática, do cotidiano, mas também um processo inicial de institucionalização, embora passional, como organização de pautas e interesses partidários, liberais e conservadores nos costumes, dando novos sentidos ao verbo lacrar e à expressão "quem lacra não lucra", utilizada inicialmente para atacar marcas que defendem a diversidade.

A categoria de **Relação Comunal** extrapola a simples menção de outros perfis, ou o chamamento para a participação da discussão da marca e da causa, para estabelecer vínculos de intimidade e relação duradora, mediada pela publicidade. A primeira característica nessa categoria refere-se ao pertencimento ao grupo defendido em questões identitárias de pautas afirmativas, o acolhimento em ser visto como consumidor e cidadão provido de direitos, além de se sentir representado no mundo do trabalho em uma empresa que se posiciona sobre demandas sociais e gera orgulho por isso.

Mesmo para os membros que não são parte do grupo defendido, ou em causas não identitárias, a publicidade é utilizada como motivo para convites de encontros com amigos, como parte de uma rotina da qual sentem saudade. Esse encontro ainda supera a amizade e a publicidade, tornando-se possibilidade de paquera, de afeto com os parceiros, de reforço das vivências dos casais e da recordação da marca como um lugar em que a família estabelece seus rituais de consumo.

A condição familiar chega também às crianças, com brindes e produtos específicos, aliados à pandemia por meio das máscaras infantis com figuras animais, iniciando os mais novos no consumo, mediado pela publicidade de causa. Ainda nesse sentido, alguns membros citam a relação com a família e o vínculo da marca análoga aos times de futebol, em que existe uma divisão entre aqueles que consomem produtos da marca e os que preferem a empresa concorrente. Assim, o proselitismo de marca atua sobre os membros ainda não convertidos da família, tentando uma conversão.

"Minha empresa que orgulho😍👏" (Ações na pandemia)

"Vcs ganharam meu coração!! E não e pelo balde de sorvete com doce de leite em hahahhaha ❤ ❤ ❤ " (Quem lacra não lucra)

"Orgulho master. Obrigada pelo carinho.😍😍😍" (Quem lacra não lucra)

"Acho que nossas conversas deveriam voltar para o nosso melhor local, @_____!! Partiu BK?" (Ações na pandemia)

"Simplesmente o melhor do mundooooo, sou viciada em vocês !!!! ♡ ♡ ♡" (Santinho eleição)

"@burgerkingbrasil sou MT fã de vcs, já mudei a opinião quase de toda minha família de que BK e melhor que mc, BK e o melhor 👏" (Samba enredo)

"Não sei vocês, mas BK representa o Brasil mais que futebol ... TUROOOOOO PRA MINMMMMM #VimpelaNathSozza ♡👏😂" (Sem conservantes)

"ah pronto... te encontro que dia no burguer King? @_____" (Máscara infantil)

"@_____ é por isso q a gnt ficou noivo no bk kakakaka Eu amo um patrocinio kkkkkk" (Natal antecipado)

"BK nunca me decepcionou eu e meu filho amamos demaisssss ♡😍" (Comida de verdade)

"Quero todas...e nem é para os meus filhos.. rs" (Máscara infantil)

"Meu filho João Victor, Ama vcs !!! Com essa mascara vai amar mais ainda !" (Máscara infantil)

"@_____ amorzinhoooooooo😍 ♡" (Ações na pandemia)

"@_____ partiu bk domingo amor kkkk" (Santinho eleição)

Novamente, o gregarismo e o afeto estão presentes, mas nessa categoria se estende da marca para interações com filhos, amigos e relacionamentos amorosos, em que a experiência de consumo traduz o carinho entre pares e grupos. O brasileiro da religião, do autoritarismo, do futebol, do ame ou odeie, da polarização política que se vê agora também no consumo, favorecido pela tecnologia e cibercultura. Esse brasileiro já discutido por Roberto DaMatta agora é representado pela midiatização (Perez, Teixeira Filho; Godoy, 2020; Teixeira Filho; Souza; Moni, 2021) e ironia em tempos que o primeiro setor é visto mais como forma de ataque às liberdades e de entrave ao desenvolvimento, direcionando às empresas o legado de dias melhores em meio ao desalento.

Como aponta Castells (2015), a crise democrática a confina em uma área institucional, quando o significado atual é produzido na esfera midiática, sendo necessário romper barreiras corporativas, burocráticas e tecnológicas para a imagem da sociedade estar presente nesse ambiente. Isso exige a reprogramação dos valores e interesses sociais e políticos que a rede transmite, tarefa para poucos atores, que dão carona para outros menos comprometidos com essa transformação.

Pais e filhos se conectam com brindes pandêmicos, e a juventude é para todos: nas imagens de bichos na máscara e na conexão com a natureza. A personificação da marca exalta a relação afetiva com ela, mas também a representatividade, o reconhecimento e, em certa medida. o orgulho de tê-la como amiga, companheira e propriedade.

Enfim, ainda são recorrentes na comunidade da marca Burger King, nas avaliações positivas das publicidades de causa, as menções do tipo **Primazia do Produto**, que se alinham ao discurso publicitário e destacam os benefícios dos produtos como fator principal. Ou seja, direcionam o foco das causas para os produtos. Nessa categoria, destacam o sabor, ou quão gostoso o lanche é, exaltando a opção vegana, de transgressão frente ao resto do segmento *fast food*. A própria ação em defesa de causas, como a limpeza das cidades dos santinhos eleitorais, é convertida em ganho do máximo de desconto para a aquisição de produtos. Um saco cheio de santinhos representa menos a consciência ambiental, e mais o ganho comercial na transação com a marca.

"melhor sanduba da vida, sim ou claro?" (Sem conservantes)

"@_____ tá aí o porquê do lanche ser mais saboroso! 😍" (Comida de verdade)

"Depois que vi esse anúncio, já comi 2 Whopper's nesse tempo, não sei se foi coincidência ou foi meu psicológico, mas sentir esse hambúrguer mais gostoso mesmo." (Sem conservantes)

"Genteeeeee.... Eu já amava vcs desde que chegaram aqui BR. Agora então 😍😍 🤍 meu amor por vcs não é artificial

não, é super natural, gostoso, real e incomparável 😊 🍔
vcs são demais 👏👏👏👏👏" (Comida de verdade)

"O Whopper e o Veggie de vocês são imbatíveis! 👏👏👏
🍔" (Sem conservantes)

"Obrigada por não tirarem a opção vegetariana (Rebel)! O
lanche é top!! E agora que o @mcdonalds_br nao tem mais
nenhuma, ficou mais facil ainda pra vcs 👏" (Sanduíche 2020)

"Se eu levar um saco com uns 500 santinhos kkkk?" (Santinho eleição)

"UE eu levo um santinho ganho um combo?! Kk Se eu levar
10?!" (Santinho eleição)

A categoria de comida rápida enfatiza o produto, tanto em bem físico como serviço. Os consumidores também tomam esse direcionamento, e mesmo nas publicidades de causa desvinculadas do produto a pauta ainda retorna. Nesse sentido, a justificação como linguagem comercial, voltada ao produto, é beneficiada. Interessante notar que o veganismo citado na primeira etapa é visto também aqui como categoria de rebeldia e vínculo com jovens. A produção publicitária também se volta ao produto, seus a valores e propostas, mesmo que não diretamente no texto escrito, mas nas cenas de audiovisual que exaltam o momento do consumo. **A publicidade da marca, neste aspecto, passa pela causa, mas tem como sentido final o produto.**

A publicidade de causa apresentou-se como um campo de disputa. Isto é, apesar da hierarquia favorável nesse sentido, ainda foram questionadas por alguns consumidores, tanto diretamente à marca, como na interação com outros membros da comunidade. Dentre as três marcas, foi a que apresentou menor porcentagem de comentários negativos. **As categorias que emergem do questionamento da publicidade de causa são: negação da causa; evidência física e Covid-19; experiência negativa; marketing, publicidade e circulação.**

Na categoria de **Negação da Causa**, são dispostas as interações que questionam diretamente a legitimidade da demanda social e o reconhecimento da sua importância coletiva, ou ainda a promoção desses temas por uma empresa privada. Ainda que tenha sido a menor parte dos comentários negativos, direcionam-se não para a discussão do tema junto aos outros membros, mas para a discordância ou imposição de que outro assunto seja publicizado. Entre as manifestações que compõem essa categoria, estão as menções de que o argumento do público LGBTQIA+ é um drama, além do uso de *emojis* com um rosto virando o olho para cima, com um rosto com a mão na testa, ou com uma máscara sinalizando o momento da pandemia.

Outros *emojis,* como a ação de vomitar, estão presentes nas publicidades que evocam a comida de verdade, em que a deterioração de um produto da marca é mostrada em comparação extratextual ao concorrente, que, depois de tempos, está do mesmo jeito por conta dos conservantes. Além disso, ocorreu a solicitação para enaltecer o Dia dos Pais, questionando a diversidade pregada pela marca, em meio à retrospectiva de 2020 como um ano ruim. Por fim, nas publicidades sobre produto sem conservante, há pedidos para a manutenção ou criação de produtos veganos, assim como o questionamento de apenas um produto sem conservantes.

"@_____ que drama por tão pouco" (Quem lacra não lucra)

"😵🐧💡" (Quem lacra não lucra)

"Fui ver na time line se existia alguma homenagem ou promoção do dia dos pais, e nao vi nada. Ja vi diversas homenagens a isso e aquilo, mas sobre os pais a BK nao fez nada. Parabéns, BK! Essa é a diversidade q vcs pregam!" (Delírio coletivo)

"@burgerkingbrasil Burger King, queria muito um lanche inteiramente vegano! Quando vocês vão fazer uma #EscolhaVeg pra nós? Com maionese e queijo vegetal 🤩 🍗 🙏 ▨" (Comida de verdade)

"Oi Burguer King!! Quando vocês colocarão uma opção 100% vegana no cardápio de vocês? Sentimos muita falta de uma #EscolhaVeg ... e tenho certeza que não s intolerantes à lactose e os alérgicos ao ovo também se sentiriam mais incluídos com uma opção vegana ♡" (Sem conservantes)

"@burgerkingbrasil quer dizer que então AGORA decidiram vender comida de verdade, ou seja, antes vendiam comida de mentira, que beleza..." (Sem conservantes)

"E quanto aos outros sanduíches? Pretendem aplicar a ideia em todos?" (Sem conservantes)

"Posso tb chegar pra comer o whopper e ele estar com bolor no pão? Provável né .. já que cria .. eu fiquei com nojo de comer agora... 🙃" (Comida de verdade)

"Porque em vez de tirarem só do wopper não tiram de todos?" (Comida de verdade)

"Comida saudável? Se for pra comer comida saudável eu vou no bapi 😅" (Comida de verdade)

"Ridícula esta propaganda, muito mal gosto, quem tem vontade de comer um lanche, depois de ver embolorado 😩 😩" (Comida de verdade)

"Eu senti vontade de vomitar vocês perderam uma cliente 🤮 🙃" (Comida de verdade)

Como a primeira etapa da pesquisa antecipou, a negação da causa ocorre por pessoas que não são do grupo identitário defendido na publicidade, em geral pessoas acima dos 30 anos e de orientação lida como heterossexual pelas imagens com parceiros. Outra recorrência é a exclusão dos perfis de crítica após um período, em que a mídia social indica uma possível remoção. Complementar a essas características, alguns usuários que criticam as publicidades de causa apresentam-se com bandeiras do Brasil em seus perfis e exaltação do verde e do amarelo, assim como frases religiosas nas postagens e defesa de uma família modelo, com valores conservadores. Símbolos presentes nas campanhas políticas da extrema direita.

A palavra *pregar* é um indício discursivo dessa vertente, confirmada pelos dados da pesquisa ao aprofundar informações sobre enunciadores. Assim, o sentido crítico da causa evoca o não reconhecimento de que alguns grupos são mais afetados do que outros em suas condições de existência e da hegemonia na cultura analisada. No entanto, não ocorre uma discussão na crítica à causa. Pelo contrário, apenas uma desvalorização do discurso, que, posteriormente, ainda que superficialmente, é questionada por participantes dos grupos defendidos na publicidade.

O reforço do foco central da empresa como comida rápida justifica a negação por uma comida saudável. Por outro lado, em menor grau, também há solicitação de outras pautas ou a extensão do trabalho em causas, corroborando a vigilância do consumidor sobre a empresa e a relação de jovens com essas publicidades, apontada nos estudos de mercado.

Evidência Física e Covid-19 descreve as situações negativas nas franquias, principalmente de limpeza e organização, além de ações que vão contra o controle da pandemia. A principal interação nesse sentido é a reclamação sobre as franquias, que não seguem protocolos de segurança, ou processos e limpeza. Ou seja, a partir da comunicação da marca, exigem que a promessa seja executada efetivamente nas franquias, e que não seja apenas um discurso, indicando as unidades em que tiveram problemas. Outro questionamento nas promoções é a geração de aglomeração em meio à pandemia, auxiliando uma causa e prejudicando outra.

"@burgerkingbrasil uai, eu já estou relatando rs, o padrão sabemos mas vocês é quem não seguem." (Ações na pandemia)

"BK, já fui em algumas unidades e os funcionários não usam luva" (Ações na pandemia)

"@burgerkingbrasil nao adianta por a carroça na frente dos bois" (Ações na pandemia)

"Fui em um BK com a mesma luva que ela recebeu o dinheiro foi a luva q ela usou pra servir o sorvete!" (Ações na pandemia)

"@_____ eu sou chata? Olha vc nem me conhece para estar falando isso, quando você paga por um serviço seja lá qual for ele, você quer pelo menos ser bem atendido/servido, infelizmente o BK DA 9 DE JULHO deixa a desejar, e você pode perguntar para qualquer um que goste de BK e adquiri produtos nas outras duas lojas, qual é o pior atendimento. Ótimo final de semana Fulano @_____" (Natal antecipado)

"Aqui em Mauá tbm não tinha, fora q nunca tem nem catchup... péssimo atendimento, sempre mal humorados e já tive lanches trocados por duas vezes no drive, não volto mais ... 🙄 🙄 " (Máscara infantil)

"De novo vai provocar aglomeração." (Santinho eleição)

"Previsões da eleição no Burger King: #Filas enormes, infinitas. #Falta de hambúrguer para todos os clientes/eleitores 😂 😂 😂 😂 " (Santinho eleição)

"@_____ vai lotar igual no dia da vassoura" (Santinho eleição)

Novamente, a vigilância da marca e a busca de informações práticas auxiliam na contestação da marca. O oportunismo e o discurso diferente da prática, citados na primeira etapa de pesquisa, são evidenciados nas interações das mídias sociais entre consumidores e marca. Nesse sentido, contrariam a comunicação e contestam com fatos, formando coletivos de experiências individuais (Wottrich, 2019). Outro ponto relevante é o discurso com humor, mas contrariando a estimativa de sucesso de ações da marca apenas pelos resultados de vendas, e não como processo ou como benefício da causa, o que pode ser visto na projeção de novas aglomerações durante a pandemia.

A categoria de **Experiência Negativa** está associada aos fatores de preço, produto ou localização em desconformidade com a expectativa do consumidor em algum momento anterior de compra. Preço acima do esperado, principalmente por não efetivar uma promoção na unidade em que foram consumir, é uma mensagem recorrente. Mal atendimento e produto pequeno, assim como a falta de brindes, incluindo os da Covid-19, são questionados. Nessa categoria, a ironia é presente nos comentários, usando uma estilística próxima da marca para interagir na comunidade.

A vingança por experiências negativas é retratada no boicote à empresa, com cargas altas de emoção, sem intenção de retomar o consumo de produtos. Interessante notar que essa transgressão percebida da marca com o consumidor envolve aspectos que antes eram positivos da categoria **Relação Comunal**. A experiência negativa engloba casais, família ou amigos em momentos especiais, em que a má experiência é direcionada para a pessoa que mais defendia a marca nesses grupos.

"Se não fosse tanta propaganda falsa, seria ótimo. Fui em uma das lojas e ia pagar com o mercado pago na promoção dos cupons com 10,00 de desconto. Chegou lá o moço disse que era só para primeira comprar e nem o qr code estava a mostra, fui consultar o regulamento e não era. Se não for para dar o desconto melhor nem falar." (Sanduíche 2020)

"Vocês não cumprem nada. Da Black só da cupom inválido. Ridículo isso. E ainda querem ter confiança em outra campanha para doação. Afff" (Santinho eleição)

"Nossa, parece bem o lanche que eu pedi uma vez sabe, veio tipo 2020, horrível" (Sanduíche 2020)

"Inclui nesse "difícil de engolir" os cupons que não funcionam da Black Friday!!!! Tá difícil de engolir até agora! 🤡 🤡🤡🤡🤡" (Sanduíche 2020)

"legal a preocupação em ser menos ultra industrializado, mas se as lojas tivessem uma higiene impecável seria o suficiente. Eu nunca + entro na loja de rua de Piracicaba, é mais suja e lambuzada que boteco de terceira." (Comida de verdade)

"Eu desisti de tentar ir principalmente com crianças, aqui na cidade nunca tem o que queremos, um fiasco. Cansei de sair com minha filha chorando pq nunca tem o brinde do combo kids" (Máscara animal)

"Esse Whopper está igualzinho a mim, na foto é uma coisa, pessoalmente é outra totalmente diferente...😅😅😅" (Sem conservantes)

"Rebel wropper não tem mais aqui na minha cidade. Tiraram? Era tao bok 🥺" (Sem conservantes)

"Pena que na minha cidade não tem vcs. Tenho um monte de santinhos dela pra pegar esses cupons" (Santinho eleição)

"Galera, NÃO COMPRE por cupom!!!!!!" (Santinho eleição)

"EXTREMAMENTE DESAPONTADO E FRUSTADO COM VOCÊS, MINHA ESPOSA QUERIA MC DONALDS, CONVIDEI PRA COMER BK, QUE AO MEU GOSTO É MUITO MELHOR, E TEM MAIS OPÇÕES, ELA ACEITOU, ESCOLHEMOS UM COMBO TOP, CHEGO NO ESTABELECIMENTO E A ATENDENTE DIZ QUE NÃO TEM MAIS, TRAGO O QUE ELA OFERECEU, BK CHEDDAR, O PIOR HAMBÚRGUER QUE JÁ COMEMOS, ELA FICOU MTO CHATEADA, PERDERAM UM CLIENTE, SEI QUE NÃO VÃO LER, MAS FICA AQUI MEU DESABAFO, ACABARAM COM MEU ALMOÇO DE DOMINGO" (Fiquem em casa)

"Deixando de seguir a BK e de comprar na rede. Participei da BLF e ao ir na unidade do mydway em Natal, a gerente da loja disse que meus cupons da sobremesa tinha sido usados. Além de enfrentar a fila que estava, passei por constrangimento pois ela alegava que eu já tinha usado o cupom, coisa que não aconteceu, fui com minha família e passei essa vergonha. @burgerkingbrasil" (Santinho eleição)

As experiências negativas ressaltam o atrito com a marca e a mudança do comportamento do consumidor, trazendo a defesa do individualismo em meio a outras opções que reconheçam o cliente como prioridade e deem mais sentido aos vínculos com a marca, incluindo a valorização do indivíduo no grupo familiar ou de amigos. A justificação mencionada se destina a não dar visibilidade e engajamento para a marca, numa analogia com a *cité* projetos e a *cité* opinião. Esta última, de caráter semiótico, em que o esquecimento e os novos sentidos dos concorrentes e da marca que falhou com a experiência são ponderados. As promoções não cumpridas são questionadas coletivamente e incentivam consumidores que ainda não sofreram danos para não aderirem.

O que a experiência negativa evidencia com a quantidade de reclamações é o cenário traçado por Taschner (2009), de que, sem garantias dos direitos do consumidor e de alguns dos direitos humanos fundamentais, estamos tendo que dar conta dessas pautas e das novas demandas de quarta e quinta gerações, ou outras gerações ao mesmo tempo. Essa constituição leva às confusões apontadas aqui entre setores e delas com a visão oportunista de marcas e da percepção dos consumidores, em que apenas por meio da coerção é possível estabelecer o convívio.

Como última classificação dos comentários negativos, repete-se a categoria **Marketing, Publicidade e Circulação**, que trata das percepções da comunicação mercadológica e institucional por meio das causas, utilizando argumentos para questioná-la. A primeira questão é o não entendimento de signos, como a temperatura de 98º, em comunicação aproveitada de publicidade internacional, mas que depõe contra os protocolos de segurança em uma leitura rápida da imagem. No mesmo sentido, a palavra santinho não é compreendida pelos mais jovens como um panfleto político. Além disso, os consumidores questionam se antecipar o fim do ano é a solução para a pandemia, ao invés do enfrentamento da crise sanitária. Na mesma publicidade de Natal antecipado, fatores religiosos são apontados como desrespeito da marca à tradição cristã.

A foto dos produtos em relação ao que é entregue nas franquias é repetidamente mencionada. Consideram de mau gosto o tom da comunicação, principalmente no apelo do produto sem conservantes, que aparecem mofados e deteriorados. A politização, ainda que em poucos comentários, está presente, tendo um enfrentamento direto da causa defendida com ações efetivas da marca ou do primeiro setor. Um caso de gordofobia é destacado com a marcação #gabymerecerespeito, chamando colegas para fazer o mesmo comentário nas postagens de carnaval.

Outra *hashtag* utilizada foi #quemlacranaolucra, mas para contestar a publicidade, além de algumas menções do concorrente em ser melhor, principalmente nas publicidades de causa sobre alimentação saudável.

"Nossa o funcionário tá com 98° 😱" (Ações na pandemia)

"ele assa o hamburguer com a testa." (Ações na pandemia)

"Misericórdia o cara tá com 98°c 😂 😂 😂 😂 😂" (Ações na pandemia)

"Não entendi e pra levar o que?" (Santinho eleições)

"O que seria um "santinho"?"(Santinho eleições)

"@burgerkingbrasil não é necessário antecipar o Natal, mas precisamos antecipar urgente o amor com próximo, o respeito e a responsabilidade em meio a esse caos todo." (Natal antecipado)

"Muito desrespeitoso vcs brincarem com a Data do Nascimento de Jesus 🎚 Sem noção total 🎚" (Natal antecipado)

"Que zuada a proposta dessa música. O ano não tem culpa de toda a desgraça. O ano acabar, não vai resolver nada. O vírus que tem que precisa ser controlado, as pessoas que precisam mudar suas atitudes pra vida ser melhor. Não tem percepção das coisas" (Natal antecipado)

"Querem mudar a data do nascimento de Jesus Cristo? 👏 👏 👏 👏 👏 Se acham demais !!" (Natal antecipado)

"Que postagem infeliz. Desrespeito com os cristãos! De péssimo gosto!" (Natal antecipado)

"Não vem igual esta na foto,(obviamente não precisa ser idêntico, mas pelo menos melhorar na qualidade né!) vem parecendo que foi pisoteado! Triste!" (Sem conservantes)

"Nossa mas o lanche e bem diferente do que a foto né ☹" (Comida de verdade)

"Ué não foram vocês que fizeram propaganda do ministro da economia? Guedes deve ser muito amigão do lemman" (Sanduíche 2020)

"Unidos da Gordofobia, esse é o bloco mais sem graça, imundo e que vcs passam pano #GABYMERECERESPEITO" (Carnaval em casa)

"A Gaby merece respeito!!!! Respondam o @drfeliperossi" (Carnaval em casa)

A crise semiótica das marcas apontada por Semprini (2010) e Perez (2016) pode ser vista aqui com o humor característico das juventudes. Primeiro no aproveitamento do vídeo internacional com a temperatura em Fahrenheit, mas também pela cultura e pelo choque de gerações na expressão *santinho*, característica das campanhas políticas analógicas. Assim, consumidores mais velhos e religiosos questionam o tom irônico utilizando datas cristãs, enquanto os mais jovens nem sequer compreendem integralmente o sentido publicitário promocional e a causa contra a sujeira das cidades.

A vigilância da marca surge mais uma vez, e agora o questionamento é também pelo posicionamento político de defesa do Ministro da Economia e pela composição da diretoria da empresa, sustentando com fatos decorridos, facilmente compilados com a digitalização dos dados. O uso da mídia social para amplificar a experiência negativa é acionado por marcações que contestam a gordofobia. Ou seja, aqui a *hashtag* não é com intuito comercial, mas busca a visibilidade no digital para uma resposta da marca. Aproxima-se, portanto, do domínio de *affordances,* discutido por Boyd (2014), e do uso da tecnologia para o benefício dos vários estilos de vida, isto é, entender as potencialidades das mídias social e conseguir converter em proveito do consumidor.

As respostas da empresa direcionam-se, principalmente, aos destaques negativos, sem relação com a publicidade de causa. Ainda assim, algumas interações são provenientes do discurso publicitário. Para a resposta de problemas com franquias ou situações ocorridas no serviço prestado, a empresa solicita o contato por meio do Facebook para dar sequência ao atendimento, o que também gera reclamações de consumidores.

Com as demais respostas, a tentativa é humanizar o atendimento, utilizando frases do repertório digital em linguagem memética, ironia, gírias e simulando relacionamento de amizade ou namoro com os consumidores. Nesse aspecto, também utiliza, quase em todas os comentários, a finalização por meio de *emojis* sorridentes, ou com a língua para fora, remetendo a algo saboroso, além do ícone da coroa, presente como uma das manifestações de marca. A emoção acionada é de saudade, pelo distanciamento do consumidor durante a pandemia, além dos já mencionados relacionamentos interpessoais por meio da personificação.

Reforçam o direcionamento para produtos, explicando alguns processos de produção e a ênfase em levar o consumidor até o espaço físico das lojas. Para os comentários negativos à publicidade de causa, principalmente sobre a campanha referente a produto sem conservante, faz uma defesa do argumento, explicando sua intenção. Sobre a Covid-19, comentam os procedimentos adotados e dão direcionamento aos brindes para crianças. Ainda há o comentário de orgulho para a participação de funcionários sobre a diversidade e a menção de que determinada campanha é um sucesso, mesmo os franqueados tendo problemas para entregar a promoção prometida. Como menção, destacam #ingredientesdeverdade nas respostas dadas pela empresa.

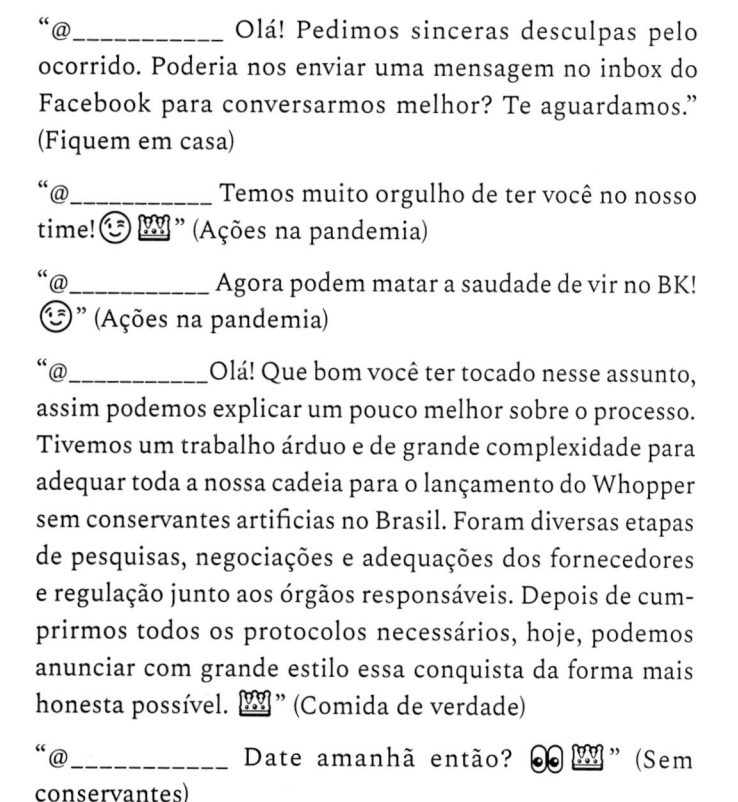

> "@_____ Olá! Pedimos sinceras desculpas pelo ocorrido. Poderia nos enviar uma mensagem no inbox do Facebook para conversarmos melhor? Te aguardamos." (Fiquem em casa)

> "@_____ Temos muito orgulho de ter você no nosso time! 😊 👑 " (Ações na pandemia)

> "@_____ Agora podem matar a saudade de vir no BK! 😌 " (Ações na pandemia)

> "@_____Olá! Que bom você ter tocado nesse assunto, assim podemos explicar um pouco melhor sobre o processo. Tivemos um trabalho árduo e de grande complexidade para adequar toda a nossa cadeia para o lançamento do Whopper sem conservantes artificias no Brasil. Foram diversas etapas de pesquisas, negociações e adequações dos fornecedores e regulação junto aos órgãos responsáveis. Depois de cumprirmos todos os protocolos necessários, hoje, podemos anunciar com grande estilo essa conquista da forma mais honesta possível. 👑 " (Comida de verdade)

> "@_____ Date amanhã então? 👀 👑 " (Sem conservantes)

"Que tal marcarmos um date pra hoje, hein?" (Santinho eleição)

"@_____ Devido ao sucesso da campanha, tivemos uma instabilidade em nossos parceiros, mas já estamos corrigindo para que não apresente novos problemas, ok? Se precisar de ajuda é só chamar." (Delírio coletivo)

"@_____ Encher a barriga e levar o brinde, tem coisa melhor? 😁" (Máscara animal)

"@_____ Quem resiste a esses super-brindes? 😂" (Máscara animal)

"@_____ Olá Aline, Tudo bem? Nossa prioridade máxima é garantir a higiene e cuidados em todas as nossas unidades para a saúde e bem estar de todos os nossos clientes e colaboradores. Seu feedback é muito importante para nós! E gostaríamos de entender um pouco mais sobre sua experiência no BK. Pode nos chamar via inbox do Facebook? Te Aguardamos!" (Ações na pandemia)

"@_____ Tudo bem? A ideia é atingir 100% do cardápio para serem ingredientes de verdade é por isso que estamos trabalhando duro para remover os conservantes de origem artificial dos alimentos que servimos em todos os países do mundo. E é apenas uma questão de tempo para que essa realidade seja verdadeira em todos os lugares. 😊 #IngredientesDeVerdade #ad" (Comida de verdade)

"@_____ Olá, Ana! Nossa campanha visa mostrar um significado muito positivo: que servimos comida de verdade e que o nosso Whopper é real porque agora não tem conservantes de origem artificial. Sabemos que alimentos reais criam bolor mais rápido, porque são livres de conservantes artificiais. Logo decidimos mostrar algo real e honesto para todos." (Comida de verdade)

"Oi, sumido! Que tal aquele date hoje?" (Santinho eleição)

"Imparcialmente, preferimos o BK também!" (Santinho eleição)

"@_____Um cristal sem defeitos! 😁" (Sem conservantes)

"@_____ Hoje é dia de BK? Isso mesmo, produção? 😜😊" (Sem conservantes)

"@_____ Você é nosso fechamento, sua linda! 👑" (Samba enredo)

"@_____ É sensato que fala, né? 😊" (Fiquem em casa)

As respostas da empresa tentam sugerir a ida dos interagentes para as lojas físicas e estabelecem uma relação comunal de amor e amizade, vista em alguns contatos com intimidade exagerada. O uso de frases meméticas, em circulação no ciberespaço, e de *emojis* tenta humanizar a marca com a mesma linguagem utilizada por seu público, em referências com o cotidiano juvenil. Essa repetição, sem aprofundamento do discurso e das trocas entre interagentes, se volta aos preceitos de Sodré (2021) sobre a intensificação do psitacismo, em que a rede tecnológica favorece um *bios* enfraquecido de comunicação, diminuído de significações, que gera apenas repetição sem aprofundamento de diálogos.

Após a categorização da análise de conteúdo, a mineração de texto foi utilizada como técnica para verificar especificamente como as três teorias sociais apresentadas encontram-se na materialidade das interações entre membros da comunidade e deles com a marca. Os termos foram propostos com base na literatura da área, na primeira fase da pesquisa e nos dados extraídos da etapa inicial da netnografia.

Após raspagem e organização dos dados, foi realizada uma análise prévia para verificar o quão aderentes os comentários eram para cada teoria. Exemplo disso é o verbete Deus, acusando tanto expressões de surpresa quanto de ironia e justificação da *cité* doméstica, em que o foco está na orientação para bons costumes, dogmas e argumentos religiosos. Mesmo assim, o verbete foi mantido para ter a referência ao chamamento religioso nas interações. Depois dessa depuração, a quantidade analisada nesta etapa para a marca foi de 532 registros para o Burger King Brasil, dos quais dois são referentes ao individualismo, 464 à justificação e 66 ao reconhecimento.

As expressões relacionadas ao individualismo recaem à campanha Quem Lacra Não Lucra, afirmativa à comunidade LGBTQIA+, em que a expressão *quem lacra não lucra* é utilizada para desconsiderar a publicidade da marca, mesmo que a produção publicitária recorra a ela com ironia, remetendo ao direcionamento de verba a organizações parceiras. Não foram identificados nesse sentido a defesa de competências individuais ou outras menções que poderiam ser positivas, referentes à abordagem teórica do individualismo, que privilegiem a liberdade ou a virtude do egoísmo do ponto de vista de uma identidade múltipla e das competências individuais.

Outra característica é a falta de discussão, sem abordar detalhes que sustentem a afirmativa da relação entre a chamada *lacração* do discurso e o lucro empresarial. O perfil que faz o comentário já fica indisponível nos dias seguintes, o que se repete em ofensas apresentadas nos três casos analisados, ressaltando a crítica sem rosto, a rede de ofensas por perfis falsos ou temporários. Portanto, a noção de prova da justificação não existe sem a interação, promovendo uma redução da vivência dos sujeitos envolvidos e de suas capacidades comunicacionais no convívio público em que sua justificação é pretendida. Ao invés disso, a justificação dá lugar a uma frase pronta, indicando que não há ganhos financeiros para quem atua em outros setores que não a intenção comercial.

Para a teoria da justificação, verifica-se a maior quantidade de termos pesquisados na mineração, na tentativa de agrupar *cités*, com seus momentos de prova e grandeza. **A primeira constatação é a percepção dos membros da comunidade de marca sobre a empresa como um ator efetivamente comercial, em que as trocas materiais e simbólicas estão sujeitas ao contexto monetário, ainda que haja amor, desejo e interesse atuando concomitantemente.** Essas relações de negócio efetivam as interações da *cité* mercantil.

O que pode parecer um resultado menor e óbvio, mas, ao falar em publicidade de causa e nos objetivos empresariais e possibilidades de circulação de causas, possui a relevância de manter explicitados os limites de atuação das organizações com fins lucrativos, como um componente da rede econômica e social. Portanto, evidencia que o consumidor não é ingênuo ao interagir com marcas, esquecendo-se do seu objetivo mercadológico.

Ainda sobre a justificação, a *cité* projetos complementa a avaliação anterior, mas vai além das questões transacionais. Em cada novo plano comunicacional, os membros da comunidade, em sua maioria jovens de diferentes regiões, admiram o entra e sai em projetos sobre pandemia, comida de verdade, diversidade e sustentabilidade; elogiam o marketing da empresa, querem trabalhar nessa área da organização. Mais do que discutir as causas, ou aprofundar uma grande e conflituosa interação sobre o tema, articulam momentos menores, envolvendo interagentes específicos como amigos e a própria marca. A preocupação maior está no chamado engajamento com a marca, mas não necessariamente com a causa, em que convidam amigos e parceiros para participar em comentários breves e geralmente positivos em relação a cada novo projeto da marca.

As críticas à empresa voltam-se a dois aspectos principais envolvendo as causas. O primeiro é a interação do consumidor com a publicidade para levantar problemas do serviço central da empresa, no caso, a oferta de comida rápida de qualidade. Nesse sentido, a resposta da organização resgata sempre a preocupação com processos, mensurações e avaliações, típico da *cité* industrial. Para solucionar o problema, pedem que o contato seja realizado por outra mídia social.

No segundo aspecto, na campanha Natal Antecipado, jovens de diferentes regiões, predominantemente do interior, promovem justificações ligadas ao cristianismo, à história de Jesus e seu nascimento, em que qualquer alteração é sinal de desrespeito e mau gosto. A *cité* doméstica, portanto, aparece em menor quantidade, mas aponta a religião como algo não apenas de gerações passadas, mas também do cotidiano de alguns jovens. No anúncio Comida de Verdade, a interação com influenciadores digitais é identificada por marcações de perfis dessas pessoas. A influenciadora interage com as mensagens no perfil da marca e incentiva ao consumo, explicitando a *cité* opinião.

Como última referência à mineração de texto para a justificação, está a *cité* cívica, que promove discussão sobre o papel cívico dos cidadãos e o valor da causa da maneira como está representada na publicidade. Novamente, esses comentários ocorrem na campanha Natal Antecipado, **contestando o anúncio frente aos mortos no país, em que o contexto não exige a antecipação de uma data e alusão comercial a ela, mas, sim, a solução de problemas desse período, como antecipação de vacinação e auxílio pelo fechamento do comércio. Nesse sentido, os consumidores se aproximam de uma causação final comentada por Santaella, Perez e Pompeu (2021), de mudança do cenário, e não oportunidade apenas para ironia e comercialização, sugerindo ainda a doação de materiais e alimentos pela empresa.**

A *cité* cívica aparece também no anúncio Quem Lacra não Lucra e Máscara Animal, não aprofundando as justificações, mas citando criticamente que o posicionamento da empresa atinge quem defende o governo da época, com as expressões bolsominion e do próprio nome Bolsonaro, chamando o presidente de animal. **Todas são realizadas por** jovens, em que novamente a orientação sexual e questões identitárias estão presentes.

Ainda que os aspectos da *cité* mercantil e de projetos sejam majoritários, os argumentos de outras *cités* não são vistos totalmente com estranheza, pois a própria empresa já articula questões não apenas relacionadas ao aspecto comercial. Isso nos mostra a complexidade de posicionamentos envolvidos e suas convivências nas práticas enunciativas, mas, sobretudo, um modo específico de interação no ambiente digital, em que se mesclam os contextos de justificação, com pouco ou nenhum estranhamento entre distintos argumentos, prevalecendo o foco comercial, mesmo quando mediadas pela publicidade de causa.

Os aspectos envolvendo a Teoria Crítica, em especial o reconhecimento, podem ser vistos intensamente na solicitação de mais lanches veganos, parabenizando a retirada de conservantes e a inserção do Rebel Whopper, feito de planta. Porém, solicitando a ampliação do cardápio vegano também em publicidades sobre a pandemia, expondo a irrelevância de uma causa sobre a outra, em que o individual e o estilo de vida sobressaem-se. Na sequência, as territorialidades são expressas com o pedido de lojas na região, principalmente no interior, ou mesmas promoções para o Acre que existem em São Paulo.

O orgulho de ser consumidor de uma marca que defende a pauta LGBTQIA+ por membros da comunidade também está presente. Nota-se também a identidade cultural de brasilidade enunciada nas publicidades de causa, que apresentam mais Brasil do que em outras manifestações culturais como o futebol. Essa condição é particularmente verdade pela interação com discursos em que há ironia e humor em situações difíceis. Ou seja, estar em momentos conflituosos, recorrentes no país e, ainda assim, rir, utilizando datas como o carnaval, é visto como um traço nacional.

Do outro lado, violações do reconhecimento sobre orientação sexual também é a que recebe mais comentários. Entre eles, o de que a publicidade é um drama por tão pouco. Verifica-se um exemplo de uso das redes e circulação negativa, mobilizando grupos sobre a gordofobia, para solicitar uma resposta da empresa sobre o caso de funcionários da unidade da Rua Augusta, e ofensas direcionadas para uma mulher. Sobre o reconhecimento, contudo, a marca foi a que apresentou menos interação e discussão com argumentos mais aprofundados sobre as pautas das publicidades de causa.

A netnografia seguiu com a observação participante da comunidade, com interagentes e interações que ainda aprofundam valores e comportamentos. Neste momento, dois casos de interação atuam com a comunicação pragmática, observando tanto manutenções quanto conflitos. A publicidade referente ao não uso de conservantes na comida é que teve mais aspectos a serem analisados, uma vez que as relativas à orientação sexual, à sustentabilidade e à pandemia, ainda que apresentassem perspectivas favoráveis e desfavoráveis, não demostraram interações com maior intensidade entre os participantes.

O primeiro caso apresenta um trecho exposto anteriormente, mas agora no contexto e na ordem em que os diálogos ocorreram, com nomes suprimidos para o anonimato, mas com marcação do enunciador por meio de sigla para a compreensão das interações:

"Genteeeeee.... Eu já amava vcs desde que chegaram aqui BR. Agora então 😍😍♡ meu amor por vcs não é artificial não, é super natural, gostoso, real e incomparável 😊🍔 vcs são demais 👏👏👏👏👏" (Comida de verdade – GY)

"@OL meu, pra começar Mequi não tem nem gosto!!!! Batata parece salgadinhos Fabitos!!! E cadê a maionese????? Não, definitivamente não dá pra ser palhaça do palhaço, prefiro ser rainha ao lado do rei ♡👸🤴🍔" (Comida de verdade – GY)

"@GY eu amo os dois kkkkk mas a carne do bk ganha disparado" (Comida de verdade – OL)

"@OL eu desde criança nunca gostei! Só fazia os coitados dos meus pais comprarem por causa do brinquedo que vinha haha..." (Comida de verdade – GY)

"@GY eu também kkkkkkkk" (Comida de verdade – OL)

"@OL putz... Preciso ir no fds comer um BK 😂😂😂" (Comida de verdade – GY)

"@GY Que íconeee sem defeitos! Um comentário desses era tudo o que a gente precisava ler hoje. 👑" (Comida de verdade – @burgerkingbrasil)

"@burgerkingbrasil 😍😍😍😍😍" (Comida de verdade – GY)

"@AS tem um vídeo de uma mulher que esqueceu um combo de batata e hambúrguer numa gaveta por uns 5 anos acho.. tava do mesmo jeitinho" (Comida de verdade – AM)

"@AM mas será que isso é verdade? Será que as fotos daquela mulher é real? Lembro que era um hambúrguer sem molho, sem tomate, sem alface, sem queijo, sem bacon, sem nada, era literalmente pão e carne" (Comida de verdade – OL)

Nesse primeiro caso, é reforçada, além da questão do sabor do produto e dos benefícios de não utilizar conservantes, a rivalidade entre marcas. A comparação com o McDonald's e o uso de signos ironicamente, assim como a compra do concorrente apenas pelos brinquedos na infância, estabelecem o poder de decisão em outra fase da vida e o reforço do tom da comunicação da marca. **Agora, na juventude, a consumidora se sente bem atendida em um relacionamento amoroso e duradouro (casamento) com o representante simbólico da marca (rei). A criança não é mais princesa, agora é rainha.**

A marcação entre infância e juventude também remete ao aprendizado do consumo, de hábitos alimentares e outros atrativos envolvidos, como já citados na publicidade de máscara infantil e aqui fica evidente o licenciamento de produtos. Essa interação ocorre entre amigas, mas também com outros membros da comunidade, com laços mais fortes e fracos na discussão do tema. GY também ama (*emojis*) ser interpelada pela marca e reconhecida como fã. A interação se dá entre duas jovens brancas e amigas, uma das quais divulga em seu perfil a bandeira do orgulho LGBTQIA+, a marca e outro interagente que se identifica como empreendedor e morador da Bahia.

O segundo caso ocorre no mesmo anúncio e inicia a partir do questionamento do objetivo da publicidade:

"Tá, mas qual o objetivo da campanha? ;-;" (Comida de verdade – AS)

"@AS mais do que tirar oq nós faz mal? O que mais vc quer ?" (Comida de verdade – RE)

"@AS Mostrar que comida de verdade estraga.. ou seja, o hambúrguer deles é "de verdade" pois isa coisas naturais. O hambúrguer do McDonalds fica do mesmo jeito que foi comprado, mesmo após meses e meses. "Sem estragar"" (Comida de verdade – AM)

"@AS tem um vídeo de uma mulher que esqueceu um combo de batata e hambúrguer numa gaveta por uns 5 anos acho.. tava do mesmo jeitinho" (Comida de verdade – AM)

"@AM Entendi, agora sim a propaganda tem outra cara pra mim" (Comida de verdade – AS)

"@AS o que você entendeu inicialmente? fiquei curiosa." (Comida de verdade – TS)

"@TS Na verdade não me pareceu MT inteligente, apesar da ideia de conservantes naturais isso não desperta minha vontade de comer, ver ele assim me tira. Após a explicação e o acontecimento que ocorreu com a concorrente eu vi a propaganda com outros olhos." (Comida de verdade – AS)

@AS Olá, A! Nossa campanha tem uma declaração poderosa: estamos removendo todos os conservantes de origem artificial do tão amado Whopper. Ao invés de apresentar nosso sanduíche com o estilo fotográfico perfeito, decidimos mostrar algo real e honesto. (Comida de verdade – @ burgerkingoficial)

"@ZS Só quis entender a ideia da campanha, relaxa" (Comida de verdade – AS)

O questionamento da produção publicitária, apesar de recorrente nos anúncios de causa analisados no período, ocorreu com mais intensidade no audiovisual que mostra um lanche mofando com o passar do tempo. Mesmo sendo uma analogia ao vídeo de uma consumidora da marca concorrente que encontra um sanduíche intacto depois de anos, demonstra como membros da comunidade explicam e defendem a comunicação da marca. Novamente, deixa explícito o caráter semiótico da marca e a incidência de mensagens arriscadas, transgressoras, irônicas dedicadas aos jovens.

Nas interações, o empreendedor baiano explica o anúncio para o jovem mais novo, e a jovem profissional de marketing tem interesse em compreender os sentidos, enquanto a empreendedora carioca questiona o que mais o consumidor quer. Assim como na primeira fase da pesquisa, os papéis adotados na interação refletem os comentários, no retorno da figura do empreendedor.

"Reclamação protocolada no Procon de São Paulo e registrada no Reclame Aqui. A promoção da madrugada é enganosa. Tive pedido cancelado no Rappi do nada e depois tive pedido aprovado no Ifood mas o pedido nunca chegou (e olha que foi confirmado as 00h40...qdo chegou 03h00 eu desisti e fui dormir). Eles não respondem as mensagens inbox. Não comprem! Terão suas madrugadas frustradas." (Delírio coletivo)

"Isso aí Bk!!! E o que vão fazer com os santinhos dps?? Reciclagem? ♡ 👏 🤍 🌍 " (Santinho eleição)

"Vão enganar as pessoas??? Igual no dia das bruxas??? Aqui em Belém foi só furada né... engana besta, já não basta os políticos mentirem e enganarem... o @burgerkingbrasil da Avenida Nazaré vai fazer o mesmo?" (Santinho eleição)

"Boa campanha, mas cadê os descontos para o veggie??? BK, não se torne um velho palhaço vestido de amarelo" (Santinho eleição)

Interações com a marca foram extraídas do total de mensagens por reforçar categorias apresentadas e a reação emocional de membros da comunidade. O efeito de promoções descumpridas estabelece a diferença entre os direitos do consumidor e o investimento em demandas socioambientais, seguindo para a solicitação de resultados com as pautas trabalhadas, mostrando a vigilância que o consumidor faz da empresa.

A insatisfação com o quadro político institucional é manifestada comparando a empresa ao descrédito a essa área, mas ainda com a esperança de que não seja igual, o que evidencia a tensão entre público e privado, além do esgotamento de ser enganado nessas duas esferas. Como última questão, retorna a desconsideração de uma causa em nome do reconhecimento do estilo de vida e de questões individuais que ampliem a oferta de produtos, Contudo, dessa vez é relevante notar que a defesa dos objetivos de personalização do consumidor é realizada exaltando a jovialidade da marca em detrimento do seu concorrente velho, palhaço e de roupa amarela. Ou seja, a utilização da linguagem de forma competente e a permanência da juventude para se manter cliente, em que a marca ou se adequa à personalização ou será como qualquer outra para o consumidor.

Não apenas as interações e a recepção da publicidade foram avaliadas, como também a circulação de marcações específicas, tanto na mídia social Instagram quanto no YouTube, caminho mencionado pelos jovens na primeira etapa como o lugar em que aprofundam conhecimentos e realizam estudos no contato com diferentes atores. A busca ocorreu por marcações tanto nas ferramentas de busca das duas mídias sociais quanto pelo *Social Searcher*, com e sem acento nas expressões. Para a marcação #quemlacranaolucra, além da própria publicação do @burgerkingbrasil, o que se observa é a maior quantidade de perfis políticos que se dizem de direita e a exposição de casos que ultrapassam a orientação sexual para acionar qualquer tema contrário à agenda conservadora dos perfis.

No Instagram, isso ocorre principalmente no perfil @endireitando.o.brasil, com 13 mil seguidores, @brasil_sem_medo, que possui mais de 4 mil seguidores, @awakegiantsoficial, com, aproximadamente, 600 seguidores, e uma série de microperfis como esse. Isto é, se a politização era vista ainda de maneira incipiente nos comentários, na circulação, ela ganha outra dimensão, com a defesa do governo do Partido Liberal, eleito em 2018, a ampliação do discurso de orientação sexual e a diversidade de gênero para qualquer ação contrária à atual administração pública, ou vista como contra o padrão familiar proposto pelos perfis. Pontualmente, o consumo midiatizado é visto nas publicações do dia em que o faturamento é dedicado às ONGs, assim como os perfis de agências de marketing e comunicação explicando sobre publicidade de causa por meio da marca Burger King.

Exemplo da abertura que o termo recebe pelos perfis políticos é a crítica à jogadora profissional de vôlei de praia Carolina Solberg, que, em entrevista ao final de uma partida, criticou o presidente Jair Bolsonaro frente ao número de mortos na pandemia, a defesa de tratamento precoce, o veto de distribuição de absorvente, ainda se solidarizando com as famílias de vítimas da Covid-19. No perfil @brasil_sem_medo, a atleta é representada segurando uma bola de vôlei, com uma camiseta branca, estampada com uma foice e um martelo, repetidos ao lado com a escrita *partido comunista* seguido do seu nome e o título em verde acima dela: eu sou uma idiota! No canto inferior direito, a seguinte frase: comunista não pode defender o Brasil. A descrição do perfil no Instagram ocorre pela frase "Canal destinado a combater o socialismo e o comunismo. A verdade é a maior arma contra essas falsas ideologias" (Instagram, 2022).

Está associada, à circulação política e à marcação #quemlacranao-lucra, a *hashtag* #globolixo, anunciando em diferentes mensagens o fim da emissora por críticas ao governo. No mesmo período, outros perfis, como @gigantespatriotas e @militante_do_nordeste, utilizam a mesma marcação em menção à lacração para criticar a publicidade com Thammy Miranda pela empresa Natura. Os inimigos acionados são o socialismo e o comunismo, mesmo que não expliquem como estariam associados à crítica estabelecida aos eventos citados. As circulações promovem a violação do reconhecimento por meio de ofensas e da tentativa de negação de competências sociais de celebridades e envolvidos nos casos.

Pelos casos expostos, verifica-se que a expressão lacração ou #quemlacranaolucra é direcionada a qualquer comunicação diferente do que é defendida pelos canais e que o prejuízo midiático e monetário provoca reações de críticas. A condição política, tanto do cotidiano quanto institucional, é marcada menos pelo perfil da marca e pela interação no Instagram e mais pela circulação de outros perfis e mídias sociais. Essa comunicação tende a ser dogmática, mostrando o certo e o errado ao polarizar posicionamentos entre o nós e os outros. Provavelmente pelo potencial midiático apresentado, a maior reação ocorre no envolvimento de celebridades ou figuras públicas, como Thammy Miranda e Carolina Solberg, aludindo à midiatização da política e aos ganhos e perdas com a circulação por meio das opiniões e posicionamentos.

No YouTube, os perfis políticos dividem espaço com a própria marca e os canais de profissionais de marketing, explicando ações que se utilizam de causa. O primeiro segmento é representado pelos perfis Mafinha e Conversa Patrióta Brasil (sic). Respectivamente, há discussão sobre o cancelamento da conta da operadora Claro, por ter retirado a publicidade de portais que seriam de direita, segundo o gestor do canal, e não ter retirado de sites de esquerda que propagariam *fake news*.

O responsável pela reclamação cita a pressão do *Sleeping Giants* para a ação de retirada de publicidade e solicita o cancelamento com a inclusão da justificativa. O vídeo tem como imagem um jogo com uma personagem segurando uma arma e o áudio da ligação e comentário para que outros façam o mesmo, sendo o título o mesmo da marcação buscada.

No segundo caso, a crítica de um programa de rádio é expressa em câmera parada, em que um interlocutor, mais velho e com roupas militares, e o fundo do ambiente com uma cruz e bandeiras do Brasil e do Rio Grande do Sul estão aparentes. Em BG, o hino da independência é tocado durante todo o vídeo. Segundo o interlocutor, jornalistas de um programa da Rádio Gaúcha apoiaram os saques ocorridos em Criciúma e pede responsabilização à emissora e aos profissionais. Três marcações estão na descrição do canal: #QuemLacraNãoLucra, #Lei_e_Ordem e #Conversa_Patriota_Brasil. Em ambas as situações, há comentários em defesa do discurso, projetando ações parecidas e elogiando pelo conteúdo publicado.

Os signos militares, patriotas e religiosos revivem Roberto DaMatta em seus heróis e anti-heróis brasileiros, trazendo à tona porta-vozes únicos. Isso expõe a condição midiatizada da opinião, destacada por Han (2018), em que se reforça apenas o próprio ego sem um contato intenso com o outro para interlocução, bem como o uso da imagem e sua alteração para reforçar o próprio ponto de vista.

Também é manifestada a ampliação da visibilidade por meio de uma lógica midiática (Hjarvard, 2013), em que os vários atores individuais se somam no poder da rede, influenciando os demais e os meios de comunicação, assim como a busca por meio da marcação. Por outro lado, o ambiente digital possibilita a exposição e a análise por diferentes atores. Os processos de transformação social exigem a reprogramação das redes, trabalho visto essencialmente por jovens, mas que depende do conflito positivo que abre para discussão em certa medida, mas também da possibilidade de agregar diferentes manifestações gerando maior poder (Calderón; Castells, 2021). Nesse sentido, a pesquisa aponta que a organização de discursos e formas parece estar do outro lado, com a organização do poder conservador.

A questão monetária é presença garantida na circulação. Ainda que o foco seja político, essa grandeza de outro contexto é evocada em questões públicas, evidenciando estruturas maiores do que os atores interlocutores, dependentes de financiamento e da linguagem mercantil e de projetos para se manter ativa. Novamente a hibridação de *cités* não é vista com estranhamento e parece, tanto na circulação política quanto na discussão de causas, ser mantida e gerar complexidade de sentidos.

A publicação da marca Burger King antecipa em um mês a publicidade do Instagram com o mesmo vídeo, não permitindo comentários e tendo mais de 1,5 mil curtidas e mais de 36 mil visualizações. Já o canal do profissional da área, chamado Marketinzeiro, apresenta um jovem sentado com câmera parada e o fundo de uma parede, em que ele explica a diferença entre posicionamento, marketing de oportunidade e oportunismo, incluindo alguns dados no final do vídeo.

O autor inicia relatando a origem da palavra lacrar, passando pela apropriação política, depois comenta sobre posicionamento das marcas, fornece exemplos de oportunismo, não citando a empresa Havan, mas utilizando uma foto do seu presidente, e, por fim, indica um vídeo sobre *pink money* da celebridade Romagaga. Expõe também o resultado financeiro positivo das empresas que investem em marketing relacionado a causas, parabenizado por alguns comentários no vídeo. Neste caso, a fala dos diferentes jovens na primeira fase de pesquisa reforça o uso das mídias sociais como forma de expor posicionamentos e aprender pela pesquisa. **O audiovisual está ligado ao trabalho do interlocutor, que circula outras referências e justificativas embasadas, como o faturamento das empresas. Também utiliza personalidades da cena musical, como especialistas em outra área, novamente mostrando a expansão de celebridades como mediadores da visibilidade.**

As marcações #acaba2020 e #carnaemcasa também foram avaliadas. A primeira traz várias circulações no Instagram, mas de pessoas comuns tematizando a vacinação, a prática de exercício, a virada do ano e a compilação de memes. No YouTube, o vídeo com maior visualização é de Roberto Martins, que trata sobre *games* e variedades. No vídeo, faz uma retrospectiva do ano sobre sua produtividade e o aumento da visibilidade do canal, além de críticas à gestão da saúde no governo atual, com votos de melhoria para 2021.

Marcações que acompanham #acaba2020 nas mídias sociais são #bbb2021 e #memesbrasil. A segunda marcação traz no Instagram marcas de roupa como Osklen, midiatização de um carnaval menor em espaços privados, além de algumas poucas fotos em São Paulo, na Faria Lima, complementadas por publicidades de comida e bebida, assim como divulgação de blocos de rua no cancelamento das ações públicas. A marcação #blocoderua acompanha a expressão do carnaval em casa nas inserções das mídias sociais.

A mesma publicidade do Instagram foi veiculada no YouTube pela marca com uma paródia de samba enredo, falando do carnaval de 2021 de forma debochada. Nesse momento, o que interessa são as reações no audiovisual, que somam 31 interações, em sua maioria, favoráveis à publicidade e ainda destacando trechos que consideram mais engraçados. **No entanto, dois comentários se distanciam com críticas à marca. Um para deixar as crianças em paz e independentes para escolher a orientação sexual, indicando que seria safadeza da empresa; o outro**

indicando a troca pelo concorrente e boicote, com marcações como #McDonalds, #VivaAFamilia e #Bolsonaro2022.

Novamente vemos a defesa de um tipo e uma família específica e a analogia da orientação sexual como safadeza, fazendo coro ao comentário atrelado à pedofilia exibido na etapa anterior. Outros consumidores não reconhecem o processo de justificação e rebatem dizendo que estão no comercial errado e que a saída do consumidor da base de clientes deixa a fila menor. Os comentários contrários não são realizados por jovens, mas são respondidos por perfis com desenhos na imagem.

Como publicidade com maior interação entre os participantes, está o Natal Antecipado, que abordava o fim do ano como solução da pandemia e acontecimentos desastrosos da época, resumindo as interações a seguir:

> "@jesus nascendo prematuro, pode isso @deus? a culpa é do PETÊ" (Natal antecipado – RS)

> "@RS por um acaso tá marcado pra Jesus nascer no final deste ano??? Ele já nasceu faz tempo! 🤦‍♀️" (Natal Antecipado – SS)

> "@SS jesus nem existe maluca" (Natal Antecipado – RS)

> "@RS HHAHAHAHAHA EU TO CHORANDOOOO" (Natal Antecipado – BO)

> "@burgerkingbrasil não é necessário antecipar o Natal, mas precisamos antecipar urgente o amor com próximo, o respeito e a responsabilidade em meio a esse caos todo." (Natal Antecipado – LS)

> "Olha @burgerkingbrasil kkkk só se for mal pra vcs que não estão sabendo ver as coisas boas que estão acontecendo.. fortalecendo o caos na mente das pessoas pra vender mais" (Natal Antecipado – PA)

> "Achei uma atitude de pessimo gosto. Será que no Natal vão colocar bandeirinhas juninas? Não compro mais desde que mandaram brinquedo de menina no lanche infantil do meu filho que pedi por delivery, colocando gênero dele na observação do @ubereats_br. Com essa agora só reservou um lugar na minha lista de empresas que não compro. #quemlacranãolucra" (Natal Antecipado – DF)

"@MO achei pessimismo extremo de um rede da grandeza do BK, mas a linguagem popular é algo que agrada a maioria das pessoas, então isso será um sucesso. Faltam 5 meses praticamente pra encerrar o ano, e tenho certeza que teremos uma reviravolta ainda. Fé em Deus e sabedoria em nossos planos! 🙏" (Natal Antecipado – JM)

"@MO melhor ano???? Hahahaha" (Natal Antecipado – RN)

"@RN confia 🙏"(Natal Antecipado – MO)

"@MO pra ser o melhor ANO teria que ser bom a maior parte dele e já se passaram 7 meses então não temos mais um ANO, no máximo pode ser o melhor trimestre KKKKKKKK" (Natal Antecipado – MD)

"@MO não acho que esteja sendo o melhor ano pra quem está morrendo pelo vírus" (Natal Antecipado – MX)

"@MO não sei se isso é otimismo ou ilusão kkkkkkkk" (Natal Antecipado – NA)

"@MO a fé é p isso, vc sempre esperar por algo novo, nunca chega, mas a esperança que te move" (Natal Antecipado – VR)

"@VR Fé não é esperar por algo que não vem, é crer e sentir que algo está por vir em meio a uma situação ruim. Também sinto que tempos bons estão vindo." (Natal Antecipado – HI)

"@VR Mas entendi o que você quis dizer 😊 Tenha fé!" (Natal Antecipado – HI)

As interações reforçam a ironia dos membros da comunidade, acionando Jesus e Deus como usuários da mídia social e pedindo permissão, em analogia a uma fala conservadora, ainda sendo politizada em oposição ao outro partido político. Isto é, há um prenúncio do perfil que criticará a publicidade como conservador, religioso e contrário ao partido político mencionado. **Projeção que parece ser acertada pelos perfis de respondentes contrários à ação, relativizando a crise sanitária pela fé, ou boicotando a marca por receber um brinde de menina para o filho, atribuindo gênero aos brinquedos distribuídos.**

Ao analisar esses perfis, são verificados, nas descrições, trechos que remetem a esse reforço, como: *mãe, esposa, filha, sogra; filho, servo e temente a Deus;* ou *se não for pra lutar, melhor nem sair de casa.* Os perfis não são de jovens. Já os comentários contrários a essa postura denunciam as mortes decorrentes da crise, o tempo decorrido sem melhoras no ano, além de solicitar resoluções, e não medidas paliativas, unidas à ironia favorável à publicidade, todas enunciadas por jovens. Além disso, perfis não mais existentes também são recorrentes como enunciadores de críticas à publicidade de causa.

Apenas depois da análise dos dados arquivais foram realizados o Entrée Cultural e a interação com alguns membros já acompanhados pela observação participante, antes da apresentação à comunidade. Como propõe Kozinets (2014), essa etapa depende do conhecimento mínimo da comunidade e de criatividade para iniciativas que mantenham vínculos com os membros e não sejam distantes ou intrusiva demais. Verificou-se, após essa imersão, o aumento de visitas no perfil profissional do pesquisador, e o texto utilizado pode ser visto a seguir, com a inclusão de *emojis* e discurso próximo a cada uma das marcas e da cultura da comunidade.

Figura 31 – Estratégia de Entrée Cultural para a Marca Burger King Brasil

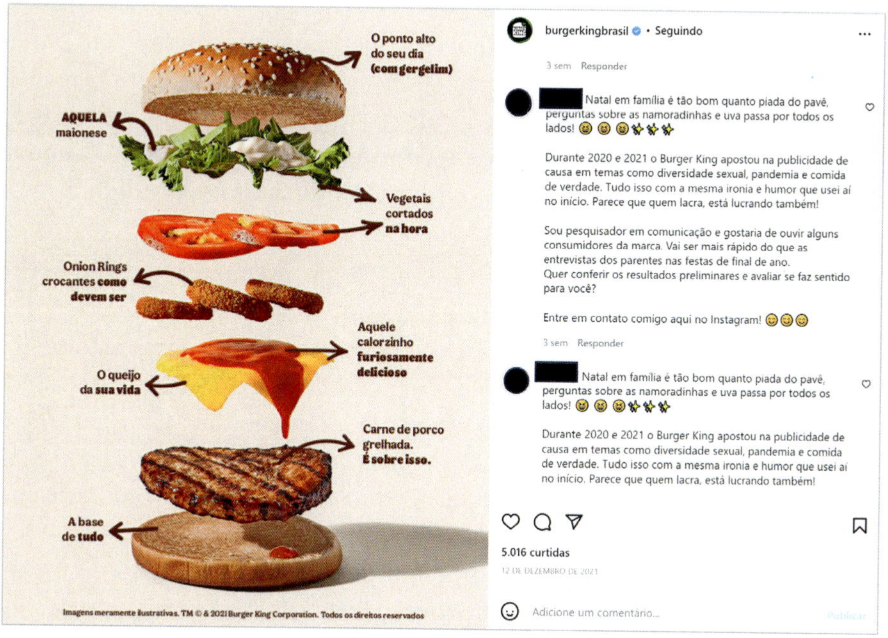

Fonte: captura de imagem do Instagram

A partir da imersão na comunidade, verifica-se como valores, além da ironia e do humor, a transgressão vista pelos novos sentidos de datas tradicionais e a adesão aos comportamentos não comuns em consumo de *fast food* (vassoura e santinho para desconto). Além disso, o prazer e o lazer são valorizados pela comunidade de forma concomitante à procura dos sanduíches, relacionadas também à juventude: o lazer na madrugada, a liberdade e a inovação. Tudo isso cercado do gregarismo juvenil, com relações comunais com amigos, namorados e, em alguns casos, a família, mas em diferentes horários. A valorização de identidades múltiplas e da brasilidade pelo humor durante crises também está presente.

As publicidades com maior conflito foram a do Natal Antecipado como um apelo para o fim da pandemia, além da publicidade sobre Comida de Verdade, com a redução de conservantes. A publicidade relacionada ao mês do orgulho LGBTQIA+, embora apresente circulação conflituosa e com desdobramentos políticos, não possui tantas interações entre os membros no Instagram. Dessa forma, parece haver uma aceitação melhor da orientação sexual diversa do que de flexibilização de datas cristãs e a alteração do produto físico.

As três configurações teóricas são vistas na comunidade em participações dos membros em ação social. Em especial, o caráter mercantil e de projetos é enfatizado, mas, ainda assim, o orgulho em ver pautas serem tratadas sobre diversidade e comida vegana é evidente. Logo, a pluralidade das formas de ser jovem, incluindo a transversalidade religiosa, e a ansiedade destacam-se.

A *cité* cívica também surge na angústia da antecipação do ano frente à falta de enfrentamento da pandemia com vacinação e orientação da população, assim como a politização no enfrentamento de preconceito contra homossexuais. No individualismo, a marca apresentou esvaziamento desse comportamento apenas com a citação da frase *quem lacra não lucra*. No reconhecimento, o orgulho da representatividade e da brasilidade é destacado, assim como a questão das territorialidades ao querer uma unidade na cidade ou se beneficiar por ter várias. Por outro lado, um caso de gordofobia também é destacado, além da solicitação por respeito ao consumidor nas promoções e mais opções veganas.

As categorias favoráveis às publicidades e suas respectivas mensagens expõem a utilização de *emojis*, mas com a diminuição da discussão de pautas tratadas e a ansiedade por descontos. O humor é entendido como forma de resistência, e o convite de amigos para visualizar amplia a circulação, ainda que não acione uma efetiva orientação à causa. Nas pautas identitárias, as poucas expressões expõem ainda uma polarização de grupos, um nós *versus* eles, também atrelado à politização: quem apoia ou não o governo ou quem faz parte do grupo defendido e quem não faz.

Nas categorias desfavoráveis à publicidade, o que se vê é a diminuição da causa defendida, mas sem argumentação sobre esse posicionamento. A religiosidade e a defesa de uma família tradicional ganham os focos das mensagens, juntamente com a solicitação de direitos do consumidor, principalmente nas promoções ofertadas, além do cuidado para não formar aglomerações com as ações da empresa, em meio a uma pandemia.

As práticas de consumo ressaltam alguns comportamentos juvenis no ambiente digital. A utilização de frases prontas, circuladas na internet, são uma dessas questões, reproduzindo falas sem aprofundar discussões. Ainda assim, verifica-se a vigilância do consumidor sobre as ações da empresa, exigindo medidas coerentes e acompanhando se as pautas são realmente beneficiadas.

Complementar a essa questão está o uso das mídias sociais para pesquisa, produção de conteúdo com posicionamentos, visto nas circulações·das marcações, tanto no Instagram quanto no YouTube. Nesse aspecto também aparece a politização, evidenciando o atrito entre conservação e mudança de paradigmas sociais, como a família e a defesa de pautas identitárias, além de ações durante a pandemia. Há o uso de expressões pejorativas, reificadas para a defesa dos grupos aos quais se destinavam a desqualificar. Um desses casos é a lacração. Como últimas questões estão a transversalidade da religião, como moral para impor limites à ironia da comunidade, e, contraditoriamente, a representação de Brasil por meio do humor em situações de crise.

Os resultados foram apresentados a membros da comunidade na etapa de avaliação e representação, junto de uma entrevista que evidencia os dados extraídos na netnografia. Como observações dos participantes acerca dos dados anteriores, destacam aprofundamentos como: o valor de representatividade visto por eles como extensão da valorização das múltiplas identidades, o poder aquisitivo como relevante na participação ativa da comunidade por meio do consumo, a recusa da pauta de comida saudável por um *fast food*, a politização como relevante no momento da pandemia e nos posicionamentos identitários, além da intervenção em situações de preconceito, em que a religião e a família são vistas como desculpas para não expor o preconceito.

Muitos dos jovens mencionaram como sentimento ligado à marca a sensação de representatividade na inclusão de modos de vida vegano e da orientação sexual, ampliando esses aspectos frente aos dados avaliados até o momento. Mesmo que os dados extraídos mostrem o foco da publicidade de causa apenas no mês do orgulho, a percepção é de que a marca trabalha durante todo o ano essa questão, citando carnaval e coroas com arco-íris.

Na questão política, novamente citam o boicote como ação para exemplos negativos de empresas que, durante a pandemia, estavam mais preocupadas com a lucratividade do que com a saúde, expondo as marcas Madero e Jerônimo, comparando também à marca Havan e sua relação com o atual governo. Citam que os perfis contrários à publicidade de causa com tom político já possuem características esperadas de autoritarismo ligado ao atual governo e que marcas como o Burger King e as manifestações artísticas servem como porta-vozes para pressionar alguma ação do primeiro setor, em um momento em que o governo é visto como antagonista das condições identitárias.

Complementam a característica de jovialidade da comunidade pela utilização da linguagem memética, em que os membros precisam entender as referências extratextuais para interagir com as comunicações e que os *emojis* deixam uma ambiguidade interessante na relação entre membros da comunidade, ou mesmo no uso cotidiano com amigos e parceiros sentimentais.

As notas de campo, na imersão durante quase um ano na comunidade, traçam reflexões sobre o processo. Nesse sentido, os *stories* da mídia social, com comunicações temporárias de um dia, compunham importante acréscimo às publicidades de causa veiculadas no *feed*. O mês da diversidade é exemplo dessa complementaridade, em que a parceria com a Casa 1 era aprofundada e os resultados das doações e projetos beneficiados, tornando mais transparente a ação. A quantidade de promoções e mensagens dos produtos durante à noite remete ao consumo da juventude em conjunto com o entretenimento.

Ao ir aos pontos físicos, as famílias estão presentes no período do almoço e à tarde, ainda que em quantidade reduzida durante o primeiro período de distanciamento da pandemia. A quantidade de jovens também sofreu decréscimo, pois muitos pontos físicos são próximos de escolas ou em *shoppings*.

A comunicação direciona para o contato com o aplicativo da marca e *delivery* em sua maior parte. O aplicativo atua por meio dos discutidos cupons de desconto e uso de dados de localização e informações sobre os clientes. O uso de celebridades foi realizado após o período de análise, com a inclusão do grupo juvenil Loud, atuante por meio de audiovisual sobre cotidiano, *games* e estilo de vida, com quase 12 milhões de seguidores. Em sinergia com a primeira fase da pesquisa, além da linguagem audiovisual, a marca e a comunidade interagem em desafios envolvendo o consumo (trocar santinhos por desconto, ir de vassoura pegar o lanche por desconto, e assim por diante).

O contato com a marca ampliou as publicidades do segmento nos perfis do pesquisador, gerando também uma tendência por consumir comida rápida e *delivery*, mas, ainda assim, tendo uma menor influência que as demais marcas. A comunicação da rotina pandêmica, anunciada por um cansaço irônico, favorecia a replicação das mensagens. Além desse aporte extremamente comercial do contato com a marca, os dados dessa comunidade foram os primeiros a serem analisados e, pela redução da interação sobre causas, a interpretação inicial era a de que o mesmo comportamento seguiria nas demais marcas. Essa intepretação foi alterada posteriormente, relacionando a comunicação das empresas ao agenciamento da interação com causas.

4.1.2.2 Adidas Brasil

A Adidas Brasil disponibiliza apenas o ano do início das operações no site (1949) e direcionamento prioritário para o público feminino no endereço nacional. Ao buscar por informações institucionais, o usuário é remetido ao site internacional da marca. No ano de 2020, o resultado geral de lucro líquido aos acionistas foi de US$ 432.000.000, com uma queda de 78% em relação ao ano anterior, ainda que o preço das ações tenha subido 3% (Adidas, 2021a).

Ainda segundo o relatório para acionistas, a ênfase dada em 2020 foi para a condição singular da pandemia de Covid-19, com transformações realizadas na operação, como crescimento de 53% do e-commerce, segurança dos colaboradores, foco no consumidor com ações sobre saúde e investimento em sustentabilidade com plástico reciclável em produtos, diversidade e inclusão, reforçando nesses últimos aspectos da equipe interna.

Em relação ao investimento em prol de causas, além dos tópicos reforçados anteriormente sobre sustentabilidade, diversidade e inclusão, que convergem à preocupação juvenil de iniciar mudanças dentro da organização, o blog da marca no Brasil destaca a história da organização por meio de vídeos divididos em décadas, com textos sintéticos que os acompanham.

No texto inicial, a marca registra seu crescimento sígnico, atrelado, primeiramente, ao esporte, mas alcançando "mundos da moda, música, cultura, sustentabilidade e mais" (Adidas, 2021b). No entanto, apenas no vídeo da década de 2010, causas e produtos atrelados a elas são mencionados, como o tênis *Parley* com material plástico retirado dos oceanos e o Superstar Pride Pack "para o mês do orgulho LGBT+", constatando que "ao nos aproximarmos dos dias de hoje, assistimos barreiras se quebrarem e novas gerações lutando por igualdade" (adidas, 2021b). Ou seja, deixam registrado o posicionamento da marca vinculado ao público jovem em uma abordagem frente à vida e aos seus modos contemporâneos de viver, reforçando a questão geracional. Investimento na criação de comunidades de corredores, como o *Adidas Runners*, e táticas de pontuação por meio de desafios são iniciativas reunidas pelo *Creators Club* para criar vínculos com os consumidores (Adidas, 2021c).

Como expõe a Figura 32, a descrição contida na biografia remete à preparação para o esporte, acima do site comercial, com o uso de marcação como convite aos usuários (#readyforsport), que contém mais de 25 mil publicações. Dentre as marcas analisadas, é a que possui maior número de seguidores e publicações, bem como perfis seguidos por ela. Esportistas, artistas, personalidades da cultura LGBTQIA+ e cultura POP, influenciadores digitais que remetem ao estilo de vida saudável, são exemplos de perfis seguidos pela Adidas Brasil, além de outras marcas como Magazine Luiza e times de futebol.

O **Destaque dos** *Stories* remete a produtos da marca para corrida ou uso casual. Dentre essas mensagens, uma delas traz como pauta a sustentabilidade com o tênis Stan Smith, criado nos anos 1970 e agora produzido parcialmente com plástico reciclado. A Figura 33 expõe cenas do audiovisual sobre sustentabilidade com a possibilidade de acessar o site comercial a partir da mídia social.

Figura 32 – Perfil da Marca Adidas Brasil no Instagram

Fonte: o autor com base nos dados do perfil @adidasbrasil no Instagram

As mensagens contam com a presença de artistas, esportistas e influenciadores digitais, seguidos de marcações como #LoveUnited e #NMD. Já nos vídeos longos, o tema esportivo domina, mas as causas estão presentes, principalmente com a valorização da diversidade e temas LGBTQIA+, contendo a divulgação de grupos de esportistas nesse sentido e um programa específico de entrevistas sobre as histórias de preconceitos e superações, comentadas por personalidades da cultura POP, além dos esportistas. O texto do primeiro episódio desse programa resume a proposta:

> Esse é o primeiro episódio da #LoveUnites, nossa mini-série (sic) especial durante a Pride Week. Até sexta, 8 nomes passam por aqui falando abertamente de gênero, rede de afetos, carinhos e, sim, uma série de violências que todos sofrem todos os dias e em todas as horas quando a ignorância se mostra mais viva do que o amor. Hoje, são @crisrozeira e @dorafigueiredo falam de tudo e mais um pouco. Até amanhã (Adidas Brasil, 2020, n.p.).

Figura 33 – Destaque sobre Publicidade de Causa da Marca Adidas Brasil

Fonte: o autor com base nos dados do perfil @adidasbrasil no Instagram

As **Marcações** de seguidores evidenciam imagens predominantemente ao ar livre, em cenários urbanos e litorâneos, de jovens em práticas esportivas ou em posturas demarcadas para a fotografia, com projeção da marca nas vestimentas e tênis. São modelos do seu cotidiano, em que cenários artísticos e paisagens se sobressaem, em sua maioria de pessoas sozinhas, mas que se preparam para a circulação da imagem em grandes grupos.

O que este cenário inicial evidencia é o foco na internacionalização, com diversas contas locais e algumas inserções da cultura regional, mas centralização das informações institucionais. Além disso, evidencia, não apenas na publicidade de causa, mas, já nas demais comunicações do perfil, a diversidade racial, de gênero e sexual.

A publicidade de causa está atrelada a produtos, mas já apresenta criações específicas de mensagens, incluindo conteúdos audiovisuais, com o foco nas discussões desses temas, sem que apresente diretamente produtos da marca. Utiliza linguagem especializada, com a inclusão de símbolos, expressões e marcações (*tags*) específicas dos grupos representados. Há também uma apropriação dos consumidores pelo espírito esportivo e pela imagem de moda, que leva à exposição individual, circulada na comunidade, ainda que não apresente analogia com a superação ou o profissionalismo do esporte, mas, sim, ao uso casual.

A marca registra a movimentação de jovens em torno de novos comportamentos, definindo suas ações a partir desse público, com o uso intenso de intermediários para acessá-lo por meio de signos juvenis, como a música, o esporte, o corpo, o desafio a ser superado, a demonstração de poder, de liberdade para ser quem é, da multiplicidade de identidades. Tanto as representações publicitárias quanto as marcações reforçam a juventude em seu caráter geracional e de espírito do tempo. O contato do homem com a natureza é recorrente nas imagens estáticas e em movimento, em que superar o atual momento é também se conectar ao essencial, ao natural, ao externo, convergente ao *slogan nada é impossível*, divulgado em língua inglesa.

A publicidade de causa representa 22% (18 casos) do total de publicações do período, não seguindo a tendência de publicações gerais. A Figura 34 e a Tabela 3 sintetizam esses dados. Nos meses de julho e agosto, não houve mensagem dedicada à causa no *feed*. Os temas dos demais meses dividem-se, principalmente, entre a pandemia, saúde em assuntos não relacionados à Covid-19, diversidade racial e de corpos, além da pauta LGBTQIA+.

Ainda em menor magnitude, foram apresentados os temas de valorização da mulher, cultura popular, sustentabilidade e antirracismo. Destaca-se também a presença de modelos e celebridades negras quando o tema não aborda causas, distanciando-se do essencialismo e reforçando o posicionamento destacado pelos jovens na primeira etapa, ao relacionarem a marca com a causa antirracista.

Embora o perfil na mídia social evidencie um calendário de varejo tradicional com algumas ações de oportunidade, incluindo causas, já promove temas independentes de padrões do varejo, propondo novas discussões ao longo do período. O tom da comunicação recorre à superação, em publicidade parcialmente atrelada aos produtos, já contendo mensagens ligadas a valores, sem a exposição específica de algum tênis ou alguma vestimenta. O ponto de venda é desconsiderado nas imagens do *feed*, o que é acompanhado pela marcação dos consumidores, já comentada.

Campanhas internacionais beneficiam a comparação de diferentes países e reforçam o envolvimento do público como valores universais. A linguagem é mais conceitual ao ser comparada à empresa de *fast food*, tendo o segmento como influenciador nesse caso, mas – ainda assim – a mídia social é amplamente utilizada como suporte para remeter ao site comercial. Como marcações principais da marca, temos #readyforsport, #LoveUnites e #ICYPARK.

Na etapa de dados arquivais da netnografia, foram avaliados os comentários nas publicidades de causa, também anterior ao *entrée* cultural. Totalizaram 7.631 mensagens nas publicidades de causa da marca, das quais 89,50% estão diretamente relacionadas às causas ou são respostas da empresa aos consumidores. Além disso, 32,68% de todos os comentários, das 18 publicações de causa, citam outro perfil nas suas mensagens, reforçando a condição comunal na mídia social.

Figura 34 – Publicidade de Causa em Relação às Publicações da Adidas Brasil

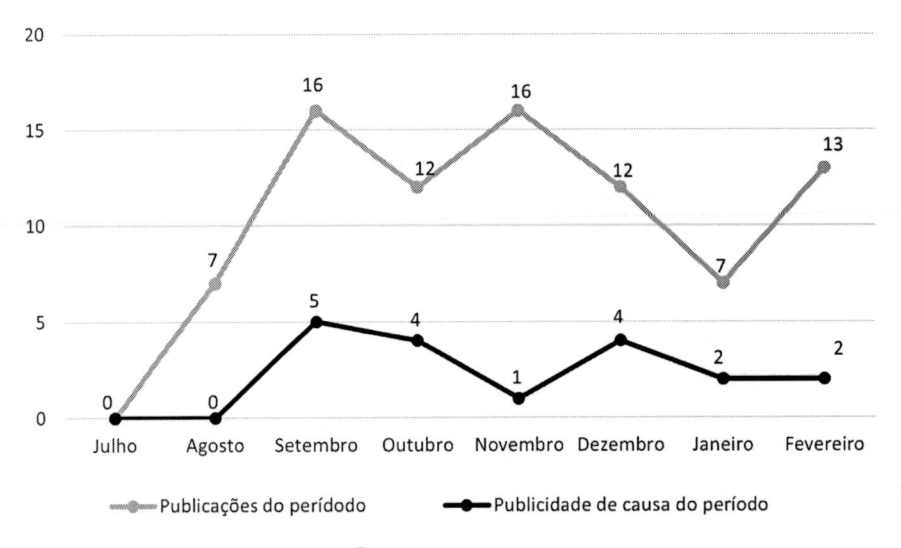

Fonte: o autor

Tabela 2 – Publicações da Marca Adidas Brasil

Causa	Setembro	Outubro	Novembro	Dezembro	Janeiro	Fevereiro	Total
Pandemia	2			3			5
LGBTQIA+	3						3
Saúde		3	1				4
Diversidade		1				2	3
Valorização da Mulher				1			1
Cultura Popular					1		1
Sustentabilidade					1		1

Fonte: o autor

Dos 6.830 comentários sobre causas ou respostas da empresa, 70,28% foram positivos, 29,15% negativos e 0,57% representam as respostas da empresa aos consumidores, conforme a Figura 35. Portanto, comparada à marca anterior, os comentários sobre as causas estão mais presentes, ainda que apresentem mais aspectos negativos percentualmente e interação quase nula da empresa na mídia social com os consumidores. A análise seguiu o procedimento já mencionado de separação dos comentários referentes à causa e às respostas da empresa, além de cada uma das interações dos diferentes atores.

Figura 35 – Hierarquia dos Comentários sobre Causas da Marca Adidas Brasil

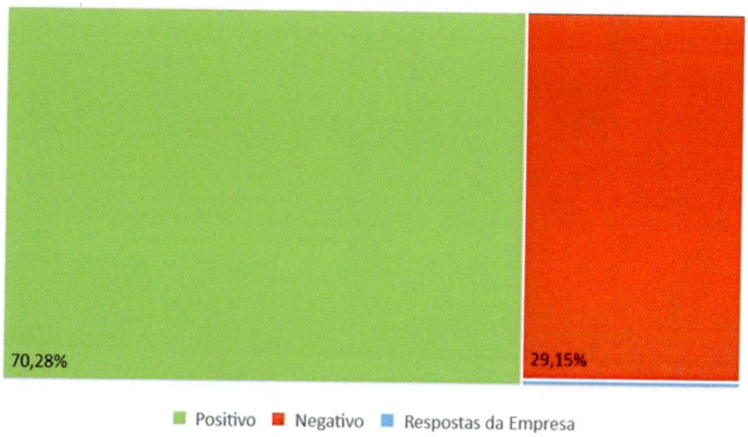

Legenda: ■ Positivo ■ Negativo ■ Respostas da Empresa

70,28% 29,15%

Fonte: o autor

Das mensagens não relativas à causa, sobressaem reclamações sobre a demora ou o não recebimento do produto comprado pelo site, mesmo gerando cobrança. Dessa forma, a solicitação de reembolso e o mal atendimento por falta de respostas da marca mostram reincidência. Os comentários também recorrerem ao Procon e ao encerramento de relações com a marca, incentivando outros membros a não comprarem pelo site ou deixarem de comprar da empresa. Novamente, isso mostra que são cobradas questões fundamentais dos consumidores, mesmo quando o tema abordado é uma causa, o que evidencia a fragilidade dos processos da organização no país e o respeito ao Código Brasileiro de Defesa do Consumidor.

As 18 publicidades de causa estão dispostas a seguir, de forma cronológica da esquerda para a direita e de cima para baixo, na Figura 32. Sobre a causa atribuída à Adidas Brasil na primeira etapa de pesquisa, nenhuma das publicidades versa exclusivamente sobre antirracismo, mas praticamente todas apresentam representações negras, beneficiando temas como pandemia, saúde e diversidade em uma abordagem ampla. **As 18 publicidades de causa do período estão divididas nas seguintes campanhas: ready for sports, #loveunites, outubro rosa, humanrace, latin@s, verão Adidas e Farm, Majambo mulheres, NMD passinho, sempre Stan Smith, coleção Ivy Park.**

Figura 36 – Publicidades de Causa do Período: Adidas Brasil

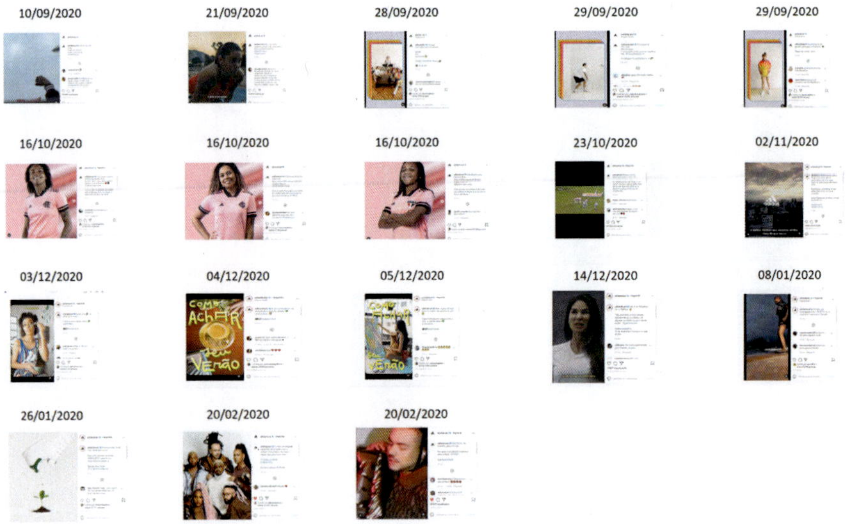

Fonte: o autor, com base nos dados do Instagram

A análise dos comentários sobre a publicidade de causa iniciou pelos posicionamentos positivos, destacando quatro categorias: emoções acionadas; marketing, publicidade e circulação; primazia da causa; primazia do produto. A categoria de Relação Comunal, vista na marca anterior, não está presente, e as causas publicizadas sobressaem não apenas como uma emoção de alegria, orgulho, ou relação de pertencimento, mas agora para discutir e defender uma posição frente à comunidade e à sociedade brasileira.

A diminuição de um ambiente familiar, de encontros ou romances pode ter como uma das influências a própria produção publicitária e o posicionamento de superação utilizado pela marca em direcionamentos individualizados, mais do que grupais, em que as várias identidades e os modos de vida de uma pessoa são exaltados, como já havíamos visto na maioria das marcações presentes com o perfil da marca pelos usuários da mídia social. Assim como a ironia é seguida pelos membros da comunidade Burger King, aqui a superação também está presente nos comentários, mostrando uma aproximação entre a produção publicitária e a interação dos consumidores, um agendamento pela marca.

A categoria **Emoções Acionadas** evidencia um cenário parecido com a marca anterior, em que amor, intenção em manter um relacionamento duradouro com a empresa e *emojis* proliferam-se. Assim, a menção do coração, seja no texto, seja na imagem, é frequente. Ainda nos ícones aparecem palmas em apoio à mensagem, foguete e fogo em adesão às iniciativas, principalmente de atividade física durante a pandemia.

A lealdade à marca ganha traços de submissão e gastos acima dos suportados pelo consumidor, reforçados por frases clichês da internet. Para as publicidades com foco identitário, os *emojis* resgatam o arco-íris para a coleção de produtos do mês do orgulho, a mão fechada para campanhas em que a diversidade de cor é presente e as abelhas para a coleção em parceria com a marca da cantora Beyoncé, referindo-se à sonoridade inicial do nome da artista (*bee*) e aos fãs, reconhecidos como abelhas. A ansiedade é outra emoção acionada, referindo-se às coleções em parceria com outras empresas e às camisas de time de futebol, que retoma a importância dos produtos acima das causas nas interações da mídia social.

"Vendo o pessoal falando que vai mudar pra outra marca. E tu tem dinheiro pra comprar p**** nenhuma. ADIDASSSS EU SOU SUA CADELINHA" (Coleção Ivy Park)

"Já vou adiquirir o meu, três listras sempre" (NMD Passinho)

"Aguardando ansiosamente por esse momento /// 🤚 ❤️ 💧" (Ready for Sport)

"Você brinca com o meu coração ♡" (Outubro Rosa)

"Eu amo uma marca ♡" (Coleção Ivy Park)

"Amo uma marca! 😍" (Sempre Stan Smith)

"♡ ♡ 🎀 🎀 🎀" (Coleção Ivy Park)

"♡ 😍 ♡ 😍 ♡ 😍 ♡ 😍 ♡" (Coleção Ivy Park)

"✊ 💪" (Ready for Sport)

"🌈 ✊ ♡" (LoveUnites)

"🏳️‍🌈🏳️‍🌈🏳️‍🌈🏳️‍🌈🏳️‍🌈🏳️‍🌈🏳️‍🌈" (LoveUnites)

"🎗️🎗️🎗️🚀🚀" (Outubro Rosa)

A ansiedade mencionada por Enne e Procópio (2020) como característica desenvolvida para o mercado de trabalho também é vista para o consumo, no anseio de novos produtos, apontando a premência dos jovens, mencionada por Rocha e Pereira (2009). Em acordo com os mesmos autores, está a característica de autenticidade para ser quem é, explorando a diversidade de orientação sexual, gênero e cor, além da afetividade à marca. A menção monetária contra as críticas à publicidade será avaliada em categorias posteriores. A prática de esporte em um momento mais seguro pós-pandemia, assim como o apoio às causas identitárias e de saúde, destacam-se na categoria.

As interações dos membros também versam sobre **Marketing, Publicidade e Circulação,** elogiando não apenas os produtos, mas as campanhas e o discurso publicitário. Estabelecem como antagonista a Nike, traçando comparações principalmente nas referências aos times de futebol. O sucesso da circulação da mensagem é notificado, expondo quem compartilhou, antecedido da frase *vim pelo @_____*. Para a Adidas Brasil, as personalidades envolvidas nas campanhas ou celebridades favorecerem a interação, seguidas por marcações de produtos, nomes das campanhas, mas também pela vontade em ser patrocinado pela marca ou participar como protagonista das publicidades (#menota).

A cultura popular por meio da música auxilia na interação, com marcação dos artistas participantes, em consonância à primeira etapa da pesquisa que já trazia a música POP como uma das manifestações de modos de vida e de posicionamento frente a causas. Movimento parecido ocorre com os times de futebol como mídia (Teixeira Filho; Souza; Moni, 2020).

"AI MEU DEEEEUS QUE CAMPANHA INCRÍVEL" (Coleção Ivy Park)

"♡ ♡ Apaixonado pela Campanha." (Coleção Ivy Park)

"Eu amo essa campanha 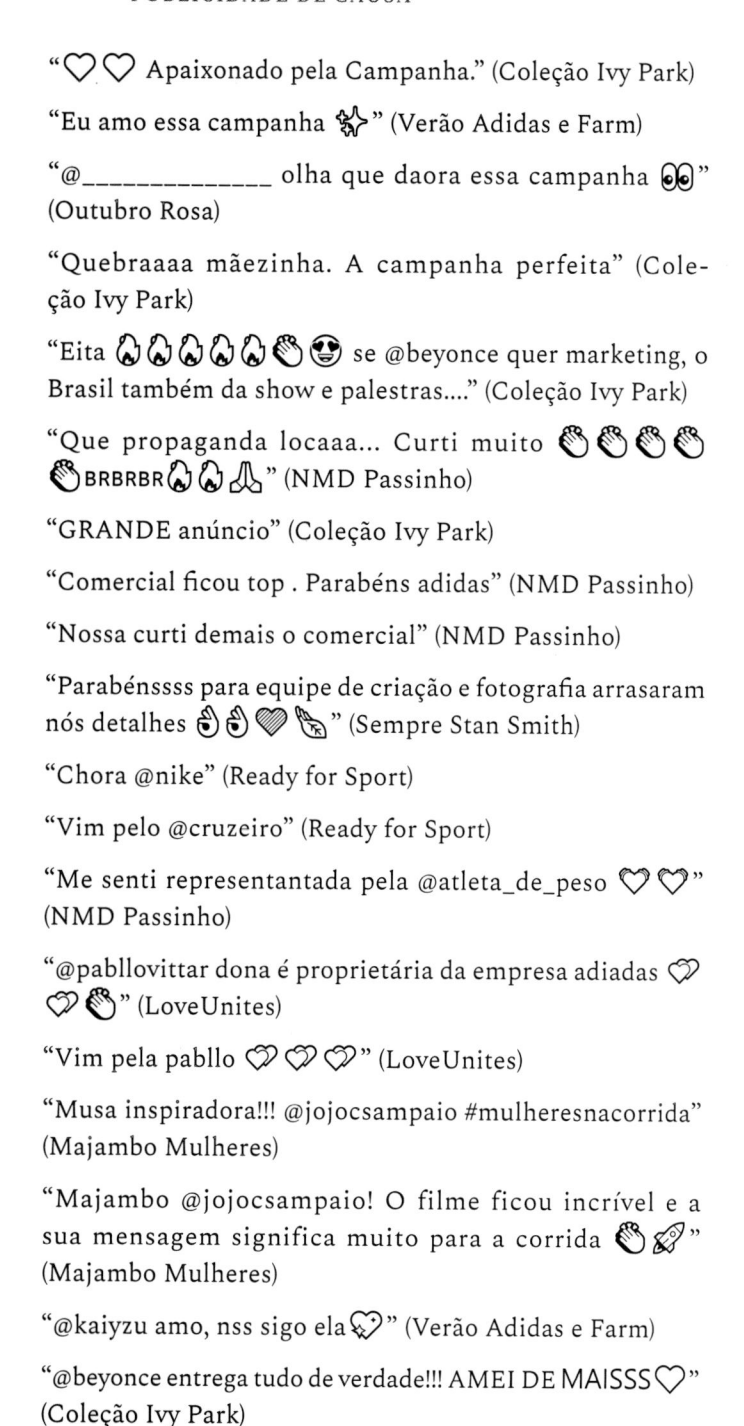" (Verão Adidas e Farm)

"@_____ olha que daora essa campanha 👀" (Outubro Rosa)

"Quebraaaa mãezinha. A campanha perfeita" (Coleção Ivy Park)

"Eita 🔥🔥🔥🔥🔥👏😎 se @beyonce quer marketing, o Brasil também da show e palestras...." (Coleção Ivy Park)

"Que propaganda locaaa... Curti muito 👏👏👏👏👏 BRBRBR🔥🔥🙏" (NMD Passinho)

"GRANDE anúncio" (Coleção Ivy Park)

"Comercial ficou top . Parabéns adidas" (NMD Passinho)

"Nossa curti demais o comercial" (NMD Passinho)

"Parabénssss para equipe de criação e fotografia arrasaram nós detalhes 👌👌🖤👏" (Sempre Stan Smith)

"Chora @nike" (Ready for Sport)

"Vim pelo @cruzeiro" (Ready for Sport)

"Me senti representantada pela @atleta_de_peso ♡ ♡" (NMD Passinho)

"@pabllovittar dona é proprietária da empresa adiadas ♡ ♡ 👏" (LoveUnites)

"Vim pela pabllo ♡ ♡ ♡" (LoveUnites)

"Musa inspiradora!!! @jojocsampaio #mulheresnacorrida" (Majambo Mulheres)

"Majambo @jojocsampaio! O filme ficou incrível e a sua mensagem significa muito para a corrida 👏🚀" (Majambo Mulheres)

"@kaiyzu amo, nss sigo ela♡" (Verão Adidas e Farm)

"@beyonce entrega tudo de verdade!!! AMEI DE MAISSS♡" (Coleção Ivy Park)

"Adidas me nota 🙏⚽BR #menota" (Ready for Sport)

"Show!!!! #readyforsport" (Ready for Sport)

"@diegoalves me da um chuteira sua ou uma luva sou goleiro jogo na rua descalço sou seu fã melhorar para vc 😍 😭 😭" (Ready for Sport)

A circulação por meio de marcações, além da maior interação com a publicidade de causa do que nas outras comunicações, evidencia o resultado positivo. Outra característica de circulação é a identificação com iniciativas parceiras da marca, como o Atletas de Peso e o envolvimento do público feminino por meio de publicidade direcionada a elas. **Nesse sentido, as cenas e culturas juvenis embasadas pela música e liberdade individual voltam à tona** (Kehl, 2004; Lipovetsky; Serroy, 2015), a cultura drag mencionada na primeira etapa também. As características das mídias sociais são ressaltadas nos exemplos, em que as premissas de visibilidade e circulação (Boyd, 2014) são acionadas pelos jovens com a menção de perfis de celebridades e marcações.

A categoria de **Primazia da Causa** aparece como discussão dos temas abordados, não somente como orgulho por ser incluído de forma identitária, mas também por comentar a importância do tema e as reações de outros membros do grupo. Essas interações, nem sempre harmoniosas, evidenciam as lutas por reconhecimento, principalmente na publicidade dedicada ao Outubro Rosa, campanha de prevenção ao câncer de mama, e na publicidade da coleção em conjunto com a marca Ivy Park, da artista Beyonce, protagonizada pelo grupo Batekoo[19]. A primeira em contradição à cor rosa da camiseta em enunciações homofóbicas, em contraste com a legitimidade da causa na área da saúde; a segunda pela diversidade de orientação sexual e corpos, mas, principalmente, de cor, retomando a identidade como central na interação dos jovens com a publicidade de causa.

Nessa classificação, estão igualmente presentes o alento pelo retorno de atividades físicas ao ar livre no contexto pandêmico e a união e ajuda ao próximo, promovidas pelas mensagens de membros do grupo. Dessa forma, a publicidade aciona a possibilidade de acesso a outros públicos e causas pelos comentários. Torcedores de times concorrentes elogiam as iniciativas, valorizando a saúde por meio do esporte. Bandeira do orgulho *gay* e histórias de vida são compartilhadas como superação de um momento passado, em que o panorama não era positivo. A poli-

---

[19] A descrição do perfil no Instagram apresenta o projeto da seguinte forma: BATEKOO – Maior plataforma pensando e propondo entretenimento, cultura e informação por e para juventude urbana, negra e LGBT+ do Brasil. BR linktr.ee/batekoo (Instagram, 2021e)

tização institucional, desconsiderando as questões identitárias, é quase inexistente na defesa das causas, com exceção a uma menção ao *kit gay*[20].

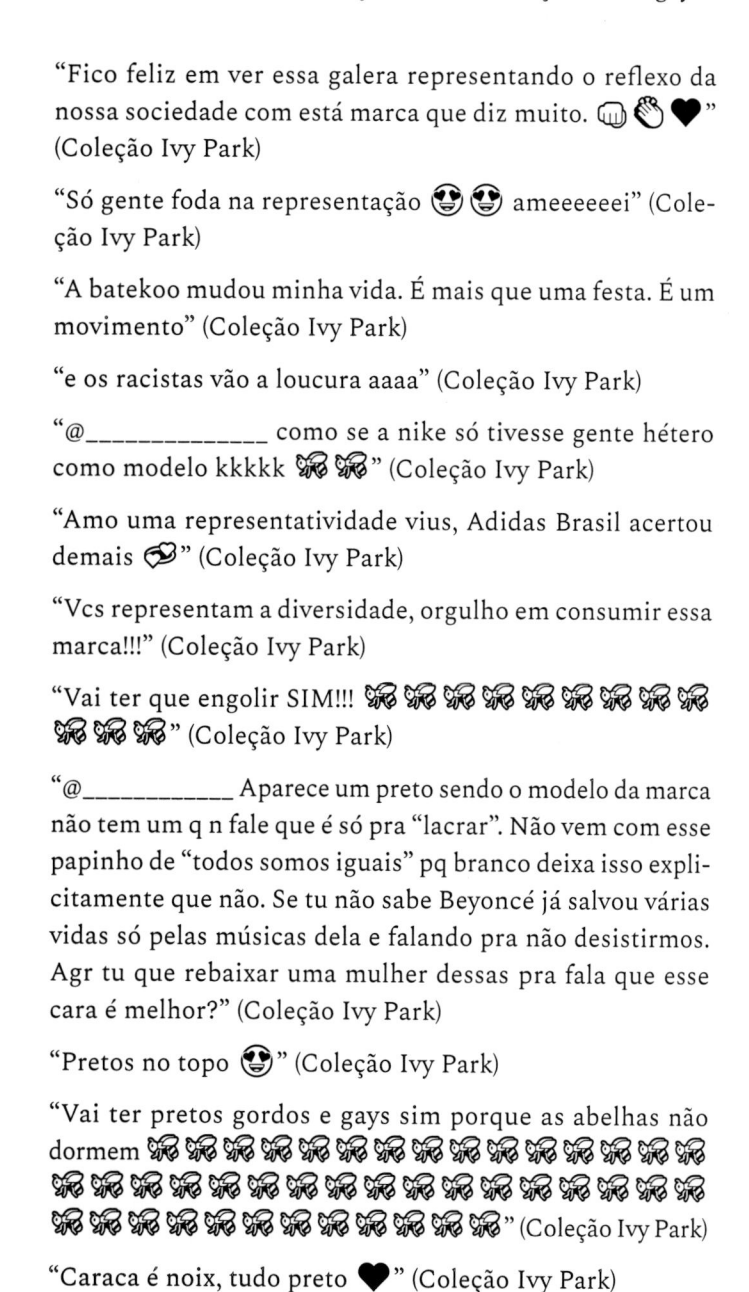

"Fico feliz em ver essa galera representando o reflexo da nossa sociedade com está marca que diz muito. 👏🤛❤️" (Coleção Ivy Park)

"Só gente foda na representação 😍😍 ameeeeeei" (Coleção Ivy Park)

"A batekoo mudou minha vida. É mais que uma festa. É um movimento" (Coleção Ivy Park)

"e os racistas vão a loucura aaaa" (Coleção Ivy Park)

"@_____ como se a nike só tivesse gente hétero como modelo kkkkk 🦋🦋" (Coleção Ivy Park)

"Amo uma representatividade vius, Adidas Brasil acertou demais 🤙" (Coleção Ivy Park)

"Vcs representam a diversidade, orgulho em consumir essa marca!!!" (Coleção Ivy Park)

"Vai ter que engolir SIM!!! 🦋🦋🦋🦋🦋🦋🦋🦋🦋 🦋🦋🦋" (Coleção Ivy Park)

"@_____ Aparece um preto sendo o modelo da marca não tem um q n fale que é só pra "lacrar". Não vem com esse papinho de "todos somos iguais" pq branco deixa isso explicitamente que não. Se tu não sabe Beyoncé já salvou várias vidas só pelas músicas dela e falando pra não desistirmos. Agr tu que rebaixar uma mulher dessas pra fala que esse cara é melhor?" (Coleção Ivy Park)

"Pretos no topo 😍" (Coleção Ivy Park)

"Vai ter pretos gordos e gays sim porque as abelhas não dormem 🦋🦋🦋🦋🦋🦋🦋🦋🦋🦋🦋🦋🦋🦋🦋 🦋🦋🦋🦋🦋🦋🦋🦋🦋🦋🦋🦋🦋🦋🦋🦋 🦋🦋🦋🦋🦋🦋🦋🦋🦋🦋🦋🦋" (Coleção Ivy Park)

"Caraca é noix, tudo preto ❤️" (Coleção Ivy Park)

---

[20] Referência ao projeto Escola sem Homofobia, com orientações sobre sexualidade e respeito à diversidade, contestada por políticos conservadores e setores da sociedade como material de coerção da orientação sexual, sendo referido como um *kit gay*.

"E QUEM NÃO AGUENTA QUE CORRA" (Coleção Ivy Park)

"Ontem, estive na loja da Adidas que fica no Shopping Light aqui em SP.

Fui atendida pela vendedora trans Carol.

E passei aqui para dizer que não fui só atendida e sim que fui MUITO BEM ATENDIDA. Carol me atendeu com muita simpatia e profissionalismo.

Então eu estou aqui para dizer que fiquei muito feliz com a iniciativa da Adidas 👏 👏 👏 👏 eu e meu marido clientes fiéis da Nike, fomos positivamente impactados pela iniciativa de vocês. Compramos, voltaremos para comprar mais e indicaremos a Carol para todos os amigos que pudermos.

E passei aqui para dizer isso porque iniciativas assim precisam ser celebradas e precisamos reverberar a nossa satisfação para que outras marcas se sintam seguras em contratá-las também.

A gente quer ver trans, negro, gays... todo mundo com oportunidade de trabalhar. Porque capacidade nós sabemos que eles tem.

Parabéns, @adidasbrasil 👏 👏 👏" (Coleção Ivy Park)

"Só os chorume da sociedade se mordendo aqui KKKK ponto p Adidas 😍 😍 😍 😍 😍" (Coleção Ivy Park)

"Os héteros inseguros não aceitam que NÓS LGBTQIA+ estamos dominando o MUNDO 🌍 hahahaha beijos de LUZ 💡" (Coleção Ivy Park)

"Pretos em destaque incomoda né? Pode botar mais que tá pouco ♡ 👏" (Coleção Ivy Park)

"era esse kit gay que eu queria 😍 😍 😍 😍 😍 😍 😍 😍 😍 😍 😍 🎀 🎀 🎀 🎀 🎀 🎀 🎀 🎀 🎀 🎀 🎀 🎀 🎀" (Coleção Ivy Park)

"@_____ quando tem diversidade as pessoas com preconceito se sentem ameaçadas pq não aceitam ver pessoas felizes e de sucesso conseguir mais doq elas. Pode ir lá querido, pq ninguém sente sua falta aqui 🎀 🎀 🎀 🎀 🎀 🎀 🎀 🎀" (Coleção Ivy Park)

"@_____ Quem está chorando no post de uma foto inclusiva com várias pessoas diferentes em uma grande marca criada por uma pessoa negra é você" (Coleção Ivy Park)

"Vamos com tudo @adidasbrasil 🤜 ⚽ 🤚" (Ready for Sport)

"Vamos voltar com tudo 🙌 ♥ 🙏 🖐" (Ready for Sport)

"União 🧿 sempre ajudando o proximo ♡" (Ready for Sport)

"@_____ então vamos consagrar isso, não ficar causando aqui porque a coleção ainda não chegou 🙄, uma hora vai chegar, qd chegar vocês compram tudo, vamos focar no agora, no projeto do post, e não na coleção que ainda não chegou, vocês estão sem roupa pra tanto alvoroço, eu hein" (Latin@s)

"@_____ quem puder seguir e dar uma força pro projeto 🙏 🤚" (Sempre Stam Smith)

"Quando a causa é tão braba quanto o Manto. ♡ ♥" (Outubro Rosa)

"Lindo e com propósito! Esse eh o futuro! 🤍" (Sempre Stam Smith)

"Parabéns @adidasbrasil e aos times que apóiam essa causa 👏 👏 Fiz tratamento por 5 anos no @_____ e sei o quanto é importante esse empenho em colaborar 🙌 🙌 Toda ajuda é bem vinda e reflete positivamente para os pacientes acolhidos pelo Hospital !!! Nota 1000 por essa iniciativa 👍 👍 e nota 0 para quem ainda faz piada com um assunto de tamanha relevância 👎 👎" (Outubro Rosa)

"Sou Corinthians e deixo meus parabéns a Adidas e São Paulo." (Outubro Rosa)

"@_____ começa a ler um pouco vai saber oq é o câncer de mama e entenda a ação da adidas e do sp, perdi minha mãe pra essa doença é com toda ctz irei comprar." (Outubro Rosa)

"@_____ só homem que não tem masculinidade frágil usa isso ;)

Quem não apoia a causa tem medo de cores.. 🤘 🤘" (Outubro Rosa)

Os comentários estabelecem um nós *versus* eles, com a polarização na cena publicitária, em que os grupos associados às publicidades – negros, LGBTQIA+ e mulheres – questionam seus antagonistas: brancos racistas, héteros inseguros e homens homofóbicos e machistas. Embora se sobressaiam os argumentos afirmativos (Fraser, 2001) no que tange ao reconhecimento (Honneth, 2017), uma discussão inicial é alcançada pela interação entre atores, em que, ao lutar pelo reconhecimento, o argumento do ressentimento é explicitado pela ameaça que o sucesso de pessoas até então excluídas direciona aos grupos antagônicos.

Outra constatação é a de que a representatividade na publicidade gera discussão sobre mudanças também nos ambientes físicos da loja, em um assunto intensamente discutido na primeira etapa como temor juvenil: a empregabilidade. Os jovens evidenciam também que a militância digital não tende a diminuir, ao falar que as abelhas não dormem e sobre o futuro como a junção da estética com a ética, ao menos aos olhos do consumidor.

As micronarrativas, o cotidiano atrelado à marca e os sentidos mais amplos do que apenas comercial figuram nas inserções de histórias de vida e casos narrados. A mudança de vida pelo movimento Batekoo é outra menção que reforça a escolha da marca em projetos profícuos de potencial de sentido nas vivências juvenis, novamente colocando a música e diversidade como questões essenciais do nosso tempo. Nessa condição, os multivíduos citados por Canevacci (2005) e a experimentação de vários grupos das microculturas juvenis (Ferreira, 2008; Guerra; Quintala, 2016) podem auxiliar na visualização dessas discussões e ampliar a participação não apenas para quem está vinculado de forma identitária a essas causas.

O espírito de união é conquistado pelo esporte, em meio à prioridade das questões individuais. O valor de autenticidade da marca, atrelado à causa e aos consumidores, é sustentado na defesa de que a empresa foi criada por um homem negro. A mestiçagem brasileira está presente no comentário de que a diversidade identifica a sociedade local, e, mais do que isso, os defensores da publicidade comparam os críticos da diversidade à decomposição de resíduos.

Apesar da discussão em torno das causas, os produtos também têm destaque nas publicidades e interações, o que leva novamente à categoria de **Primazia do Produto**. Nesta classificação, estão os elogios aos produtos, em que a compra é expressa juntamente com a falta de dinheiro ocasionada por ela.

Mesmo nas publicidades de causa sem um produto específico, os comentários ignoram os temas e questionam sobre a chegada de novas coleções e peças, incluindo a disponibilidade em lojas específicas. O ato de presentear é enunciado na campanha do Outubro Rosa, com marcações de outras pessoas para ganhar o produto, geralmente jovens casais. Torcedores de outros times também pedem para a marca confeccionar a edição limitada da camiseta rosa. Lojistas esportivos aproveitam as publicações para entrar em contato com consumidores e comercializarem os produtos divulgados. Outra característica acionada nessa categoria é a vontade dos membros em realizar um ensaio para a marca, utilizando os produtos, isto é, ser modelo por um dia.

> "Essas peças de vinil, estou enlouquecida! Não tem nada no site ne? 😍" (Coleção Ivy Park)

> "#adidasxivypark hinoooo 🤍 🤍" (Coleção Ivy Park)

> "Queria fazer parte de um ensaio assim, pq acho que eles ganham algumas peças de roupa depois das fotinhos 😂 😂 tá faltando representatividade pra pessoas feias, só tem gente bonita aí, aceito de boas preencher a vaga na próxima coleção 🤙" (Coleção Ivy Park)

> "Queria tirar foto com a blusa @adidasbrasil 👏 👏 👏" (Outubro Rosa)

> "leve todo o meu dinheiro dona beyoncé 🤍 🤍 🤍 🤍" (Coleção Ivy Park)

> "Meus boletos que lutem pois meu próximo salário já tem destino certoooo" (Coleção Ivy Park)

> "Quando chega o Adizero Adios pro? @adidasbrasil" (Ready for Sport)

> "Pintou uma coleção lindaaaa pro verão!!! 🤍" (Verão Adidas e Farm)

> "A camisa mais linda #flamenguistasempre" (Outubro Rosa)

> "Quero esse corta vento 😊" (LoveUnites)

> "Já quero esse tênis 👟!!!" (LoveUnites)

> "Qual é o modelo desse super star " (LoveUnites)

"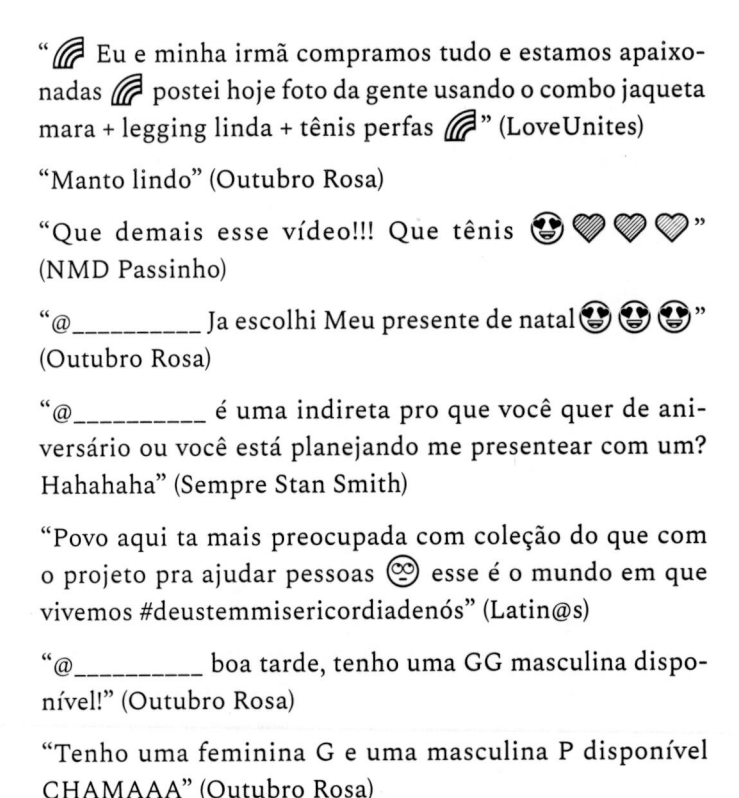 Eu e minha irmã compramos tudo e estamos apaixonadas postei hoje foto da gente usando o combo jaqueta mara + legging linda + tênis perfas" (LoveUnites)

"Manto lindo" (Outubro Rosa)

"Que demais esse vídeo!!! Que tênis" (NMD Passinho)

"@_____ Ja escolhi Meu presente de natal" (Outubro Rosa)

"@_____ é uma indireta pro que você quer de aniversário ou você está planejando me presentear com um? Hahahaha" (Sempre Stan Smith)

"Povo aqui ta mais preocupada com coleção do que com o projeto pra ajudar pessoas esse é o mundo em que vivemos #deustemmisericordiadenós" (Latin@s)

"@_____ boa tarde, tenho uma GG masculina disponível!" (Outubro Rosa)

"Tenho uma feminina G e uma masculina P disponível CHAMAAA" (Outubro Rosa)

A percepção da marca como uma produtora de bens é regulada pelos comentários nas publicidades de causa, que reforçam a questão de dependência e limitação financeira vista na primeira etapa da pesquisa. Isso é verdade para as classes B1, B2 e C1, em que qualquer produto é considerado para compra, desde que seja de marca. Já para as classes basilares, o preço é considerado antes de qualquer preferência à marca.

É relevante notar que não basta ter o produto, pois muitas vezes a aquisição é parte secundária, mas a participação na campanha da marca com uma foto que simbolize as representações desse consumo é mais significativa nas expressões vistas nos comentários. Assim, passam a ser parte do produto e da marca na construção de uma subjetividade mediada por ela, em que a midiatização do consumo parece resolver de forma amadora essa questão, na exposição de marcações com fotos utilizando o produto e no uso de *hashtags*.

Os produtos são acionados como dispositivos capazes de mudar o estado de normalidade dos membros da comunidade, ao enlouquecerem ou precisarem muito desse objeto. A crítica aos perfis que só enxergam o produto vem de um usuário sem foto humana e com um salmo como sua descrição. Dessa forma, a religião combateria o olhar apenas ao bem físico, ao estilo de vida celebratório por meio de produtos.

No caso Adidas Brasil, as interações negativas relacionadas à publicidade de causa foram superiores ao caso anterior. Elas evidenciam os argumentos utilizados na defesa de cada uma das partes, expondo a percepção da marca, mas também da comunidade em torno de questões envolvendo o público e o privado. **As categorias evidenciadas nas intera-ções negativas com a Adidas Brasil são: negação da causa; monetização; experiência negativa; marketing, publicidade e circulação.** Três das categorias vistas anteriormente repetem-se, com exceção de evidência física e Covid-19, que abre espaço para a monetização. Compreensível, considerando a possibilidade de entrega de produtos por diversas lojas sem a necessidade de franquias, nem a prestação de um serviço em que a inseparabilidade entre produção e consumo (*fast food*) está presente.

A **Negação da Causa** remete, principalmente, aos temas identi-tários de diversidade. Retomam ainda casos de trabalho irregular da Adidas e a desdenha do discurso de causa para direcionar a importância ao produto, reforçando a primazia em um tom de cobrança industrial. Caixa alta é observada nessas reações como intensidade da fala. A fuga para a maior concorrente ou a ação de deixar de comprar pela defesa de causas, principalmente na coleção Ivy Park, é recorrente. Outra interação que gerou bastante discussão foi a cor da camiseta de edição especial do São Paulo Futebol Clube ser atribuída como adequada aos torcedores do time de maneira homofóbica.

"Até quando vão usar trabalho forçado de mulçumanos uigures para fornecer algodão?" (Ready for Sport)

"Estamos em uma época estranha, Adidas, muito estranha..." (LoveUnites)

"Deu certinho com o São Paulo 😂😂😂" (Outubro Rosa)

"até que combinou com o são paulo kkkjkkkkkk" (Outubro Rosa)

"Caiu bem com o time do São Paulo 😂😂" (Outubro Rosa)

"blz mas cadê a coleção ivy park???????" (Latin@s)

"Ok e a coleção da Beyoncé meu anjo? Depois eu corro" (Latin@s)

"Acaba com a nossa cultura isso. 😫😫😫😫" (NMD Passinho)

"Homenagem a Bahia sai quando??? Maiores consumidores das três listras tá aqui" (NMD Passinho)

"E o que faz homenagem a Minas gerais? Hehe" (NMD Passinho)

"@_____ outra coisa, aqui é a página de uma marca, não é uma página voltada a projetos sociais então é normal é bem aceitável que as pessoas estejam aqui interessadas em consumir os produtos da empresa, não 100% em projetos sociais. Você não deveria ficar tão horrorizada e colocar # envolvendo Deus, sendo que você que tá cobrando coisa no lugar errado. Talvez se fosse na página de alguma igreja aí sim não faria sentido as pessoas cobrarem seus interesses ao invés de focar no projeto social em questão. Como aqui é uma página de uma marca sua reclamação não faz tanto sentido. No caso quem está causando é você." (Latin@s)

"Bizarro" (Coleção Ivy Park)

"Boa sorte na rua augusta" (Coleção Ivy Park)

"nunca mais compro Adidas 😂😂" (Coleção Ivy Park)

"Na segunda foto é um hipopótamo ou um Rinoceronte?" (Coleção Ivy Park)

"HAHAHAHAHAHAHAHA Q HORROR. agora se não tiver GORDO, GAY E NEGRO a galera da LACRAÇÃO CAUSA então melhor colocar. Parabéns Adidas ficou uma BOSTA." (Coleção Ivy Park)

"Quem lacra não lucra..." (Coleção Ivy Park)

"Empresa de artigos esportivos apoiando a obesidade ksksksks Nike >>>>" (Coleção Ivy Park)

"O Pelé é um negro que teve todas as raças como súditos. Parou guerra, foi recebido e homenageado pela rainha da Inglaterra e tudo mais. As minorias como as negras, LGBT, Black Lives Matter, feministas, indígenas...não passam de seres humanos instrumentalizados como massa política para a cruzada por novos direitos e de interesses próprios.

Todos estes direitos de protestos e de crenças não podem existir do outro lado do mundo (comunista ou ditaduras). O Cavalo de Tróia da contracultura cega a nossa civilização." (Coleção Ivy Park)

"Que 💩. Como achar uma pessoa obesa (doente) de linda ...... Pqp" (Coleção Ivy Park)

"🤮🤮🤮🤮🤮" (Coleção Ivy Park)

"Que 💩💩💩💩" (Coleção Ivy Park)

Os dados convergem para a desumanização nas relações de preconceito, assim como pressão e controle ao corpo feminino com gordofobia, ambas enunciadas igualmente na primeira fase, por meio das vivências juvenis. Outro posicionamento é a dicotomia vista pelos membros da comunidade entre obesidade e esporte, exigindo a padronização de representações com o argumento de que a pressão de minorias tem o intuito de *lacrar*, isto é, desencadear uma reação que arrase com algo estabelecido, performar acima do que é esperado, teatralizar, isolar, fechar, ou terminar com o assunto. Nesse sentido, ocorre a generalização das reivindicações de reconhecimento como desnecessárias. O contraponto acontece pela menção do perfil @atleta_de_peso e pela representação da celebridade dona da marca. A negação da causa abre poucas brechas à discussão, principalmente na linguagem imagética dos *emojis* e da cultura brasileira que nega o popular.

As territorialidades são expressas, exigindo homenagens a outras regiões do Brasil, além do Rio de Janeiro. Aparece também na indicação da Rua Augusta como local de diversidade, mas em expressão negativa, fazendo coro à lacração mencionada anteriormente. Ofensas e xingamentos evidenciam expressões negativas do reconhecimento social. Outro ponto é o lugar da marca como função primeira da justificação industrial (*cité* industrial), em que os produtos são sobrepostos às causas mencionadas, e a resposta de boicote, uma solução ao posicionamento da marca divergente do consumidor.

O individualismo também se apresenta na figura do jogador de futebol Pelé, negando a associação em grupos e estabelecendo a comparação entre capitalismo e comunismo, mas negando, assim, a existência de preconceitos, em posição diferente de Rand (2011), ainda que parta de um argumento semelhante. A ênfase da escrita com caixa alta é vista na negação da causa como alteração do padrão de enunciação, seguida de xingamento.

Para a marca, surge no aspecto negativo também a questão dos preços, em que o questionamento da monetização é exposto em contraste com a inspiração popular para produtos, ou o auxílio de causas. Embora tenha sido a menor magnitude entre as categorias, a **Monetização** contesta até que ponto a comercialização pode, de fato, auxiliar causas e não apenas se utilizar delas como fonte de inovação sem o acesso democrático aos produtos.

Paradoxalmente, na defesa das causas, o argumento do custo monetário dos produtos é utilizado como justificativa para desqualificar quem critica os temas abordados. Ou seja, como aquele consumidor não teria dinheiro para adquirir o produto, então não poderia opinar sobre. Assim, a discussão da publicidade de causa estaria reduzida ao poder de consumo, mais do que exercício da cidadania, recordando a abordagem de distribuição de renda e posições afirmativas e transformativas de Fraser (2001a), que não modificam o cenário, apenas geram outra falta de reconhecimento e individualismo.

"@_____ aposto que nao tem dinheiro pra comprar uma meia" (Coleção Ivy Park)

"Não adianta falar que prefere Nike se não tem dinheiro pra comprar e usa falsificado" (Coleção Ivy Park)

"Só queria ter money pra poder comprar esses looks babados" (Coleção Ivy Park)

"Só faltaram fazer com que os preços fossem acessíveis tbm. ✌️☺️" (Coleção Ivy Park)

"O comercial é na "comunidade" já o preço é de burguesia 😂" (NMD Passinho)

"@_____ pena que o preço é uma facada!" (Outubro Rosa)

"Infelizmente vocês não tem preços acessíveis! Os produtos são excelentes..." (Verão Adidas Farm)

"@adidasbrasil Não adianta nada levantar a bandeira de sustentabilidade e ecologicamente correto, se os preços não são atrativos! Melhor comprar um novo com preço mais competitivo..." (Sempre Stam Smith)

A limitação financeira que contrasta com o desejo por marcas está presente, assim como na primeira fase da pesquisa. **A questão monetária é usada para o não reconhecimento, mas também na contestação da empresa para que reveja sua tática nesse sentido, desqualificando a publicidade que não detalha essa informação.** Por essa condição monetária, ligada à *cité* mercantil e industrial, é que o uso do popular na comunicação é visto como oportunista.

Esses exemplos reforçam novamente os limites do consumo para transformar realidades e levar a um efeito último em relação à causa. A crítica do consumidor chega ao ponto de expressar que, antes de investir em causas, é preciso rever os valores monetários praticados. Em certa medida, esse posicionamento revela como lutas culturais precisam andam em conjunto às questões de redistribuição.

A **Experiência Negativa** expressa a condição de mau atendimento do consumidor em elementos do composto mercadológico, principalmente a entrega de produtos adquiridos pelo site, o cancelamento de compras e a falta de resposta às reclamações. Outra condição da categoria é a percepção de que determinados clubes de futebol são renegados a menos itens por não estarem no Rio de Janeiro ou São Paulo. Tendo em vista essas experiências negativas, os membros chamam outros para o boicote às compras.

> "Lindo video, pena que não entregam os produtos e o atendimento ao consumidor é um LIXO!!!! Ninguém responde..." (Ready for Sport)

> "O que adianta a coleção ser linda, e pós um venda um horror! Ninguém responde ou atende. A própria adidas vende e cancela o pedido e não devolve o dinheiro! É muita sacanagem com o próprio consumidor! Que vergonha heim @adidasbrasil @adidas ?? #naocompreadidas" (Verão Adidas e Farm)

> "OLÁ ! Poderiam responder o direct por favor ?!" (Hunanrace)

> "Fica lançando produto sem resolver problema dos clientes.... Não recomendo a ninguém comprar no site, se der qualquer tipo de erro a gente que se vire... Tô com uma camisa aqui que cabem 4 de mim e a Adidas não responde, um erro que foi deles (que mandaram número e modelo errados)" (Outubro Rosa)

"Adidas querendo ser politicamente correta e nem entrega seus pedidos!!! Tô parando com vcs!!!" (Loveunites)

"Tudo tão lindo né 🤩 Pena que eles CAGAM pro cliente no pós compra!" (Loveunites)

"Lindo... pena que o atendimento de Adidas é péssimo. Perderam meu pedido no processo de envio e vão demorar 60 dias para me reembolsar ao invés de reenviar o pedido. Fora toda a enrolação.... Não tem ninguém que trabalha aí afim de resolver problemas que vcs criam, @adidasbrasil ??" (NMD Passinho)

"A causa é nobre , mas o fornecedor não foi compatível com ela, linda camisa e péssimo planejamento , compraria fácil. @adidasbrasil @scinternacional" (Outubro Rosa)

"Estranho que esgotou só a do Inter né? O lote foi feito na mesma quantidade @adidasbrasil ?" (Outubro Rosa)

"Fizeram poucas camosas do inter por isso esgotou rápido enquanto as do São Paulo e Flamengo ainda tem disponível, desrespeito com nossa torcida." (Outubro Rosa)

"@adidasbrasil e cadê a camisa masculina do inter que não tem em lugar nenhum pra comprar .... faltando seriedade no trabalho aí ?" (Outubro Rosa)

"Adidas Brasil ou vcs são incompetentes ou coniventes? Vender e não conseguir entregar em 2020??? So vcs mesmo!!! 👏👏👏" (Majambo Mulheres)

"Porque é tão dificil trocar um produto no site de vcs?? Eu ligo, vcs mandam entrar no chat, entro no chat vcs informam que nao tem como atender....surreal! Eu so quero trocar um produto, como faço???????" (Humanrace)

"Triste ver uma empresa grande como essa que não respeita os clientes!! O tênis do meu esposo tá atrasado há 2 meses e ninguém toma nenhuma providência, nem mandam outro, nem reembolsam o valor (que não foi barato) nem acham o pacote e o SAC só faz enrolar.. NÃO COMPREM ONLINE!" (Humanrace)

"NÃO COMPREM DO SITE DELES. NÃO ENTREGAM E NÃO DE DÃO QUALQUER SATISFAÇÃO. JÁ ESTOU NO MEU TERCEIRO PROTOCOLO DE ATENDIMENTO EM DIAS E NADA!!!! Jesus! Pena q não vi os comentários antes de comprar nesse site/app, mais uma aqui q caiu no golpe do produto comprado e não entregue. Adidas não resolve (3 semanas já e nem uma previsão)" (Outubro Rosa)

"Que vergonha viu @adidas, um vestido assinado pela @ beyonce vir assim com defeito, costura toda desfazendo, paguei caro no produto, esperava que no mínimo viesse sem defeito." (Coleção Ivy Park)

O território como identidade é visto novamente nas menções do time Internacional, do Rio Grande do Sul, sobre a produção de poucas peças da coleção sobre Outubro Rosa. Os consumidores acionam a linguagem digital para circular sua insatisfação e reação de cancelamento de compras, com marcações de celebridades. **Novamente fica evidente o que foi comentado por Taschner (2009) em que demandas de qualidade de vida são comunicadas sem que as demandas básicas do respeito e imputabilidade do consumidor estejam sanadas.** A alteração da enunciação por caixa alta é novamente vislumbrada, com menos xingamentos comparados à negação da causa, ainda que existam.

Por fim, **Marketing, Publicidade e Circulação** retornam como características de percepção da comunicação pelo consumidor, mesmo nomeando, muitas vezes, como marketing. Nessa categoria, estão o confronto do maior concorrente como sendo melhor do que a marca e a crítica direta às campanhas do período, ainda que não apresentem muitas justificativas. Além disso, o futebol articula, novamente, a maior participação, criticando o produto de edição limitada, referente ao Outubro Rosa, por ser igual ao dos demais times. Questionam, ainda, o uso de gênero neutro na escrita e utilizam-se de *emojis* de vômito e fezes para indicar contrariedade às campanhas.

Ao marcar um jogador como influenciador digital, a marcação errada também foi criticada. Os comentários ressaltam a cobrança pela visibilidade dada a um jogador condenado por estupro e, além dessa vigilância de marca, uma pequena movimentação para solicitação de apoio de outras causas. Algumas *hashtags* aparecem para propor circulações às publicidades do período, como #apoieofutfeminino, #nikeforever e #adidaslixo, e reforçam as diferenças de gênero e a comparação com o concorrente.

"Todxs" lacrômetro a 1000/Hr aff" (Outubro Rosa)

"TODXS É MEU PAU" (Outubro Rosa)

"Todxs, 🏌🏌🏌 " (Outubro Rosa)

"Vcs vão seguir a página do estuprador @robinho ??? 😭 😭😭😭 Não acredito q vcs vão apoiar um esgoto humano desses" (Outubro Rosa)

"@brunasobreiro_ eles estão cancelando, empresa tão grande, mas aqui no Brasil é um lixo. Por isso prefiro a nike" (Humanrace)

"@nike é melhor" (Ready For Sport)

"Sentindo saudade da nike já. Como assim não haverá novo lote?????" (Outubro Rosa)

"Cadê o casaco do que jogada???" (Loveunites)

"@adidasbrasil cadê as roupas 2gg?" (Loveunites)

"Fizeram a mesma camisa para Inter, SP e Fla. A causa é nobre mas a preguiça na criação é evidente." (Outubro Rosa)

"Adidas sem criatividade e faz a mesma camisa para Flamengo e São Paulo..." (Outubro Rosa)

"Parabéns Adidas criatividade 100% só muda o símbolo" (Outubro Rosa)

"Diego Alves é sacanagem, é Diego Ribas" (Outubro Rosa)

"Marcaram o Diego Alves no lugar do Diego Ribas 😂😂 😂" (Outubro Rosa)

"Ao invés de gastar tanto em marketing patrocinando cantores e influencer poderiam investir no pós venda, cadê minha camisa??????? Não encontro no site pq não consigo acessar, não está no rastreio que me passaram com a transportadora, único lugar que encontro ela é na fatura do meu cartão, sdds quando meu time não era adidas" (Humanrace)

"Como as maioria das grandes empresas vocês são puro Marketing, organização um lixo! Vai arrumar aquela merd@ de Site e banco de dados e manda embora o responsável pelo E-commerce antes que piore as coisas. E fica como dica pra vocês se atualizaremno mundo do T.I.: Usem o Kubernetes na Infra como código, porque é o melhor, e coloca esse lixo de Infraestrutura para rodar, contrata um cara bom no DevOps pra fazer essa carroça andar! Como uma empresa desse tamanho tem um site tão lixo?" (Humanrace)

"Propaganda ruim da porra 🤮🤮🤮🤮" (Verão em Casa)

"@jojocsampaio leia os comentários dos últimos posts da marca!! INÚMEROS CLIENTES SENDO LESADOS POIS NÃO RECEBEMOS OS PEDIDOS, NAO ESTORNAM A VENDA E NEM DÃO RETORNO!" (Majambo Mulheres)

"Péssima campanha... Minha opinião!" (Ivy Park)

"#ApoieOFutFeminino 💟⚽" (Humanrace)

As contestações da publicidade reafirmam as práticas informais citadas por Wottrich (2019) e a tematização de gênero. Interessante notar o enfoque para influenciadores e celebridades partindo da vigilância do consumidor em dois casos diferentes. O primeiro na associação da marca com um caso negativo de estupro, revelando novamente a questão de gênero; o segundo ao acionar influenciadores digitais para reclamar da marca a qual está vinculado, como já ocorreu na categoria anterior. Isto é, verificam formas de ampliar a circulação dos discursos e pressionar por justificações que geram visibilidade à marca. Nessa tentativa de que influenciadores e celebridades resolvam problemas, convergem aos resultados da primeira etapa, em que essa característica foi reforçada no cotidiano juvenil no ambiente digital, assim como as táticas das marcas.

Novamente, a vigilância do consumidor é permanente, tanto em erros na marcação de jogadores errados quanto na avaliação de ações da empresa que vão contra causas importantes ao público. Esse comportamento converge ao uso das mídias sociais e da internet por jovens como fonte de pesquisa facilitada (Boyd, 2014). Ainda de forma incipiente, são solicitados outros apoios a causas como o futebol feminino, não configurando uma categoria exclusiva para isso.

A mineração de texto para verificar como as três teorias estão presentes na comunidade evidencia resultados para caracterizar a publicidade de causa e seus desdobramentos. A quantidade analisada nesta etapa para a marca foi de 422 registros, dos quais 27 são referentes ao individualismo, 194 à justificação e 201 de reconhecimento. Portanto, observa-se proporcionalmente uma participação maior do individualismo do que no caso anterior, dedicada, principalmente, ao anúncio da coleção Ivy Park com o grupo Batekoo. Dessa forma, uma hipótese a ser testada é a interseccionalidade de gênero, cor e diversidade de corpos promover mais posicionamentos nesse sentido do que utilizar a orientação sexual isoladamente (anúncio Quem Lacra Não Lucra do Burger King).

As expressões *opinião* e *liberdade de expressão* foram as mais recorrentes para o individualismo no caso Adidas Brasil. Elas são acionadas para defender a possibilidade de crítica ao anúncio, geralmente antecedidas por adjetivos alegando que não gostaram ou xingamentos. Do outro lado, existe a afirmação de que os interlocutores não entenderam o que é a liberdade de expressão, mas não há um esforço de explicação nesse sentido. Assim como ocorreu no caso anterior, a expressão *lacração* também é utilizada para evidenciar que a mensagem não é necessária e seria apenas uma forma de se promover socialmente, ativando a mesma analogia de que quem lacra não lucra. Novamente, a causalidade não é explicada, apenas reproduzida.

Outra alusão no sentido do individualismo é a solicitação de que a publicidade não deve focar um grupo específico, mas, sim, todos que consomem, ainda que não seja negada essa inclusão em outras mensagens da marca. Nesse contexto, não são mencionadas as diferentes condições dos grupos e preconceitos pelos quais passam, nem pelos membros da marca, nem pela própria empresa. Próximo ao argumento de Rand (2011), também especificam que o direcionamento do prestígio individual deve ser o caráter, e não a cor, mesmo que a publicidade levante outras questões, como orientação sexual e diversidade de corpos; o que mais é comentado e questionado é a cor dos modelos.

Pela primeira vez surge o direcionamento para uma moral religiosa, que pode repercutir como futuro ressentimento. Ela vai além da *cité* doméstica, comentada na campanha Natal Antecipado da marca anterior, em que argumentos dogmáticos e religiosos são utilizados para manter a tradição. Aqui, é o pecado que é colocado em discussão, lembrando o argumento nietzschiano de que a moral cristã, em nome de uma vida plena após a morte, condiciona o sujeito ao ressentimento e à não expressão do seu desacordo com alguma situação.

Esse caso reúne em um único comentário o boicote à marca e a argumentação de que a publicidade em questão é o pecado mais nojento, sem justificar esse posicionamento. O perfil apresenta a foto do presidenciável estadunidense John Kerry e responde a outro membro da comunidade que afirma ser decepcionante a campanha e que, por isso, vai comprar no concorrente. Esse outro perfil já é inexistente na mídia social. Portanto, a crítica sem rosto volta a aparecer em uma conexão em rede.

Na teoria da justificação, a *cité* mercantil se sobressai mais uma vez, incluindo as publicidades que tiveram maior incidência de comentários sobre causas, como a campanha atrelada ao Outubro Rosa e a Coleção Ivy Park. Verifica-se que as edições especiais são objetos de fetiche, com uma atração tão forte pelo diferente e exclusivo que gera indignação em ser cliente da marca e não ter acesso, não poder ser especial.

Proliferam-se as críticas para a produção de mais unidades e logística adequada. Isto é, o consumidor não esquece do direcionamento comercial da empresa, mas – majoritariamente – também reduz o projeto da causa na aquisição do produto e no reconhecimento como cliente especial. Em menor magnitude do que na marca anterior está a percepção das entradas e saídas em diferentes projetos por meio da *cité* de mesmo nome. Comentários contra e a favor das estratégias de marketing são vistos, mas no sentido de compreenderem como ações temporárias de ampliação da interação.

Na *cité* cívica, as causas de diversidade e de câncer de mama destacam-se com justificações para rebater a homofobia pela cor da camisa de cada time (rosa) e a falta de representação mencionada pela causa da diversidade, que ganha relevância, principalmente, pela negritude e pelos corpos gordos, não por outras questões levantadas como orientação sexual. **As justificações ocorrem no sentido de promover a juventude como um espírito do tempo (Enne, 2010) e rebaixar piadas preconceituosas como não pertencentes ao ano de 2020.**

O embate do novo com o antigo é somado pelo testemunhal de pessoas que viveram casos de preconceito e de câncer de mama, além da justificação de que a publicidade retrata uma sociedade brasileira real: plural, miscigenada. Portanto, reforçam argumentos no sentido de evidenciarem a relevância da circulação dos temas, evitando que outras pessoas passem por situações similares.

Para gordofobia, além das discussões entre interações dos membros, ainda os próprios consumidores reclamam não encontrar os tamanhos maiores em loja. Como último argumento, a politização retorna com a menção de que os críticos à diversidade são *gados* do atual governo, isto é, reproduzem o discurso sem refletir sobre ele. Contudo, não aprofundam ou explicam a crítica, repetindo o mesmo padrão de quem ofende a presença da causa na publicidade.

Diferentemente das respostas da marca anterior, a *cité* industrial é esvaziada – a Adidas Brasil não utiliza em sua defesa o argumento de uma produtora de bens de consumo, não comercializa roupas, não enumera padrões de qualidade ou justifica suas ações, somente apresenta um canal de contato diferente para o consumidor. A *cité* doméstica não surge como conduta esperada por religiosos ou data ecumênica específica. Embora o pecado tenha sido visto no individualismo, não é a maior questão levantada na marca Adidas. Esse posicionamento pode ser resquício menos de uma cena familiar e mais de um movimento individual de superação, necessitando outros estudos para ser avaliado.

Por outro lado, a cena musical volta a fazer parte do apoio à diversidade na *cité* opinião com o chamamento: *vim pela Pabllo*. Conforme já comentado, não há estranhamento de diferentes justificações em um mesmo espaço, mas a coesão parece estar na percepção de que há um Brasil representado, não pelos símbolos tradicionais como futebol, ou praias, mas pela mestiçagem da sociedade, seu pluralismo, o que é materializado nos comentários. Cabe expor que a campanha dedicada ao reconhecimento LGBTQIA+ motivou poucos comentários e justificações, tanto contra como favoráveis à causa, tendo direcionamento de agradecimento da representação por *emojis* e o desejo em adquirir produtos, mais do que uma discussão de representatividade.

O reconhecimento estabelece conflitos envolvendo muitos atores nas duas principais publicidades de interação nesse sentido, mencionadas anteriormente. Além de ofensas e degradações, foram acionados argumentos diferentes na defesa de posicionamentos dos temas abordados, que expõem, principalmente, o machismo, o racismo e a homofobia.

De um lado, a argumentação de que investir em um público específico é separar a sociedade e ampliar conflitos, além dos demais fatores de lacração e diminuição da discussão que se repetem; de outro, a explicação de que investir em um grupo ocorre porque eles sofrem preconceitos e são invisibilizados em posições sociais de destaque, ou felicidade. Nos comentários de defesa da publicidade sobre diversidade, os membros comentam que as críticas são realizadas por pessoas brancas ou que não pertencem aos grupos, o que realmente acontece.

Nas mensagens sobre reconhecimento, existe o alerta aos membros contrários, reportando que suas posturas são machistas, racistas, ou homofóbicas, em que novamente são acionadas temporalidades como juventude, isto é, um comportamento anacrônico, não adequado à atualidade, cuja discussão de crimes específicos já acontece. A ques-

tão geracional também é exposta na resposta de comentários machistas e homofóbicos, dizendo que a causa é a falta de estudo ou, ainda, estar se comportando como criança. Ou seja, não pode ocupar o papel de adulto com opiniões rasas, ou brincadeiras com assuntos sérios, sendo deslegitimado da discussão construtiva.

Expressões como *criançã* e *cérebro do tamanho de uma ervilha* são conjuntas ao apontamento do preconceito no discurso do outro. Como defesa dos comentários realizados está o não reconhecimento de que o discurso é preconceituoso, acusando os demais membros da comunidade de serem frágeis e as mensagens serem apenas brincadeiras.

Para os críticos das publicidades de causa, as coleções de produtos LGBT não são tão problemáticas quanto a diversidade representada, foco das críticas. Assim como ocorre com a marca Burger King pela ironia e jocosidade mesmo em momentos de crise, na Adidas, o Brasil é visto pela mediação da publicidade na mestiçagem tanto de diferentes corpos e regiões do país, como nas representações do popular e do urbano.

Novamente a marca é lembrada como identidade cultural brasileira. A diversidade de representação leva à percepção de representatividade, defendida, principalmente, por negros, *gays* e gordos jovens, mas também por jovens brancos em menor quantidade. A vigilância da marca afetando o reconhecimento é vista no questionamento de como a empresa investe em jornalistas machista e clubes irresponsáveis, mencionando as condições de trabalho de jovens mortos no CT do Flamengo.

Ainda no direcionamento do reconhecimento, torcedores afoitos pelos produtos-fetiche consideram que a marca não atribui reconhecimento ao time fora do eixo Rio-São Paulo (Internacional), ou como desrespeito ao consumidor para todos os times com a edição especial do Outubro Rosa, produzida em poucas quantidades.

Como visto na *cité* opinião, celebridades populares são chamadas para embasar posicionamentos e ampliar a circulação. No reconhecimento, há um embate entre Cristiano Ronaldo e Beyoncé como mediadores de causas pelos membros da comunidade. Na crítica do anúncio Ivy Park, um dos membros remete ao deslocamento para a Nike, rebatido com a menção de que pode ir e que a cantora não sentirá falta. Assim, o outro membro lembra que a Nike tem Cristiano Ronaldo, e inicia-se uma longa discussão de quem ajuda mais a sociedade na conversão dos seus faturamentos. Ou seja, as celebridades ganham mais notoriedade na defesa da causa e no agendamento da discussão que a própria ação original da marca. A defesa de Beyoncé passa pelo fato de a publicidade representar negros e dela fazer mais do que muitos governos. Portanto, novamente, ainda que pontualmente, há a percepção de que as demandas deveriam ser tratadas pelo primeiro setor.

Xingamentos como *merda* e *bosta* para a publicidade, com o grupo Batekoo. são respondidos com os mesmos palavrões e o complemento de que essa merda ou bosta possui faturamento muito alto. Assim, o argumento de sucesso monetário é utilizado para reconhecer que atuar em causas não diminui o resultado financeiro da empresa e ainda leva ao reconhecimento de públicos antes invisibilizados nas campanhas.

A netnografia seguiu com a observação participante de interagentes e interações para aprofundar valores e comportamentos. Mais uma vez, os nomes foram suprimidos e identificados com siglas para a compreensão dos enunciadores e da ordem das mensagens. Nesta etapa, duas produções publicitárias ganham destaque: a camisa de edição especial do Outubro Rosa, especificamente dedicada ao São Paulo Futebol Clube; e novamente a publicação da coleção Ivy Park, com um carrossel de fotos em que membros do grupo Batekoo são modelos.

> "Caiu bem com o time do São Paulo 😂😂" (Outubro Rosa – SH)

> "@SH Vc é o namorado do Clebinho Linguiceiro da Fiel??? 🐕" (Outubro Rosa – VT)

> "@VT que ideia de putão, usando perfil de um cachorro ainda pra responder 😂😂😂 tá nessa ainda, vai fazer alguma coisa" (Outubro Rosa – SH)

> "@JZ falou o boquinha vermelha hahahahhahahahahha" (Outubro Rosa – VT)

> "@VT mas eu sou homem e não torço pro são paulo ksksksksksks" (Outubro Rosa – JZ)

> "@VT coitado do cachorro mal sabe ele que um perfil no Instagram dele tá sendo usado pra responder um comentário sobre a camisa Rosa do são Paulo 😂😂 se for mulher por trás do perfil vai lavar uma louça faz favor" (Outubro Rosa – SH)

"@VT se for homem, vai encher um balde de porra 😂😂" (Outubro Rosa – SH)

"@SH ??? Nossa sua masculinidade deve ser igual vidro!! Frágil😅" (Outubro Rosa – PG)

"@VT ??" (Outubro Rosa – PG)

"@PG não é não, é que na minha época não tinha essas frescura não, isso era zoação inofensiva e normal, vocês são frágeis, tudo é homofobia, machismo isso é uma puta frescura da porra, todos aqui que responderam fora os com senso de humor me zoando que eu não ligo eu zoo e aceito ser zoado, enfim são todos frágeis " (Outubro Rosa – SH)

"@SH querido!! Vc sabe o que é masculinidade frágil??" (Outubro Rosa – PG)

"@PG Sim e sei, não usar rosa, não fazer trabalho doméstico, não ter amizade com gay e negar tudo que seja feminino ou aparentar por se sentir menos homem, tudo isso eu não tenho, como eu disse é só uma questão de gostar de zoar por gostar" (Outubro Rosa – SH)

"@SH Ok ainda bem que vc sabe!! Não zoe !!" (Outubro Rosa – PG)

"@PG Nenhum momento ofendi alguém, as 80 pessoas frágeis que vieram responder ♂️🤷🤷 " (Outubro Rosa – SH)

"@SH não ofendeu pois com certeza nenhuma dessas pessoas conviveram ou tiveram o câncer!;; Mas né se vc consegue zoar isso aí é questão de caráter!!! Paz!!! 😅" (Outubro Rosa – PG)

"@PG quem me conhece sabe se minha masculidade é frágil mesmo, quer perguntar pra minha namorada ? Eu te mando o perfil dela aí você pergunta, eu sinceramente tenho pena de quem fala, há ele tem masculidade frágil, a ele quer sair do armário, eu só dou risada dessas respostas que vocês fazem pra disfarçar o incômodo que isso faz no ego de vocês." (Outubro Rosa – SH)

"@PG não foi o que eu coloquei em questão não pode misturar as coisas, mas enfim, até que fui educado com você, coisa que não fui nas respostas anteriores, pela forma como você se expressou 👍" (Outubro Rosa – SH)

"@SH olha o respeito cara não pode fazer mais nem um homenagem as mulheres, aínda bem que o são Paulo é grande e tem mente aberta." (Outubro Rosa – ML)

"@ML Não tenho nada contra a homenagem é só uma brincadeira de anos entre homens e torcida mulheres e gays não precisam se manifestar que não é pra vocês" (Outubro Rosa – SH)

"@SH isso é em apoio ao outubro rosa, apoiando a causa contra o câncer de mama. Se o seu time não apoiou a causa, não é culpa nossa👌" (Outubro Rosa – JO)

"@SH sua piada machista e homofóbica não tem graça, o ano é 2020, pfv saia da infantilidade 🙄" (Outubro Rosa – EO)

"@EO mano vai se foder você e essas frescura que você falou" (Outubro Rosa – SH)

"@SH vdd mano , em vc Cm essa cara de br116 ficaria zoado" (Outubro Rosa – MG)

"@MG vish tá chapando, que porra é essa" (Outubro Rosa – SH)

"@SH alguém conta? Que juvenil" (Outubro Rosa – BS)

"@SH real, achei massa!!!" (Outubro Rosa – VU)

"@VZ verdade, achei que ficou bonito!!" (Outubro Rosa – VU)

"@VU É da hora pô, eu só tô tirando só e as pessoas começam a chorar 😂" (Outubro Rosa – SH)

"@SH ai q ridículo 🧎‍♀️ um homem d vdd n sente a sua masculina afetada pela cor da roupa, cresce" (Outubro Rosa – TS)

"@VZ ai q ridículo 🧎‍♀️ um homem d vdd n sente a sua masculinidade afetada pela cor da roupa.. 🙄" (Outubro Rosa – TS)

"@TS filha minha masculidade tá intacta até porque não sou são Paulino eu só tô zoando mesmo 😂👍" (Outubro Rosa – SH)

"@SH kkkkkkkkkkkkkjkkkkk é complicado essa geração mimimi mano" (Outubro Rosa – JZ)

"@JZ 😂😂 os cara fica puto" (Outubro Rosa – SH)

"@VZ mas com ctz combinou!!! 😃😃😃

Até pq meu time defende a causa... e rosa é só mais uma cor... 😌😌😌" (Outubro Rosa – MS)

"@SH só homem que não tem masculinidade frágil usa isso ;)

Quem não apoia a causa tem medo de cores.. 🤘🤘" (Outubro Rosa – MS)

"@MS o que eu não entendi é o que tem a ver o profissional do cara no caso pra deixar bem especificado o futebol com o pessoal, judiciário, o que o cara fez ou deixou de fazer?" (Outubro Rosa – SH)

"@VZ sim mano, todo mundo sensível, os comentários do seu tá pior que o meu 😂😂 dá não" (Outubro Rosa – SH)

"@SH ninguém liga pra sua opinião a torcida do sp gostando ta ok 👍ate por q todos os clubes que tem contrato com a Adidas fez essa camisa" (Outubro Rosa – ES)

"ES se não liga porque veio perder tempo aqui ? Engraçado que ninguém liga mas 29 pessoas comentam em algumas horas, vocês são muito frágeis, eu tô pouco me fodendo pra quem se sente ofendido, eu quero é aloprar mesmo, modernização pra mim é lixo" (Outubro Rosa – SH)

"@SH disse ela, de dentro do armário! Ridículo." (Outubro Rosa – WA)

"@WA 😂😂 filhão se liga você todo frágil" (Outubro Rosa – SH)

"@SH tão te chamando ali na quinta série." (Outubro Rosa – TL)

"@TL É pra aloprar mesmo foda se" (Outubro Rosa – SH)

"@SH que ignorância. Ainda mais num tema tão delicado como câncer" (Outubro Rosa – DS)

"DS É só não misturar as coisas 👍" (Outubro Rosa – SH)

"@SH digitou pouco, mas muita merda. Mais uma da série cagando pelos dedos...😂" (Outubro Rosa – RB)

"@RB 😂 😂 😂 sério, quando eu respondi eu tava cagando de verdade 😂" (Outubro Rosa – SH)

"@SH aproveitou e continuou pelos dedos 😂" (Outubro Rosa – RB)

"@RB 😂 😂 😂 Mano, eu assumo o que eu falo sem se garantir com ninguém" (Outubro Rosa – SH)

"@SH esse aí vai longe na vida, com esse pensamento pequeno rs" (Outubro Rosa – KH)

"@KH 🐵 👏 👍" (Outubro Rosa – SH)

"@SH quer atenção palhaço?" (Outubro Rosa – FL)

Além do que já foi mencionado na análise das teorias, com o recorte de juventude como espírito do tempo para defender ações sociais efetivas e responder os críticos, ainda estão envolvidas outras questões nessas interações. **Primeiro, a quantidade de participantes, que supera as demais publicidades, e a quantidade de membros da comunidade envolvida. O direcionamento de gênero, que define papéis para homens e mulheres, em que o delas é lavar a louça e o deles, reproduzir e dar prazer, soma-se à questão temporal.** Ou seja, esboça que o posicionamento machista e homofóbico das chamadas brincadeiras são formas de não aderir à modernização, considerada como lixo.

A expressão *"na minha época"* reforça essa formação discursiva repercutindo em choque de gerações: a atual, entendida como "mimimi" pelos contestadores da publicidade, e a geração não moderna, que pode defender os posicionamentos como brincadeiras. Tensão que ocorre com uma visão de geração atrasada às mudanças sociais e de respeito ao outro, na visão dos apoiadores da publicidade. São manifestadas também algumas possibilidades de intenção do interlocutor em querer afetar o ego do outro, isto é, a composição do eu, e rir disso, ao dar continuidade no debate. Como resposta às críticas, também surge o argumento de que não é necessário manifestar-se, tentando silenciar o enfrentamento e os posicionamentos contrários, uma vez que SH não mudará de opinião e comportamento. Ao ser exposto como machista e homofóbico, o que se vê é uma reação de xingamento e ofensas ao outro, em que são suprimidas as justificativas anteriores.

A *shitstorm* (Han, 2014) de discussão momentânea e sem grande impacto transforma-se em um meio de não aceitar mais o que era dado como consolidado, o antigo, a reprodução. Assim, os membros da comunidade defendem e debatem intensamente as recusas de mudança, a moralidade flexível com a condição do outro, em uma forma de valorização do ego, mas, sobretudo, de reconhecimento da expressão não limitada pelo outro, da identidade não ressentida. Em parte, o movimento de contestação dos críticos à publicidade faz circular os sentidos da criação publicitária na data dedicada à prevenção do câncer de mama. No entanto, o fato de profissionais do futebol feminino estarem em destaque na campanha e maior aprofundamento sobre a doação à instituição e os modos de prevenção da doença não são colocados em pauta.

O excerto a seguir também oferece novas perspectivas para a interação mediada pela publicidade de causa. Além da lógica midiática em que celebridades viram o centro de atenção, mencionada anteriormente na análise das teorias, ainda se vê a socialidade e ritualidade da cultura popular e musical e da ação social para os jovens.

"Que porra e essa ?" (Coleção Ivy Park – BC)

"@BC a piada aqui é vc" (Coleção Ivy Park – DA)

"@DA kkkkkkk tô tão preocupado com o que aberração pensa." (Coleção Ivy Park – BC)

"@BC com base em que vc tá falando isso meu fi?" (Coleção Ivy Park – RO)

"@BC Leia a descrição" (Coleção Ivy Park – RO)

"@RO eu li, por isso achei uma piada." (Coleção Ivy Park – BC)

"@BC é sobre respeito e posicionamento de marca. Mas vc tá bem leigo sobre. Tá tudo certo, vida que segue." (Coleção Ivy Park – RO)

"@RO leigo ? Na verdade respeito tem a ver com educação e não com militância, estamos vendo aí todo dia na TV como a militância age de verdade, e um movimento hipócrita." (Coleção Ivy Park – BC)

"@RO ué não sou eu o leigo ? Tá aí na TV passando todo dia como as pessoas que defendem esse pseudo movimento agem, por isso ninguém respeita, no discurso é uma coisa, nas atitudes são outras. E não adianta esse movimento NUNCA vai impor nada." (Coleção Ivy Park – BC)

"Por isso que a Nike tá sempre já frente" (Coleção Ivy Park – DN)

"@CZ Sim vdd, correr atrás da bola é muito filosófico

Falou a geração que é a mais perturbada e preconceituosa kkkkkkj?" (Coleção Ivy Park – PX)

"@PX oxoxoxoxo, Nike tem Cr7, quer comparar é?" (Coleção Ivy Park – DN)

"@DN oque é CR7?" (Coleção Ivy Park – PX)

"O moleque veio me perguntar sobre " oq é CR7?" KKKKKKK

É mesmo, só quem saber de «artistas lacradores». (Coleção Ivy Park – DN)

"@DN Adidas tem a influência de Beyoncé. Mano Beyoncé fez história só com duas dançarinas e fundo branco e não correndo atrás de uma bola" (Coleção Ivy Park – PX)

"@DN Vc é brasileiro europeu q n sabe entender ironia?? 😕"(Coleção Ivy Park – PX)

"@PX lavrar n resolve nada, lavradores n passam de hipócritas" (Coleção Ivy Park – DN)

"@PX brother, só olhe quantos seguidores tem a cantora e quantos seguidores tem o Cristiano Ronaldo" (Coleção Ivy Park – DN)

"@DN Vc é mesmo tipo de pessoa que fala " somos todos iguais" e fala de 'lacrar em pautas sócias e ideológicas". Pfvr se decide" (Coleção Ivy Park – PX)

"@DN O negócio é Ivy park, Beyoncé colocou preto ali pq ela sabe que preto é desfavorecido. Pfvr brancos" (Coleção Ivy Park – PX)

"@PX só os pretos são desfavorecidos?" (Coleção Ivy Park – DN)

"@DN Vc já viu os comentários desse post???? O tanto de branco falando que não vai usar só por ter um gay na foto." (Coleção Ivy Park – PX)

"@DN Não, por isso que ela faz mais que um governo pra ajudar quem necessita ser realmente ajudado" (Coleção Ivy Park – PX)

"@DN As vezes acho que vc nem pensa antes de responder" (Coleção Ivy Park – PX)

"@DL Lacrar oq ? Não pode colocar pessoas normais ali que é lacre?" (Coleção Ivy Park – PX)

"@PX aí é com eles, não só brancos como negros também. A questão n é cor e sim caráter" (Coleção Ivy Park – DN)

"@PX então não me venha falar de cor de pele, e sim de desfavorecidos" (Coleção Ivy Park – DN)

"@PX não vou perder meu tempo tentando lhe explicar como fez o @DN kkkkk" (Coleção Ivy Park – DL)

"@DN Nike sempre na frente, pois nunca procura lacrar e perder a moral, como a adidas tá fazendo, só falta mudar o nome para Adides agora kkkkk" (Coleção Ivy Park – DL)

"@DL Adides foi fogo lkkkmkkkk. A Nike sabe trabalhar com o mercado sem estar querendo lacrar em cima de pautas sociais e ideológicas. A Nike é sempre atemporal!" (Coleção Ivy Park – DN)

"@PX que negócio de comunidade preta cara, oq tá nos separando é isso, sempre nos separamos por cor de pele. Somos todos iguais, sendo pretos ou não" (Coleção Ivy Park – DN)

"Aparece um preto sendo o modelo da marca não tem um q n fale que é só pra "lacrar". Não vem com esse papinho de "todos somos iguais" pq branco deixa isso explicitamente que não. Se tu não sabe Beyoncé já salvou várias vidas só pelas músicas dela e falando pra não desistirmos. Agr tu que rebaixar uma mulher dessas pra fala que esse cara é melhor?" (Coleção Ivy Park – PX)

"@PX por isso que eu digo q a Nike é muito mais superior" (Coleção Ivy Park – DN)

"@BE futebol é um jogo coletivo, ou tu acha q ele só ia fazer com a bola. Outro dado é que ninguém pode ligar 100% os estádios por motivos de segurança. Outro dado é que sonegar ao governo da Espanha é reembolso." (Coleção Ivy Park – DN)

"E ta fazendo de tudo pra ajudar a comunidade preta, cara tu nem sabe o pq de estar rebaixando essa mulher" (Coleção Ivy Park – PX)

"@DN Que mané influência, cara a gente tá falando de Beyoncé e tu acha que o cara do futebol é maior em influencia, tá de sacanagem né?" (Coleção Ivy Park – PX)

"@PX aí é com eles, não só brancos como negros também. A questão n é cor e sim caráter" (Coleção Ivy Park – DN)

"Pq iria comparar alguém com Beyoncé?" (Coleção Ivy Park – PX)

"@DN puts, se quer comparar isso com uma ativista negra que já ajudou na crise imobiliária causada pelo covid, que esgota 17 estádios só pra ela cantar e faz mais do que um governo. Krlho" (Coleção Ivy Park – PX)

"@PX não Tô rebaixado, só tô falando que o Cristiano Ronaldo em muito superior, sem dúvidas" (Coleção Ivy Park – DN)

"@PX já vi sim, mas pelo visto vc nunca viu nenhuma reportagem do CR7" (Coleção Ivy Park – DN)

"@PX pra vc ver, o cara "Só correu atrás de uma bola" e o maior em números no Instagram e o maior em influência" (Coleção Ivy Park – DN)

"@PX Cristiano Ronaldo, brother, o cara com maior seguidores no insta, um dos maiores do futebol" (Coleção Ivy Park – DN)

"@PX eu que pergunto, Nike tá anos luz na frente só pela influência do Cris" (Coleção Ivy Park – DN)

"@PX se quer falar de caridade, vamos lá. Cristiano tem um hospital só para crianças refugiadas, além do centro contra o câncer. Sem contar das inúmeras caridades que o gajo faz na África. Beyoncé é mais lacração do que ação!" (Coleção Ivy Park – DN)

"@DN KSKKKS " é mais lacração do que ação", vc nunca viu nenhuma reportagem falando sobre Beyoncé né? 🎀🎀 🎀🎀🎀🎀🎀🎀🙏🎀♡♡♡♡" (Coleção Ivy Park – PX)

"@DN Sempre na frente? Adidas tem Beyoncé doido 😂" (Coleção Ivy Park – PX)

"@LE Beyoncé preta e tu acha que ela vai colocar branco pra ser representado ? Chega de mimimi aí pfvr" (Coleção Ivy Park – PX)

"@CZ Volte duas casas 🙌" (Coleção Ivy Park – PX)

"@PX kkkk caridade no meio de um assunto sobre influência, saiba argumentar" (Coleção Ivy Park – CZ)

"@PX até meio a tua comparação com "correr atrás de uma bola" que vai além do que abrir a boca e cantar algo" (Coleção Ivy Park – CZ)

"@PX tanta revolta por um simples comentário, além de meter assuntos não relacionados como questão é bastante coerente :)" (Coleção Ivy Park – CZ)

"@PX apenas resume o fator de adolescentes sendo adolescentes" (Coleção Ivy Park – CZ)

Um dos enunciadores que contestam a publicidade de causa fala sobre educação e respeito, ao mesmo tempo que chama a enunciatária de aberração e questiona a militância em analogia com o reality BBB21, em que integrantes foram questionadas sobre comportamentos agressivos aos demais participantes. Assim, a justificativa para não comunicar sobre preconceito e representação adota a lógica metonímica, do todo pela parte.

De modo complementar a esse posicionamento de crítica de militância e ofensas, está mais uma vez a expressão *lacração* e o incômodo pela circulação midiática da diversidade, questionando que outros grupos também são desfavorecidos, além de pretos. Como última característica combativa à publicidade, retorna o questionamento de gênero neutro, realizando ironia com o nome da marca e comparando com o concorrente, mas que também realiza publicidades nesse sentido.

Na tentativa de reestabelecer o reconhecimento sobre a importância da diversidade na comunicação, além da longa discussão sobre celebridades, está a defesa de que uma pessoa faz mais do que governos. Esse raro posicionamento retoma a figura do primeiro setor e de sua responsabilidade nas causas enunciadas, ainda que vislumbre como saída, mais uma vez, heróis sem pátria, salvadores pontuais que se distinguem por sua atuação e seu sucesso em grupos específicos.

A defesa da diversidade coloca à prova a noção de *lacração*, questionando se pessoas normais e a representação de pretos é uma ação desse tipo, pois evidencia a sociedade brasileira. O individualismo na resposta acentua que a separação por cor separa a sociedade, mas não surge o mesmo questionamento em publicidades apenas com pessoas brancas.

Duas formas de combater a discussão e tentar encerrar o conflito são vistas. A primeira é dedicada à justificação e ao estranhamento entre *cité* cívica, ao falar de caridade e projetos sociais, ao invés da *cité* opinião, em que o argumento de influência das celebridades seria o mais coerente. Interessante notar que a percepção da *cité* opinião sobreposta à *cité* cívica em uma publicidade de causa é vista de forma natural e enunciada como crítica para a argumentação utilizada.

A segunda forma de encerramento é o exercício de poder de jovens mais velhos sobre o jovem mais novo, na tentativa de silenciá-lo como adolescente, em que suas opiniões não podem ser levadas em conta pela idade apresentada. Um dos críticos apresenta como foto de perfil uma ilustração e nenhuma publicação em seu perfil na mídia social. Os três interlocutores principais são jovens, ainda que o mais novo tenha o posicionamento favorável à publicidade. Essa é uma recorrência entre Adidas e Burger King: a participação ativa de jovens menores de idade nas discussões, entre 14 a 17 anos.

A circulação de marcações, tanto na mídia social Instagram quanto no YouTube, evidencia maior foco comercial pela escolha das *hashtags* e menor ampliação das discussões de pautas públicas. Além disso, abarcam termos internacionais, utilizados globalmente pela marca, possibilitando a comparação de resultados em diferentes localidades. Para a marcação #readyforsport, ressalta-se a própria publicação da @adidasbrasil e do seu canal internacional no YouTube, com audiovisuais mais longos. O discurso circulado permanece o mesmo, uma retomada das atividades físicas após o distanciamento social. Os comentários são positivos, com estímulos de um futuro mais promissor para a saúde e mais de 4 mil curtidas como reação. No Instagram, a circulação segue o mesmo padrão positivo, com fotos da marca e consumidores praticando exercício individualmente em cenários urbanos.

A marcação #LoveUnites, dedicada à coleção de produtos LGB-TQIA+, aparece conjuntamente à marcação #pride (orgulho). No Instagram, somam-se, às fotos dos produtos da coleção, principalmente, tênis e jaquetas. A circulação também evoca a visibilidade transgênero, a exposição da bandeira do orgulho e sua reformulação, com a explicação dos símbolos.

Casais e indivíduos expressam suas identidades por meio dos produtos em que rejeitam a discrição ou ser fora do meio *gay*, ao contrário, utilizam essas expressões como ironia para gritar a orientação sexual por meio dos produtos. No YouTube, o direcionamento ocorre para os chamados *unboxing* e *reviews*, isto é, a retirada de produtos comprados ou recebidos da caixa e uma avaliação sobre eles, em linguagem bem comercial, apontando preços e benefícios de modo positivo.

Figura 37 – Estratégia de Entrée Cultural para a Marca Adidas Brasil

Fonte: captura de imagem do Instagram

Finalmente, a marcação da coleção #ICYPARK, que demonstrou grande interação entre os membros na publicação do Instagram, principalmente na discussão sobre diversidade, fora do ambiente da marca, está presente em fotos dos integrantes da Batekoo e da mídia regional na Bahia, circulando a informação sobre a divulgação da coleção. No

YouTube, além do canal internacional da marca, com vídeo de divulgação protagonizado pela Beyoncé, a hashtag é circulada também no canal do movimento Batekoo. Além disso, a tag ainda traz a exposição comercial por meio de avaliações dos produtos, preços e peças trazidas ao Brasil. Outra circulação são as avaliações realizadas em canais LGBT do YouTube com elogios.

Depois da análise dos dados arquivais, o Entrée Cultural ocorreu conforme Figura 33, e a interação com alguns membros, já acompanhados pela observação participante, foi realizada por meio de entrevista, dando sequência aos dados extraídos, à validação e à representação.

A partir das observações e dos demais dados construídos na imersão com a comunidade, foi possível aprofundar a descrição cultural, resumida a seguir. Verifica-se como valores da comunidade, além da superação e transformação a partir da marca, a valorização da autenticidade e do indivíduo em suas múltiplas identidades, a participação feminina tanto na prática esportiva quanto nas discussões entre membros, além da conexão com o ambiente urbano, em que vivenciar a cidade é motivo para trocas de experiências e reconhecimento.

Inovação e sustentabilidade são valores essenciais que se misturam à juventude. Esta, não como fator geracional, mas como forma de pensar e agir, procurando soluções novas, sem ficar acomodado. No entanto, o poder aquisitivo é abertamente evidenciado como influência na comunidade por possibilitar a aquisição de produtos e maior relação com a marca e os membros da comunidade. Por fim, a brasilidade também é valorizada na comunidade, com orgulho da pluralidade nacional, tentando visibilizar diferentes locais do país.

As publicidades com maior conflito foram a da coleção em parceria com a Ivy Park e a edição especial da camisa de futebol em apoio à prevenção do Câncer de Mama. A coleção dedicada ao mês do orgulho LGBTQIA+ possui poucas mensagens contrárias em direcionamento convergente aos produtos. Essa configuração ainda evidencia o futebol como lugar de desconstrução de comportamentos e posturas de machismo e homofobia.

A diversidade, em sua ampla valorização de orientação sexual, cor e corpos, evidencia maior conflito, mas também a não aceitação e a resistência pelas expressões múltiplas. Os informantes-chave, em sua maioria jovens, geram justificações que iniciam discussões na comunidade, ainda que em menor quantidade em relação aos comentários que não fomentam a troca e o diálogo. Nesse sentido, alguns temas parecem mais aceitáveis do que outros na circulação das marcas e da moralidade cotidiana.

As três configurações teóricas podem ser vistas na ação social e nos posicionamentos dentro da comunidade. Assim, vemos a pluralidade do público participante, em sua maioria jovens. No individualismo, a liberdade de expressão é utilizada como se não fosse possível responsabilizações sobre discursos discriminatórios. Na justificação, *cité* mercantil e projetos são a maioria das interações, evidenciando o cerne de comercialização de produtos ou ideias, mesmo nas publicidades de causa.

A *cité* cívica também surge com a defesa dos temas tratados ou solicitações de outros, como a ampliação de tamanhos das peças. No reconhecimento, o orgulho da representatividade e o respeito são mencionados. Por outro lado, também são notadas ofensas e a solicitação por respeito ao consumidor.

As categorias favoráveis às publicidades e suas respectivas mensagens expõem a utilização intensa de imagens como suporte textual no ambiente digital, a ansiedade principalmente relacionada ao fetichismo de produtos, a relação da comunidade com a cultura popular e a cena musical – orientada à valorização de celebridades como articuladoras de interesses público e privado. Além disso, a interação se mostra polarizada, um nós *versus* eles, em que ofensas e resgates de reconhecimento são verificados. No entanto, um dos comportamentos acionados é a expressão a partir de comentários negativos, isto é, um não ficar calado, uma resistência para garantir as múltiplas expressões da identidade.

Nas categorias desfavoráveis à publicidade de causa, o comportamento que se repete é a estilística diferenciada por meio de caixa alta, a tentativa de desumanização preconceituosa na comparação com animais, a tematização de gênero e do corpo feminino, assim como o posicionamento de que a pauta em questão é desnecessária, pois se dedica a um grupo exclusivo. Outro ponto evidenciado é a advertência da organização para prezar mais pelas relações com o consumidor antes de investir em outras causas.

Práticas da comunidade com a publicidade de causa demonstram a vigilância do consumidor sobre a marca, cobrando posicionamentos e acionando celebridades como a solução de problemas e relações de poder na intenção de mudança de comportamento das marcas, sem afastar, no entanto, o propósito mercantil do vínculo de consumo. As mídias sociais são utilizadas como ferramenta de pesquisa, estudo e exposição de opiniões e interesses, coletivizados em grupos específicos, como os espaços marcários, mas também nos lugares autorais, como os conteúdos audiovisuais do YouTube.

A comunidade contesta o preconceito como algo antigo, de outro tempo, denunciando casos de homofobia, racismo e machismo, inclusive lembrando possibilidades legais nesse sentido. Histórias de vida são enumeradas como formas de justificar a importância da comunicação atrelada às causas, distanciando-se de um posicionamento exclusivamente individual, mas ampliando a importância da subjetividade para a conexão com o outro e a perspectiva de mudança sobre a demanda acionada. Religião, pecado e moralidade cristã, ainda que menos acionadas nesta comunidade, ainda aparecem e retomam o debate entre tradição e vanguarda.

Os resultados preliminares foram apresentados a membros da comunidade, junto de uma entrevista orientada a partir da validação e representação dos resultados. Como observações dos participantes no contato com o simulacro da comunidade, destacam pontos de atenção à pesquisa, como: o valor da diversidade ainda em sua composição inicial, o espaço das mídias sociais como abafamento da responsabilização, a midiatização da resistência para prejudicar o ganho simbólico de quem critica e sua performance favorável na comunidade (reconhecimento midiático), a tentativa de despolarização posicionamentos e a caracterização de novos comportamentos opressores, além da ampliação das questões femininas ligadas ao esporte, como sexualização e medo. Esses foram os assuntos sinalizados pelos membros para aprofundar a cultura da comunidade.

A diversidade como valor da comunidade é vista ainda como inicial, pois não evoca efetivamente corpos gordos, ou não jovens de forma generalizada, evidenciando que os desejos por esse tema tendem a ser cobrados de marcas no decorrer das suas atuações. As reações ao preconceito saem do digital, visto como um lugar propício para atuar sem identidade e por meio de perfis falsos, para denunciar efetivamente crimes no ambiente. Por outro lado, a dificuldade de caracterização desses crimes e a percepção de que agressores não podem ganhar reconhecimento midiático levam ao conflito e à reação também nas mídias sociais, expondo os enunciadores e exigindo justificações.

Para os membros, a polarização não é realizada de forma natural na comunidade, mas, sim, como uma reação dos indivíduos contrários às pautas identitárias. Acrescentam ainda que existe uma ação de vitimização do opressor após ser questionado, assim como a tendência em homogeneizar as condições sociais de grupos diferentes.

As participantes mulheres ainda relataram a importância da comunidade como incentivo para a prática de atividade física e o uso dos espaços urbanos sem medo e tendência de sexualização, podendo unir-se em grupos que praticam conjuntamente os esportes, ou trocando experiências. A participação política é vista como mais efetiva na comunicação digital do que na consideração do Estado como força motriz, ainda que reconheçam a constituição e as leis como importantes nas lutas travadas.

Como última fonte de dados, foram analisadas as notas de campo, que retratam a trajetória de um ano do pesquisador em contato com a comunidade, além das transformações descritivas e reflexivas, sobre o caráter comercial e cívico envolvendo o objeto de estudo. Novamente os *stories* compõem um complemento importante, mas temporário, no arranjo com as publicidades de causa do *feed*. Como exemplo está o tema com maior interação sobre diversidade na coleção ICY Park, apresentada pela Batekoo. Uma série de quatro audiovisuais manifesta a visibilidade do negro periférico.

Devido à grande quantidade de reclamações do site e à falta de atendimento, o pesquisador também tentou ter contato com a marca, que é extremamente dificultado, beneficiando respostas automatizadas, ou um padrão para os principais problemas. A realização de compras pelo pesquisador no site da empresa não apresentou problemas em disponibilidade ou entrega. Como a marca trabalha intensamente com a formação de outras comunidades (corrida e clube de benefícios, por exemplo), ainda gerei um cadastro no *Creators Club*, que apresentou como consequência uma enxurrada de e-mails sobre oferta de produtos, com poucas inserções de informações sobre bem-estar. Ao menos dois e-mails por semana apresentam looks e peças em promoção pelo site.

Por outro lado, também há o incentivo às práticas esportivas, novamente com acesso a um aplicativo – o Adidas Training. Este foi divulgado em meio à pandemia para incentivar as práticas esportivas em casa e utilizado pelo pesquisador mais ao final da análise, influenciando compras de produtos e a prática esportiva também em locais abertos, envolvendo a cidade, mas de forma individual. Os resultados são encaminhados por e-mail em uma estatística chamada *Runtastic*, informando o processo para melhores resultados (preparar, registrar tudo e melhorar casa vez mais), ressaltando a superação, mas também a economia de dados. Ao final dos e-mails, há uma proposta para aderir ao aplicativo *premium*, com relatórios semanais e treinos personalizados, por $35,90 no ano.

O percurso expõe a monetização por meio das comunidades de marca, em adesão aos novos formatos de publicização citados por Casaqui (2011). Além disso, reforça a importância algorítmica na sociedade, citada por Trindade, Perez e Teixeira Filho (2019), no uso de dados do consumidor para direcionar novas ofertas. Pouco dessas formas digitais de contato com a marca, fora das mídias sociais, foram exploradas para causas, com exceção da própria condição pandêmica e manutenção de exercícios, com consequências para as compras de produtos no site. Como consumo complementar, estão os *streamings* de música e tecnologias *bluetooth*.

4.1.2.3 Natura

Dentre as três marcas, a Natura é a única originalmente brasileira, com aquisições de concorrentes internacionais (Natura, 2021a). A Natura&Co reforça a condição de pandemia, conforme as marcas anteriores, com aumento da operação digital por meio de e-commerce e aplicativos para consultores, ampliando em 12,1% a receita em relação ao ano anterior, resultado superior ao segmento, com 36,9 bilhões, consolidando 12% de participação de mercado na América Latina (Natura, 2021a).

O relatório anual ainda reforça a preocupação com as pessoas da organização, assumindo a doação de 20% dos salários de líderes e a realocação dos trabalhadores da loja, além do incentivo ao trabalho remoto para funções administrativas. Ações de responsabilidade socioambiental são destacadas desde o direcionamento estratégico da organização até seus múltiplos pontos de contato com o consumidor. No relatório anual, divido em três partes – grupo, negócio e compromisso com a vida –, a última detalha as prioridades de atuação da organização em causas.

Além das metas apontadas, cobrindo as questões ambientais e sociais, tanto internas quanto externas à organização, o site da marca ainda detalha o conjunto de projetos que guiam as causas e os compromissos. "Nossas causas são as escolhas que fazemos para deixar o mundo mais bonito: Amazônia Viva; Mais Beleza, Menos Lixo e Cada Pessoa Importa" (Natura, 2021b). A Amazônia é fonte da linha de produtos Ekos e foco de diversos projetos que trabalham a sustentabilidade em suas três dimensões (econômica, social e ambiental). Mais beleza e menos lixo utiliza o material descartado na natureza como parte das embalagens, além do direcionamento para redução do excesso e uso de refis. Por fim, o Cada Pessoa Importa foca em ações de igualdade social e de direitos humanos: da renda, ao racismo, da alfabetização à diversidade.

A relação com causas abarca os produtos nos lançamentos anunciados, sempre destacando a cadeia produtiva ou uma das formas de atuação mencionadas, sem se esquecer de propor metas para cada uma delas, aliadas ao negócio. O direcionamento para o público jovem não é explicitado de forma direta nos pontos de contato com o cliente, que focam os produtos, promoções e ofertas adicionais, além do direcionamento ao público feminino. Selos de certificação ambiental e de processos produtivos são apresentados em conjunto com produtos veganos.

A comunidade de marca no Instagram traz, em sua biografia, além do nome da marca, o *slogan* "cada pessoa é um mundo e todo mundo importa", reforçando a questão da diversidade e dos cuidados com a saúde, seguida por selos e certificações de processos produtivos ligados à sustentabilidade e ao cuidado com o meio ambiente, com as marcações: #CrueltyFree, #BCorp, #UEBT. Essas se referem, especificamente, à ausência de prejuízo ou morte a animais, à mudança de perspectiva de sucesso da organização que deve aliar resultados financeiros aos socioambientais e à União para o BioComércio Ético, que prevê o respeito às pessoas e à biodiversidade.

Assim como o Burger King, carrega em sua biografia a defesa de causa, mas aqui não está relacionada à contingência pandêmica e manutenção do negócio, mas, sim, às três frentes defendidas em seu comprometimento estratégico. Ainda na etapa de apresentação, é exposto o site comercial da marca, abaixo das certificações.

Os perfis seguidos pela marca envolvem o entretenimento, com participantes de *reality shows*, plataformas de *streaming* e celebridades musicais; os canais de notícia, como Quebrando o Tabu e Mídia Ninja, tendo proximidade com a investigação e o questionamento de posicionamentos discriminatórios; celebridades e influenciadores populares com direcionamento ao público *gay* e negro. Nesse sentido, a marca mantém aderência ao posicionamento da marca, abrindo espaço para uma abordagem descontraída de temas socioambientais ao envolver o entretenimento e a cultura popular.

Figura 38 – Perfil da Marca Natura no Instagram

Fonte: o autor, com base nos dados do perfil @naturabroficial no Instagram

Figura 39 – Destaques sobre Publicidade de Causa da Marca Natura

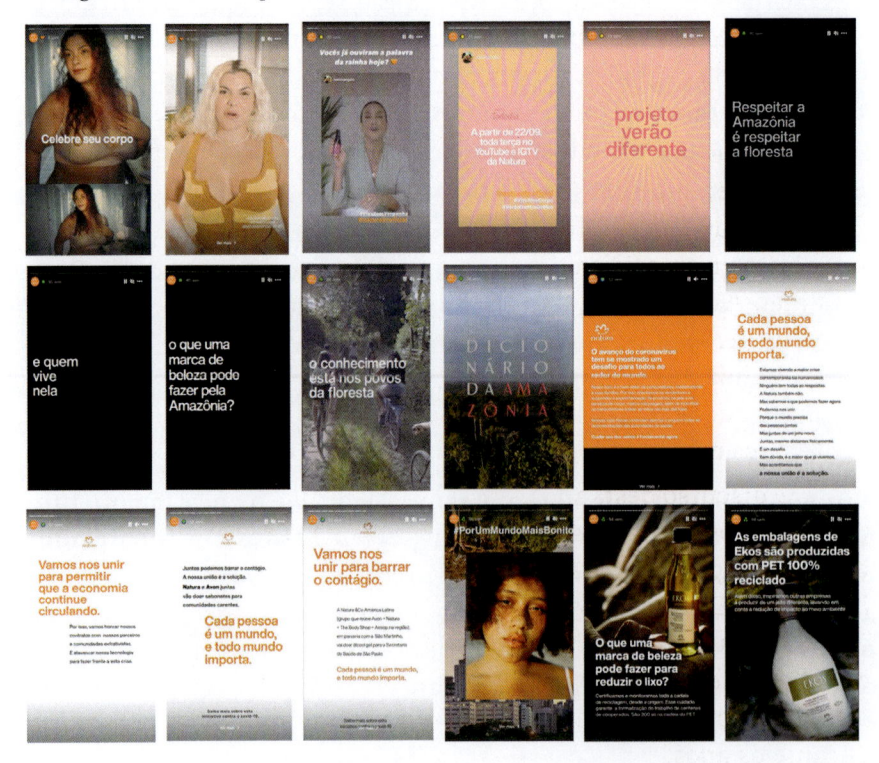

Fonte: o autor, com base nos dados do perfil @naturabroficial no Instagram

Dos 10 **Destaques dos *Stories*** da Natura, cinco expõem diretamente causas em suas narrativas, resumidos na Figura 35, em meio a exposições de produtos, aromas e presentes dos demais destaques. São eles: Corpo, Verão, Amazônia Viva, Cada Pessoa Importa e + Beleza – Lixo. Novamente ocorre o reforço do que se vê como proposta de comunicação da marca atrelada ao planejamento estratégico da empresa. Além dos três comprometimentos contidos no relatório anual, acrescentam corpo e verão, categorias relacionadas com o segmento de beleza e saúde.

Os audiovisuais também possuem posicionamentos de causa como os destaques. **Observa-se a quantidade de publicidades que desmembram esses posicionamentos, sendo muito superior aos demais casos, e não está restrita a um único tipo de conteúdo e formato na comunidade.** O novo perfume da marca é proeminente nos vídeos curtos que o publicitam a partir da temática da autenticidade, de pessoas que lutaram pelo que acreditavam e superaram preconceitos.

Ainda divide espaço, na base de audiovisuais, a valorização dos diferentes corpos femininos, com analogia ao projeto verão, que, em vez de emagrecimento, propõe expor o verão que existe dentro de cada uma, com participação de Gaby Amarantos. Ainda nos vídeos curtos, as três vertentes socioambientais dos projetos já citados são relembradas como compromissos no Natal 2020. O último conteúdo destaca o novo tratamento Lumina para os cabelos, sem alusão a causas.

Na mesma temática da valorização da diversidade de corpos e publicidade da linha Natura Todo Dia, Duda Beat apresenta a nova fragrância da linha e discute sua relação com o corpo. A seção conta também com tutoriais de maquiagem para o Halloween e a campanha de Natal. **A estratégia testemunhal é igualmente utilizada na linha Natura Chronos, separada por faixas de idade, para um envelhecimento saudável.** Vânia Goy e Zezé Motta protagonizam vídeos sobre o tema, em que a primeira fala sobre a flacidez da pele, e a segunda, sobre a diferença entre a juventude e a maturidade.

O discurso destaca as diferenças corporais com o envelhecimento frente ao conhecimento adquirido pelas experiências, assim como um novo olhar para a beleza. Em discurso similar, também envolvendo a juventude, Débora Bloch e sua filha, Júlia Anquiler, protagonizam os diferentes cuidados com produtos da marca, compreendendo o envelhecimento e a beleza como o acompanhamento das mudanças, reforçando o texto do cuidado contínuo, iniciando na juventude e prosseguindo durante os anos.

A recorrência da palavra "pacto" remete à reflexão e a novos olhares para a própria subjetividade, mas também com o ambiente que nos cerca, reforçando uma negociação séria e registrada. Os vídeos encerram o período da pesquisa com a linha Lumina para tratamento capilar, expondo diversidade racial com o tratamento para cabelos crespos, mas também lisos ressecados, novamente com o uso de testemunhais de celebridades.

As Marcações são protagonizadas por consultores da marca, exposições de produtos no intuito de realizar a revenda e em resultados de maquiagens realizadas com os produtos Natura. Assim, dividem-se entre fotos dos produtos e imagens da cadeia de profissionais envolvidos na comercialização. As pautas socioambientais são minimizadas nesse espaço, dando lugar à comercialização e visibilização dos participantes da rede. A marcações da marca dividem espaço com as palavras beleza e a consultora digital, determinando um lugar do aqui e agora, do resultado efetivo e não projetado.

O que se vê a partir desse resumo inicial da comunidade é uma apropriação da linguagem de causa como central nas manifestações de marca. **A formação discursiva se constrói por meio de explicações das ações da empresa de forma didática, quase professoral, destacando problemas sociais e ambientais, assim como a atuação da organização.**

Em menor abrangência, estão os resultados dessas iniciativas, que – quando ocorrem – são realizadas por meio de narrativas de vida tanto de pessoas das regiões de onde provém a matéria-prima, quanto da rede de consultores. A internacionalização da empresa mantém a conexão entre posicionamento de marca e causa, em que a diversidade ganha espaço no Instagram, mesmo quando não é o tema das divulgações. Temas largamente discutidos nas rodas de conversa por conta do segmento de beleza estão presentes nas manifestações da marca, como o cabelo cacheado, a representatividade em corpos e raças, além da valorização da figura feminina.

A representação juvenil é tensionada como estágio para pensar o envelhecimento. Nesse sentido, ocupa o lugar de plenitude corporal, mas insegurança psicológica, possível de ser transformada na maturidade, com os usos dos produtos Natura desde cedo. Esse mal necessário da juventude é transformado em saudabilidade, somada à segurança psicológica das experiências da idade. Apesar da recorrência da publicidade de causa atrelada aos produtos da marca, não há uma apropriação dessas questões nas marcações da mídia social pelos usuários, que se mostram mais destinados ao varejo, comércio, preço e aos resultados da maquiagem.

A publicidade de causa representa 46% (122 casos) do total de publicações do período, seguindo a tendência geral de publicação, com exceção do mês de fevereiro. A Figura 40 e a Tabela 4 sintetizam esses dados. Na soma dos três casos, a marca representa 80% da publicidade de causa, o que reforça seu posicionamento por meio dessa comunicação. Os meses de setembro, outubro e dezembro concentram a maior parte das publicidades de causa, que neste caso passam da casa das dezenas e alcançam as centenas, tornando-se característica esperada entre o tom comercial e a circulação de posicionamentos socioambientais.

Os temas se mostram mais plurais, abarcando, principalmente, a sustentabilidade, em suas três dimensões, ainda que a ambiental se destaque. A diversidade está em seguida, principalmente no modo de representação de corpos, acompanhada pela pauta LGBTQIA+, por cultura, projetos sociais e violência de gênero. Relevante destacar ainda a exceção da Sustentabilidade e Diversidade por serem assuntos perenes durante o período de estudo, enquanto os demais se apropriam de datas comemorativas ou calendários já estabelecidos, em aparições pontuais.

Figura 40 – Publicidade de Causa em Relação às Publicações da Natura

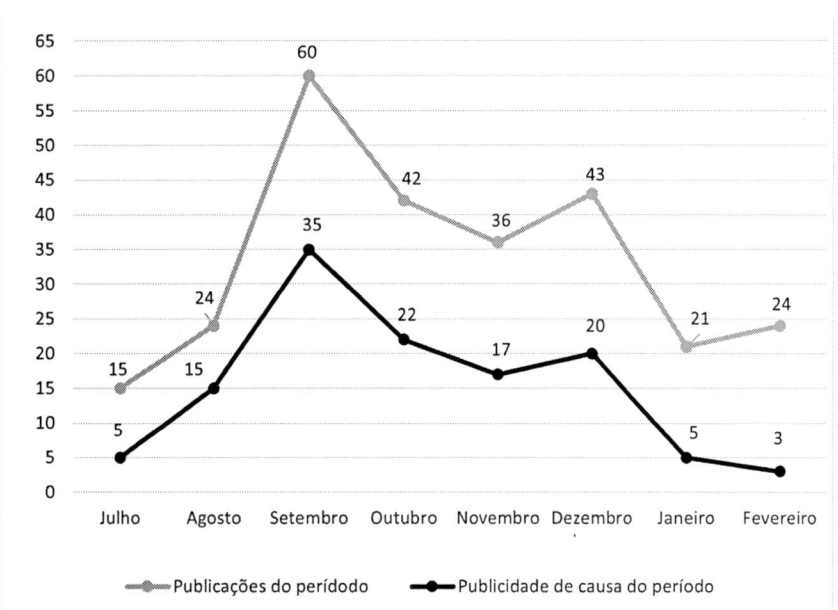

Fonte: o autor

A publicidade de causa está relacionada ao negócio da empresa, não apenas seguindo calendários do varejo, mas propondo pautas e produções específicas, como as séries audiovisuais, utilizando tanto as publicações temporárias quanto as fixas para isso. Dessa forma, une os produtos às pautas socioambientais em linhas de produtos, diferentemente de ações ou produtos isolados. O tom da comunicação dirige-se ao bem-estar sistêmico, em que autoestima e estima são consideradas, em associação ao planejamento estratégico da organização, envolvendo o modelo de negócio.

Há, portanto, uma ligação da publicidade de causa com produtos, mas que se apresenta de forma distinta das demais marcas, guiando toda a produção da empresa, sendo a comunicação apenas um dos vários desdobramentos desse posicionamento. As mensagens publicadas, geralmente de três em três, representam uma linha do *feed* na mídia social e deixam em evidência o discurso pretendido por meio da redundância. Dessa forma, utilizam a grade proposta pela mídia social como recurso para atingir o consumidor. Como marcações, destacam-se: #PorUmMundoMaisBonito, #CadaPessoaImporta e #ChamadoDoOceano.

Tabela 3 – Publicações da Marca Natura

Causa	Julho	Agosto	Setembro	Outubro	Novembro	Dezembro	Janeiro	Fevereiro	Total
Contra a Xenofobia	1								1
Contra o Preconceito	1								1
Sustentabilidade	3	5	25	15	2	10	5	2	67
LGBTQIA+		6							6
Pandemia		3			1				4
Proteção Animal		1							1
Cultura			3			3			6
Educação		4	3						7
Diversidade			3	1	2	1		1	8
Projetos Sociais			3	3					6
Veganismo					3				3
Violência de Gênero					4	2			6
Igualdade de Gênero						1			1
Antirracista						1			1
Pessoas com Deficiência						2			2
Direitos Humanos						2			2

Fonte: o autor

A análise dos dados arquivais da marca superaram a quantidade de publicidade das outras duas marcas somadas, ainda que, em comentários, a magnitude seja próxima. Assim, em cada publicidade de causa, há menos comentários. A quantidade de mensagens nas publicidades de causa da marca foi de 12.896, das quais 83,03% estão diretamente relacionadas às causas ou são respostas da empresa aos consumidores.

Além disso, 36,36% de todos os comentários, das 122 publicações, citam algum outro perfil nas suas mensagens, o que reforça a interação estabelecida por meio da mídia social e a postura ativa da comunidade. Dos 10.707 comentários sobre causas ou respostas da empresa, 81,61% foram positivos, 9,55% negativos e 8,84% representam as respostas da empresa aos consumidores, conforme sintetiza a Figura 41. Logo, há um equilíbrio entre comentários negativos e respostas da empresa.

Figura 41 – Hierarquia dos Comentários sobre Causas da Marca Natura

Positivo Negativo Respostas da Empresa

81.61% 9.55% 8.84%

Fonte: o autor

Das mensagens não relativas à causa, sobressaem reclamações como o site da empresa, pela falta de produtos e demora na entrega, ou pelo não funcionamento adequado para uma experiência de compra satisfatória. Além disso, a solicitação para respostas de mensagens em canais de comunicação e as solicitações de patrocínio estão presentes.

Os consumidores também comentam a descontinuidade de produtos, ou mudanças nas fragrâncias, pedindo pela volta dos itens. A mídia social é utilizada como canal para revendedores em interações não relativas às causas apresentadas, expondo uma forma de comercialização em que cupons de desconto são enviados aos clientes on-line e o serviço de consultoria é oferecido pelo Instagram.

Na Figura 42, não estão todas as publicidades de causa do período, que somam 122 iniciativas, pois, muitas vezes, eram publicadas várias publicidades sobre o mesmo tema. Por isso, foram privilegiadas as campanhas em vez das diferentes postagens, fornecendo apenas um panorama nas imagens a seguir, ainda que todas as publicidades tenham sido consideradas no período.

Figura 42 – Publicidades de Causa do Período: Natura

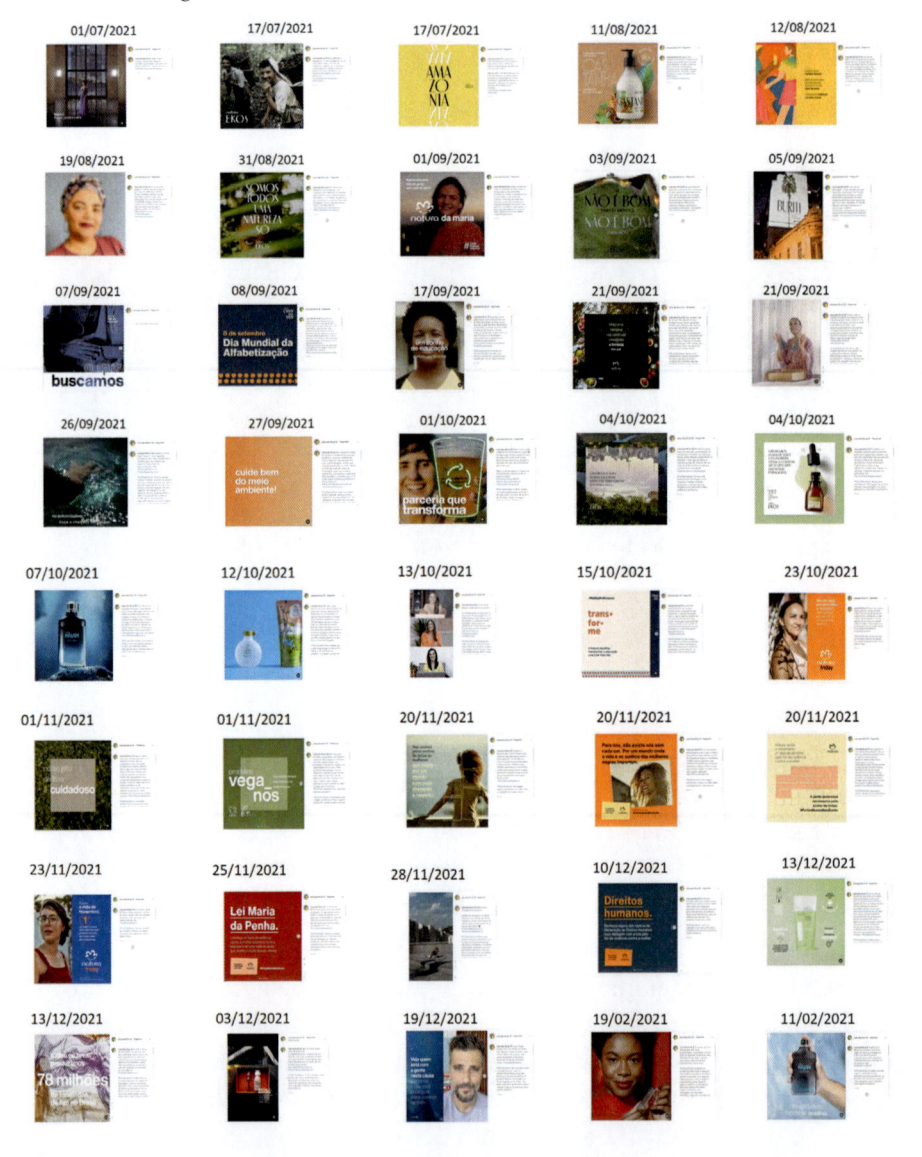

Fonte: o autor, com base nos dados do Instagram

Novamente, as interações foram analisadas tanto individualmente quanto em conjunto, destacando categorias. A causa de sustentabilidade atribuída à marca na primeira etapa de pesquisa, principalmente em sua dimensão ambiental, está intensamente presente na comunicação da empresa, junto da diversidade, tanto de corpos quanto de orientação sexual e cor, principalmente voltada ao público feminino. As campanhas que se destacam no período são: Natura Essencial, Natura Ekos, Preservação da Amazônia, Uma só Natureza, Cada Pessoa Importa, Visibilidade Lésbica, Ecossistema Amazônico, Dia Mundial da Alfabetização, Rock in Rio, Kaiak Oceano, Produtos Veganos, Dia do Veganismo, Dia da Árvore, Verão Dentro de Você, Natal na Pandemia.

A análise dos comentários sobre a publicidade de causa iniciou pelos posicionamentos positivos, destacando quatro categorias: emoções acionadas; marketing, publicidade e circulação; primazia da causa; primazia do produto; orgulho e exaltação. Em **Emoções Acionadas,** novamente o amor à marca está presente em condição que guiará uma nova categoria de análise, crescendo em relação às comunidades anteriores para a vertente do orgulho. Essa condição está ligada à manutenção de ações não apenas comerciais, mas de cuidado com a natureza e com as pessoas ao longo do tempo.

Outra condição que há na Natura é a de fãs da marca, que passam da ironia e da superação, vistas, respectivamente, nas marcas anteriores, para um tom de emoção e sensibilização com as publicidades. Os comentários evidenciam o despertar de comoção, presentes na condição pandêmica, mas também na ajuda ao próximo e nas queimadas da Amazônia.

> "Kaiak foi um dos primeiros perfumes da minha vida! Um dos quais me fez despertar a paixão pela perfumaria e hoje, transformei a paixão em meio de vida!" 😆👏👏👏 (Kaiak Oceano)

> "Eu amo uma marca 😍" (Natura Ekos e Sustentabilidade)

> "Há 22 anos juntos! Muito amor por essa empresa. 👏👏👏👏👏🙌💐🌼🌿🍃🌿" (Dia da Árvore)

> "Natura eu escolhi te amar 🤍" (Verão Dentro de Você)

> "Vocês arrasam até chorei" 🤍📸😍" (Natal na Pandemia)

> "Que mensagem linda e emocionante.... chorei ♥👏👏👏" (Natal na Pandemia)

"Natura e magia... emocionante... amo! 👑👑👑👑👑👑👑 👑👑👑👑" (Uma Só Natureza)

"Simplesmente emocionante 🖤 🖤 🖤" (Natal na Pandemia)

"😍 😍 😍 😍 😍 😍" (Natura Essencial – Negra Li)

"👏 👏 👏 👏 👏 ♡ ♡ ♡ ♡" (Ecossistema Amazônico)

"♡ ♡ ♡ ♡ 🌈 🌈 🌈 🌈" (Visibilidade Lésbica)

"Virei fã e agora cliente fiel. Excelente iniciativa, @naturabroficial 😍😍😍😍😍👏👏👏👏" (Kaiak Oceano)

"Já era cliente agora virei fã, bom ver que ainda há empresas que se importam, essa devastação precisa parar. #SomosTodosUmaNaturezaSó" (Preservação da Amazônia)

"Natura, virei fã! Já vou essa semana comprar produtos para apoiar essa marca maravilhosa! 👏 👏 👏 👏 👏" (Natura Essencial – Negra Li)

"Oi natura, te amo." (Rock in Rio)

"Naturaaaaaa, sua linda! Te amo!" (Dia do Veganismo)

A categoria evidencia, assim como o consumo de *fast food*, a trajetória desde cedo no mundo do consumo. Aqui, no entanto, o sentimento de nostalgia e de entrada na categoria dos perfumes e da estesia olfativa está nos comentários, e não apenas na produção publicitária, levando à extensão do consumo da marca ao longo da vida.

As possibilidades apresentadas pelo ambiente digital voltam-se às formações de identidade juvenil que se prolongam em práticas ao longo da vida, incluindo as manifestações de consumo, como já avaliaram Guerra e Quintala (2016). O afeto como valor juvenil e o gregarismo, citados por Rocha e Pereira (2009) por meio do reconhecimento e do pertencimento a grupos, estão mais uma vez evidentes. O veganismo da primeira fase da pesquisa é visto em uma publicidade específica em que jovens reagem positivamente, assim como a sustentabilidade, ainda que a questão geracional nessa última abarque outras faixas etárias.

A personificação da marca, gerando uma interlocução com outra pessoa, em expressões como amor, relacionamento ou lindeza, além das expressões de fã e de experiências vividas, amplificam o discurso da marca pelos consumidores como algo significativo no cotidiano, em que o projeto semiótico encontra modos de vida. Portanto, convergem às propostas de cocriarão da marca com os consumidores e ao compartilhamento de sentidos não apenas comerciais (Perez, 2016; Semprini, 2010).

Na categoria **Marketing, Publicidade e Circulação**, os elogios expressam a valorização das campanhas e dos temas tratados. Junto das enunciações positivas à publicidade, está a menção de que a marca já investe nesses temas há tempos e, por isso, mantêm e intensificam o relacionamento com a marca. A marca e seu espaço digital também são vistos como mídia para a divulgação e circulação comercial, como exposto anteriormente, mas igualmente para a divulgação de ações voluntárias, ou de causas e doações. Celebridades como atrizes e cantoras estão nos comentários e nas publicidades da marca, além de empreendedores, reforçando a diversidade nessas escolhas, seja da região do Brasil, de corpos, cores da pele, seja de ligações com as causas defendidas. Novamente, membros da comunidade agem como porta-vozes, explicando as ações de publicidade de causa para quem questiona.

A circulação pelos usuários ocorre acionando o perfil de outros membros, mas, principalmente, pelo reforço dos temas com marcações (*hashtags*) como #logisticareversa, #porummundomaisbonito, #govegan, #orgulhodefazerparte, #sospantanal, #cadapessoaimporta, ou #todospelaamazonia, que destacam alguns projetos da marca, ou expressões do consumidor reforçando pontos que consideram importantes. No cenário de experiência de consumo, destacam o ponto de venda físico pelas experiências proporcionadas, canal que começou tardiamente para a marca.

A lealdade é reforçada tanto pelo respeito ao posicionamento da marca, quanto pelos produtos que compõem um "estrago" ao orçamento previsto, mas de forma positiva, enxergando benefícios nesse comportamento e no relacionamento com os consultores. Por fim, a politização institucional ligada à vida cotidiana, mas lembrada de forma a personificar os comentários, volta a figurar com críticas ao atual governo e a seus seguidores. Essas manifestações são recorrentes na defesa do meio ambiente. Em menor magnitude está a comparação com o concorrente O Boticário.

> "Eu não tô chorando não, vcs que estão 🥹 👏 que campanha perfeita!" (Natal na Pandemia)

> "Mulher maravilhosa, campanha top 😍" (Natura Essencial – Negra Li)

"👏 parabéns Natura arrasando nos comerciais foi a Tamy depois aquele modelo negro lindo de tudo agora essas mulheres negras lindas" (Natura Essencial – Negra Li)

"Natura arrasando nas propagandas 👏👏" (Natura Essencial – Negra Li)

"Caraca que campanha linda. Poderia até ser um documentário para a gente ficar assistindo por horas 😍" (Natal na Pandemia)

"OBG por colocarem @thammymiranda no comercial de vocês! SENSACIONAL, atitude linda! Admiro ainda mais a empresa agr, e estou comprando SIM mais produtos NATURA por conta disso ♡ viva o amor" (Todos Importam)

"Amei esse comercial, vi que posso usar o produto para ficar igual as pessoas normais , da vida de verdade como ela é!!!! 👏👏👏👏👏BR" (Diversidade de Corpos)

"Venho pedir ajuda para minha sobrinha, doem ou divulguem 🙏😭 por favor, a cada dia que passa estamos correndo atrás de doações de todas as formas para tentar salvar a vida da nossa pequena princesa guerreira Maria Eduarda.

Ela é portadora da síndrome rara chamada síndrome de Chiari.

Já arrecadamos 69mil mais

A cirurgia custa 150mil

Ela é feita em Barcelona na Espanha

O único lugar do mundo que faz a cirurgia minimamente evasiva que paralisar de vez o avanço da síndrome, nos ajudem por favor. Os sintomas vem se agravando, nem correr ela pode 😔 São dores que não acabam mais , fora as crises durante o sono, apneia e epilepsia, fora q corre o risco de morte súbita.

🙏😭 ajudem ao menos na divulgação marcando o Instagram oficial da campanha @todospela_____" (Contra a Violência Feminina)

"somos a ong @_____ nós atuamos levando o amor e ajuda humanitária às pessoas afetadas por eventos catastróficos da natureza ou causados pelo homem. Conheçam um pouco mais do nosso trabalho, nos apoiem ♡" (Uma Só Natureza)

"Uma grande transformação na minha vida aconteceu ao conhecer a @_____ , instituição que atende crianças vivendo com HIV.

Aprendi com os sorrisos e abraços dos pequenos o quanto nos faz bem nos doar para o outro. E esses encontros a cada dia me ensina como as coisas simples podem mudar as nossas vidas.

Quero aproveitar para deixar um recado para todos que pensam em adotar uma criança: rompa a barreira do preconceito e do medo, e ao encontrar uma criança vivendo com HIV deixe que o amor fale ao seu coração." (Rock in Rio – verde)

"Está precisando de uma consultora para comprar seus produtos natura pelo site, entra lá que você vai me encontrar. Buscar um consultor Istela Oliveira. Você vai me encontrar obrigada" (Kaiak Oceano – verde)

"Eu adoro esse chef @rodrigomocoto 😍" (Natura Essencial – Rodrigo Mocotó)

"@cleo ♡ amo tú coisa linda" (Somos Todos Natureza)

"@brunogagliasso ♡ 💌" (Kaiak Oceano)

"@_____ ódio só vai te fazer mal. Esses produtos aparecem em edições especiais, é só vc ficar de olho nos catálogos ou ligar para a empresa. São muito atenciosos com os clientes." (Descarte de Embalagem)

"@_____ complementando o que a patricia disse... a #naturaoficial, faz a extração consciente das materias primas, alguns produtos, necessitam de uma materia prima, no qual precisa de tempo, para ser produzida. Esse o motivo de ter produtos q aparecem, uma vez no ano, de 2 em 2, de 3 em 3 anos. – seja mais conciente com seu consumo" (Descarte de Embalagem)

"#govegan 👏 👏 😎" (Dia do Veganismo)

"Lindo 👏👏👏👏👏 #orgulhodefazerparte #orgulhode-serconsultora" (Natura Ekos – verde)

"#cadapessoaimpora Amo esse lema 😍" (Cada Pessoa Importa – verde)

"Eu amooo a Natura! Essa semana a minha revendedora veio ate a minha casa e foi aquele estrago 😁 uso desde a adolescência e vou continuar usando sempre!!! 🤍" (Todos Importam)

"Ivete é muito maravilhosa, já fiz meu pedido a minha revendedora! 💗" (Verão Dentro de Você)

"Natura é melhor que o Boticário." (Direitos Humanos)

"Agora que os bolsomiunius dao um nó na inveja! Linda propaganda! Sensacional!" (Natura Essencial – Negra Li)

"#forabolsonarogenocida #forabolsonaro #todospelaamazônia #somostodosumanatureza" (Natura Ekos)

"#forabolsonaro" (Preservação da Amazônia)

"Parabéns a Natura pela preocupação com a floresta amazônic

.a, ao contrário de outras empresas que querem passar a boiada, deixei de comprar nelas, agora só Natura 👏👏👏 👏👏👏" (Natura Ekos)

Em Marketing, Publicidade e Circulação, **observa-se o tratamento diferencial ao gênero feminino e à diversidade, questões tratadas ao longo deste livro e na primeira fase da pesquisa. A caixa alta como enunciação exagerada ocorre na marca também para o elogio, extrapolando emoções, principalmente nas pautas identitárias LGBTQIA+.**

A marca como mídia conecta outros actantes à rede para divulgar ações de instituições da sociedade civil, ou movimentos pessoais, assim como a comercialização dos produtos por consultores, reconhecendo como meio atrelado a causas e utilizando-se da linguagem digital para ser visualizado com marcações. Nesse aspecto, convivem elogios às campanhas, com a amplificação das causas, mas também os relacionamentos com interesses de promoção pessoal e de desenvolvimento de projetos não ligados à marca, trabalhados por Enne e Procópio (2020), como valores e laços direcionados à produtividade, e por Campanella (2019), por meio do reconhecimento midiático dos indivíduos.

As celebridades passam a ter importância no endosso dos posicionamentos, mas também na percepção positiva da marca e na ampliação de comentários, com recorte à publicidade da cantora Negra Li, em que lutas por reconhecimento colocam em disputa os membros da comunidade e evidenciam que as questões identitárias ligadas a pretos e pardos ainda são alvo de discussão no Brasil. Sobre o aspecto da produção publicitária, negros ocupam posição de destaque e liderança, indo além de um reconhecimento perverso por meio da marca.

Mensagens preconceituosas ou de crítica por consumidores, junto da observação de representatividade por outros membros da comunidade, podem ser vistas nas interações. A defesa da empresa ocorre, principalmente, pela rede de consultores, explicando a cadeia de valor. O inimigo acionado é o principal concorrente no segmento, em que as comunicações de causa estabelecem diferenciação entre as organizações, fazendo com que não se comente sobre Direitos Humanos, por exemplo, mas, sim, que a empresa é melhor do que sua concorrente ao realizar essa comunicação.

As falas contra o atual presidente, seu governo e os seguidores vêm, principalmente, de jovens, mas também estão presentes alguns adultos mais velhos, com diferentes fenótipos e em maior recorrência do que nas demais marcas, sobretudo nas publicações acerca da sustentabilidade. A referência extratextual da fala do Ministro do Meio Ambiente na época – Ricardo de Aquino Salles – é utilizada para retratar que outras empresas compactuam com a passagem da boiada. O resultado – um *buycott* por parte do consumidor – é exteriorizado para os demais membros da comunidade como sinal de orgulho da marca e motivo de lealdade.

Os resultados corroboram o exposto pelo Atlas das Juventudes (2021), em que a deslegitimação de jovens na política leva a práticas menos institucionalizadas, sendo as mídias sociais um canal para isso, onde circula a política do cotidiano. Esse posicionamento cidadão muitas vezes expõe a privacidade das vivências, dos modos de vida e da sexualidade para defender a própria expressão da identidade. Nesse sentido, a caracterização apontada por Canevacci (2005) encontra apenas um reforço parcial, em que a comunicação das metrópoles, dos exageros e das múltiplas possibilidades ocorre, mas também as críticas políticas e sociais, presentes tanto em questões identitárias quanto nas de sustentabilidade, com táticas de comunicação em rede.

A **Primazia da Causa** ganha contornos prioritários nas interações com a marca, em que os comentários aprofundam os temas, solicitam ações da empresa e de membros, além do apoio direto à marca. Representatividade pelas escolhas das pessoas que compõem a publicidade e admiração pela preservação da natureza são destacadas. **O espaço de lutas permanece, acionando discussões entre membros, que justificam seus pontos de vista entre a questão financeira e os resultados sociais. Reconhecimentos aos diferentes estilos de vida, representatividades e a valorização nacional são outros itens da categoria.** Porta-vozes destacam a Natura como uma rede de apoio e indicam a pesquisa sobre o trabalho da empresa em diferentes frentes da cadeia de valor, em especial sobre a extração de matéria-prima.

Os temas culturais relacionados à musica são os que tiveram menos comentários no período. Por outro lado, como a mídia social também é utilizada para comercialização por consultores, as publicações valorizando o trabalho de consultoria tiveram grande repercussão. Um aspecto decorrente das causas é que, por meio do reconhecimento da empresa como líder na atuação socioambiental, são presentes comentários para que outras empresas tomem essas iniciativas.

"Totalmente ética e responsável com o meio ambiente 😍 😍👏" (Natura Ekos)

"@_____ deve ser difícil ver um HOMEM super bem sucedido e contratado por uma marca muito famosa como o Thammy, né? Resta aceitar, amore hahshas" (Natura Ekos)

"@_____ você é proprietário ou algo do tipo da empresa? Tá tão preocupado com as vendas, né? Ou será outro motivo que está de incomodando?" (Natura Ekos)

"Produzido de maneira sustentável, nutre e hidrata profundamente sua pele e contribui para a renda de 182 famílias da Amazônia" (Natura Ekos)

"Nossa! Qto drama nesses comentários! Sou da Amazônia e se quiser preservar a floresta o trabalho precisa ser manual mesmo. Não quer dizer q essas pessoas estão sendo escravizadas não. Existem muitas cooperativas aqui na região q dão suporte trabalhista a eles. Claro q não são ótimas condições d trabalho, mas qual diferença entre eles e um metalúrgico de SP, ou um coletor d lixo em qqer cidade, por exemplo???" (Natura Ekos)

"@naturabroficial essa imagem reflete exatamente quem são os extratores de castanha, vi meu pai, meus irmãos, vi minha comunidade sendo representada nessa foto. Não são burros de cargas, são pessoas que vivem na e da floresta, são sujeitos que tem enraizados na sua cultura um trabalho manual geracional que me orgulho, é mais que um trabalho, o extrativismo de castanha é patrimônio que está muito bem conservado por pessoas retratadas na fotografia. #naojulgueareardidadequevcsnaoconhecem." (Natura Ekos)

"É por isso que sou apaixonada pela Natura, por ela ser uma empresa com propósitos. Por contribuir com a conservação do meio ambiente. Pelo ela faz nas comunidades que fornecem a matéria prima, sem contar com o que ela faz pela educação. Aplausos, senhoras e senhores 👏👏 👏👏" (Natura Ekos)

"Já assinei a declaração!" (Alfabetização)

"Juntos pela defesa da Amazônia 👏" (Queimadas da Amazônia)

"@_____ prefiro ver como: Uma marca reconhecida, dando reconhecimento para pessoas ignoradas pela sociedade! 🙌" (Visibilidade Lésbica)

"Amo pq são vegano, brasileiros, naturais" (Cada Pessoa Importa)

"Um dos motivos para representar a Natura está nesse pôster. É admirável as causas e bandeiras que a Natura defende, elas sempre estão interligadas com o respeito a todas as formas de vida. 👏👏👏👏👏" (Preservação da Amazônia)

"@_____ o que se deve ser ensinado para as crianças é que elas são livres para amar do jeito delas (livre arbítrio) ,vocês conservadores empurram uma ideia de que a criança precisa seguir a moral cristã e tratam quem não segue os seus dogmas com desprezo" (Visibilidade Lésbica)

"@_____ Onde você vê pedofilia entre uma relação de dois ADULTOS? 🤔🤔🤔 Comentário mais nada a ver, o nível de preconceito é tão grande que inventa coisa que nem sabe exemplificar, ridículo." (Visibilidade Lésbica)

"Obrigada por isso, @naturabroficial ♡ representatividade importa demais!!!!🏳️🏳️🏳️" (Visibilidade Lésbica)

"São iniciativas como essas que esperamos das empresas comprometidas com a preservação do meio ambiente. Parabéns @naturabroficial 👏 👏 👏 #SomosTodosUmaNaturezaSó" (Preservação da Amazônia)

"Obrigada @naturabroficial por cumprir uma missão que as empresas e todos os seres humanos deviam priorizar! Continuem sempre assim. Não decepcionem! #valorizemanatureza" (Preservação da Amazônia)

"Finalmente uma empresa se posicionou 👏" (Preservação da Amazônia)

"É muito bom ver a ação da iniciativa privada, assim vemos que não estamos sozinhos." (Preservação da Amazônia)

"Estamos juntos nessa causa, devemos cuidar sim da Natureza ♡ 🌼" (Natura Ekos)

"Só consumo produtos de empresas comprometidas com a preservação do meio ambiente. 🌿" (Preservação da Amazônia)

"Parabéns, Natura, por há 20 anos pensar em preservar nossa natureza, em promover o desenvolvimento sustentável!" (Natura Ekos)

"A Natura é muito top! Uma empresa super consciente e que sabe do seu papel na sociedade" (Kaiak Oceano)

"Eu estava há um tempão procurando um shampoo que tivesse refil, para diminuir meu consumo de embalagens plásticas, e fiquei tão feliz quando descobri as opções da Natura! Já pedi e estou aguardando chegar o meu shampoo e condicionador, mal posso esperar ♡ ainda mais que ajuda as comunidades amazônicas, e como moro no Pará isso é mais especial ainda para mim 👏" (Natura Ekos)

"Juntas no combate e superação do racismo...racismo mata. Cadeia para os racistas." (Mulheres Negras)

"@_____ A Natura é parte de uma *rede* atuante na Amazônia que inclui organizações governamentais, não governamentais, comunidades agroextrativistas e entidades sociais.

A Natura também tem o selo UEBT (sigla em inglês da União para o BioComércio Ético). A certificação – concedida por uma associação internacional sem fins lucrativos, criada a partir da iniciativa da Conferência das Nações Unidas sobre Comércio e Desenvolvimento (UNCTDA) – reconhece os três pilares que norteiam nossa atividade empresarial como um todo: comércio justo, conservação da biodiversidade brasileira e relacionamento de confiança com a comunidade. 😙" (Natura Ekos)

"@_____ sugiro conhecer o trabalho realizado através dos sindicatos, associação e cooperativas no extrativismo vegetal. E quanto a Natura investiu em infra estrutura, capacitação e melhorias. E como ela cuida da Amazônia!" (Natura Ekos)

"A MELHOR coisa que a natura criou com certeza São essas embalagens, porque alem de ajudar no custo do produto nao agride a natureza...todas as empresas deveriam experimentar essa forma de entregar uma coisa sustentável para seus clientes. #parabénsnatura" (Embalagens com Refil)

Na categoria, verifica-se que há uma expectativa pelo posicionamento da empresa em pautas socioambientais. Ou seja, ocorre uma associação da marca à publicidade de causa e às ações voltadas para a defesa de temas contemporâneos nesse sentido, como uma voz importante para pressionar mudanças. Isso pode ser justificado por posicionamentos recorrentes da organização e seu modelo de negócio voltado à sustentabilidade. Há convergência entre os temas citados na primeira etapa da pesquisa e os trabalhados pela marca, como diversidade, sustentabilidade, veganismo e valorização da mulher.

A justificativa nas lutas por reconhecimento contra quem tem preconceito é o ressentimento, em que o argumento financeiro do outro é colocada à prova, questionando o envolvimento do interlocutor como acionistas da empresa, em vez de assumir o preconceito ou o envolvimento político. Nesse sentido, vemos nas lutas por reconhecimento a questão central de identificação e desestabilização do discurso e suas justificações. **Esse e os demais posicionamentos em que se evidenciam** os debates sobre os temas da publicidade de causa, ainda que não aprofundados, corroboram com a visão de que o reconhecimento é apenas o início do processo, precisando atentar aos argumentos utilizados e justificações (Celikates, 2012), e que essas crises no contexto de *cité* projetos favorecem a entrada e saída para iniciativas empresariais (Boltanski; Chiapello, 2009).

Os valores de autenticidade e poder (Rocha; Pereira, 2009) são evidentes na categoria de primazia da causa. Primeiro, exercendo a possibilidade de identidade metamórfica e múltipla, presente em um grupo, mas também na forma como são identificados esses jovens, explorando suas próprias vivências. Depois, porque lutam contra o poder exercido sobre eles, como os autores colocam na sua obra, mas também apresentam um poder que vai além, discutido na primeira fase desta pesquisa, que é a possibilidade de fala na mídia social, de ser ouvido e assinalar o que pensa, atrelado ao estudo formal ou à pesquisa em rede, fortalecido pela representatividade publicitária.

Os próprios consumidores e consultores acabam ocupando o papel de defesa da organização nos questionamentos sobre a publicidade, principalmente no que se refere ao trabalho extrativista na Amazônia, da linha Natura Ekos. Nessa defesa, comparam as condições de trabalho com outras áreas em localidades como São Paulo. Ressurge a importância citada na primeira etapa da pesquisa para iniciar ações por dentro da empresa, e não apenas em sua comunicação mercadológica. Esses argumentos foram utilizados na defesa da organização, incluindo a menção de certificações ambientais.

Enunciações em caixa alta já são vistas com maior recorrência também nos aspectos positivos. Outro dado relevante é a repressão da moral cristã como justificativa contra a publicidade de causa, novamente evidenciando antagonistas contra o discurso, principalmente atrelado à diversidade sexual. Esse inimigo enunciado é o conservador religioso.

Outro posicionamento dos membros da comunidade é a solicitação de responsabilização para racistas, requerendo detenção dessas pessoas. As defesas de causa, principalmente identitárias, como antirracismo e visibilidade lésbica, parte de jovens com diferentes perfis e orientações sexuais. Já as discussões sobre sustentabilidade e produção da marca está associada a um público mais velho, assim como da rede de consultores.

Embora as causas atinjam outro patamar nas interações com a Natura, a **Primazia do Produto** também é observada. A linha Natura

Ekos e o perfume Kaiak estão entre os mais citados. Lembrança das fragrâncias, menção a namorados, maridos e filhos, além do uso cotidiano e da rotina de compra pertencem a essa categoria. Fica ainda mais evidente o recorte ao gênero feminino para a marca nessa categoria com expressões direta da marca.

"Gente vcs não tem noção de como essa linha é maravilhosa, eu estou apaixonada, e ele reduz mesmo a oleosidade, não fico sem o meu kit, 😍😍😍" (Lumina Refil)

"Adoro. Uso diariamente esses dois e não fico sem eles. ♡" (Natura Ekos)

"Já vou pedir pra minha consultora esse hidratante ♡" (Diversidade de Corpos)

"Comprei um kit para experimentar, só usei 3veses,já comprei mais um kit ♡ ♡ ♡ hidrata,da brilho, amacia, limpa, ótimo." (Natura Ekos)

"Meu filho ama esse perfume ♡" (Kaiak Oceano)

"O valor do Kaique meu marido ama" (Kaiak Oceano)

"Amo esta fragrância a @naturabroficial vcs são de mais ♡" (Kaiak Oceano)

"UAU EXCELENTE PRODUTOS (Dia das Crianças)

Mesmo com o produto em evidência vemos o presentear destacando rituais (McCracken, 2010) e o amor ainda em foco, junto do ritual de aquisição pela visita da consultora e das mudanças que teve durante a pandemia, e a aceleração do espaço digital de consultores. O direcionamento principal do presentear e da compra é do público feminino ao masculino.

Como categoria exclusiva da marca Natura, foi evidenciada **Orgulho e Exaltação**, que faz parte de um projeto de vida dos consumidores e trabalhadores. A mudança de vida por meio da marca e o pertencimento a uma comunidade de empreendedores, que ainda ajudam o desenvolvimento sustentável, retiram a exaltação apenas de um código e transformam em uma categoria. Isso evidencia não apenas a imagem positiva da marca em um momento, mas sua reputação perene e de participação dos diferentes membros, abertas pelo investimento em publicidade de causa de forma diacrônica. Nesse sentido, são reforçadas as percepções de comunidade e sinergia entre a empresa e os diferentes públicos ao longo da cadeia de valor e, para as consultoras, a possibilidade de um projeto de vida mediado pela marca.

> "Carta (de amor) aberta à Natura
>
> Olá, sou Regina e venho declarar minha torcida pela empresa Natura. Não somente por ter muitos produtos veganos, como também várias opções de refil – com menos plástico; preço acessível e justo; campanhas de publicidade espetaculares, inclusivas e impactantes; por preservar nossa floresta em pé e por ter entrega super rápida. Não obstante (e diria mais importante), porque os produtos funcionam; têm cheiro do Brasil e trazem alegria.
>
> Nesse momento em que vivemos tantas tragédias, que não caberiam numa lista, percebo tanta tristeza e raiva. Queria lembrar aos funcionários que a Natura embeleza o mundo, abre diálogos, respeita a maior biodiversidade do planeta e entrega tudo a um preço muito justo.
>
> Sou brasileira (e médica dermatologista) e recomendo os produtos a colegas, pacientes e amigos não somente pelas inúmeras virtudes acima listadas, mas principalmente pq há entrega de qualidade em cada vidrinho da Natura. Enquanto muitos querem comprar no exterior, eu olho para dentro do Brasil e me orgulho de ter a quem referenciar.
>
> Continuem embelezando e celebrando o país.
>
> Beijos de luz nessa tormenta que passamos todos." (Dia do Veganismo)
>
> "Tem tanto orgulho dessa marca, melhor coisa que fiz foi sair da Boticário e ir para Natura, o nível de preocupação e conscientização com o meio ambiente e com os animais é sem igual 🤍" (Preservação da Amazônia)
>
> "Natura mudou minha vida 👏 👏 👏 🤍" (Natura Essencial – Rodrigo Mocotó)
>
> "Orgulho de representar ♥ ♥ ♥ " (Alfabetização)

"Amo tudo isso. Me orgulho em ser uma consultora natura" (Kaiak Oceano)

"😎 que orgulho em fazer parte dessa companhia tão engajada em pautas essenciais! 🖤" (Visibilidade Lésbica)

"Uma marca motivo de orgulho.♡" (Preservação da Amazônia)

"Natura amo vendo,sou consultora digital Natura sou consultora Natura a 16 anos orgulho de fazer parte de uma empresa que trata o planeta as pessoas e suas consultoras com todo respeito ♡ amor é o quê sinto orgulho😍" (Natura Ekos)

"O meu maior sonho não é comprar uma casa ou um carro e sim trabalhar nessa empresa maravilhosa." (Valorização da Consultora)

"Tenho ORGULHO de ser consultora da Natura! ♡" (Todo Mundo Importa)

"Orgulho de ser consultora dessa empresa maravilhosa! Amor incondicional de consultora e consumidora. Parabéns, Natura!" (Natura Ekos)

"Natura deveria ser orgulho nacional, pois é uma das únicas empresas brasileiras que se preocupa com o meio ambiente. 👏👏👏👏👏" (Preservação da Amazônia)

"Lindo maravilhoso!!! É por isso que a cada dia fico mais encantada e feliz em fazer parte de uma empresa séria e que respeita a natureza, a vida. Hoje tive o prazer de ser reconhecida como consultora Prata com apenas 3 meses ♡♡♡👏😍" (Amazônia em Pé)

"Melhor empresa, um dia quero fazer parte 🖤✨" (Natura Ekos)

"Tenho orgulho de ser NEGRA e ser NATURA👏👏👏 👏" (Violência Contra a Mulher)

"@naturabroficial como faço pra virar consultora???" (Cada Pessoa Importa)

O crescimento do amor é expresso em palavras, símbolos e textos de orgulho, em que o inimigo Boticário é novamente utilizado na comparação. A carta de amor aproxima o relacionamento como uma marca personificada, um relacionamento do qual se tem tanto orgulho, que a carta não deve ser privada, mas, sim, pública. Nesse sentido, o reforço de expressões como brasileira e médica retoma a marca como representante da cultura nacional, mas também a impulsão midiática da profissional pela mídia social. A presença da organização na mudança de vida traz o testemunhal em que o projeto da marca está atrelado ao projeto de vida do consumidor. Mais uma vez, a caixa alta está presente positivamente como um grito de orgulho e a vontade de não apenas consumir, mas pertencer à empresa, ser um consultor e publicizar isso reforça o ponto de contato com a marca na mídia social e no site.

As enunciações ainda exaltam as publicidades de causa e o apoio à natureza e, a partir disso, a marca como representante de brasilidade, uma expectativa que deveria extrapolar as dimensões individuais. Ao mesmo tempo que a marca representa um valor coletivo, o orgulho é manifestado no aspecto identitário, de trabalho e de prazer. O consumo abarca a dimensão midiatizada, nas premissas de Trindade e Perez (2016), não apenas se contentando em utilizar, mas circular os produtos, as expressões e os sentidos com outros membros da comunidade, uma reiteração de que o processo de escolha e o vínculo com a marca foram acertados e é necessário que outras pessoas sejam comunicadas sobre isso.

As interações negativas relacionadas à publicidade de causa também ocorrem para a Natura, evidenciando o cenário de lutas, ainda que em porcentagem menor do que para a marca Adidas Brasil. **As categorias evidenciadas nas interações negativas com a Natura são: negação da causa; experiência negativa; marketing, publicidade e circulação; solicitação de causa.**

As categorias de negação, experiência e publicidade se repetem, evidenciando a recorrência em todas as marcas, mas está presente a solicitação de causas não apresentadas durante o período. Parece contraditório essa categoria, uma vez que a marca mobiliza grande parte das suas publicações com os discursos socioambientais e culturais, mas há nessa categoria a expressão regional e o sentido de que, por apresentar ações efetivas, seria mais fácil derivar para outras defesas por meio da marca.

Na categoria de **Negação da Causa**, está a tentativa de minimizar a necessidade de ações para grupos específicos, como lésbicas e transsexuais, acionando argumentos religiosos ou de que o grupo não tem importância social ou comercial. Essas expressões são realizadas por pessoas não pertencentes aos grupos para os quais as demandas sociais se destinam.

A expressão *politicamente correto*, vista em outros estudos de publicidade como em Wottrich (2019), volta a aparecer como crítica ao discurso de causa. A pedofilia é associada como argumento para não se defender a liberdade de orientação sexual. Fim da família e lacração são outros termos citados para negar as publicidades de causa. O boicote aos produtos e a saída da base de clientes da marca são reações apresentadas nos comentários, além do desprezo com *emojis* de vômito ou raiva, comentários de vergonha ou não representação, uma vez que os interlocutores não são dos grupos identitários citados nas campanhas.

Devido à quantidade de publicidade destinada ao desmatamento, a defesa de que sempre existiu queimada ou de que é uma mensagem apenas com intuito político partidário é evidenciada ao longo do período de publicação, em que a repetição ampliava essas interações, sugerindo organização dos interagentes. Reações contrárias também são mobilizadas para a pandemia em proximidade ao Natal de 2020, ao indicarem nos comentários tratamentos comprovadamente ineficazes para índios.

Com magnitude significativa frente às demais, está o questionamento de Thammy Miranda como influenciador da marca no Dia dos Pais. Influenciador que não chegou a figurar nas publicidades do perfil da marca na mídia social no período analisado, mas está presente nos comentários como motivo de boicote, discussão religiosa e não representatividade dos demais pais, mesmo com a inserção de homens cisgêneros na publicidade da data de varejo.

> "Deixei de seguir, cada pessoa importa...mas a Thamy Gretchen não é pai..." (Cada Pessoa Importa)

> "Depois de tanta críticas por causa da mulher se passando por homem propaganda do dia dos pais aí vêm com essa do Essencial, para enganar os bestas, vcs não ENGANAM MAIS NINGUÉM 😒#Natura nunca mais." (Natura Essencial – Negra Li)

> ":- NÃO TEM UM OUTRO BIOTIPO, NÃO ? ISSO É RACISMO, OU ALGUMA JOGADA DE MARKETING PARA FATURAR COM A VAIDADE DE UM FILÃO MEIO ESQUECIDO, DEVIDO A ALGUNS PRECONCEITOS DO PASSADO . INCENTIVAR ESSE OU AQUELE GRUPO, NÃO RESOLVE NADA . GEORGE FLOYD JÁ MORREU . NO BRASIL TODO DIA ISSO ACONTECE, E NINGUÉM

FALA NADA . – VIROU MODA, VEM LOGO UM PERFU-MINHO . A PUBLICIDADE É A RAINHA DA HIPOCRI-SIA. NINGUÉM LEMBRA DOS INDIOS, NORDESTINOS, FAVELADOS, IDOSOS, DEFICIENTES, E UM MONTÃO DE GENTE NOS HOSPITAIS ESPERANDO A MORTE CHEGAR, PORQUE NÃO DÁ IBOPE . MAS BASTA SE ORGANIZAR, FAZER UM GRUPINHONHO POLITICO, ECONOMICO, OU RELIGIOSO, QUE VEM LOGO " A LEI DE COTAS " E AÍ NINGUÉM FALA NADA, POR-QUE TODOS SABEM DO QUE SE TRATA, ESTAMOS FALANDO DE PRIVILÉGIO . IH ... FALEI DEMAIS ... MORAL DA HISTORIA : " SOMOS UMA RAÇA SÓ A RAÇA HUMANA " OU JÁ ESQUECERAM . – FAZ UNS 3 COMERCIAIS SINTETIZANDO TODO MUNDO . E ESTÁ TUDO CERTO . ✔ " (Natura Essencial – Negra Li – rosa)

"@_____ ah com certeza .... Claro que não é pra usar isso pra fazer o público LGBT comprar .... Claro que é pela causa ..." (Visibilidade Lésbica)

"Que bosta ....Vcs não se cansam de tentar lacrar né !!! AFF , a cor é o que importa , lamentável !!!....O que falta ao mundo é conciencia humana ....Deixando de seguir e comprar ..." (Mulheres Negras)

"Fim da família e ainda querem fazer com que Deus e a bilbia participe Deus criou homem e mulher não tem terceiro sexo mesmo porque sem esperma e sem útero e coisa do homem. 🥴🙏🙏🙏😳 " (Natura Essencial – Negra Li)

"Não me identifico." (Natura Essencial – Negra Li)

"@_____ sempre é bom enfatiza sobre a pedofilia. seria bom a natura a enfatiza na campanha sim." (Visibilidade Lésbica)

"@_____ como sol é amarelo e aparece de dia foi essa a criação naturalmente macho e fêmea Adão e Eva um depende do outro pra reproduzir os opostos se atraem como diz na física então sim poderia ter tratamento de acordo com o que levou a pessoa a isso ela avaliar a si mesmo pra encontrar o que desencadeou essa vontade dela e resolver em vez de achar no direito de ensinar pras crianças" (Visibilidade Lésbica)

"@naturabroficial , Porque vc também não posta sobre mulheres que não são lésbicas, mas são #mães , são #avós , são #esposas , são #provedoras do lar, etc... Poste sobre as consultoras de beleza natura, nós tambem temos histórias de vida incríveis?" (Visibilidade Lésbica)

"Há se FUDER, tanta prioridade é vem com essa balela" (Visibilidade Lésbica)

"Geração graça essa. No meu tempo, mais de 30 anos atrás, as pessoas não precisavam de dia para lembrar o quão importantes são e que suas escolhas só dizem respeito a elas próprias e nao dependem de aceitação de outros. A Natura e seu habitual mimimi irrelevante." (Orgulho Lésbico)

"Olha , uma marca usando da luta dos outros pra vender produto kkkkkkkk perdi" (Visibilidade Lésbica)

"Eu acho que não se deve misturar as coisas. Cada um é o que quer ser. Mas opção sexual, religião cada um tem a sua , a gente respeita. Até Deus deu o livre arbítrio. Agora o ramo é Comercial , teria que dar é mais descontos para os consumidores e valorizar mais os consultores, porque sem eles qualquer empresa se torna nada. Pq somos nós que geramos o lucro." (Visibilidade Lésbica)

"Bem, eu moro numa cidade no interior do Amazonas, quase divisa com o Pará. Aqui o ar está limpo, sem fumaça. O mesmo eu não poderia dizer há 5 ou 6 anos! Quando estava tudo enfumaçado pelas queimadas. Nossos olhos ardiam ao sair de casa. Havia fumaça no ar da cidade. Ah, uma campanha naquele tempo...! Mas não lembro de nenhuma, viu! Venham pra cá. Venham ver como está hoje na minha e em outras cidades! Não generalizem, gente!" (Queimadas da Floresta)

"@_____ obrigada! Realmente eu sou uma pessoa muito culta e trabalho desde os meus 12 anos. Exatamente por isso, não vou cair nesse seu vitimismo barato e vulgar, dizendo que não pode estudar porque precisou trabalhar. Mas valeu a tentativa 👍" (Cada Pessoa Importa)

"Prezada Natura,dependendo da classe social em que esta criança pertencer,poderá sim ser alfabetizada aos 7 anos.

Em escolas públicas ,cuja maioria das crianças frequentam para ter uma refeição digna.Muitas sequer tem noção básica de higiene, ficando todo o trabalho para um único professor realizar com salas com até 40 crianças. Dessas forma, a aprendizagem, que deveria ser o principal foco da escola pública, vai ficando em segundo plano.Isso sem falar os valores que transmitimos. Não culpo somente a família, pois muitos estão atrás do seu sustento, mas convido vocês a passar um dia em uma escola pública de periferia, para verificar se esse compromisso é tão simples. Quer saber mais? Fale com professores e não com pessoas que estão em seus gabinetes decidindo os rumos da educação , sem nunca ter trabalhado em escola pública. Se todas as crianças fossem alfabetizados com 7 anos, com certeza nosso país não estaria com uma realidade educacional tão triste. 😞 😞 😞" (Alfabetização)

"VERGONHA, NATURA. Não concordo. No Rio Grande do Sul a lei exige que a criança tenha 6 anos completos em 31 de março para entrar no 1º ano do ensino fundamental. Minha filha contemplou 6 anos em Abril. Vai entrar no 1º com quase 7 anos. Está sendo alfabetizada há anos. No momento só em casa porque a pré escola está fechada. Então ela não vai estar completamente alfabetizada com 7 anos (ler textos, interpretar, etc...) e tudo bem. Sei que não terá nenhuma desvantagem por causa disso. Pelo contrario. Teve mais tempo brincando, criando, imaginado, como a personagem do livro, ao invés de ter que ficar sentada em uma sala de aula "decorando" conteúdo ultrapassado. Natura, não te mete no que não sabe. Faz sabonete e só." (Alfabetização)

"Alfabetizada até os 7 anos? Que absurdo!" (Alfabetização)

"Sou consultora e não vejo necessidade desse tipo de propaganda." (Visibilidade Lésbica)

"Nada interessante, tem causas bem mais interessantes para serem apoiadas." (Visibilidade Lésbica)

"Joga os lacradores no meio desse mato pra ver se vingam. Junto com a Tammy e o Pablo 🤣 🤣 🤣 🤣" (Natura Ekos)

"Quem lacra não lucra 😂 😂" (Preservação da Amazônia)

"HIPOCRISIA!! SERÁ QUE A NATURA VAI QUEBRAR COM TANTA QUEIMADA? RIDÍCULO" (Preservação da Amazônia)

"@_____ faz tempo que digo isso, apenas um povo HIPÓCRITA vem falar disso agora sou de Manaus AM, e SEMPRE TEVE QUEIMADA MAS SÓ AGORA O POVO HIPÓCRITA VEM FALAR." (Preservação da Amazônia)

"Que história é essa de promoverem a igualdade de gênero? Não existe igualdade de nada: homem é homem, mulher é mulher, trans é trans, gay é gay, lesbica é lésbica e ponto final. Todos tem que ser respeitados pelo que são, sem preferencia ou mi-mi-mi. Tem que ser respeitados pelo caráter, pelo respeito que impõe, não pelo gênero. E voces da Natura vendem perfume e maquiagem, não filosofia ou comportamento Isso incentiva o preconceito!" (Rock in Rio)

"Que bosta ....Vcs não se cansam de tentar lacrar né !!! AFF , a cor é o que importa , lamentável !!!....O que falta ao mundo é conciencia humana ....Deixando de seguir e comprar ..." (Mulheres Negras)

Assim como a incursão em outra mídia digital em que o futebol operou como eixo condutor (Teixeira Filho; Souza; Moni, 2020), racismo, machismo e homofobia configuram conflitos em que a marca, na expressão de sua publicidade, age como mediadora. Assim, membros contrários articulam ofensa e desqualificação dos grupos apoiados na publicidade ou da empresa publicamente. Neste caso, no entanto, os comentários de publicidade da visibilidade lésbica ou de outras publicidades, mas envolvendo a lembrança do Thammy Miranda, superam os demais temas. Comportamento similar ocorre com a menção da cantora Pabllo Vittar na tentativa de degradar e invisibilizar o potencial de circulação da cultura popular, com celebridades como artistas e cantoras, ligadas à cultura juvenil.

Reações exaltadas e uso de caixa alta são transversais às categorias negativas e ressaltam a reação emotiva. A maioria das críticas não abre possibilidade de discussão, mas utiliza justificações que ajudam a compreender as motivações da recusa de causas, classificá-las e caracterizar os conflitos sociais. Como primeira observação, verifica-se um movimento contra o agrupamento, tendendo ao individualismo, em que há o questionamento da relevância das causas selecionadas, mas por quem não pertence ao grupo, assim como a justificação de que a empresa deve preocupar-se com questões produtivas ou comerciais da *cité* industrial e da mercantil.

A não identificação com campanhas de visibilidade negra ou a ofensa e o questionamento sobre afirmação lésbica partem de pessoas fora da perspectiva geracional de juventude, variando entre fotos lidas como homens e mulheres brancos, em que elas são maioria. Ainda como caracterização do perfil que nega a causa apresentada pela marca, há transversalidade da religião na descrição e nas postagens, somadas à defesa da direita política ou explícita do atual governo, do presidente Jair Messias Bolsonaro.

Nota-se que, em alguns casos, a própria descrição do perfil do usuário já explicita esse padrão, como o texto: uma mulher de direita em defesa da família, em conjunto com um *emoji* de um homem, uma mulher e uma criança brancos. Nos perfis que são masculinos, soma-se, além da religião e política, o adjetivo militar. Ainda há comentários de membros sem fotos, recordando o tensionamento sem rosto e sem mediação de especialistas, citadas por Han (2014), que abrem caminho à atuação de perfis possivelmente falsos, ainda que essa acuidade não tenha sido objeto da pesquisa.

Novamente, as mensagens sobre a comunidade LGBTQIA+ são classificadas como lacração, subestimando a importância da sua circulação, mas – neste caso – não abrindo para discussões mais aprofundadas. Como exceção, aparece uma justificativa de que o direcionamento para *gays* ou lésbicas destina-se apenas à troca comercial, pontuando como oportunista. O posicionamento ligado à abordagem do individualismo nos comentários defende que a igualdade não existe, pois cada indivíduo é singular, e, por esse motivo, campanhas destinadas a grupos específicos não levam em conta a multiplicidade dos sujeitos, mas apenas sua característica de sexualidade ou gênero, desconsiderando os argumentos da produção publicitária relacionados ao desrespeito justamente por essas condições.

Além do argumento mercantil, a *cité* doméstica é vista com intensidade no caso Natura, quando comparada às demais marcas. Como argumentos nesse sentido, estão a defesa de uma família única, padronizada, que mantém a hegemonia desse modelo, e o que for diferente evoca o fim da família, ainda que a composição homem, mulher e criança não seja maioria e a pluralidade de famílias seja uma realidade, como aponta o relatório Pelas Famílias da consultoria 65/10 (2019).

Deus e sexo biológico, além das dimensões do criacionismo e da educação tradicional sem abordar a sexualidade humana, estão presentes. Sexualidade é vista como opção, em que qualquer ocorrência fora do que é disseminado como padrão é errado e doentio. A diferença dos membros estabelece também um conflito entre juventudes e não jovens, entre o antigo e o moderno, entre o "meu tempo" – há mais de 30 anos – e o tempo atual.

Complementa a defesa de que a empresa não deve atuar em causas e a postura teórica do individualismo, a justificação por meio da expressão mercantil da organização. Ou seja, sua expressão comercial, de venda de produtos e negociação de compra e venda por preços e atributos. Assim, na visão dos consumidores direcionados ao individualismo, como a empresa não será prejudicada financeiramente com as queimadas, então não precisaria falar sobre elas. Outra postura é o argumento de que as queimadas sempre existiram, não sendo necessário publicizar os acontecimentos. Portanto, há uma tentativa de silenciar a marca em outras expressões que não a comercial, repercutindo em ações e circulações públicas de boicote.

Ainda que o tema envolvendo alfabetização também recorra à não intervenção fora da área produtiva da organização, neste caso, os membros aprofundam o debate ao dar argumentos sobre as diferenças nacionais e a alfabetização por um período estendido. Esses argumentos agem como exceção na negação de causas, pois envolvem a apresentação de dados legais e as potencialidades de outras metodologias e propostas.

A **Experiência Negativa** ressalta comentários de consumidores e consultores da marca. No primeiro caso, usam as publicidades para expressar o desgosto com produtos utilizados, a mudança ou a descontinuidade de fragrâncias, assim como falhas no atendimento, em que questionam o incentivo a temas sociais antes de iniciar pelo atendimento da própria empresa. Do ponto de vista dos consultores, a experiência negativa se dá, principalmente, na falta de flexibilização dos pagamentos de produtos para a revenda durante a pandemia. Como a venda pessoal foi restrita, os argumentos presentes na publicidade de que toda pessoa importa geram revolta do público.

"CUIDANDO UM DOS OUTROS ??? NATURA CUI-
DANDO DOS OUTROS??? VOCÊS PAREM DE SER
HIPÓCRITASSSSSSSSSS . EU SOU CONSULTORA E
NAO TENHO ASSISTENCIA DE NADA E NEM NGM.
SO JOGAM PARA ATENDIMENTO ELETRONICO QUE
FICA DANDO VOLTA!! NATURA NÃO CUIDA DE NADA
E NEM NINGUÉM" (Cada Pessoa Importa)

"Lixoooooooo" (Valorização da Consultora)

"Ei!! Não caia nessa propaganda!! ELES NÃO DÃO ASSIS-
TÊNCIA, NÃO DÃO SUPORTE, NÃO DÃO BENEFICIOS
.. SO TIRAM" (Todos Importam)

"😢 😢 😢 muito triste k posicionamento da Natura com
seus consultores em plena pandemia." (Dia da Floresta)

"Linha mamãe e bebê está péssima! Decepcionada com a
mudança, não compro mais até que voltem a fazer um produto de qualidade. O cheiro está diferente e não tem fixação
nenhuma, o sabonete parece desses de farmácia bem baratos.
Não vale a pena 👎 👎 👎" (Produtos Veganos)

"O mamãe bebê ficou horrível, podeira dar a opção de querer vegano ou não , uma fragrância tão original e tão antiga
mudar dessa maneira !! O cheiro é extremamente horrível."
(Produtos Veganos)

"cadê o flor de maçã no site???????? já tô sabendo que ele
voltou, estou esperando desde dezembro e no site nada
aaaaa" (Todos Importam)

"@naturabroficial. Traz de volta o hidratante Tamara e
canela por favor ele é maravilhoso" (Rock in Rio)

"De que adianta tanta criação se o atendimento deixa a
desejar" (Dia do Veganismo)

"De que adianta fazer Post de Direitos Humanos e não
devolver o dinheiro que vcs ficaram de uma compra pois o
boleto foi cancelado Natura?

"E todas as vzs que minha filha fez contato, ela teve que
repetir a historia, enviar comprovantes. E não existe OUVI-
DORIA para clientes. E novo contato mandam ela repetir

tudo de NOVO!! E a coisa não anda. Não recebemos o produto e o vcs ficaram com o dinheiro."

"Triste. Nós aqui adorávamos seus produtos. Decepcionada."
(Direitos Humanos)

Como característica das três marcas, questiona-se as publicidades de causa no sentido de não iniciarem pelo respeito com os próprios clientes e dentro da empresa com os funcionários, característica também apontada na primeira etapa da pesquisa pelos jovens. Falta de estoque, problemas no atendimento, no e-commerce e na entrega voltam a evidenciar as múltiplas demandas de qualidade de vida, sem antes solucionar as demandas de gerações anteriores, pautadas nos direitos do consumidor, característica apontada no Brasil e América Latina por Taschner (2009). Como experiência negativa do consumidor, também citam a alteração de aromas pela adaptação do produto aos critérios veganos, que estabelece um embate entre a adaptação a novos consumidores, mas a manutenção da qualidade percebida e da valorização dos consumidores já pertencentes à base.

Assim como nas demais marcas, a categoria **Marketing, Publicidade e Circulação** resulta em reações positivas, mas também negativas. Nessa segunda vertente, estão as críticas para a linguagem neutra ("todes"), a visão de que o foco da empresa deveria ser lucrativo e a publicidade deveria ter um tom comercial, além da crítica a representações de minorias, expressando a saudade em ver *pessoas normais* em uma generalização hegemônica. Ainda são vistas críticas de que o posicionamento social é *apenas marketing* e não há ações práticas. As marcações #naturalixo e #nãoanatura auxiliam na circulação.

Uma das publicidades do período foi alvo de várias críticas. A imagem e o texto destacam o trabalho de coletivos extrativistas na floresta, mas a percepção foi de trabalho insalubre e a manutenção de fornecedores e processo produtivo que exploram indivíduos. No mesmo sentido de não negar a causa, mas questionar a empresa pelas suas ações, está a crítica do Natal na Pandemia em falar apenas dos médicos, e não dos demais profissionais da saúde que estão na linha de ferente do combate à pandemia. Nesse caso, reconhecimento, a marcação de influenciadores e o uso de *hashtag* foram acionados como expressão e dispositivos para a circulação, influenciando na troca dos *letterings* da publicidade. A politização aparece aqui na defesa de ações do atual governo, expressando que a empresa realiza publicidade com segundas intenções, ao falar da floresta, e utiliza o meio ambiente como forma de politização, em abordagem crítica à marca e benevolente à gestão ambiental do país.

"Muito linda mesmo, só gostaria que incluíssem todos os profissionais da saúde na legenda, esse ano foi difícil para todos e todos merecem reconhecimento ♡" (Natal na Pandemia)

"@cleo lindo é o RECONHECIMWNTO a todos que estão na linha de frente." (Natal na Pandemia)

"Lembrando que a enfermagem atua na linha de frente de uma PANDEMIA! Obrigada também, lembrar dos demais profissionais que compõe uma equipe multidisciplinar!!!!!!! @naturabroficial #Abraceaenfermagem" (Natal na Pandemia)

"Na foto eu vejo duas pessoas em condições de trabalho insalubres,cadê o EPI?Estão convivendo em meio a um ambiente cheio de animais peçonhentos,plantas que ao simples toque causa irritação a pele.Não adianta pensar em conservacionismo ambiental e não pensar na saúde do trabalhador!" (Natura Ekos)

"Eu sou aqui da Amazônia e posso dizer com propriedades: exploração total dos trabalhadores. Gente eles ganham uma miséria. As cooperativas são exploradas ao máximo. Se trabalha pra sobreviver. Aos consumidores que pensam estar adquirindo de uma marca justa, digo que não é bem assim. Vocês das cidades grandes, que nunca entraram dentro da floresta, nunca trabalharam colhendo frutos e matéria-prima, inocentes, não sabem de nada." (Natura Ekos)

"Iai ainda mostram o trabalho escravo q apoiam com o discurso de apoio a natureza. Bando de sfd." (Natura Ekos)

"@_____ só marketing, respeitam nem as consultoras .." (Orgulho Lésbico)

"Mais vcs sao muito burros neh...q publicidade pra perder dinheiro que fizeram...geral boicotando...viraram piada....que publico querem atingir...a maioria ou a minoria alienadinha ...nos poupemmmmm porfavorrrrr" (Natura Ekos)

"E eu achando que minha miopia tinha resolvido me trollar 😔🙇‍♀️♂️" (Visibilidade Lésbica)

"Kkkk e eu que fiquei procurando meu óculos pra enxergar @brayansaavedra" (Visibilidade Lésbica)

"Pura jogada de marketing, ambientalistas de Taubaté 🙇‍♀️ 💡" (Queimadas da Mata)

"Aí você compra no site, "desclica" toda e qualquer opção de recebimento de email, mas alguns minutos depois recebe um email marketing tentando te vender algo. De que adianta um discurso todo bonito na propaganda se nas ações diretas com o consumidor vocês são como todos os outros? Soa como hipocrisia." (Natal Natura)

"E nas publicidades? Saudades de ver pessoas comuns, gente que gosta de bichinhos, gostam de conversar com idosos." (PCD na empresa)

"Vocês são cara de pau,e tem coragem de postar isso,eu digo #nãoanatura" (Preservação da Amazônia)

"#naturalixo" (Natura Ekos)

"Decepção com essas mensagem subliminares em relação a Amazônia." (Preservação da Amazônia)

"Todas as florestas do mundo pega foco nas épocas de seca,-fato.quem realmente se preocupa com a floresta sabe da politização da floresta nesse novo governo, já está chato e nem mais acredita que se governo não cuida da floresta,quem nunca cuidou foi os governos de esquerda e ainda tinha a mídia militante ao seu lado,afinal lucravam milhões ,agora acabou a lambança com dinheiro público." (Somos Todos Uma Só Natureza)

"Todes??? Eu li direito 🥴" (Vítimas de Violência)

Nota-se que os consumidores recorrem aos influenciadores e celebridades para auxiliar a dar voz, reconhecimento e circulação às reclamações, na esperança de que essa outra marca ajude a mudar o cenário, pois depende intensamente da popularidade no ambiente digital. Além do uso das celebridades, também recorrem à literacia midiática para destacar suas mensagens com *hashtags*, referências extratextuais midiáticas

(Taubaté como argumento mentiroso), ironia, xingamentos e repetição de letras. O uso de #naturalixo, por exemplo, faz-se por profissionais da área de tecnologia ou comunicação, jovens, brancos e casados.

A pandemia de Covid-19 é cenário para a exigência de reestabelecer o reconhecimento de enfermeiros e suas competências e seus sacrifícios no âmbito social e frente aos médicos na produção publicitária da marca, conseguindo alterar a legenda após várias reclamações da categoria. Nesse caso, volta-se à formação profissional na associação com as causas defendidas, vistas na primeira etapa da pesquisa. O descrédito à causa defendida volta a aparecer, mas dessa vez reduzindo pejorativamente a área de marketing e publicidade.

A politização ocorre também para questionar a publicidade, fazendo alusão de que a mensagem tem o propósito de rebaixar a atuação do governo federal, principalmente relacionado às queimadas em florestas. Os perfis desses comentários são caracterizados novamente pela religiosidade ou defesa explícita de Bolsonaro para as eleições de 2022, já na foto dos perfis na mídia social.

Novamente, o gênero é tematizado pela expressão "todes", recordando a característica apontada por Wottrich (2019) no enfrentamento da publicidade pela tematização de gênero, visto também na visibilidade lésbica e nas celebridades femininas, mas dessa vez não para criticar um posicionamento contrário ao público, e sim favorável. A ironia também ocorre contra a publicidade de visibilidade lésbica, mas questionando a elaboração da mensagem que traz outros sentidos no ambiente digital, como problemas com a internet, problemas de vista, ou defeitos dos dispositivos telefônicos, desconsiderando a causa ao utilizar a publicidade como fonte de ridicularização.

Também discutem as imagens do trabalho extrativista como análogo à escravidão ou em condições precárias. Essas questões trazem a importância do cuidado com a mensagem e seus signos, expondo o caráter semiótico da marca, que será aprofundado com a análise de uma publicidade de cada marca.

Como categoria exclusiva da Natura, está a **Solicitações de Causas**. Ainda que não seja um aspecto inteiramente negativo, pois deriva da percepção de que a marca é um agente ativo socialmente, atrelado a questões positivas, as solicitações ocorrem no sentido de negar a causa original contida na publicidade e sugerir outras preocupações tão importantes quanto a mensagem primária, ou consideradas mais relevantes.

A vigilância pelo discurso e a mudança na empresa também ocorrem. Reduzir as embalagens de plástico, utilizar xampu em barra, investir em logística reversa, além de retirar o apoio a mídias que propagam discursos de ódio são exemplos dessa categoria. Há também uma única menção ao primeiro setor como responsável pelas lacunas que a empresa propaga, questão ignorada nas demais marcas e que aqui não é majoritária, mas já discutida.

> "@_____ eu não quero isso para jovem, adulto , para ninguém na verdade, mas, isso é um problema político, não cabe à nenhuma empresa dar educação, moradia e vida digna à eles, embora a Natura colabore e muito em projeto educação, com a linha Crer Para Ver ... enfim, só acho que a empresa não deixa à vida dessas pessoas, pior do que seriam se não fosse esse trabalho." (Natura Ekos)

> "Deveriam reutilizar os vidros também assim como o Boticário está fazendo ." (Kaiak Oceano)

> "E o Cerrado?" (Queimadas)

> "Uma linha Ekos para cabelos com shampoo e condicionador em barra seria maravilhoso, hein?! 😁 ♡" (Meio Ambiente)

> "Quando vcs vão fazer shampoos e condicionadores sólidos? Eles reduzem muito o consumo de plásticos" (Queimadas)

> "Eu acredito que empresas como a @naturabroficial podem fazer ainda mais. Eu sempre falei nas lojas de comestíveis e perfumarias que deveria ter uma #logisticareversa, onde os consumidores levassem as embalagens de perfumes vazias para algum ponto de coleta, e essas embalagens passassem por algum tratamento para serem reutilizadas novamente nos perfumes. Não há necessidade de fazer novas embalagens de perfumes quando há tantas embalagens prontas sendo jogadas fora! Poderiam fazer alguma campanha que quem levasse uma embalagem vazia poderia ter desconto no produto, isso é apenas um exemplo. Mas temos sim que fazer mais pelo planeta. Tentar deixar de usar energia para fazer novas embalagens é mais sustentável do que ficar fazendo novas. Só uma dica ok 😊. Parabéns pelas ações sustentáveis" (Rock in Rio)

"Por favor, tirem o plástico dos sabonetes de vcs. Eles vêm em caixinhas de papelão, não precisam vi embalados individualmente em plástico. Não faz sentido e não é coerente com a proposta de vcs." (Kaiak Oceano)

"@naturabroficial doem caminhão pipa para o pantanal" (Kaiak Oceano)

"@naturabroficial cuidar dos oceanos e do nosso corpo é ótimo até para a alma. Sabe o que é bom para a alma também, não patrocinar discurso de ódio e fake news. #sleepgiantsbrasil. Vamos juntos fazer um mundo melhor!" (Kaiak Oceano)

"Não adianta fazer as vezes de empresa com engajamento social e manter o anúncio de vocês no Gazeta. Sleeping Giants aguarda o posicionamento de vocês sobre o anúncio em página de apologista de estupro." (Dia do Veganismo)

"Legal o discurso. Mas me corrija se eu estiver errado: o board de vcs eh formado por quatro homens brancos, certo? https://ri.naturaeco.com/en/corporate-governance/board-of-directors/" (Violência Feminina)

"Aproveita e usa essa inclusão nas cores do protetor facial clareador da Chronos! Fazer somente dois tons é sacanagem." (Violência Contra a Mulher)

Assim como a marca apresentou uma nova categoria positiva de orgulho, na categoria negativa, há o crescimento de solicitações específicas de causa. Apesar de já acontecer pontualmente nas marcas anteriores. aqui a vigilância do consumidor e a interação nesse sentido são mais recorrentes e detalhadas. A politização ocorre pela primeira vez no sentido de envolver a responsabilização do primeiro setor na solução de demandas socioambientais, ao invés de direcionar ataques, mas sem levar em conta a comparação entre a atuação organizacional e a de Estado. Interessante notar que essa é uma enunciação de consultora, que possivelmente leva em conta os benefícios da comunicação e atuação da empresa, mas responsabiliza o primeiro setor.

A análise das causas solicitadas desencadeia três conjuntos distintos: um relativo aos produtos e serviços; outro às territorialidades com diferentes biomas nacionais; por fim, a dimensão de mudança de conduta da empresa em estruturas e processos. A primeira pede a

diminuição do uso de matéria-prima sintética ou de difícil descarte que levam a alterações nos produtos, assim como é solicitada a representatividade no produto, não apenas na comunicação.

O Cerrado e o Pantanal são mencionados como possíveis localidades para as ações de sustentabilidade da empresa, não apenas a Amazônia. Na última dimensão, a vigilância do consumidor é institucionalizada pela iniciativa *Sleeping Giants*, solicitando a retirada de apoio a veículos de comunicação e da veiculação de publicidade na defesa de discurso de ódio. Outro requerimento se refere novamente a começar por dentro da organização e incluir diversidade também na diretoria e no conselho da empresa. As solicitações são majoritariamente realizadas por jovens, sendo a terceira dimensão, de mudanças estruturais ou processos, integralmente representada por eles, em ambos os gêneros.

Além da vigilância do consumidor, essas inciativas mostram que os diferentes interagentes participam do desenvolvimento da marca e podem ser fontes importantes para a inovação. Mais do que uma crítica sem fundamento, a categoria traz o crédito dos consumidores nos projetos já desenvolvidos e, portanto, solicitações para continuar interagindo com a marca positivamente.

A mineração de texto evidenciou como as três teorias estão presentes na comunidade e as características do seu desdobramento. A quantidade analisada nesta etapa para a marca foi de 1.417 registros, dos quais 32 são referentes ao individualismo, 999 à justificação e 386 de reconhecimento. Como já observado nas etapas anteriores, a Natura se destaca pela quantidade de publicidade de causa, possibilitando a extração de mais termos para compreender as interações com os consumidores e se as palavras e expressões dedicadas a cada teoria correspondem ao perfil discursivo desejado.

No individualismo, a rejeição da empresa em investir em causas é vista nas duas marcas anteriores, utilizando a expressão *quem lacra não lucra.* **Como visto na circulação dessa expressão, ela ganha amplitude que extrapola a condição de orientação sexual para se concentrar em qualquer crítica ou ação realizada em dimensão pública.** Na comunidade, essas mensagens são encontradas nas publicações de temas ambientais, em especial, a preservação e a contingência das queimadas na Amazônia, antecipando uma conotação política vista na justificação.

Outro comportamento recorrente, visto também nas comunidades anteriores, é a defesa de que mensagens preconceituosas ou discriminatórias são opinião e estão compreendidas na *liberdade de expressão*. Aqui, os críticos defendem a liberdade da marca de apoiar a causa e a deles em criticar. Soma-se a esse argumento a generalização de que, se o posicionamento for contrário ao que reivindica, o grupo é sinônimo de preconceito e de que nem todos precisam ter a mesma opinião.

Ainda no individualismo, outra expressão recorrente é a de que a publicidade não tem necessidade. Essa enunciação é realizada tanto por consultores quanto consumidores. Os perfis identificados com publicações nesse sentido são de pessoas mais velhas, em sua maioria mulheres casadas com filhos jovens e com alguma descrição religiosa, como *serva de Deus, família pertencente a Jesus, Jesus meu guia*, entre outras caracterizadas com e sem foto dos enunciadores.

O argumento religioso é visto igualmente no pecado, em que a tentativa de autorizar ou não comportamentos a partir de uma moral religiosa e vida plena após a morte aparecem, em especial na campanha de visibilidade lésbica, realizada pela marca durante o período. Nesse sentido, são retomados os sexos biológicos e o criacionismo como fontes das derivações de orientação sexual, excluindo o caráter social e condenando tudo aquilo que está fora da delimitação macho e fêmea, indicada nas enunciações como homem e mulher, criados por Deus. Esse argumento também é relembrado no caso Thammy Miranda como influenciador da marca. Em menor quantidade, ainda são observados esses posicionamentos em conjunto com o boicote na valorização de mulheres negras e nos anúncios sobre a pandemia.

Em resposta a esses posicionamentos religiosos, ainda na perspectiva do individualismo, estão os argumentos de que o consumidor pode deixar de consumir a marca e se preocupar com a sua vida ou algo que interfira nela, pois a orientação sexual dos sujeitos não faz mal aos outros. O papel de pai e mãe é relembrado de que vai além do sexo biológico.

A expressão sem necessidade é convertida para destacar que o comentário é sem necessidade e que a importância é vista por quem vive preconceitos por orientação sexual no cotidiano, em que *gays* também possuem mais visibilidade do que lésbicas. Outras respostas retomam a lembrança de Estado laico e de família plural, sem a possibilidade de impor religião. Nos comentários em apoio à causa e contra a centralidade religiosa, ainda utilizam do próprio argumento religioso de amor ao próximo e não julgamento, reforçando que o problema não é a religião ou a família, mas, sim, o preconceito dos indivíduos.

Mais uma vez, a justificação evidencia a maioria de interações direcionadas à *cité* mercantil e de projetos. A comunidade é utilizada como espaço de comercialização por consultores, oferecimento de descontos e detalhamento sobre linhas e produtos da marca, assim como testemunhais de cliente sobre produtos, geralmente de forma positiva.

Conjuntamente, a visão dos projetos e de entradas e saídas em temas que levam à visibilidade da marca também são observados e percebidos pelos consumidores como temporários, sentindo-se beneficiados dessas iniciativas e perfazendo suas visibilidades em cada nova proposta na comunidade, estabelecendo conexões e convidando amigos para a interação. Nesse contexto, há uma redução da troca mercantil como benefício direto do produto, para um benefício mais simbólico da marca. Mesmo nessas duas dimensões, ainda que grandezas favorecidas sejam os negócios ou as conexões, justificações complementares para o vínculo desdobram-se em aspectos ligados à causa e ao comprometimento de melhoria social.

A *cité* industrial é vista com pequenez, mais em reclamações sobre compras no site, indisponibilidade de produtos e problemas na entrega. Interessante notar que, mesmo ao ser acionado esse aspecto pelo consumidor, a resposta da empresa ocorre geralmente sobre outra ótica, direcionada à *cité* cívica, exaltando a sustentabilidade e o manejo responsável que podem dificultar o controle sobre a produção. A comunidade reforça novamente a importância de celebridades por meio da *cité* opinião e da marca como valor semiótico, exaltando sentidos das campanhas e nomes como Negra Li, João Guilherme – (artista jovem), Letticia Munniz (modelo) e Ivete Sangalo.

As justificações domésticas, de uma moral conduzida por dogma religioso, se destacam frente às outras marcas pela quantidade dessas expressões. Essas menções vão desde comentários elogiosos com bençãos de Deus pelo trabalho, relação com a natureza e produtos sustentáveis, até a desvalorização do outro, ainda que não citem o pecado, mas conduzam a uma ideia próxima de conduta moralmente não aceitável.

Novamente, a campanha da visibilidade lésbica é a que mais aciona esses comentários, explicitando a função reprodutiva para a relação heteroafetiva, que é combatida também com o argumento religioso de amor às pessoas. Por sua vez, proporcional ao aumento anterior, também se vê a ampliação da *cité* cívica em que a representação de mulheres plurais e a preocupação com o meio ambiente destacam-se. Pontuam que, ao contrário de outras empresas, a Natura sabe seu papel na sociedade, uma proposta não apenas financeira, embora passe por ela.

As campanhas com mais justificações do tipo cívica são a do produto Kaiak para a limpeza dos oceanos, a de produtos veganos, o cuidado com a Amazônia e igualmente a de visibilidade lésbica. A explicação de defesa de causas vem também em resposta à religiosidade imposta, em que membros da comunidade explicam detalhadamente a importância de pautas da publicidade.

Do ponto de vista contrário às publicidades de causa, as condições de trabalho extrativista causam polêmica no potencial de sentido de uma imagem de pai e filho na floresta. A resposta da marca, também na mídia social, destaca os resultados do projeto para a comunidade. Outra crítica realizada é a de que a marca é oportunista ao propor a publicidade de causa, utilizando das condições das pessoas para vender. Esse é um posicionamento secundário frente à quantidade de mensagens, mas ainda presente.

Como consequência das várias mensagens sobre queimadas na floresta, mas também em outras publicidades como a da cantora Negra Li e a do orgulho lésbico, a politização retorna ao ponto central para criticar o atual governo em associação a crimes e preconceito, utilizando marcações como #forabolsonaro e palavras como gado e bolsominion. Associada a essas mensagens, também está a indicação para que os defensores do governo ou opositores das publicidades de causa deixem a comunidade, uma vez que não compactuam com os valores dos seus membros, e passem a vender Jequiti. Nesse sentido, colocam marcas a favor e contra o governo, assim como favoráveis ou contrárias a causas.

Para a perspectiva do reconhecimento, a representatividade das publicidades destaca-se entre os comentários, com elogios para a campanha de valorização da mulher, com a Negra Li, de diversidade de corpos e do orgulho lésbico. Orgulho que transborda por meio dessa representação na publicidade, gerando a outra categoria de análise, como já citado. Nesse aspecto, consultores também tomam a frente das interações e comentam como tiveram suas vidas alteradas pelo trabalho comercial na marca.

Favoráveis à publicidade de causa, os comentários questionam os críticos se a homossexualidade é um problema para eles, destacando novamente as campanhas de orgulho e visibilidade lésbica, expondo o discurso do outro como preconceituoso e que a religião é apenas uma desculpa, pois ela prega o amor acima de tudo. Também expõem filmes com cenas de beijo para crianças, não causando a mesma reação dos críticos, e ressaltam a naturalização da orientação sexual, auxiliada pela educação desde a infância, evitando adultos preconceituosos. Na campanha de preservação da Amazônia, ressaltam a importância do tema e rebatem moradores da região urbana norte, explicando a diferença entre regiões e evidenciando dados do desmatamento.

Nas mesmas publicidades, no entanto, também se encontram discursos negativos ao reconhecimento de grupos ou pautas, explicitando que a marca é uma vergonha e a falta de necessidade em falar sobre o tema. Em um dos comentários, a vergonha é direcionada para Jesus, reiterando que ele é quem tem vergonha da marca. Não aprofundam os argumentos nesse sentido e, em alguns casos de sustentabilidade, comentam que, na região onde moram, não enxergam queimadas ou desmatamento.

A netnografia seguiu com a observação para aprofundar interações e interagentes, compreendendo a comunidade. Os nomes foram suprimidos e identificados com siglas para a compreensão dos enunciadores e ordem das mensagens. Nesta etapa, duas produções publicitárias ganham destaque: uma das publicidades sobre visibilidade lésbica; e a publicidade afirmativa sobre mulheres negras, portanto, destacando o recorte de gênero para os conflitos.

Outras produções publicitárias concentram posicionamentos contrários à marca, mas com menor conflito entre membros, como é o caso da publicidade sobre a Natura Ekos com extração de matéria-prima na Amazônia e a publicidade sobre recomeço na pandemia, com muitas críticas para apoiar o reconhecimento de enfermeiros, mas baixa interação de conflito entre membros.

> "Já gostei muito de Natura,mais hj essa empresa é uma aberração as famílias e aí nosso Deus,não apoio tenho asno." (Visibilidade Lésbica – AB)

> "Natura está querendo é Ibope 😂😂😂😂😂 e vocês estão dando audiência kkk eu também acho que tem muitas causas importante para apoiar e nada aí ela lança assunto polêmico. Parem de seguir essa empresa 😔 simples assim. Estou fora !" (Visibilidade Lésbica – MS)

"Vai perder publicidades, consumidoras, revendedores e várias outras coisas, lamentável, cada um pode ser o que quiser na vida, mas não significa que uma conduta não natural da vida humana seja exemplo a ser seguido." (Visibilidade Lésbica – LO)

"lembrando que todas as pessoas são importantes, e que devemos amar a todas, só acho que a natura deu um tiro no pé apoiando este conceito, totalmente desnecessário." (Visibilidade Lésbica – LO)

"@LO verdade é muito triste ver ad pessoas brincando e debochando do Criador. Eu não compactuo e nem me assento a roda dos escarnecedores. Fico é muito triste de ver os valores divinos sendo corrompidos 😢 😢 (Visibilidade Lésbica – EO)

"@EO isso aí, devemos viver de acordo com a vontade de Deus, tudo que vai contra a vontade e a ordem divina é abominação, e o próprio criador abomina tais pecados, a vida não se resume a essa pela qual vivemos, quando a gente vestir o terno de madeira é que o negócio vai ficar estreito e não teremos pra onde fugir, então não devemos brincar com coisa séria, mas muito pagam pra vê." (Visibilidade Lésbica – LO)

"@LO concordo com vc. Respeito a opção de cada um, mas querer nos fazer engolir coisas que não são naturais aos olhos de DEUS eu não aceito. Deus fez macho e fêmea e ponto final." (Visibilidade Lésbica – EO)

"@EO isso mesmo, na criação foi Adão e Eva, a família abençoada por Deus" (Visibilidade Lésbica – AZ)

"@AZ com certeza. Mas que pena que o ser humano insiste em estragar aquilo que o todo Poderoso fez." (Visibilidade Lésbica – EO)

"Eu oculto a publicação maura_portela" (Visibilidade Lésbica – MP)

"@LO disse tudo" (Visibilidade Lésbica – MP)

"@SA concordo, a natura tem na maioria dos seus lucros através de nós consultoras, mas sinceramente ultimamente

tem me feito repensar sobre meu trabalho de consultora"
(Visibilidade Lésbica – SG)

"@SG farol então 🐵 ♂" (Visibilidade Lésbica – VO)

"Deus condena,pq ele criou macho e fêmea,Adão e Eva fora
disso é pecado abominação aos olhos do Senhor." (Visibilidade Lésbica – AN)

"Sou consultora e não vejo necessidade desse tipo de propaganda." (Visibilidade Lésbica – SA)

"vc acredita que eu não vendia água no farol, mas vendia
salgados e consegui com meu esforço comprar, uma casa ,
uma loja e um carro. Com Deus na frente, tudo que é honesto
prospera." (Visibilidade Lésbica – SA)

"Todo dia agora é um dia gay. Não entendo qual a necessidade disso...afff" (Visibilidade Lésbica – MS)

"Sem necessidades esse tipo de propaganda, a natura deveria
se preocupar com causas mais importantes!!" (Visibilidade
Lésbica – VD)

"Tem necessidade sim, nós existimos, merecemos ser representadas nem que seja um dia no ano. Vcs nunca vão saber
o que a gente enfrenta, ao menos merecemos respeito! 💚"
(Visibilidade Lésbica – AC)

"Eu acho que não se deve misturar as coisas. Cada um é o
que quer ser. Mas opção sexual, religião cada um tem a sua
, a gente respeita. Até Deus deu o livre arbítrio. Agora o
ramo é Comercial , teria que dar é mais descontos para os
consumidores e valorizar mais os consultores, porque sem
eles qualquer empresa se torna nada. Pq somos nós que
geramos o lucro." (Visibilidade Lésbica – SA)

"@SA concordo." (Visibilidade Lésbica – CV)

"A NATURA É UMA VERGONHA QUER QUE AGENTE
INGULA UMA SITUAÇÃO QUE NÃO CONCORDAMOS"
(Visibilidade Lésbica – MT)

"Tantas causas importante pra apoiar 😖" (Visibilidade
Lésbica – RO)

"@RO então apoiar o movimento lgbt não é importante? Me diga porque quando essas pessoas morrem no Brasil a cada 4 horas." (Visibilidade Lésbica – EK)

"@RO esta é uma delas." (Visibilidade Lésbica – AT)

"@RO Pra você não é importante apoiar o movimento LGBT+? Qual o seu problema? Hoje é o nosso dia, é UMA vez no ano em que temos um dia específico pra ressaltar o quanto nós somos importantes também e isso te incomoda?" (Visibilidade Lésbica – ATT)

"@RO ue se nao é importante pra vc, n quer dizer que n seja importante. eu sou lésbica e é mt importante essa representatividade. se pra vc nao é, vai apoiar a que vc considera importante e cabo kkkkk apenas isso." (Visibilidade Lésbica – MR)

"Enquanto o pessoal que é LGBTQ+ acha que está sendo defendido na sua luta a Natura pensa no bolso! Faturou muito com a Tammy no dia dos pais! Então pq não apostar as fichas mais uma vez e superfaturar mais! Arriscaria até um palpite! Massa de manobra!" (Visibilidade Lésbica – DE)

"@RO tipo oferecer terapia de graça para pessoas como você né?! Também acho que poderíamos apoiar isso ..." (Visibilidade Lésbica – AJR)

"@VD Essa é uma causa extremamente importante. Um dos fatores que a torna muito importante, dentre muitos, é o fato de ser tão pouco falada. V., não é porque não te fere, que não existe. 😁 "(Visibilidade Lésbica – PR)

"Ter posições políticas (apartidarias) é o que me faz acreditar que as empresas tem mais do que um papel econômico na sociedade. Tem um papel social. Parabéns Natura por manter-se firme nos seus propósitos de acreditar na responsabilidade social!" (Visibilidade Lésbica – CZ)

"@VD a Natura todo mês ajuda várias causas. Aí quando é uma que vc não gosta vem destilar veneno. Que pena o Bozo não ser uma causa, pois dali só vem 💩 " (Visibilidade Lésbica – JS)

"@SA me diz uma coisa quem foi que pediu tua opinião" (Visibilidade Lésbica – KS)

"@SA não gostou se mata amore um bj kkkkk💚" (Visibilidade Lésbica – AR)

"Nojo.....todo dia agora uma propaganda sem necessidade...." (Visibilidade Lésbica – ANB)

"@RO a Natura apoia várias causas, quando chega uma que os religiosos não gostam vem dizer que eles não fazem vão tudo tomar no Cooool" (Visibilidade Lésbica – JS)

"@EN oh que pena nem gay eu sou, apoio muito pois todos merecem respeito, agora gentalha como vc merece se afogar na amargura. Não esqueça que a Mãe Natureza não tem preconceitos. 🌼" (Visibilidade Lésbica – JS)

"👏 👏 👏 Natura, pela representatividade em todas as campanhas publicitárias, nos catálogos etc. 🤍😍. Não entendo pq tantos comentários maldosos. Quem não gosta, simplesmente não precisa seguir, comprar nada enfim. Cada um na sua. Não sou homossexual, mas não me incomodo com a vida dos outros, não está afetando a minha em nada. Justamente para quem acredita que Deus deu livre arbítrio, deveria lembrar que ninguém tem poder de julgar a vida de ninguém 🙄. Minha renda é toda de vendas e a maior parte vem da @naturabroficial e @avonbrasil que respeitam mais as revendedoras do que a própria Boticário por exemplo. Eu amo os produtos e a conduta da empresa no geral. 👏 👏 🤍" (Visibilidade Lésbica – RA)

"@AN 😂😂😂🤮" (Visibilidade Lésbica – GR)

"@AS 😂😂😂🤮" (Visibilidade Lésbica – GR)

"@ES 😂😂😂😄" (Visibilidade Lésbica – GR)

"@FA 😂😂😂🤮🤮" (Visibilidade Lésbica – GR)

"@RS 😂😂🤮🤮" (Visibilidade Lésbica – GR)

"@AT 😂😂😂🤮🤮" (Visibilidade Lésbica – GR)

"@EO 😂😂😂" (Visibilidade Lésbica – GR)

"@AZ 😂😂😂" (Visibilidade Lésbica – GR)

"@AN E pq seria?" (Visibilidade Lésbica – AV)

"@MC 👏" (Visibilidade Lésbica – GR)

"@VO Deus te abençoe" (Visibilidade Lésbica – SA)

"@DE falou tudo" (Visibilidade Lésbica – SA)

"@AT sem necessidade é o seu comentário" (Visibilidade Lésbica – JS)

"@AF vem 2020, quem ainda acredita nisso kkk" (Visibilidade Lésbica – JS)

"@EN e essa sua carinha não engana" (Visibilidade Lésbica – JS)

"Tô começando a achar que na natura só tem gay" (Visibilidade Lésbica – EN)

"@EN e se for, qual é o problema? Gays não podem ser empresários?" (Visibilidade Lésbica – AI)

"@SA você é lesbica ?" (Visibilidade Lésbica – ADS)

"@EA perder não. Ganhar mais e melhores clientes." (Visibilidade Lésbica – PA)

"@SA concordo contigo😁" (Visibilidade Lésbica – TA)

"@SA fia vai vender Jekiti então ...🐘🐘🐘🐘" (Visibilidade Lésbica – MC)

"Nada interessante , tem tantas causas que realmente precisam serem apoiadas , como os valores morais e a familia , a educação, esses sim." (Visibilidade Lésbica – ALA)

"@AL 😂😂😂" (Visibilidade Lésbica – GR)

"@SA 😂" (Visibilidade Lésbica – GR)

Além dos erros de português na escrita, contidos principalmente nas posições contrárias à publicidade de causa, verifica-se, na interação dos membros da comunidade, o reforço do que foi discutido nas propostas teóricas deste livro, em especial, a transversalidade da *cité* doméstica e do individualismo, em temas identitários como a orientação sexual. Para o primeiro caso, a família e as questões divinas como conduta levam ao criacionismo, aproximando sexo biológico de gênero. Ainda se evoca a abominação e o pecado, no caso do individualismo, condenando o outro a uma moral ressentida e uma condição de vida de negação identitária.

Duas práticas são relevantes de se analisar nessa ótica: a tentativa de não circulação do tema pela marca e, por outro lado, a invisibilização para manutenção apenas de opiniões aderentes às do enunciador. Naquela, manifestam que respeitam o outro, mas não é necessária a circulação do tema. Ou seja, concordam com a existência de outras orientações sexuais desde que fiquem destinadas à marginalidade e não sejam visibilizadas ao grande público, ou normalizadas. Nessa, apropriam-se das ferramentas digitais, criando filtros bolha para ter contato apenas com modos de vida e opinião favoráveis ao que pensam. Isto é, diminuem o potencial de justificação, de possibilidade de fluidez da própria identidade pela intersubjetividade, o que amplia a polarização e nega, pela abordagem do sujeito, a mudança no cenário para reconhecer o outro. Nesse aspecto, a publicidade de causa possibilita o agir comunicativo e a expressão identitária na tentativa de desmarginalização, pela abordagem corporativa da lógica do consumo.

Como barganha do consumidor contrário ao posicionamento da marca e ao entendimento da *cité* projetos, pela criação de redes e ampliação das conexões empresariais, o comportamento de deixar de seguir a marca é colocado como prioridade. Complementar a ele, estão as falas de perda de consumidores. Também surgem no aspecto do individualismo a redução da empresa apenas como ramo comercial, que não deve discutir temas sociais, e a vergonha e o oportunismo, que dissociam a possibilidade de ganho financeiro junto a ganho do grupo defendido.

A interação também mostra o que as validações e representações têm reforçado, a resposta dos contrários e de posicionamentos preconceituosos, isto é, um não ficar calado dentro da comunidade como forma de respeito aos membros. Nesse sentido, tanto pessoas que se identificam de forma identitária com o grupo defendido estão no conflito, quanto quem não faz parte, também para auxiliar a apoiar a discussão.

Jovens defendem a necessidade questionada pelos opositores trazendo estatísticas e retomando que é pouco divulgada. Portanto, há uma justificação atrelada à *cité* cívica, com argumentação de que quem não faz parte do grupo, ou que a religião influencie no posicionamento, não precisa atrapalhar, é só defender outra causa que importe a eles. Ou seja, a argumentação aceita sobre a importância ou não é a de quem faz parte do grupo. Sobrepõem, assim, a *cité* cívica a de projetos, orientando que os contestadores saiam da comunidade e parem de vender o produto. *Emojis* são utilizados não para discutir, mas para ridicularizar os agressores.

Como características do perfil, verifica-se o embate entre o mais velho e o jovem, em que os contrários à publicidade de causa são, em sua maioria, mulheres com algum conteúdo remetendo à religião e perfis já desativados. Nas respostas favoráveis à publicidade, a juventude domina o foco, incluindo pessoas a partir de 15 anos, mulheres jovens lésbicas e homens jovens.

A análise seguiu com a interação da publicação sobre mulheres negras, também fonte de conflitos com material a ser avaliado.

"Que bosta ....Vcs não se cansam de tentar lacrar né !!! AFF , a cor é o que importa , lamentável !!!....O que falta ao mundo é conciencia humana ....Deixando de seguir e comprar ..." (Mulheres Negras – MO)

"@MO, comentário de quem não sabe o que racismo estrutural. Sugiro que procures no YouTube o vídeo: Racismo estrutural AD Junior, do @AR . Será bastante agregador." (Mulheres Negras – SS)

"@SS....Vc deve ser bem solitária ....Peninha !!!.... Tão "Tolerante " , respeita a opinião alheia ....Bem meu amor vou almoçar com amigos , Quando voltar....Te respondo 😗"(Mulheres Negras – MO)

"@SS Vc é gateira , eu Também ....Viu todo mundo tem um lado positivo .... Resgato , cuido , amo ....E não peço ajuda a ninguém ....Por eu faço e não me preocupo em lacrar" (Mulheres Negras – MO)

"@MO , hahaha. A pessoa entra no meu feed, vê 1% da minha vida e conclui que eu sou solitária. Chega a ser ridículo. Será que a solitária sou eu ou é a pessoa que vem dizer que é protetora de animais pra ganhar aplausos? Chega a ser patético." (Mulheres Negras – SS)

"@MO , volta depois de ver o vídeo que eu indiquei e faz o contraponto" (Mulheres Negras – SS)

"@SS Jesus mulher ....Vai se rezar ....Te julguei pelo tempo que vc está perdendo com minha opinião , mas já vi que interpretação textual não é o seu forte 😗" (Mulheres Negras – MO)

"@MO , não tanto quanto tu" (Mulheres Negras – IS)

"Começou a lacração, onde o que se destaca e a cor e não a pessoa. Campanhas assim só incentivam a divisão. Somos todos iguais independente da cor hipocritas..." (Mulheres Negras – HA)

"@HA cara, vsf. Papinho furado de reaça encubado." (Mulheres Negras – WB)

"@SS Preguiça baby" (Mulheres Negras – MO)

"@MO , certamente a pessoa que tem preguiça de ler um comentário e assistir a um vídeo é mestre em interpretação de texto. Adeus! Fique na sua bolha de ignorância 🫠" (Mulheres Negras – IS)

"@SS Que bom que vc vai cuidar da sua vidinha 🫧" (Mulheres Negras – MO)

"@WB kkkkkkk, valentão em..." (Mulheres Negras – HA)

"@WB dando piti valentona a distância kkkk, já vou avisando não gosto de atrasar 💩"(Mulheres Negras – HA)

"@HA foda-se você é seu blábláblá. Não gosta da posição da empresa? Vaza." (Mulheres Negras – WB)

"O que importa é o que está dentro! 🖤 🤍 Se cor de pele definisse alguém como eu ficaria tendo duas cores? 🫥"(Mulheres Negras – DR)

"Não é sobre isso, @HA! É uma causa que defendemos #PorUmMundoMaisBonito. Infelizmente, mesmo em um dos países mais diversos do mundo, as mulheres e todas as pessoas negras ainda tem que lutar por mais espaço, representatividade e respeito." (Mulheres Negras – @naturabroficial)

"@naturabroficial Exatamente , vcs deveriam fazer exatamente isso , até aqui vcs só foram hipócritas com esse comentário ." (Mulheres Negras – MO)

"Legal o discurso. Mas me corrija se eu estiver errado: o board de vcs eh formado por quatro homens brancos, certo? https://ri.naturaeco.com/en/corporate-governance/board-o-f-directors/" (Mulheres Negras – MG)

"@SS 😂😂😂....Meu amor , bela referência YouTube , sua fonte realmente não é genérica 😂😂😂" (Mulheres Negras – MO)

"@MO , a referência não é o YouTube, querida. O vídeo é o resumo para a tua preguiça mental. Ah, a referência é toda a legislação mencionada no vídeo, bem como os fatos citados na linha do tempo. Se quiseres, podes pesquisar uma a uma, dá uma lida nas Ordenações Filipinas, Livro IV, LXIII, por exemplo." (Mulheres Negras – IS)

"@SS Rindo até amanhã , "Textao" , nem perco meu tempo ....😂😂😂, Preguiça 😵"(Mulheres Negras – MO)

"@MO , a preguiça mental não permite." (Mulheres Negras – IS)

"@SS Sua né 🤪....Alienadinha 😩" (Mulheres Negras – MO)

"@naturabroficial espaço, representatividade e respeito não serão conquistados enfatizando sua cor de pele ou sexo, espaço se conquista com competência. Existe vários exemplos aqui e no restante do mundo 😉✌" (Mulheres Negras – HA)

"@HA as mulheres estão MORRENDO e vc falando de competência? 🙄 tinha que ser homem" (Mulheres Negras – KC)

"@KC você sabe interpretar um texto, eu falei sobre competência respondendo ao comentário da @naturabroficial, releia os comentários antes de querer lacrar. Se não fosse um homem você não estaria aqui com esse comentário vazio é preconceituoso paz e amor ✌"(Mulheres Negras – HA)

"@HA kkkkkkk vc q veio causar na postagem, a natura tá falando da importância VIDA DE MULHERES NEGRAS por causa de toda violência e não de quem é mais competente 😫" (Mulheres Negras – KC)

"@KC kkkk digo eu, a @naturabroficial veio "lacrar"$$$, desafio você é a @naturabroficial a mostrarem qual a porcentagem de mulheres e homens negros que trabalham nessa companhia (natura) deixa de ser gado. Mulheres, homens, criancas, etc etc, morrem todos os dias. Vá por favor se atualizar pra depois vir querer lacrar com seu comentário preconceituoso feminista do bem. Repetindo se não fosse um homem, você seria estatística 😄 😄 ✌#paz" (Mulheres Negras – HA)

Práticas discursivas se repetem na comparação dos dois excertos de interação. Deixar de seguir e deixar de comprar são formas de poder de barganha na *cité* projetos para a diminuição da publicidade de causa e do projeto de marca. **A produção de bolhas ideológicas é ressaltada mais uma vez, mas agora para defender a pauta tratada e expor os contestadores da causa em sua condição de limitação da discussão, isto é, de recusa de ouvir uma posição contrária.**

O conflito fica evidente na sugestão do audiovisual no YouTube, como referência para a pesquisa sobre o tema, além da fala explícita de bolhas. Outras duas práticas que se repetem são a indicação de sair da comunidade ao não compactuar com seus valores, além da condição de fala por alguém não pertencente ao grupo defendido (mulheres negras).

A defesa da publicidade de causa ocorre com a tentativa de discussão do tema, mas também na diminuição da competência do interlocutor, como homem ou reacionário. As mídias sociais se mostram como local de pesquisa e discussão mais uma vez, em que aprofundar as referências volta-se aos resultados da primeira etapa desta pesquisa, evidenciando o YouTube.

Lacrar e reverter a publicidade em valor monetário retornam à cena, reduzindo a organização em sua característica mercantil. Soma-se a isso a posição do individualismo da competência pessoal, e não da generalização da cor como discussão pública, na tentativa de valorização genérica das pessoas, em uma condição imaginária de equidade frente às demandas sociais. As práticas mostram ainda um movimento de conhecer o interlocutor para planejar o fluxo discursivo adequado. Assim, entram nos perfis e buscam informações válidas ao conflito para a desqualificação do outro. No episódio apresentado, a solidão *versus* a saída com amigos é utilizada, além da tentativa de similitude por meio do animal de estimação. O que se vê, nesse sentido, é a individualização do discurso no interlocutor, evitando a interação sobre o tema acionado pela publicidade.

Ainda como argumentos contrários à publicidade de causa, está a exposição da marca e sua composição de colaboradores, apontando que a mudança deveria iniciar de dentro para fora, e só depois disso agendar a pauta de valorização da mulher negra, o que teria menor conotação comercial. A Natura responde a uma das contestações, explicando que, em um país diverso, ainda é preciso lutar por espaço, representatividade e respeito. Dentre as três marcas, ela é a única que responde aos questionamentos com justificações cívicas.

Depois da análise dos dados arquivais, o Entrée Cultural ocorreu conforme Figura 55, e a interação com alguns membros, já acompanhados pela observação participante, foi realizada por meio de entrevista, dando sequência aos dados extraídos, validação e representação.

Foi avaliada também, assim como nas demais marcas, a circulação de marcações específicas, tanto no Instagram quanto no Youtube. Cabe reforçar que a Natura já havia sido mencionada na circulação de #quemlacranaolucra, inicialmente utilizada pela marca Burger King, mas sobre a qual pesou a circulação negativa das ações da marca de restaurantes, mas também da inclusão da influenciadora digital Thammy Miranda no Dia dos Pais. Ressalta-se que a midiatização por celebridades como porta-vozes, ao ganhar circulação com as causas defendidas, também é objeto de ataque por grupos conservadores.

A primeira marcação analisada da marca foi #PorUmMundoMaisBonito, em que outras marcações, como maquiagem e perfumaria, são utilizadas em conjunto. Na mídia social Instagram, verifica-se a replicação de publicidade da marca por consultores, atrelada aos preços de produtos, portanto, em conotação comercial. Também se vê a participação no evento Rock in Rio com a proposta de reciclagem de copos de plástico. O conteúdo segue o mesmo padrão no YouTube, com a prevalência da própria marca, em que comentários positivos são dedicados aos audiovisuais de produtos de beleza.

Figura 43 – Estratégia de Entrée Cultural para a Marca Natura

Fonte: captura de imagem do Instagram

Para a marcação #CadaPessoaImporta, o resultado já possibilita uma relação estendida com publicidades de causa, envolvendo a marcação de nome da própria marca e #crerparaver, que inverte a ordem do dito popular, valorizando a transformações por meio de ações de cada pessoa e da própria empresa. No Instagram, além das replicações dos conteúdos produzidos pela marca, como no caso anterior, também se vê produções independentes de consultores, como é o caso de dicas de prevenção de Covid para efetivar atos comerciais, ou detalhamento da rotina de vendas, ou da preocupação com o processo produtivo da marca. O patrocínio cultural aparece em menor magnitude, mas também está presente, reforçando não apenas a materialidade dos bens da marca.

Os audiovisuais do YouTube no período analisado ressaltam a presença da marca com publicidades replicadas na mídia social e comentários positivos. Além disso, vemos o canal Natura Setor Ágata, em que uma representante comercial da marca defende o projeto de Dia dos Pais, explicando que foram 14 influenciadores digitais selecionados para representar a diversidade da figura paterna. Ela reforça que um deles é o Thammy Miranda e ressalta que a opinião contrária pode até ser manifestada, mas sempre com respeito às pessoas. Reitera ainda que a identificação com um dos 14 influenciadores é possível e que, antes de criticarem a marca nas mídias sociais, pensem que muitas pessoas dependem da venda dos produtos para sustento. **Assim, mais uma vez, a camada de gênero é manifestada, aqui, por um viés de reconhecimento e responsabilização das falas.** O vídeo possui 67 visualizações.

A última marcação analisada é #ChamadoDoOceano, em referência a parte da embalagem do perfume Kaiak Oceano, produzida com plástico retirado dos mares. Atrelada a ela, está a marcação #redenatura, antecipando o direcionamento comercial aos consultores. No Instagram, a replicação de publicidade da marca e, em menor quantidade, a divulgação de limpeza do oceano é o que prevalece.

A mídia dedicada ao audiovisual segue a mesma temática, com a presença da marca com os comerciais, em que o ator Bruno Gagliasso protagoniza seu cotidiano no mar. As produções ultrapassam 13 mil visualizações, e os comentários são majoritariamente positivos, dedicados ao lançamento do produto e ao reconhecimento de Jericoacoara como local da publicidade. Em menor quantidade, ocorre a comparação com outras fragrâncias da linha Kaiak de forma negativa.

A superexposição aos comerciais na mídia social também é citada como referência de que o consumidor, ao ter seus vídeos interrompidos, está com raiva dessa publicidade. A marcação também é utilizada na avaliação do produto por canais em que o foco é o estilo de vida e perfumes, tornando a circulação igualmente mais comercial do que atrelada à sustentabilidade ambiental.

O resumo da imersão na comunidade auxilia a perceber como ocorre a interpretação do outro pelos membros. Como valores presentes na comunidade, estão o cuidado com as pessoas, não apenas no sentido da beleza, mas de uma saúde única, em interação com o ambiente, e de respeito, estima e autoestima nas relações humanas. Nesse sentido, a valorização de redes de contato surge para a troca de experiências, informações e comercialização, além da sustentabilidade para conhecer o processo produtivo, valorizar produtos regionais e o desenvolvimento não apenas ambiental. Novamente, o reconhecimento de múltiplas identidades e da mulher como sujeito com competências que extrapola o essencialismo é visto na comunidade.

Empreendedorismo e inovação destacam-se como potência dos sujeitos para atuarem no mundo contemporâneo, além da diversidade de cor, corpos, idades e orientação sexual como um traço brasileiro. Nesse aspecto, os produtos e a forma de produção também destacam.

Finalmente, a juventude é um dos valores da comunidade pela perspectiva de aproveitamento da vida de forma integral, não pelo seu recorte geracional, como vemos nas demais marcas analisadas.

A defesa de causas na comunidade extrapola o que foi visto nas outras análises, para abranger discussões mais aprofundadas. Nesse sentido, parece favorecer a hipótese de que o agendamento da marca estimula os membros a se esforçarem nas interações e possíveis conflitos. No entanto, pautas identitárias, sobretudo de orientação sexual e gênero, em conjunto com a cor, enfrentam discussões com justificações relevantes, em que as três abordagens teóricas são evidenciadas.

Do ponto de vista da valorização da publicidade de causa, verifica-se o uso intenso de *emojis*, a marcação de celebridades nos fluxos comunicativos, o uso do espaço digital para comercialização, mas também a discussão dos temas, a politização institucional dos temas identitários e, mais uma vez, a polarização de grupos em suas interações. No olhar contrário à publicidade de causa, existe a diminuição das causas defendidas como desnecessárias ou por meio do incentivo ao boicote.

Há também a afirmação de que os movimentos da comunidade nesse sentido afetam a estabilidade das famílias e são contra a vontade divina em sua perspectiva cristã. O direito do consumidor, recorrente nas demais marcas, volta a ser foco para a falta de produtos, o atendimento e a entrega pelo e-commerce. Já as solicitações de outras causas realizadas nas publicidades dedicam-se a outros biomas, no caso da sustentabilidade, assim como novos produtos.

A circulação nas mídias sociais analisadas, embora evoque um sentido comercial prioritariamente, também apresenta a defesa das pautas identitárias e a crítica organizada de conservadores com transversalidade política institucional. Com maior intensidade, o que a imersão na comunidade evidencia é a discussão dos temas com justificações mais detalhadas do que nas demais marcas, permanecendo a vigilância do consumidor sobre a marca, cobrando detalhamento de resultados e alterações na organização.

A comunidade é reconhecida como lugar de posicionamento, incluindo a divulgação de outras iniciativas nesse sentido pelos próprios sujeitos de interação. As mídias sociais, além de ambientes propícios para a comercialização e defesa das causas, é configurada pela pesquisa dos temas, indicação de outras fontes que detalham e analisam as questões defendidas, em uma midiatização da educação cívica.

A comunidade sugere a retirada de membros que não compactuam com os seus valores de reconhecimento de múltiplas identidades e respeito às pessoas, indicando a marca concorrente como um possível destino. A religiosidade cresce, assim, como a politização institucional. Na primeira, a crítica daquilo que não é natural é respondido como posicionamento preconceituoso e contrário à própria religião. Na segunda, a resposta a quem contesta a publicidade é reforçada como membros favoráveis ao governo, desprezando, assim, suas motivações morais.

Na etapa de validação e representação, os resultados preliminares foram apresentados a membros da comunidade, junto de uma entrevista. Os participantes destacam: a importância da figura materna no consumo da marca e na adesão à comunidade, a diversidade como ponto para identificação e ampliação dos contatos com outros membros, o reforço da juventude em outras camadas do que a faixa etária, o valor monetário acessível para a troca de experiências de consumo, além da importância ampliada das causas como expectativa da comunidade, transversal à postura política cotidiana.

Para a validação, alguns integrantes, além de consumirem o produto, também revendiam a marca, em diferentes regiões do Brasil, abrangendo capitais e interior. A família como influenciadora do consumo aparece desde a adolescência, geralmente por mães revendedoras, que estimulam a experimentação. A representação de mulheres mais velhas nas campanhas foi citada como exemplo para a ampliação da diversidade, indo além das questões de orientação sexual, cor e gênero, sempre lembradas de forma respeitosa.

A juventude foi citada como valor de gozo da vida e ampliação da autoestima, que influenciam as relações humanas. Além de se sentirem representadas pelo cuidado que a comunidade traz, incluindo aqui a possibilidade de mostrar quem são, seja pelo cabelo cacheado, seja pela orientação sexual, também reforçam a relação com preços acessíveis e opções veganas. Assim, conseguem experimentar diferentes produtos, em que a linha Ekos se destaca.

O crescimento da importância de causas para os membros da comunidade é exposto nas falas como fator principal de identificação. Nesse sentido, destacam, além da identificação, também o conhecimento de temas e públicos diversos os quais estão acostumadas a presenciar, sendo fonte para novos conhecimentos. A percepção das organizações sobre seus posicionamentos é a de que, se a empresa está isenta de temas atuais, já escolheu um lado: desfavorável às causas e aos grupos defendidos. Contraditoriamente, a manifestação na mídia social em possíveis casos de ofensas ganha um aspecto mais passivo, não necessariamente de comentar ou de expressão fora do ambiente digital, mas que pode traduzir-se em reações a comentários favoráveis à publicidade de causa, como curtidas.

Na visão das participantes, o perfil de membros que ataca as causas já é esperado em sua característica de ser uma conta falsa, ou homem, hétero, branco e padrão, nas palavras delas, portanto, diminuindo causas das quais não compreendem ou vivenciam. Lembra que, além desse perfil idealizado, foi recorrente a participação de mulheres na interseccionalidade com a religião.

Essa interpretação do outro reforça a separação entre grupos e o recorte de gênero, em experiências vivenciadas com o machismo, relatadas por elas. Percebem também a formação de bolhas no sentido de não estimular a discussão e tentar o silenciamento, combatido na comunidade, pois existe uma participação efetiva para a discussão, incluindo a marca, que traz respostas detalhadas. Dessa forma, foi exposta também, nas palavras das participantes, *a fé*, na Natura e em sua comunidade, para mudar cenários.

Ao serem questionadas sobre o papel do Estado nas demandas sociais, relatam que esse deveria ser o papel do primeiro setor, mas que, em sua inação, há um alinhamento com as empresas para a ampliação da visibilidade e de que elas possuem maior poder, uma vez que o Estado também depende delas. Como alusão a esse poder, citam também os influenciadores, que, assim como as marcas, possuem presença midiática para atingir grandes públicos, transformando as solicitações em pressão midiática sobre o Estado. Ao serem questionadas sobre a possibilidade direta de solicitação ao primeiro setor, reforçam que o governo atual não se mostra aberto e que o Estado possui histórica negligência das demandas defendidas.

Em etapa final, são concentradas as notas de campo durante o período de análise. A Natura também trabalha com outras comunidades de marca, como a de aprendizagem para consultoras, disponibilizando cursos e materiais de divulgação, com a necessidade de cadastro. Como nas demais marcas, as causas são complementadas pelos *stories*, em que a pauta da diversidade foi bastante presente. A linha de batons Natura Una, por exemplo, traz essa questão na inclusão de diferentes mulheres por cor e idade, já expondo mulheres mais velhas nesse conteúdo.

No contato com a comunidade, a influência para o consumo consciente e experimentação dos produtos da Natura foi recorrente, extrapolando o segmento de beleza, indo para o cuidado maior com a geração e separação do lixo, por exemplo. Nesse sentido, também houve a compra de produtos no site, verificando as reclamações constantes de entrega e disponibilidade neste canal.

Nessa experiência, um dos produtos tinha apenas o refil, e a entrega, embora rápida, aconteceu de forma amadora por um senhor reclamando que, pela manhã, ninguém atendia e que ele não entregaria o produto à tarde. Também teve a visita na loja física para comprar o produto do qual só havia o refil, tendo um atendimento adequado com valorização da sustentabilidade e amostras de outras linhas. O processo vegano de produção é estampado na embalagem da linha Ekos, com a mensagem seguinte, além de outras, como a origem natural, a não testagem em animais e os certificados ambientais: "Somos veganos. Com bioativos da Amazônia. Praticamos comércio justo com comunidades guardiãs. Pela floresta viva e de pé".

Na comparação com outras lojas concorrentes, produtos com a mesma matéria-prima começam a ser comercializados nos pontos de venda físicos. Como a compra ocorreu pelo site, ainda houve um cadastro do pesquisador, notificando não aceitar e-mails sobre a divulgação de produtos. Como outros consumidores já haviam comentado na comunidade, a solicitação não surtiu efeito, recebendo e-mails de ofertas de produtos, além das publicidades patrocinadas na mídia social, como já havia ocorrido com as demais marcas.

4.1.3 Semiótica

A última fase consiste na aplicação da semiótica como método para a interpretação do potencial de significação de três publicidades de causa, identificadas para cada uma das marcas. Ou seja, voltamos o olhar agora para a produção, estabelecendo a conexão com o consumo.

Cabe ressaltar os preceitos que orientam a extração peirceana. Para Peirce, a semiótica é uma *doutrina dos signos*, dependente do processo de abstração, que anuncia a ciência por meio da experiência (Peirce, 2017, p. 45)[21]. Sua proposta está embasada no pragmatismo, defendendo os

---

[21] O livro em questão apresenta a tradução brasileira da versão em língua inglesa *The Collect Papers*, 4. ed. 3. reimpr., de 2010.

resultados na materialidade existente – natureza e cultura –, coerente ao objeto de estudo e às abordagens utilizadas aqui. Contudo, evoca não o antropocentrismo nesse processo, mas a valorização do signo, daquilo que é imediato à observação e à experiência e guarda relação com o objeto dinâmico. Nesse sentido, mais do que sujeitos, temos intérpretes ativos de signos, pois está no próprio signo seu potencial de significação.

A proposta classificatória de Peirce objetivava a arquitetura filosófica, tendo três classificações: a fenomenologia, as ciências normativas e a metafísica. As ciências normativas, que procuram estudar valores e normas, estão divididas triadicamente em estética, ética e lógica ou semiótica. Como resume Santaella (2018), a estética responde às ideais que guiam os sentimentos, enquanto a ética se preocupa com a conduta e a lógica com as normas que guiam o pensamento.

Na retomada histórica das proposições de Peirce, Romanini (2016) relembra que, no realismo semiótico como uma teoria do conhecimento, a estética fundamenta a ética, que sustentam as possibilidades de atuação lógica. Romanini ainda propõe a semiótica como uma teoria geral da comunicação. No entanto, o autor originário não havia previsto aplicabilidades da natureza que temos hoje, ainda mais nas condições da publicidade dedicada à cultura brasileira no ambiente digital.

A fragmentação e magnitude da produção de Peirce fez com que seus estudiosos coletassem diferentes textos e, durante os séculos XX e XXI, aplicassem a teoria em objetos do nosso tempo. Dentre esses objetos, destaca-se a publicidade, marcada por pluralidade signa em linguagens textual, imagética e sonora, que pretende reduzir o potencial de sentido a um efeito desejado, mas, por sua condição de multiplicidade sígnica e cultural, muitas vezes pode sofrer com a polissemia.

A análise aplicada ocorreu por meio das categorias fundamentais propostas por Peirce – primeiridade, secundidade e terceiridade –, tanto dos objetos imediatos quanto dos dinâmicos, embasada por Santaella (2018). As categorias fundamentais de Peirce indicam três elementos para os fenômenos possíveis de produção de sentido e processados pela mente humana.

> A primeiridade aparece em tudo que estiver relacionado ao acaso, possibilidade, qualidade, sentimento, originalidade, liberdade, mônada. A secundidade está ligada às ideias de dependência, determinação, ação e reação, aqui e agora,

conflito, surpresa, dúvida. A terceiridade diz respeito à generalidade, continuidade, crescimento, inteligência (Santaella, 2018, p. 7).

Essa classificação nos leva à gradação analítica do pesquisador em relação ao objeto de estudo, envolvendo, em um primeiro momento, as sensações, depois o signo encarnado e sua representação, para chegar à interpretação.

Complementar à análise inicial apresentada, também se atribui as sugestões de Santaella, Perez e Pompeu (2021), específicas à publicidade de causa, com base na teoria da causação. Nela, como já visto no referencial teórico, o objeto está associado ao engajamento, isto é, uma ação concreta e funcional das demandas tratadas; o signo corresponde à sensibilização, geração de visibilidade; e o interpretante atrelado à consciência, mudança do pensamento.

A seleção das publicidades de causa ocorreu em consonância com as fases da pesquisa. Assim, foi selecionada uma publicidade de cada marca, correspondente à percepção da comunidade de intérpretes sobre a causa atrelada a cada uma das marcas. Para o Burger King, a diversidade LGBTQIA+ está representada pelo anúncio Quem Lacra Não Lucra. Para a Adidas; a representação negra e a de diversidade estão na publicidade da coleção Icy Park em conjunto com a Batekoo. Por fim, a Natura remete à causa mais trabalhada – a sustentabilidade em sua dimensão ambiental, em uma série de publicidades sobre a preservação da Amazônia, selecionada aqui a referência sobre a Semana da Amazônia.

Destaca-se que as três inserções na mídia social Instagram são produções audiovisuais, o que corresponde ao crescimento da imagem em movimento e do som, vistas nas práticas juvenis. Do ponto de vista da estética publicitária, daquilo que pode ser admirável, considera-se os aspectos que levam à legitimação da ação de causa e sua circulação no contato com os valores culturais. Na dimensão ética, advinda da estética, retoma a discussão sobre a definição de pautas sociais e seus aspectos sígnicos de autenticidade e de reputação em sintonia com outras ações, além da comunicação. Por fim, a dimensão lógica de comercialização e negócios, junto ao espaço digital, em que o signo está em contato com o interpretante e o objeto. Essa relação que pode favorecer a reputação da marca e comercialização de bens e serviços, mas também o modo como modifica a realidade da causa, ou seu potencial para isso.

4.1.3.1 Burger King Brasil

A publicidade Quem Lacra não Lucra foi veiculada no mês da diversidade e pode ser consultada na Figura 44. Lembra-se aqui da expansão da marcação em sua circulação no ambiente digital, evocando outras significações (#quemlacranaolucra).

Figura 44 – Publicidade de Causa da Marca Burger King Brasil

Fonte: captura de imagem do Instagram

A locução a seguir é acompanhada de imagens e *letterings*, também trazendo ao fundo (BG) uma trilha sonora de música eletrônica, iniciando lentamente após a fala de abertura, sendo complementada por elementos rítmicos após a expressão *quem lacra não lucra*. A locução inicial é protagonizada pela Drag Queen Anny B: "Esse vai pra Anny B. aqui, já esse outro vai pro Pedro aqui também (alteração na fala para voz lida como masculina). Uhull (risadas)".

A primeiridade na semiótica aplicada é resgatada em um momento anterior à encarnação no objeto, portanto, há uma reconstrução da qualidade a partir dos qualissignos-icônicos. Como os signos já estão encarnados em representações, esse é um exercício do pesquisador. O audiovisual pode ser separado em dois momentos nesse aspecto, conduzidos pela sonoridade e por outros signos presentes. O primeiro, por ausência de música, apenas o som da fala, predominando a sensação de intimidade, proximidade, comunalidade, reforçados pelo enquadramento e posicionamento de câmera; mas também a dualidade nos matizes cromáticos quente e frio, os diferentes timbres da voz, que remetem à sensação de divisão, junto de cortes secos, sensibilizando para rupturas. A volumetria das formas ocupa quase toda a cena no enquadramento inicial, o efeito é de sufocamento no espaço pretendido, ao mesmo tempo que preenche esse espaço e faz dele completo pelo exagero de formas, pelas múltiplas possibilidades.

O segundo momento inicia marcado pela transição não mais em corte seco, mas pelo efeito de deslizar para cima, jogar ao alto, descartar, seguido da simbologia de uma coroa, comentada adiante. Neste segundo momento, a sonoridade está presente por música eletrônica com o efeito celebratório, em que o acréscimo gradual de outros elementos denota multiplicidade.

A primeira imagem após a coroa abre-se ao espaço externo, sem mais restringir ao estabelecimento, em leitura de urbanidade, de transgressão do primeiro momento ao segundo, mas de composição de que o espaço fechado está nesse espaço aberto, possibilitando transições. O fundo neutro contrasta com matizes cromáticos intensos de frases em primeiro plano, novamente predominando dualidade, mas, agora, ainda mais possibilidades cromáticas compõem o espaço. Assim, predominam sensações de entretenimento, alegria e multiplicidade neste segundo momento.

O que se mantém entre um momento e outro é o ruído de uma secundidade, do sinsigno-indicial: papel picado caindo. Nessa representação do todo pela parte, estão as celebrações de rua, os festejos, as datas importantes a serem comemoradas, como referência do objeto dinâmico de celebração do orgulho LGBTQIA+. Outros elementos compõem a secundidade, como a própria representação do restaurante e dos produtos, que, por meio da sedução publicitária, são apresentados em condição de excelência, frescor e sabor.

O consumo ocorre pelas duas personas – Anny B. e Pedro –, reforçados na oralidade. O interlocutor em êxtase revira o olho, ao mesmo tempo que mensagens de contestação à causa da diversidade começam a surgir. A ironia e a ambiguidade estão presentes, uma reação ao texto escrito (*lettering*) e ao texto imagético; o prazer do consumo se apresenta na expressão facial, mas também a negação da contestação, um cansaço, efeito dos estímulos apresentados. O uso da coroa pela protagonista ainda remete ao aspecto simbólico.

Cabe registrar, ainda no primeiro momento da dualidade do audio-visual, a representação do interlocutor com cabelos vermelhos divididos ao meio, em que a expressividade marcária se encontra centralizada pela coroa. O equilíbrio entre a identidade fluída apresentada faz-se pela marca (coroa); ela faz a mediação das duas possibilidades (Anny B. e Pedro). Além disso, a representação é emanada pela similitude com o cabelo da mascote da marca concorrente, um palhaço de cabelos vermelhos. Assim, é possível que a mascote concorrente esteja ali, em parte, representada como um consumidor do Burger King, novamente acionando a ironia e a ambiguidade como figuras de linguagem.

O efeito sonoro do canudo expõe que a bebida é consumida até o fim, no aqui e agora, hedonicamente. Mas, em referência ao objeto dinâmico, não há problemas, pois no BK você consome o quanto quiser de refrigerante por meio do refil de bebida, expondo a abundância, o exagero, complementando a primeiridade. Portanto, uma secundidade bastante marcada pelas representações de produtos e pelo ambiente de consumo.

Em seguida, *letterings* remetem à relação de causa e efeito das enunciações, expondo que aqueles que lacram não lucram. O argumento é de que o BK lacra, logo, não lucra. Ou seja, uma proposição racional sobre signos dicentes – um argumento. Mas essas enunciações são passíveis de falseabilidade em suas duas partes dicentes. Contudo, a escolha na produção publicitária não é gerar um novo argumento, contrário aos enunciadores, mas, sim, aceitá-lo e colocar em prática uma forma de que esse argumento seja positivo aos atacados.

As frases aparecem agora sobrepostas a imagens, em condição de urbanidade, destacando duas pessoas unidas por uma bandeira cromática também com o logo da marca e a frase: todo mundo é bem-vindo. Portanto, estão unidas também pela marca. Na rua, encontra-se mais pessoas e, pela proximidade com a data, pode-se presumir ser o evento Parada do Orgulho LGBT, junto do ruído de papel picado que se mantém no vídeo. Se todo mundo é bem-vindo, logo, não se exclui, agregam-se pessoas. As figuras humanas em destaque usam perucas e andam livremente em meio à multidão, celebrando sua junção com liberdade, ao ar livre, em meio aos demais.

Na manutenção do argumento de que quem lacra não lucra, são expostas em ordem, as seguintes frases:

> Os *haters* pediram a gente aceitou
>
> Burger King apresenta: Quem Lacra Não Lucra (mesmo)
>
> 28/06 100% do lucro de sanduíches
>
> Vai para ONGs de apoio LGBT+
>
> A gente lacra, a causa lucra
>
> Dia do Orgulho LGBT+ Dia de Transformar ódio em amor
>
> No BK, todo mundo é bem-vindo.

Novamente, estabelecem uma relação de causa e efeito, em que a primeira é o pedido do inimigo, e a segunda é a doação do lucro líquido para ONGs da área. A intenção de um efeito final, da mudança, de uma causação final, é apresentada como a transformação de ódio em amor, balizando as questões simbólicas tratadas na sequência. Ainda ressaltam a inclusão, e não o atendimento de um único grupo, antecipando oposições habitualmente realizadas. Ao apresentar a iniciativa, tratam-na como um projeto especial da marca, um evento.

Os signos simbólicos podem ser vistos em algumas expressões marcárias, como logo, a coroa, cores, e em elementos não marcários da publicidade. Recorda-se aqui o expressado por Farina, Perez e Bastos (2013), que compreendem a cor além de sua estrutura física, somando a dimensão psicológica e de referencialidade associativa, tornando as afirmações sobre elas sempre relativas, não fechadas a um sentido único. Iniciando a análise pelas cores, temos as três primárias: amarelo, vermelho e azul. Intensamente presentes na publicidade, a partir dessas três cores, é possível estabelecer variações cromáticas infindáveis, novamente marcando a multiplicidade, a metamorfose na comunicação.

O interlocutor veste azul, tendenciando ao roxo monárquico e espiritual de quem está coroado, uma referência cromática fria, reflexiva, fechada para si, mas atribuída em sua tonalidade profunda ao conhecimento, à internalização. O azul ainda pode fazer a associação com a nobreza francesa e o infinito, a amizade, a meditação e o sonho (Farina; Perez; Bastos, 2013).

Já o vermelho vibrante dos cabelos traz valores distintos, como ódio, paixão, poder, agilidade. Farina, Perez e Bastos (2013) nos relembram da referencialidade da vida na cultura cristã, pelo sangue, assim como do amor e da sexualidade, marcando certa transgressão nesse sentido. Chevalier e Gheerbrant (2001) falam do fogo como início da vida e das diferentes tonalidades de vermelho para as representações de macho e fêmea, que evocam o objeto dinâmico pretendido.

O amarelo está presente na marca e na coroa; expande, permite a abertura a outras possibilidades quentes, afetos, criatividade e dinamismo. A espiritualidade e a ligação com o sol também estabelecem o vínculo com a prosperidade e fertilidade, como relatam Chevalier e Gheerbrant (2001).

Percebe-se que a disposição de cores remete à expressão da marca, estando como no logo: o amarelo no topo e base, o vermelho ao meio e o azul circundando o corpo do interlocutor. O rosa aparece quando a solução é anunciada para os ataques de inimigos. A barbárie e ação do vermelho é diluída pela luminosidade acromática do branco, que, além da paz, ainda traz a potência juvenil, dignidade e divindade, como apontam Farina, Perez e Bastos (2013). Essa simbologia é elevada ao estampar em branco a bandeira do orgulho *gay*, também conhecida como bandeira do arco-íris, recentemente com outra proposição para representar toda a comunidade LGBTQIA+, e não apenas a associação com *gays*.

A relação de representação do interlocutor ainda carrega da cultura *drag*, uma convenção que, embora não seja transformativa ao ponto de contestar a binaridade de gênero, coloca a fluidez entre masculino e feminino em uma mesma identidade, permitida como expressão social, ainda que muitas vezes marginalizada. A coroa, além da referência com a mascote da marca, que emana a representação de um rei atrelado ao poder de escolha e ao atendimento no restaurante, também se refere à procedência reconhecida e, portanto, tratada de forma diferenciada.

Como nos lembram novamente Chevalier e Gheerbrant (2001), o símbolo apoiado sobre a cabeça confere ao usuário a proteção divina, também transferindo suas responsabilidades e tornando a trajetória imortal. Ou seja, a existência física do sujeito pode ser finita, mas não aquilo que representa, a causa da diversidade.

O arco-íris se adapta ao longo do audiovisual nas letras, é dinâmico, natural do encontro da luz com a chuva, camaleônico, como as identidades. Mas a primeira cor é a amarela, da expansão, das relações e do legissigno da nobreza junto à coroa, que carrega a simbologia da nobreza pelo posicionamento da marca e das pessoas em assumir essa pauta.

Como interpretante dinâmico da publicidade em sua dimensão emocional, a qualidade de alegria, entretenimento, multiplicidade e ambiguidade é acionada. Mas é por meio do interpretante enérgico que ela se destaca pela reação imediata da doação à causa, pelas diferentes expressões de si, por manifestar as múltiplas formas de ser, de conexão com a multiplicidade urbana, variedade de produtos e atendimento de todos no local. Ainda traz como ação imediata a diminuição do ódio e da barbárie pelo amor e respeito. O interpretante lógico também está presente em boa medida, ainda que esteja aquém do enérgico em uma ação imediata da marca e do consumidor, como reação aos comportamentos de inimigos. Destaca-se no interpretante lógico o orgulho e a liberdade por meio dos símbolos LGBTQIA+ e das cores, que levam à expressão da identidade, além da nobreza e perenidade da causa pelos legissignos da coroa e novamente das cores.

O audiovisual é complementado pelo texto elaborado pela marca ao veicular a publicidade na mídia social:

> O dia do Orgulho LGBT+ passou, porém a causa não acabou e não vai acabar. Assim como nossa diva @draganny, que protagonizou o comercial em 2017 e voltou para trazer todo seu brilho e glamour para essa época tão colorida juntamente com nós do BK. Estaremos sempre a favor desta causa tão nobre ontem, hoje, amanhã e sempre. #QuemLacraNaoLucra #AnnyB #LGBT+ .

Sobre as relações apontadas por Santaella, Perez e Pompeu (2021), ligadas ao interpretante e às publicidades de causa, elas teriam uma tendência em encapsular o engajamento como forma de ajudar a causa, ao consumir produtos da marca. No entanto, como sua publicação ocorre apenas depois da data, possivelmente como restrições aos boicotes, carrega mais fortemente a dimensão de sensibilização, compreendendo a diversidade de forma natural. Contudo, cabe repensar também o espaço ocupado pela publicidade nesse contexto, aprofundando a análise.

A mudança de pensamento, com uma consciência nova sobre alguma questão, é exemplificada fortemente por propagandas. Vemos o uso de cinto de segurança, que, além da propaganda, também necessitou outras ações de caráter público normativo, como multa, para uma efetiva conscientização e consequente mudança de comportamento ao longo do tempo. O objetivo comercial da marca, apesar de se sobrepor à sua incursão em causa, pode gerar um potencial para a mudança do pensar, atrelado a outras ações da marca e de organizações parceiras, inclusive acrescentando vendas. Defende-se aqui que é possível a mudança de conjectura estar atrelada às exposições que a marca faz dos temas, ainda que não exclusivamente pela publicidade, mas pela apropriação da marca como mídia e seu auxílio para a discussão pública do tema.

Na junção do Burger King com outras organizações, como a Casa 1, as mensagens permanecem em circulação em outros locais, assim como ações práticas da marca, que vinculam objetivos comerciais a organizações com objetivos sociais, dando indícios de um potencial efeito lógico. Mudança que não se faz exclusivamente por essa publicidade, mas pelo crescimento do signo e pela continuidade de ações, por sua circulação em rede, pelos comentários sobre ela, e assim por diante. Nesse sentido, verificou-se pelas etapas anteriores que o foco da marca é muito presente apenas nessa data. Por isso, essa publicidade ainda é vista, principalmente, em seu interpretante emocional, mas com potencial para fazer repensar a identidade, sendo associada à multiplicidade, e não à cristalização.

4.1.3.2 Adidas Brasil

A publicidade #ICYPARK e Batekoo pode ser consultada na Figura 45, assim como visualizada por meio do QR Code para o site de mídia social Instagram. Lembra-se aqui da interação resultante da publicidade e do motivo de embate na comunidade.

Figura 45 – Publicidade de Causa da Marca Adidas Brasil

Fonte: captura de imagem do Instagram

No resgate da primeiridade, o audiovisual traz qualissignos-icôni-cos em sobreposição, com quantidade grande de estímulos ao sensível em um tempo reduzido, com vários cortes secos, mas também trilha sonora que mistura referências e se confunde com falas. O *sampling* utilizado como recurso mescla sonoridades que geram certa confusão pelas diferentes falas em meio à música, a cantaroladas e a gritos. Esses signos dão ritmo acelerado para a percepção, despertando sensação de ansiedade e pressa para algo que acontecerá. Tudo se mistura sem um início e fim definidos, sem linearidade.

O tributo à imagem também chega à sensibilidade com sobreposição, desfoque; planos detalhe se revezam com planos abertos. Proximidade, mas também confusão e desordem, são sensações presentes. Grandes volumes em espaços pequenos e fechados misturam-se a tons frios e terrosos, mas também luminosidades pontuais que intervêm com matizes mais quentes. Claro e escuro, assim como texturas distintas e os volumes grandes, ampliam a sensação de diversidade em um mesmo momento; hibridizações dos estímulos orgânicos e não orgânicos.

Após essas primeiras impressões, há saturação da secundidade, tomados por elementos agrupados: espaços, figuras humanas, corpos e cabelos, vestimentas e acessórios, outros elementos que compõem o vídeo, como falas e sons. Os espaços iniciais são fechados, com espelho, possíveis camarins, mas ganham destaque ao longo do vídeo, após as figuras humanas. Araras de roupa encontram-se em ambientes mais amplos, e uma escada branca parece dar acesso ao lugar onde haverá um encontro dos integrantes, anunciado pela primeira imagem de capa. Mas o espaço é ainda imaginado, só um fundo infinito, denunciado por *flashs* indiciais, poses das figuras humanas e pedaços de câmera; partes do todo que remetem a um estúdio fotográfico, um *shooting*, um dia de fotos de celebridades ou modelos.

Já a figura humana representada é incialmente colocada em destaque por meio de planos-detalhe. O foco está no cabelo, iniciando preparações de coloração, cuidado, destacando os vários integrantes do vídeo, todos negros, em sua maioria com partes do cabelo colorido, ou em penteados elaborados. A face enunciada pelo movimento de *zoom* da câmera destaca olhos e bocas, em que os modelos parecem ser admirados pela sua reação, ao responderem com sorrisos, olhares ou novas poses para manter a admiração.

Na sequência, enquadramentos mais abertos mostram corpos magros e gordos, destacando as figuras humanas em sua totalidade, mas ainda individualizadas, em conjunto com vestimentas que, entreabertas, mostram partes do corpo de cada modelo (duas mulheres e três homens, lidos em conjunto com as enunciações de seus nomes artísticos). Os corpos seguem para a junção dos membros por pares, em meio à dança, em contato com o chão ou movimentando-se para ele com joelhos dobrados. Ao final, o grupo se reúne em um único enquadramento.

Essa trajetória remete à surpresa da secundidade, do que realmente acontecerá, mas também se os indivíduos fazem parte de um mesmo grupo. Guia para um bastidor, a preparação para algo, que começa individualmente, mas termina grupalmente sendo anunciada ao final: um editorial de moda.

As roupas e os acessórios quase vestem os modelos, ao invés de eles vestirem, pois ganham tanto destaque pela volumetria, pelas texturas e pelo fetichismo inicial das figuras humanas pelos produtos, assim como planos detalhe, em que o foco singular-indicativo do produto remetendo à marca e à coleção é destacado. Verifica-se também que os produtos, em vestimenta e acessórios, são destacados por uma intertextualidade memética, com recortes e sobreposições da linguagem digital e da intervenção iconoclasta. Essas sobreposições estão presentes também nos arranjos combinatórios para cada *look*.

Brinco, óculos e body são peças distintivas, que vestem corpos masculinos, levando à ruptura de uma convenção na terceiridade. Acessórios são também destacados pelas cores e formas dos óculos e body. Ao final, a identidade humana volta a ser o foco pela enunciação dos nomes, que tomam conta das vestimentas. Nesse momento, os corpos vestem as roupas e dão uma função a elas, a afirmação de um grupo, em que se fala o nome e é preciso completá-lo, reconhecê-lo. Primeiro o movimento (bate), depois a parte do corpo (koo), reiterado pela batida nas nádegas.

As falas no vídeo mesclam-se à trilha e a outros sons, enunciadas por diferentes pessoas, que compõem a sequência seguinte:

> Agora vai, querida...
>
> A Batekoo pra mim é sobre construir espaços
>
> De valorização de estéticas negras
>
> A Batekoo para mim é o big bang dos pretos
>
> Eu sou uma mulher preta, gorda, periférica
>
> Comunidade negra, urbana e LGBT do Brasil
>
> Você pode ampliar o que você entende por ser negro
>
> Bira, Kiara, Juju ZL, Rafa Balera, Fresh Prince da Bahia
>
> Quando fala Bate eu quero ouvir...
>
> É muito importante para mim essa representatividade dentro da marca
>
> Pô, eu sou foda, mereço tá aqui, sabe?
>
> Bate Koo!

As enunciações iniciam com um prelúdio de ação, seguido por definições do que significa o grupo para cada integrante. Essa não é uma generalização, é uma ação indicial que fala em espaço, estética negra, uma energia tão grande que faz surgir novos mundos, em similitude ao *big bang*, e que esse mundo é dos pretos. Depois, as afirmações das diversidades identitárias representadas por esse grupo são arroladas como gênero, orientação sexual, corpos, região de moradia afastada do centro, mas urbana.

Sugerindo uma reação no aqui e agora, indicam que a percepção sobre o que é ser negro pode ser ampliada, isto é, uma ruptura com os lugares ocupados. Nesse sentido, a relação das falas com as poses e posições em que se encontram os negros é de destaque, são celebridades sendo fotografadas, mas logo em seguida dando crédito de que a representatividade parte da marca tem um sentido próprio, ainda que cada indivíduo mereça estar ali pela fala de encerramento. Afirmações da identidade de cada pessoa seguem para a formação do grupo.

Outras interferências sonoras falam de Brasil como um grito, ao mesmo tempo que uma luminosidade em verde e amarelo surge no formato da bandeira nacional estilizada. Somam-se a esses elementos a forma de cantar e os sons de uma cuíca modernizada que remetem a um *funk* popular, mas também às percussões do Nordeste; uma união de diferentes sugestões de gêneros musicais, gritos, falas em uma aparente desorganização e acumulação indicial.

O aspecto convencional-legal privilegia as cores, mas também orientações dos produtos, guiadas socialmente. Aliás, expressões marcárias são apenas indicadas aqui pelos próprios produtos e por três listras em algumas peças, como calças e tênis, porém sem assinatura da publicidade. Em relação às cores, destacam-se: dourado, rosa, azul, marrom, púrpura, branco e cinza, além do verde e amarelo, rapidamente marcados pela brasilidade na representação da bandeira e grito de Brasil.

O dourado pode remeter ao luxo e à escassez, mas aqui é utilizado em exagero; o excesso da sua presença nos produtos, como um popular acessível. Essa alteração de exclusividade para o acessível popular já é lembrada por Farina, Perez e Bastos (2013), que aqui ganha outros sentidos na representação negra e acesso à publicidade. Como um interpretante lógico de que o lugar antes exclusivo, agora também é do negro e da periferia. O marrom volta a simbolizar a resistência frente à pauta da diversidade, mas agora também sensualiza os corpos negros, desejados como destaque em sua exposição parcial. Como recordam novamente

Farina, Perez e Bastos (2013), a púrpura remete à estima e aos valores, aqui representados por uma estética e ética inclusivas, mas também por uma jovialidade e inovação na forma de agir e pensar.

O rosa e o azul não apenas diluem o ódio e internalizam as reflexões identitárias, como colocam em pauta as discussões recentes já apresentadas neste livro sobre a convenção conservadora de que as cores estão identificadas com os gêneros feminino e masculino, respectivamente. No entanto, alteram essa convicção, possibilitando a fluidez das cores e dos modelos, com a ruptura de gênero socialmente construída. Esse reforço é feito pelo cuidado com a estética dos cabelos pelos homens e pelos detalhes nas posturas corporais e sobrancelhas. O branco da juventude, mas também da modernidade, reaparece em corpo negro. Já o cinza surge como intermediário da junção entre branco e preto, centralmente apresentada na foto final, em uma inclusão negra em um mundo até então dos brancos, também como um interpretante lógico. Nesse sentido, evoca uma negociação do espaço de destaque na publicidade.

A partir do percurso, o interpretante dinâmico pode ser avaliado por meio das suas dimensões cumulativas em emocional, enérgico e lógico. Em sua perspectiva emocional, conduz à ansiedade, confusão e desordem, mas também à diversidade e rapidez de transformações. Essas sensações ganham camadas do real como os sentidos de urbanidade, não por uma referencialidade icônica, mas indicial da confusão, da sonoridade, dos modos de vestir e se apresentar. Urbanidade que rejeita a padronização planejada, mas aceita a periferia esquecida, orgânica, que vai sobrepondo as camadas e faz o possível para sobreviver com os vários fragmentos que restam.

O interpretante enérgico coloca em destaque as figuras humanas para uma reação ao espaço que ocupavam antes, uma forma de fazer a diferença demonstrada pelo editorial. O destaque dos produtos e a similitude com a linguagem digital memética e jovem remetem à aquisição também digital, a uma compra possível, a um desejo realizado.

O sentido lógico se dá na defesa da causa da diversidade, em especial do acesso de negros e da periferia a lugares de destaque. Destaca-se, nesse sentido, a marcação simbólica pelos cabelos, como uma força de vida e primeira representação da identidade. A referência de cor é seguida pelo gênero e pela orientação sexual, também colocadas em questionamento as convenções do que é possível expor na publicidade.

As roupas penduradas em ambientes amplos destacam o aumento das possibilidades de expressão pela vestimenta da marca, em intertextualidade com sua empresária, uma mulher negra que atingiu sucesso. Também rompem com o uso de peças por gêneros específicos e a sexualidade puritana. O lugar antes excluído é ocupado pelo popular e evidencia a singularidade de pessoas pretas, humanizam os interlocutores, sem colocar em espaços generalizados. O grupo é tão forte quanto cada integrante, uma força alcançada pelo respeito e pela visibilidade.

Na publicação da mídia social, o audiovisual é acompanhado do texto com foco no produto: "E aí, qual o seu parque? Explore a nova coleção #ICYPARK. #adidasxIVYPARK".

Fica bastante evidente o caráter comercial da publicidade até aqui, apesar de configurar a sensibilização apontada por Santaella, Perez e Pompeu (2021), ao aludir a diversidade em papéis de destaque das pessoas negras e suas interseccionalidades. A reação esperada do consumidor não é convertida em uma ajuda imediata da causa.

Contudo, como explorado anteriormente, cabe ressalva à avaliação do interpretante enérgico e lógico para essa publicidade, principalmente associada às demais ações da marca. Os signos publicitários crescem por meio de outras expressões, em que pessoas negras estão em destaque de forma recorrente, independentemente de ser ou não uma publicidade de causa. Nesse sentido, parece entrar em um nível de consciência de que essa é uma transformação sem volta no contexto marcário, naquilo que ela se propõe a fazer em seus limites, enquanto organização com fins lucrativos.

Há um movimento transformativo da marca em não apenas sensibilizar ou ter um agir por meio do consumo consciente (tênis com material reciclado, por exemplo), mas uma mudança, um potencial de repensar a representação negra, os papéis assumidos e as estruturas de gênero. Este parece ser o caso ao estimular vestimentas para múltiplos gêneros, mudar a lógica de participação feminina em esportes de rua, ou expor diversidade na comunidade, ações que não só beneficiam a causa, mas também estão atreladas ao consumo.

4.1.3.3 Natura

A publicidade Semana da Amazônia, dedicada à linha Natura Ekos, que utiliza matéria-prima da região, pode ser visualizada a seguir. A marca e o tema foram fontes de politização nas interações da comunidade.

Figura 46 – Publicidade de Causa da Marca Natura

Fonte: captura de imagem do Instagram

Assim como nas análises anteriores, inicia-se por uma regressão à primeiridade por meio dos qualissignos-icônicos. A sonoridade evoca graves, agudos; também um ritmo com atrito em chacoalhar que nos leva por sensações primitivas, sons naturais, ainda que numa referência de secundidade. A inversão entre espaços abertos de matizes verdejantes e alaranjadas contrasta com o fundo saturado em preto, trazendo ruptura à continuidade.

A sensação de estranheza é complementada pela inversão entre luminosidade e obscuridade, como se algo interferisse no contato com o espaço aberto. O contraste é mantido por mais um elemento – a velocidade das tomadas entre planos abertos e o fundo saturado. A lentidão da movimentação das tomadas está nos momentos verdejantes e alaranjados, como um tempo da natureza, de anos para construir, enquanto os outros são preenchidos rapidamente como uma necessidade imediata.

Ainda sobre a primeiridade, diferentes texturas e materiais se apresentam à observação entre líquidos e sólidos, além do não visível, mas imaginado gasoso, em contato entre si. Curvas, linhas e borrões indefinidos ampliam a sensação de diversidade de formas e texturas orgânicas. Essa diversidade, alternada com a ausência da luz, traz confusão e ruptura à experiência de contemplação.

Já na secundidade, é possível verificar representações e semelhanças que nos guiam às relações com objetos. Tomadas do alto, o conjunto de árvores que compõem uma floresta, a movimentação de um barco na amplitude do rio, a linha do horizonte alta privilegia a natureza e sua composição no enquadramento. O rastro no rio remete ao movimento, à transformação de algo que será enunciado. Esse rastro, no início dos dados de desmatamento, é descendente, sendo alterado, após a participação da marca, para ascendente.

As imagens ainda registram os sinsignos no contato do humano com a natureza. Uma mão, lida como feminina, se arrasta por partes de plantas, que se assemelham a raízes, em complementaridade com *letterings*. As imagens da floresta são durante o dia, um novo dia, sendo alternadas pelo preto. As figuras humanas, novamente femininas, retornam ao final do audiovisual também em partes, mas agora da face, de uma identidade revelada por três personagens diferentes em meio à natureza.

Um rosto também finaliza o vídeo; o que era apenas fragmento agora é um arquétipo feminino revelado. Em uma reviravolta da tomada pela câmera, volta-se a concentrar nos borrões da natureza, uma mudança possível do humano para a natureza e da interdependência – um está no outro.

Os textos do audiovisual estão dispostos abaixo, seguido da referência imagética entre parênteses, contendo fundo preto ou imagens da natureza.

Só este ano, 3.069,57 Km^2 da Floresta Amazônica foram desmatados. (natureza)

25% a mais que no ano passado. (preto)

Há 20 anos, Natura Ekos contribui para a conservação da Amazônia. (natureza)

Porque sabe o valor de cada Km^2. (preto)

Na semana da Amazônia, te convidamos a refletir sobre cada árvore. (natureza)

As 290 árvores que foram derrubadas durante esse vídeo de 30 segundos. (preto)

E também as outras que continuam na floresta. (natureza)

Para que a Amazônia continue viva. (preto)

Natura Ekos (natureza)

Somos todos uma só natureza (natureza)

Além da alternância das imagens, o texto propõe um aqui e agora, o espírito de emergência pela piora nos dados, de uma necessidade de ação de preservação. Também traz a retomada histórica dos produtos da marca, não em sua representação imagética, mas na ligação com o bioma, que pode ser considerada indicial, sendo a linha Ekos uma parte que evoca a floresta, dá indícios dela e do cuidado com a natureza, uma parte da floresta que pode estar na sua casa. O presenteísmo é reiterado pelos dados numéricos e pelo tempo do vídeo, como expressão de grandiosidade; e, mais uma vez, a dualidade é resgatada, agora entre morte e vida.

Ao expressar as árvores que continuam em pé, a tomada em *contré-plongée* coloca-nos como árvores caídas, frente à situação. A reação ao refletir sobre as árvores é dada ao final como necessária para a permanência da Amazônia, ou seja, pensar em cada árvore pode salvar o conjunto, ao qual também pertencemos. Esse é o argumento que coloca os signos dicentes em contato. Afinal, somos todos uma só natureza. A sonoridade é similar a tambores, metais e chocalhos, instrumentos que podem ser retirados diretamente da floresta e estão presentes nos rituais dos povos originários. Como únicas figuras humanas da publicidade, as mulheres concentram essa aura ritualística para si em relação com a marca.

A terceiridade está presente também nos legissignos-símbolos, em que se sobressaem as cores. O verde, predominante nas tomadas, remete diretamente à natureza, mas também, na interseção entre o azul e o amarelo, é negociado entre o quente e o frio, simbólico ao problema apontado e à vida cotidiana. Também são associações materiais e afetivas possíveis: a umidade, calma e coragem (Farina; Perez; Bastos, 2013). A cor nos coloca imersos à vegetação. Junto a ela, o alaranjado, presente na expressão marcária e na água e no céu, abre espaço para a luminosidade; em referência indicial com o sol, remete simbolicamente à força natural, mas também a uma agressão no suavizar do vermelho.

O marrom, ainda que em menor recorrência, nos liga indicialmente à terra, mas, ainda segundo Farina, Perez e Bastos (2013), simbolicamente pode ser associado à resistência e à negritude. Essa presença se faz nos dois sentidos no audiovisual, ao contestar o desmatamento e mostrar a figura humana em meio à floresta.

O preto, como ausência de luminosidade, reforça o desalento sobre o presente, simbolizando – segundo Chevalier e Gheerbrant (2001) – o luto definitivo, a morte, o que não é possível mais recuperar, pois ainda que o preto tenha alguma simbologia positiva, são mais recorrentes as negativas. A expressão marcária é o logo em formato de folha que geralmente está em laranja, em associação à simbologia anterior do sol, conectando o bem-estar humano com a natureza. O contato com a natureza dá-se pela mão, pelo tato, pelo contato com a pele, pelo foco dos produtos, mas também faz referência ao tempo, ao poder e à dominação da natureza, transformada pelo passar suave de dedos em algo único e cooperativo.

Ao final, junto das figuras humanas, ainda está o roxo, próximo à expressão da marca por meio do logo e do rosto feminino. O roxo está associado nas questões naturais ao misticismo e à vida noturna, ao cair do sol (Farina; Perez; Bastos, 2013). Os mistérios possíveis da noite também podem retomar a denúncia em preto, do desmatamento. Mas são as mulheres que entram em contato com a cor mística, e nessa conexão entre humano e natureza está a interdependência, representada internacionalmente pelas ninfas, defensoras das florestas e nascentes de água.

Como apontam Chevalier e Gheerbrant (2001), essas divindades simbolizam a tentação da loucura heroica e do nascimento e da educação desses heróis. O caráter pedagógico nessa terceiridade pode remeter à figura da consultora Natura, que orienta seus clientes, e, em rede, pode auxiliar na preservação da natureza, não se calam em conjunto com a marca diante da morte florestal. São vida, são sol, mas sem se esquecer de que o próprio produto vendido é uma forma de ajudar a Amazônia, devido ao processo produtivo.

Em uma representação nacional, lembra-se do mito amazônico em que as figuras triádicas podem ser associadas com Iara, mãe da água, mas também dando vida à boiuna e ao boto, defensores dos seus biomas. De caráter indígena, as lendas amazônicas estão fortemente associadas à música e aos rituais em que tambores e chocalhos anunciam a ancestralidade, ligação com a natureza e chegada de alguém. Assim, como interpretante lógico, a conservação, a defesa dos biomas e a fertilidade na possibilidade de novos produtos e pessoas são incutidas à publicidade como brasilidade e resistência, tanto da marca quanto da própria Floresta Amazônica e da rede de pessoas que se associam à organização (consultoras e clientes).

O interpretante emocional de ruptura da continuidade e o enérgico, de contato entre homem e natureza, de um agir no aqui e agora para ainda ter uma salvação, servem de suporte ao interpretante lógico. O audiovisual é apresentado seguido do texto: "Na Semana da Amazônia, Natura Ekos te convida a refletir sobre a importância de cada pedaço da floresta que é perdido. #SomosTodosUmaNaturezaSó".

Embora a emoção seja acionada pelo contato com a natureza e vida conjunta, remetendo-nos à organicidade e dependência, o aspecto reflexivo e de mudança de consciência é maior. Neste caso, novamente não está contra a organização, mas favorável por manter a matéria-prima dos produtos, indo além de uma ação direta do consumidor com o produto, ainda que tenha essa premissa para os clientes. Logo, surge um efeito lógico de trazer para perto algo que está longe da rotina de grandes centros e tentar despertar uma mudança de consciência no que tange à preservação, que precisa ser feita por nós, pois não está sendo feita por ninguém.

5

O CENÁRIO REVELADO PELA PUBLICIDADE DE CAUSA

Com base nas três etapas de pesquisa, é possível traçar convergências interpretativas, por meio das mediações da publicidade contemporânea. A Figura 47 evidencia a contribuição de cada fase desta pesquisa para o modelo proposto. A análise se inicia pelas questões centrais de matrizes culturais em relação aos formatos industriais e das lógicas de produção em sinergia com o consumo, seguindo para as mediações externas: potencial de significação, identidade, fluxos e cursos discursivos, cotidiano e ação social.

Figura 47 – Contribuição do Percurso Metodológico ao Modelo Proposto

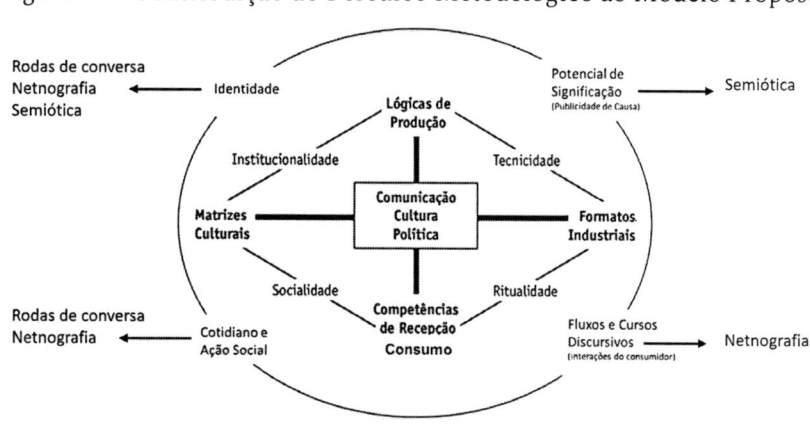

Fonte: o autor

A relação entre Matrizes Culturais e Formatos Industriais expõe o agenciamento de temas para uma comunicação coletiva, mas também de que maneira o popular está presente nos formatos industriais e como esses formatos usam dos elementos culturais e retomam os valores e as crenças das comunidades. Nesse sentido, cabe notar que as três marcas indicadas pelos jovens e suas comunidades são identificadas como expressões de brasilidade, mesmo aquelas de origem internacional.

As expressões de brasilidade são percebidas no Burger King Brasil pelo senso de humor, pela ironia e resistência mesmo nos momentos de crise; na Adidas Brasil, a nacionalidade é derivada da diversidade, uma sociedade miscigenada, com destaque para algumas localidades representadas na publicidade e nos produtos em discursos de superação; a única marca de origem nacional remonta à percepção de brasilidade pela diversidade, mas também pelos produtos e por sua matéria-prima em defesa dos biomas. As publicidades de causa comunicam intensamente essas qualidades do ponto de vista imagético, assim como nas expressões sonoras e nos argumentos utilizados nos textos da Natura. O que se nota é o agenciamento do discurso do consumidor, que segue uma estilística próxima à da marca em suas interações, reproduzindo, respectivamente, a ironia, a superação e a valorização de matéria-prima e dos biomas nacionais.

Outra característica é o enaltecimento da cultura popular, tanto em produtos quanto na publicidade, mas não sem uma mediação do consumo. Os usos e as apropriações transformam as mestiçagens do conteúdo comunicacional em cotidiano, sem uma aceitação passiva do que é ofertado. Portanto, também há uma crítica, que ocorre justamente no uso de referências populares sem retorno efetivo às comunidades, fontes da criação. Aqui o propósito financeiro da empresa fica evidente para o consumidor, que o negocia em condições acessíveis à realidade brasileira. O preço dos produtos, principalmente na marca de moda, é cobrado para estar mais próximo de uma realidade nacional, o que também pode ser visto na adesão de descontos do Burger King. Por seu objetivo compartilhado entre o comercial e o social, a publicidade de causa é lugar farto à valorização do popular, afinal, atua justamente em demandas não atendidas das comunidades.

Como outros elementos populares articulados pelas marcas, estão: a cultura LGBTQIA+ em modos de falar, vestir, ser e no envolvimento de celebridades; a participação da periferia, não apenas como locação para as publicidades, mas na inclusão de pessoas vistas como representativas e na valorização da socialização pela dança ou música; a retomada do urbano como lugar de ocupação, em especial das juventudes. Essa caraterística aparece até mesmo no caso Natura, uma urbanidade possível em contato com a natureza, como no Projeto Verão. Essas questões são somadas ao uso da música popular, seja na trilha audiovisual, seja na parceria entre celebridades e marcas.

Ainda sobre as matrizes culturais e os formatos industriais, os próprios temas trabalhados nas publicidades de causa traduzem a realidade brasileira em alguma medida. O cenário pandêmico foi intensamente marcado tanto pelas alterações na operação, possibilitando as vendas, mas também para a urgência e necessidade de auxílio de pessoas, ou a sensibilização para uso de máscara e o acolhimento em situação de distanciamento social. Nesse aspecto, quando a publicidade apontava para soluções paliativas distantes da realidade, ou sem uma solução prática, consumidores negociavam outra postura das empresas, exigindo retratação ou ações de auxílio imediato.

Diversidade e sustentabilidade foram os outros temas mais recorrentes, além da pandemia. O primeiro na inclusão de negros, LGBT+ e diferentes corpos na publicidade, mas também nas estruturas organizacionais, cobradas pelos consumidores; o segundo na concepção dos produtos sustentáveis das marcas. Assim, racismo, homofobia e novas estéticas que representem a diversidade existente no país parecem ser temas valorizados nacionalmente, nos quais boa parte das interações concentrava-se. Em menor quantidade, aparecem as pautas ligadas ao veganismo e à igualdade de gênero. Embora com menor presença, a interação do consumidor e a negociação com a marca foram amplamente verificadas, tanto na solicitação de mais opções veganas, como no orgulho e na importância de valorização feminina e novos modos de vida.

A circulação a partir dessas publicidades ou suas marcações também mostra a apropriação do consumidor, eventualmente ressignificando mensagens. Este é o caso de #quemlacranaolucra, caracterizada pela politização e pelos ataques, de um lado, e pela defesa da causa e pelas explicações mais aprofundadas, de outro. Seguem nessa ação dos consumidores as marcações #acaba2020, #CadaPessoaImporta e #LoveUnites, utilizadas, respectivamente, para críticas ao governo de Jair Bolsonaro, defesa de Thammy Miranda como pai e repercussão da visibilidade transgênero. Contudo, a exposição de produtos e suas qualidades foi mais presente no período do que os discursos atrelados às causas, evidenciando a percepção das marcas com objetivos principalmente comerciais, ainda que se direcionem a causas.

Sob o eixo da produção e do consumo, estão as principais propostas das marcas, das comunidades e da liberdade gazeteira do consumidor, em especial a relação entre tempos e espaços, amplamente discutida nesta pesquisa. O que se sobressai inicialmente é a quantidade de interações negativas sobre o comportamento das marcas frente aos problemas enfrentados por consumidores – problemas comerciais, não sobre temas sociais ou ambientais.

Nessa perspectiva, o contato com as empresas também mostrou ser um caminho dificultado. Poucas eram as respostas na mídia social e muitos eram os problemas básicos do vínculo comercial com o cliente. Nessa falta de solução, o consumidor tenta retirar o reconhecimento midiático da marca e o engajamento positivo de outros clientes. Essa condição se reflete no contato com a publicidade de causa, no sentido de não considerar a proposta da marca antes que ela olhe para as relações do seu escopo principal.

Do ponto de vista da marca, diferenças significativas são apontadas no uso da publicidade de causa. Como ampla classificação derivada da pesquisa, a primeira lógica é a de produto-causa, em que o destaque está na linha de produtos e, a partir deles, é realizada uma aproximação com causas, geralmente já representada em um calendário de varejo conhecido, no qual o mês do orgulho se destaca. Esse foi o caso da marca Burger King, que apresentou a menor quantidade de temas trabalhados e de publicidade durante o período.

A outra lógica se caracteriza pelo oposto, em um sentido causa--produto/marca. Nessa classificação, a maior parte dos argumentos e textos que compõem o discurso dedica-se à defesa de uma causa, que é conectada, geralmente ao final da mensagem, ao produto ou à marca. Nesta classificação, além de trabalhar com datas de varejo já consagradas, é sugerida a visibilidade de datas relacionadas a causas e produções próprias de conteúdo estendido, como minisséries, que geram conexão comercial com o consumidor como consequência. O posicionamento da marca é facilmente atrelado à responsabilidade social e a temas principais trabalhados. Este é o caso da marca Natura, transbordando o posicionamento em agenciamento para os consumidores, que são mais ativos na comunidade e a reconhecem como um canal aberto para a discussão de pautas e solicitações de outras demandas.

Entre esses extremos, encontra-se a lógica híbrida, ou em transição. Em alguns momentos, o produto se sobressai, em outros, a causa, mas já apresentam sugestões criativas da marca para a atuação cidadã, geralmente iniciando na mídia social e se estendendo em outras comunidades de marca, como práticas esportivas, atividades recreativas, de colecionismo, clubes de compra, entre outras. O posicionamento é também atrelado à responsabilidade social, mas com uma comunidade menos ativa nesse sentido. Este é o caso da Adidas.

Do ponto de vista do consumidor, a vigilância da marca é unânime, tanto para a defesa e solicitação de outras demandas na publicidade, quanto para questioná-la, minerando dados da empresa e exigindo coerência. Essa vigilância é reforçada com *hiperlinks* que comprovam suas falas ou aprofundam a discussão ali mesmo, no ambiente digital, ainda que de forma tênue. Uma materialidade da referência, que justifica a postura do interlocutor, novamente majoritária no comportamento juvenil.

Por fim, na relação entre produção e consumo, é possível observar tempos e espaços recorrentes, principalmente na participação das juventudes. Nas temporalidades, registra-se a ansiedade, um aqui agora, soluções práticas e rápidas, atreladas aos produtos, mas também na mediação com as causas em menor magnitude. Novos projetos e um sentimento de incompletude e dúvida prevalecem nas falas dos participantes das rodas de conversa e nas interações da comunidade. Os jovens expõem a experiência com aquilo que é novo, vivenciado em diferentes agrupamentos, mas também com o desalento da falta de trabalho, a pausa em estudo, os preços caros de produtos e a esperança em marcas e celebridades como salvadores nesse contexto de resistência, porque estão mais próximas do cotidiano do que o primeiro setor, já em descrédito desde muito cedo.

A juventude como espírito do tempo é unânime entre as representações das marcas, mas a visão geracional é encontrada no segmento de moda e comida rápida, reforçando os valores de ansiedade, novos projetos e presenteísmo, ao mesmo tempo que divulgam ser possível ter prazer nesse cenário. Os temas publicitários também tratam das temporalidades na crise sanitária, na sustentabilidade e na inclusão de novos modos de vida. Emanam o dever de atuar agora, para ainda ser possível uma ação, reforçando que o silêncio não é uma opção.

Ainda na relação geral entre produção e consumo, os espaços ganham destaque; inicialmente, a representação de Brasil, já comentada. Mas, por outro lado, no digital como lugar de pluralidades, da defesa das expressões regionais; lugar em que os tempos tratados se modificam e ganham novos sentidos na possibilidade de circulação, chamamento de amigos e conhecidos, na inclusão daquele que está distante, que evoca valores próximos, como influenciadores e celebridades, mas também naquele distante que discorda, que não faz parte da mesma forma de agir e pensar o mundo. Ou seja, um espaço inicialmente propício para a discussão, embora tenha se mostrado como lugar majoritariamente de reprodução de falas rasas no que tange à causa. Ao ingressar nas demais mediações, verificamos o adensamento dessa discussão, sintetizada no quadro ao final deste capítulo.

5.1 MEDIAÇÃO DO POTENCIAL DE SIGNIFICAÇÃO

No potencial de significação apresentado pelas produções publicitárias, é possível ver como interpretantes convergem entre os casos: a dualidade, a ruptura, a estranheza, a multiplicidade, a diversidade, a rapidez e a transformação ou metamorfose como algo necessário estão em destaque. Em duas das publicidades analisadas, há um tom celebratório de hedonismo jovem, marcado por Burger King e Adidas. São elas também que trazem remédios afirmativo, retomando Nancy Fraser, na tentativa de um interpretante lógico. Ou seja, ressaltam a importância da diversidade, afirmando grupos específicos, como LGBTs, negros, periféricos, mulheres, gordos, e trazendo pessoas desses grupos para compor a publicidade. Já na proposição da Natura, apesar de utilizar a dualidade, aponta, além de uma afirmação da importância amazônica, uma emergência transformativa, que não permite a celebração, mas que traz as figuras humanas que vivenciam essa realidade.

Comum entre as publicidades é a resposta a ataques, uma reação a algo percebido como prejudicial à existência, ao convívio em sociedade. Seja respondendo a ataques diretos na mídia social, seja pela narrativa dos próprios agredidos, ou nos dados de desmatamento, existe uma reação, um não ficar calado frente a alguma situação. Não é uma ação preventiva, mas, sim, reativa. Assim, ocorre uma marcação temporal e espacial que anuncia a não aceitação de acontecimentos concretos e uma reação da marca.

Ainda no aspecto afirmativo, todas as publicidades acionam recursos simbólicos que colocam em destaque aqueles antes marginalizados. Um rei ou uma rainha, ninfas ou Iara, modelos ou celebridades são exemplos dessa linguagem de reconhecimento. Além disso, partes do todo também falam à invisibilização, como o valor do cabelo e seus arranjos estéticos, o contato com a natureza pela mão e os poderes acionados nessa relação, a esperança do arco-íris e de vestir as novas ideias. Logo, o reconhecimento de Axel Honneth surge tanto como resposta à degradação e à ofensa, como dá espaço à fala, afirmando competências e possibilitando a participação de atores com menor expressão na publicidade.

A análise da produção publicitária ressalta que, ao invés da separação entre o status do consumo e a defesa de demandas sociais, evidenciada por Brandini (2015), há uma junção dessas duas instâncias na atualidade. O consumo não é esquecido, incluindo o fetiche no produto. A potência individual também comentada pela autora está presente na publicidade em momentos iniciais, mas busca o coletivo ao final. Nesse sentido, parece assumir um reconhecimento de acolhimento por um grupo.

A comunicação de contraintuição mencionada por Leite (2019) é vista na configuração da publicidade de causa, colocando em destaque quem antes era invisibilizado, recordando uma ética, respaldada pela estética. A configuração de interpretantes emocionais e enérgicos também surge, como nos mostram Santaella, Perez e Pompeu (2021), mas na premência do interpretante lógico. Ou seja, não está aquém de uma transformação, mas auxilia na construção de consciências coletivas que, se ainda não levam a aceitações e transformações imediatas, conduzem ao questionamento, a um pensar diferente, ao fomento da discussão. Dessa forma, comparar a produção publicitária, de novelas ou séries ao longo do tempo, pode gerar resultados interessantes na avaliação do crescimento sígnico e de seus interpretantes lógicos. A representação e a discussão de causas que temos nesses produtos culturais hoje são bem diferentes de anos atrás, principalmente das pautas identitárias.

Por fim, a produção publicitária está alinhada com o que antecipou Jenkins, Green e Ford (2014), no uso de entretenimento como auxiliar para a circulação. Além disso, envolvem intermediários populares para atuar em nome da organização, sejam eles os próprios revendedores dos produtos, ou moradores locais, sejam eles profissionais reconhecidos no segmento.

5.2 MEDIAÇÃO IDENTITÁRIA

Nesta mediação, fica exposta a negociação entre a estabilidade institucional em conflito com direitos igualitários e mudanças nas relações sociais, portanto, uma tensão entre Estado e cidadão, mediada novamente pelas marcas na publicidade de causa, no sentido de um discurso público que evidencie quem são esses sujeitos e marcas. Do ponto de vista das juventudes, a multiplicidade nas três fases da pesquisa fica evidente. A identidade é vista como não permanente, metamórfica e relacionada às liberdades de escolha da modernidade, como apontaram Hall (2006), Ciampa (1984), Giddens (2002) e Carvalho (1999).

Essas identidades foram expressas tanto em termos de substantivos, quanto de ação. Nesse sentido, a primeira fase anunciou a orientação sexual, o gênero e a cor da pele, assim como marcadores como cabelos cacheados e empreendedorismo sendo fundamentais às percepções de individualidade. Embora a identidade como lugar de origem seja questionada por Hall (2006) por meio das diásporas, as territorialidades distantes do eixo Rio-São Paulo ocupam papel central na negociação com marcas, contestando a identidade nacional unificada. Ser brasileiro não é estar cristalizado pelas demandas econômicas que pautaram boa parte dos produtos midiáticos no cenário do Sudeste, mas é entender que na diversidade está uma fonte importante para se reconhecer brasileiro.

As identidades ainda são evidenciadas por modos de vida em ações concretas como o veganismo. A expressão dessas identidades leva à possibilidade de fluxos de comunicação que sustentem rituais contemporâneos por meio das narrativas de vida, midiatizadas em grandes espetáculos do cotidiano, que transformam processos em verdadeiros projetos. O Eu vira algo a ser comunicado recorrentemente para o reforço da identidade, mesmo que esse Eu seja a transformação constante.

A conexão com a música e as mídias digitais também repercute na percepção de identidade, não mais como substantivo, mas aqui em um agir que possibilita experimentações. Essa conexão foi explorada tanto na primeira quanto na segunda fase da pesquisa, em uma relação com a intersubjetividade. Isto é, a partir das possibilidades de troca com outras pessoas, verifica-se a possibilidade de reformular ou perceber características individuais, ao se identificar com um artista, defendê-lo, se reconhecer nele, ou ainda divergir.

As narrativas do Eu (Giddens, 2002) e a quebra de grandes revoluções (Lyotard, 2006) evidenciam sujeitos que não negociam sua liberdade, entendendo a submissão aos anseios dos outros como algo do passado, reforçando sua existência em sinergia com uma sociedade miscigenada e plural. Narrativas que passam em maior ou menor gradação pelo consumo, em diferentes segmentos: alimentação, vestuário, beleza, educação.

A comunicação das identidades juvenis, no entanto, não é homogênea e não ocorre sem tensionamento entre atores. Ao contrário, é justamente esse o elemento principal das publicidades de causa e das lutas por reconhecimento, justificações ou solicitação de isenção de posicionamento da marca. A ideia de que a juventude é um agrupamento homogêneo de defensores de uma mesma causa, com posicionamentos progressistas e força transformadora embasada em identidades mais fluídas, não é bem o que a pesquisa apontou. Existem diferentes posicionamentos, incluindo o essencialismo na visão de que a empresa não deve discutir essas questões.

Na interação com a publicidade, as identidades são colocadas à prova em uma dinâmica de disputa de grupos. Portanto, embora seja vinculada à subjetividade, durante a defesa ou acusação, os grupos se formam no ambiente digital, estabelecendo uma dinâmica de nós *versus* eles, em que dois mecanismos convergem à literatura sobre identidade. O primeiro é a defesa dos participantes aos quais a publicidade é direcionada – *gays*, lésbicas, negros –, que, na procura de respeito cognitivo e estima social, argumentam com os demais membros contrários e não aceitam o reconhecimento perverso apontado por Lima (2010) ou o não reconhecimento, forjando assim suas próprias identidades, como sujeitos, mas também como grupos.

No outro extremo, apesar de se ver argumentação voltada ao individualismo, também surge a formação de bolhas sociais utilizadas para manter a interação apenas com semelhantes, isto é, a utilização de ferramentas disponibilizadas pela mídia social para não ter contato com opiniões e identidades diferentes. Portanto, embora a internet apresente a possibilidade de diversidade, as bolhas levam à redução de intersubjetividade com sujeitos distintos, fomentando a cristalização da identidade. Portanto, o suposto apego a dispositivos que garantam o senso de realidade, mencionado por Correa e Dias (2016), não é garantido no digital, o que gera a edição da complexidade social.

A publicidade, nesse sentido, é vista como uma instituição na qual se procura justiça frente à possibilidade de ter os direitos e estima social reconhecidos. Ainda assim, os jovens percebem a capacidade de formação de bolhas sociais, como apontou o estudo da Fundação Telefônica Vivo (2019). Por fim, o abandono da estrutura pública do bem-estar social, apontado por Sodré (2021), estimulado pelo sistema econômico e tecnológico que tributa o indivíduo como único responsável por si e pelo outro, inviabiliza a formação de identidades e laços para a responsabilidade social, constituída apenas no comum, na troca.

A identidade ainda é amplamente tratada como forma de reconhecer diferentes modos de beleza e, portanto, representá-los nas publicidades. Nesse sentido, no processo de validação da netnografia, os jovens expõem que a atual diversidade da publicidade é apenas o começo e mostram anseio em ver outras formas, como diferentes idades. Já na primeira fase, essas configurações de beleza foram evocadas com o auxílio de desafios digitais, que colocavam em circulação pautas identitárias por meio do entretenimento, dando visibilidade a elas. Dessa forma, nas três fases da pesquisa, também são expostas a importância do cabelo, a desumanização em atos de preconceito e a interseccionalidade entre orientação sexual e gênero feminino.

Os valores comuns das comunidades abarcam a brasilidade, a inovação, a juventude e a afirmação de multiplicidade. Nesse sentido, verifica-se, nas entrevistas com jovens e nas interações, o reforço de aspectos citados por Rocha e Pereira (2009), como o gregarismo, o poder, a autenticidade e a premência, seguidos também da ansiedade, insatisfação com a condição social e de trabalho, além da vontade de expressão por não se calar frente a preconceitos, tendo nos dispositivos móveis, mídias sociais e instituições educacionais seus principais amparos para agir. Diferentemente da ação organizada em movimentos sociais, aqui a reação inicia de forma individual e convoca, ao longo de uma curta tensão digital, a participação de apoiadores.

Portanto, é compreensível a conexão com os grupos digitais, pela similaridade que carregam com os ideais juvenis, traduzindo as dúvidas em algo concreto. Nesse aspecto que remete à liberdade de identidade, os jovens também percebem nas marcas uma identidade e buscam sinergia com suas subjetividades e seus valores. No contexto moderno de liberdade de escolha e expressão (Carvalho, 1999), com a multiplicidade também de organizações concorrentes, o que se apresenta nas entrevistas de validação é a troca facilitada do consumidor por uma marca que acolha sua identidade e, diante disso, os consumidores consideram majoritariamente que a marca não se posicionar é escolher um lado.

5.3 MEDIAÇÃO DOS FLUXOS E CURSOS DISCURSIVOS

Os Fluxos e Cursos Discursivos se concentram nas interações entre membros da comunidade, outros usuários e deles com a marca. Ainda que esteja associada ao que Sodré (2021) aponta como uma falência da comunicação de qualidade, por proliferar o excesso da interação, mas privilegiando o psitacismo reprodutivo, também se encontra uma comunicação ligada à tecnologia, que tenta lutar no espaço digital, aproximando-se do *pharmakon*. isto é, da relação que se apresente como razão, como mudança pela interação com o outro.

Como categorias similares evidenciadas nas três comunidades, estão as emoções acionadas; marketing, publicidade e circulação e primazia do produto. Portanto, enquanto a publicidade de causa gera vínculos emocionais com os membros, incluindo amor, admiração e alegria, também vincula características muito presentes de relação comercial, reconhecimento do marketing e projetos da empresa, utilizando mecanismos de midiatização e circulação como marcações e chamamento de outros aos perfis.

Como já comentado, a característica comercial relacionada ao produto central da empresa não é colocada de lado. Pelo contrário, é uma das principais interações nas comunidades, o que fala sobre os membros e sua percepção da realidade funcional da empresa, mas também sobre as iniciativas de produção publicitárias. Estas, mesmo no vínculo com causas, estão relacionadas aos produtos. Com exceção do Burger King, a categoria de primazia da causa também é acionada nas interações, gerando discussão ou apoio às publicidades de causa. Essas interações são menores nos casos de sustentabilidade, educação e cultura, embora ainda ocorram, superadas pelas pautas identitárias, principalmente aquelas fora de um calendário de varejo.

Interessante notar que a única comunidade de marca em que se comunica fortemente a relação comunal e o envolvimento de amigos, família e parceiros também é a que apresenta menos discussão sobre as causas. Analisando tanto a campanha *quem lacra não lucra* do Burger King, quanto a *loveunites* da Adidas, ambas concentram referências nos produtos e são expostas no mês do orgulho, tendo poucos conflitos gerados. Já as de visibilidade lésbica e de negros da Natura e da Adidas, em dias fora de um calendário já estabelecido e sem a utilização de humor, geraram mais interações e conflitos.

Como categorias de interações contrárias à publicidade de causa, estão a negação da causa; a experiência negativa com a marca; e novamente o marketing, a publicidade e a circulação. A negação da causa entra em oposição à sua primazia, principalmente minimizando a importância ou expondo como algo apenas para gerar visibilidade da marca. Nessa posição, estão interagentes distantes dos grupos tratados nas publicidades. A crítica pode ocorrer diretamente ao conceito da campanha em uma leitura de que a organização tem vários projetos, e esse não foi adotado pelo membro, muitas vezes desdobrando em circulação negativa e ameaças de deixar a base de cliente. A experiência negativa, no entanto, evidencia como as organizações ainda precisam avançar nos relacionamentos com clientes, que utilizam o espaço da publicidade de causa para expor a urgência dessa melhoria, antes de investir em outras demandas sociais.

Duas outras interações são relevantes no contexto de sociedade do consumo como viabilizadora de causas. A primeira é a monetização excessiva dos produtos, colocada como entrave ao discurso de mestiçagem, diversidade ou igualdade, em que referências populares são utilizadas. Verifica-se também que o poder de compra é utilizado como valor mínimo para a participação nas comunidades, incluindo a causa. Ou seja, não reclame de visibilizar negros e defender LGBTs, se você não tem nem dinheiro para comprar. Esse comportamento evidencia bastante o recorte de classe média e alta articulada pela publicidade. Essa é uma categoria fortemente ligada à Adidas, mas também surge na validação do Burger King pelos preços dos sanduíches. Já na marca Natura, há a categoria exclusiva de solicitação de causas, vendo na comunidade um lugar onde essas discussões são acolhidas, novamente dando indícios de um agendamento dos membros pelas ações da marca.

Outros pontos também se sobressaem nas interações mediadas pela publicidade de causa. A linguagem por *emojis* é uma delas, seja isoladamente, seja seguida de texto, esboçando certa ambiguidade desejada também pelos jovens, como colocam nas validações das comunidades em uma reação rápida a temas do cotidiano. Além disso, as comunidades digitais são utilizadas para comercialização de produtos por outras empresas menores, ou pela rede de parceiros, fazendo jus ao nome publicidade em ação que mobiliza questões privadas e públicas.

O envolvimento de celebridades ocorre não apenas pela marca, mas também pelos membros, seja solicitando a inserção de alguém específico nas campanhas, seja no contato para denunciar ações contra a visibilidade dessa outra marca, envolvendo a possibilidade de cancelamento e diminuição das conexões de uma *cité* projetos, conforme colocam Boltanski e Chiapello (2009). As celebridades envolvidas são majoritariamente ligadas à cultura musical popular; a interação ocorre também com amigos que chamam para o envolvimento com a publicidade; e existe uma ansiedade pelo consumo dos produtos e por descontos, mais do que em soluções das demandas sociais apontadas.

Cabe notar que, nas comunidades, as respostas das marcas, com exceção da Natura, são inexistentes em relação às críticas, a ataques entre membros, ou sobre os temas abordados. A isenção nessa questão também remete ao sentido pretendido com a ação, em que respostas estão direcionadas às práticas comerciais e, mesmo assim, sem uma solução dos problemas relacionados aos produtos. O discurso parece mais uma medida paliativa para reduzir a circulação negativa ao oportunizar outro canal de contato.

Em comportamento inverso, a interlocução com a Natura explica as ações e questiona posições de ataque, convidando para conhecer mais sobre os projetos em *hiperlink* específico. As publicações temporárias que complementam as publicidades de causa, assim como o direcionamento a datas específicas já consagradas, aproximam-se das relações de visibilização e determinação de públicos para tratar das causas, em similaridade com as propostas de Thompson (2018) e Resende e Covaleski (2020), da escolha de canais para tratar de assuntos sensíveis, limitando a circulação.

Nessa interação com a publicidade de causa, seja em sua defesa, seja na contestação ou discussão, ampliam-se as categorias observadas por Wottrich (2019) nas práticas contestatórias de anúncios (geradoras de tensionamento, coletivas, midiáticas, buscam reconhecimento, tematizam gênero). **Além de reforçar esses pontos citados pela autora, ainda foram observados: polarização entre membros da comunidade; circulação expandida com recursos textuais, imagéticos e audiovisuais em iniciativas independentes, mas também institucionalizadas; tensionamento entre novo e velho, entre tradição – no sentido de domesticação – e a liberdade dos modos de vida e das expressões identitárias; politização da vida cotidiana sem pressão de mudanças ao poder público.**

5.3.1 Politização, Moral Religiosa e Anonimato Digital

A politização ocorre em um sentido da vida cotidiana, também observada por Machado (2011), ainda que limitante nesse sentido. Assim, as pautas referentes à pandemia e identidade são o destino de críticas, mas não por uma luta propositiva, que solicite medidas do primeiro setor como ações de promoção de igualdade de direitos. O que surge é a fala de seguidores de governos específicos contra ou a favor da publicização da pandemia e da pluralidade de identidades, novamente, em um sentido reducionista de nós *versus* eles, ainda que demonstre algo mais denso entre a proposição de manutenção das hegemonias existentes ou sua modificação.

No entanto, majoritariamente, as lutas por reconhecimento ocorrem minimizando a politização institucional para se concentrar em questões cotidianas, coordenando uma série de narrativas da experiência de vida, mas também competências midiáticas como outras fontes de informação e a convocação de celebridades para apoiar as justificações. O cenário estabelece uma luta entre cidadãos, mas não por um fazer em busca do direito ou cumprimento de leis estabelecidas pelo Estado. Essa característica corrobora as inferências de Muniz Sodré (2021) sobre uma tecnocracia que não representa a população em suas demandas, esvaziando as possibilidades de voz mediadas pelo mercado.

Embora as interações tratem de causas, ou utilizem esse espaço para a comunicação com outros membros e com a marca, o que se vê é um esvaziamento quase completo da responsabilidade do Estado. Mínimas são as menções sobre essa responsabilização, ou mesmo mediação da marca para um contato direto com o primeiro setor. Assim, o foco está atrelado à empresa, sua governança social e ambiental que pouco mobiliza para ações efetivas envolvendo outros setores.

O terceiro setor utiliza o espaço para divulgar algumas ações próximas às pautas, ou mesmo é inserido como parceiro nas atividades, mas também não é acionada pelos interagentes a importância pública dessas instituições. A percepção dos jovens sobre o tema é tratada na próxima mediação, em que a validação sobre os dados das comunidades revela algumas posições sobre o papel público.

As comunidades de marca expõem a cultura brasileira cercada de religiosidade coercitiva, da moral cristã, da militância de uma família idealizada como brasileira, já exposta por Trevisan (2018), e de fluxos comunicacionais que se estendem com a circulação das *hashtags* por outras mídias sociais, aprofundando a polarização entre o novo e o velho. De um lado, jovens, consumidores ou trabalhadores das marcas tentam aprofundar as discussões em iniciativas isoladas, de outro lado, signos militares e religiosos se unem também em várias iniciativas independentes, mas ligadas por uma linguagem comum, em que perfis com maior projeção realizam ataques, alterando imagens, e, quando atacados, projetam a necessidade de liberdade de expressão para justificar crimes já tipificados em lei.

Como principal argumento utilizado contra publicidades de valorização identitária, está a moral cristã, geralmente associada à preservação da família. O pecado é acionado para contestar a homossexualidade. Ainda que a maioria dos comentários de moral cristã seja de adultos mais velhos, também foram identificados jovens com esse posicionamento. O conjunto de comportamentos é bastante conhecido e igualmente explorado por Trevisan (2018), expondo ataques nas redes sociais com a finalidade de repercussão midiática, em que a democracia é tomada por surtos autoritários de grupos religiosos no sentido de vigilância e censura por uma integridade da família brasileira, acionando igualmente a liberdade de expressão e novos sentidos a conceitos como ideologia de gênero.

Os ataques individualizam expressões da identidade, condicionando o reconhecimento apenas se o interlocutor aceitar o papel a ele conferido. Como já vimos, as famílias são muitas e bem distantes da cristalização pretendida. A configuração de casais homoafetivos, mães solos, em sua maioria pretas, e várias outras possibilidades superam largamente a dita tradição da configuração de casais heteroafetivos brancos, com filhos. Em um recorte do Censo de 2022, vemos que o cenário provavelmente se estenda por anos, pois o Brasil tem 580 mil estabelecimentos religiosos, mais do que de ensino e saúde juntos. Portanto, o caminho do reconhecimento também passa por legislações em prol da diversidade e da comunicação institucional da religião, embasada em princípios diferentes dos adotados atualmente.

Ainda são características das interações possibilitadas pela publicidade de causa: o questionamento a ações da marca que gerem aglomeração em contingência pandêmica, a desumanização em comportamentos preconceituosos, o gênero feminino como tema de conflitos e o boicote ou a saída da comunidade como resposta a comunicações que falam contra o conservadorismo, principalmente no contato com maior diversidade representada nas campanhas. Contudo, a solicitação da defesa de direitos do consumidor frente à falta de atendimento e experiências negativas, assim como a solicitação de aprofundamento de causas como mais opções veganas ou o cuidado com diferentes biomas brasileiros, também estão presentes.

Conforme aponta Boyd (2014), as mídias digitais são um lugar de experimentação dos jovens com as questões públicas e privadas, em práticas cercadas por estruturas de visibilidade, circulação e capacidade de pesquisa. Isso se reflete no uso das comunidades para a denúncia de machismo, racismo e homofobia, pesquisa sobre o perfil do interagente para adequar a justificação, mas também pesquisa sobre os temas tratados e sobre as marcas em uma vigilância de suas ações, além de utilizarem de casos reais próprios ou de terceiros, reforçando os argumentos.

Para a resposta aos comentários contrários à afirmação identitária, utilizam-se do mesmo mecanismo daqueles que atacam. Subvertem o sentido de um termo de forma irônica, como no caso de quem lacra não lucra e da liberdade de expressão, recordando que a liberdade traz responsabilidades em um momento em que já se caracterizam crimes específicos, como o de racismo e de homofobia.

As múltiplas demandas apresentadas nas comunidades, seja no polo produtivo, seja no consumo por meio das interações, mostram ainda um Brasil com muitos desafios na dimensão social, ambiental e cultural. Porém, esses desafios parecem expandir-se por lugares distantes do poder público, ainda que mobilizem conflitos por meio da ação para reestabelecer o reconhecimento e visibilizar os preconceitos ou a intolerância, adjetivando, com esses termos, em comportamento que não se logra à submissão, não aceita ficar calado, não vive uma moral ressentida ou um reconhecimento perverso.

Juntam-se, aos perfis políticos, com símbolos nacionalistas e militares, e aos perfis religiosos, as representações anônimas. As imagens sem rostos, com pouca ou nenhuma descrição, estão presentes nas críticas à publicidade de causa, principalmente nas identitárias, mas também nas ambientais. A mediação institucional dá lugar à tentativa de encerrar discussão por meio de ofensa, com mensagem de preconceito. Por vezes, os perfis já foram desativados, criados temporariamente ou excluídos pela própria plataforma. A facilidade de criação dessas identidades temporárias também leva ao esvaziamento da discussão, que pontualmente se intensifica de forma polarizada em outros ambientes digitais, como o YouTube.

5.4 MEDIAÇÃO DO COTIDIANO E AÇÃO SOCIAL

Como última mediação, são analisados o cotidiano e a ação social em suas perspectivas de socialização, usos e apropriações dos dispositivos digitais e exercício da cidadania. Já na primeira fase da pesquisa, é possível ver a relevância da marca no cotidiano e nas práticas das juventudes. Moda, beleza, alimentação, bancos e tecnologia são os segmentos mais presentes na rotina, e de início já era mencionada a representatividade de gênero e cor, mas também modos de vida pela sustentabilidade e veganismo como centrais para a interação com as organizações.

No segundo momento, as posições dos jovens mostram pluralidade ligada à literatura da área, também dividida em três aspectos. Os que buscam reconhecimento ou redistribuição são vistos na representatividade em contato com a publicidade em ação direta da marca em doações ou atividades atreladas a parceiros e mudanças internas da empresa, considerando necessário o investimento do segundo setor, ou ainda a posição oposta de degradação e ofensa, não reconhecendo os grupos e os parceiros de interação.

Na justificação, encontram-se os que, sendo a favor ou contra a publicidade de causa e os temas tratados, não comunicam a reprodução sem interação ou ofensas, mas, sim, articulam argumentos tendo em vista a percepção do contexto. Já no individualismo, são englobados aqueles que não consideram coerente o investimento da empresa em causas, ou ainda fomentam a promoção de uma moral ressentida por influência religiosa. Importante pontuar que, tanto nas entrevistas da primeira fase quanto nos dados sem estímulo da segunda fase, são preenchidas as três classificações, isto é, existem jovens com comportamentos para cada forma de posicionamento. Portanto, é preciso moderar o otimismo das pesquisas geracionais apresentadas na seção sobre culturas juvenis de que há uma prática homogênea de jovens em relação à defesa de causas por organizações privadas. Mais coerente parece ser que essa adesão é dependente do tema tratado e da percepção que se tem dos papéis entre os setores da sociedade e o atual estágio da influência das marcas na sociedade.

Como gramática desses conflitos, ou seja, as formas de embates mais recorrentes e o que se destaca na ação social e no enfrentamento dos temas no cotidiano, são vistos padrões entre as comunidades de marca. As publicidades que geraram mais conflitos tematizam a visibilidade lésbica, combatida pela religião em uma moral cristã que reforça o gênero como sexo biológico criado por Deus; as queimadas na região amazônica, contestadas por argumentos políticos, e a minimização da contingência; a diversidade, em especial com a representação negra, criticada como forma de direcionar apenas a um grupo, e não a todos, além da própria desumanização e do preconceito; e a antecipação do Natal pela pandemia em uma esperança de final de ano, novamente combatida por argumentos religiosos. Portanto, para cada conjunto de causas defendidas, parece ser estabelecidos argumentos contrários, o que ajuda a fornecer possibilidades de resposta e direcionamento dessa reação, tanto para marcas quanto para consumidores. Além disso, ainda pode ser útil na construção de comunicação pública na promoção de igualdade e planejamento das premissas e dos argumentos utilizados nas campanhas. As publicidades identitárias relacionadas a LGBTs de forma genérica ou com um foco maior para os produtos já não são o foco de conflitos nas mídias sociais.

A abordagem teórica individualista contou como termo central a lacração, ou seja, a exposição com alta exposição midiática e, na percepção dos críticos à publicidade, baixa relevância. Frequentemente é associada à expressão de perda de ganhos financeiros por lacrar, sem explicar essa causalidade. Além de a publicidade se apropriar do termo para converter em reconhecimento do público, a explicação e avaliação da causalidade ocorre por um jovem, que relaciona sua área de atuação à explicação do termo e desconstrução do argumento com exemplos positivos de ganhos financeiros por empresas que atuam em causas.

O posicionamento contrário e de foco individualista mostra ser maior quanto mais exposição midiática tem o caso, como mostra o exemplo do influenciador Thammy Miranda. Somam-se à lacração, a defesa de que é a opinião do interlocutor e, portanto, está no seu direito de liberdade de expressão, mesmo que o argumento esteja associado a xingamentos e outras ofensas. A reação expõe os enunciadores como limitados por não entenderem o que é liberdade de expressão, mas também não há um esforço para a explicação. Ainda configuram as expressões individualistas, a tentativa de reduzir o outro pelo ressentimento, em que o pecado é retomado, e a negação da necessidade da publicidade também, na visão de quem não integrada os grupos inseridos na comunicação.

Nota-se que uma visão positiva do individualismo quase não aparece na valorização das qualidades e decisões favoráveis ao sujeito, com sua responsabilização e uma prática da moralidade no cotidiano. Como aponta a própria autora (Rand, 2011), fugir ao debate não racionaliza a moral nas práticas objetivas, o que reforça apenas um aspecto negativo no contato com a publicidade de causa nessa posição. A própria crítica da autora sobre a valorização ou desvalorização de características herdadas, ao invés das desenvolvidas, seria uma forma discursiva positiva de o individualismo ser expresso.

As enunciações que discordam das causas e solicitam para focar apenas um grupo homogêneo de consumidores convergem ao pensamento de que instituições não devem garantir segurança, sucesso e sobrevivência às custas de outros grupos. Justificam como se o auxílio a um grupo fosse minimizar os direitos de outros, ou mesmo expressando a simples manutenção de hegemonias. Por outro lado, não se vê dominação dos grupos representados na publicidade de causa, ao contrário, recusam-se a ocupar o papel de ressentidos ao questionar a posição colocada por seus interagentes que acreditam não ser necessário o posicionamento em causas.

Muitos são os pesquisadores que alertam para as armadilhas da proposta de objetivismo, destacando a visão simplista de economia, o desprezo pela assistência social e o individualismo excessivo em detrimento do bem-estar de comunidades. No livro *Consequências do Capitalismo: produzindo descontentamento e resistência*, por exemplo, Chomsky e Waterstone (2022) expressam alguns dos impactos ao pensar o individualismo atrelado à economia, como ideal de vida.

Além disso, o racismo reduzido apenas à supervalorização de fatores biológicos diverge de fatores sociais discrepantes reproduzidos durante anos, manifestados justamente por condições biológicas, como a cor da pele, levadas a outras dimensões da vida social. Mas, em um ambiente de rápidas respostas, de turbulência e de instabilidade, de hedonismo a todo custo e de discussão não aprofundada, o egoísmo como virtude mostra-se como uma resposta igualmente célere e sedutora. Ignorar ou subjugar essas ideias, com potencial de crescimento na atualidade, é imprudente. Os próprios dados das interações com a publicidade de causa mostraram isso.

Para a justificação, diferentes posições foram vistas nos comentários, evidenciando a pluralidade de *cités*. Poucos foram os momentos de estranheza dessas diferentes grandezas. Em um desses momentos, coloca-se justamente a reação de que não é estanho falar de produto em uma comunidade de marca, ainda que a produção publicitária destaque uma causa. Portanto, mesmo quando há o estranhamento de diferentes *cités*, essa situação é rapidamente colocada à prova pelo objetivo comercial de uma marca, e os diferentes contextos voltam a coexistir na comunidade.

Tanto os jovens quanto os demais membros das comunidades compreendem a marca prioritariamente como constituinte de uma *cité* mercantil ou de projetos, podendo auxiliar em outras questões, mas não como obrigatoriedade ou objetivo maior. Cabe ressaltar que as repostas da marca na mídia social reforçam essa questão, pois apresentam posicionamentos industriais de qualidade ou mercantis de trocas, com exceção da Natura, que traça contribuições cívicas. Essa característica reforça a *cité* projetos como uma manutenção de crise na qual a marca pouco se manifesta e realiza um entra e sai para beneficiar seu escopo central.

A *cité* doméstica, ainda que mais presente em não jovens com perfis conservadores, também está no cotidiano juvenil, desenvolvendo argumentos religiosos; principalmente na marca Natura, mas também para Burger King, duas representantes que envolvem o consumo familiar, o que não ocorre na Adidas. A *cité* opinião, além de compreender o valor semiótico da marca e seu transbordamento numa ecologia publicitária (Perez, 2020), chama – por meio de marcações e citação do perfil – celebridades e influenciadores digitais, tanto representados nas produções como ligados aos temas tratados. Acionarem também marcas concorrentes em um choque de signos e semioses, em que a música popular tem destaque.

Já na *cité* cívica, atrelada às causas, se vê a crítica à homofobia, ao racismo e ao machismo prioritariamente, mas também a juventude como espírito do tempo em que preconceito é algo antigo, anacrônico e, por não combinar com os valores da comunidade de marca, pressiona a saída dos membros com essa prática. Como avaliação final da *cité* cívica, está a politização em defesa ou ataque do governo federal.

Em acordo com a teoria, quanto menor a justificação, também é menor a intersubjetividade e a possibilidade de processar o argumento do outro e ter uma comunicação de mudança efetiva de si, independentemente da concordância. Como propõe a teoria, o reconhecimento é o início da discussão, e não seu final, passando por como as questões são manuseadas pelos interagentes em suas capacidades comunicativas e hierarquias de atores e dispositivos.

Os grupos visibilizados pelas publicidades, como *gays*, lésbicas, negros e mulheres, são ainda contestados e colocados como não hegemônicos em relação ao poder e à sua naturalização. Há uma luta, justificada por meio das mestiçagens do país e que, aos poucos, foge do essencialismo. Isto é, dos papéis ocupados por negros, por exemplo, apenas para falar sobre temas raciais, ou *gays* e lésbicas, apenas opinando sobre orientação sexual.

Tanto defensores quanto contestadores da publicidade de causa utilizam as redes para mobilizar bases de apoio com estética própria, em que se verifica tanto ataques e alterações de imagens do lado contestatório, quanto audiovisuais curtos de iniciativa independente para as duas perspectivas e uma articulação também institucional para a contestação, quando considerada a politização.

Na perspectiva da teoria do reconhecimento as diferentes regiões do Brasil tornam-se uma reivindicação por culturas distintas de São Paulo e do Rio de Janeiro, representadas nas publicidades. O orgulho e a percepção de representatividade pelos temas tratados e a inclusão de diversidade nos anúncios são formas de reconhecimento pela visibilidade e pelo respeito do outro, incluindo suas competências sociais. Por outro lado, ofensas em meio à negação da causa são articuladas, mas com respostas igualmente incisivas, que reforçam já poder qualificar como criminosas as falas preconceituosas, expondo a importância dos avanços públicos.

Para os interlocutores mais novos, em geral menores de idade, que defendem os posicionamentos em causa, há uma tentativa de silenciamento, engendrando o poder citado por Rocha e Pereira (2009), para deslocar as juventudes da discussão pública. O que se evidencia é a discussão da dimensão do direito no reconhecimento sendo tratada superficialmente quando se inicia um conflito mediado pela publicidade de causa. Logo depois, essa condição passa para a solidariedade na defesa não mais de ter os direitos evocados, mas ter as competências sociais reconhecidas, geralmente auxiliada por outros interagentes que compartilham dos mesmos valores.

A maioria das publicidades esboça argumentos análogos aos remédios afirmativos, propostos por Fraser (2001a), mais do que uma mudança completa da estrutura existente. No entanto, na visão de Honneth (2017), quanto mais fortes forem as identidades, maiores serão as possibilidades de transformação do contexto identificado como essencial à qualidade de vida. A relação entre identidade e atuação social fica clara nas discussões dos anúncios, possibilitado a diversidade de expressões.

Interessante notar que a validação da comunicação ocorre nas três categorias expostas por Honneth (2017). Isto é, há uma conferência ou refutação sobre a veracidade de informações, tanto publicitárias quanto das contestatórias à causa, seja na procura e indicação de outras referências, seja na justificação direta para desestabilizar o argumento do outro; há uma correção normativa dentro da comunidade com a tentativa de pressionar a saída de quem não compartilha dos valores, assim como exposição de leis que reforçam o convívio social; há uma autenticidade e sinceridade, pois os relatos envolvem histórias de vida ou a própria inclusão dos sujeitos nos grupos identitários e, assim, excluem a percepção da falta de necessidade da publicidade daqueles que não pertencem aos grupos tratados.

5.4.1 A Vigilância do Consumidor

A influência de amigos e família foi bastante marcada nas duas primeiras fases, e o consumidor não se apresenta como alienado ao processo de compra e aos vínculos com a marca, percebendo as ações da empresa de uma forma crítica e desenvolvendo competências comunicacionais para as interações em ambiente digital. Percepção de oligopólios e de algoritmos de visibilidade das mídias sociais, além da vigilância da marca e dos exemplos negativos ligados à politização, são camadas comunicacionais dos jovens consumidores. A vivência no ambiente digital mistura o entretenimento, a pesquisa, a produção de conteúdo e a interação com conhecidos e desconhecidos, em que a linguagem técnica é apropriada pelos usuários, incluindo as relações comerciais e de causa, como os termos *queerbaiting*, *pink money*, boicote e a ironia somada às imagens e aos memes.

Oportunismo da marca em relação ao uso da publicidade de causa, o início de ações por dentro da empresa e a confiança em marcas menores e locais foram algumas preocupações demonstradas pelos jovens pesquisados. No entanto, o movimento para ação social, isto é, de dar um sentido amplificado às práticas mercadológicas e sociais, é tão diversificado quanto a caracterização das juventudes.

Verifica-se posições diferentes dos jovens frente à atuação em causas e na relação de um consumo consciente e apoio à publicidade de causa. No primeiro, dividem-se em três relações principais: aqueles que se dedicam a causas diretamente em projetos sociais mais robustos ou por meio de assistencialismo, em sua maioria pertencentes a grupos que demandam essas alterações, mas não apenas; forças dormentes, como expressado por Machado (2007), em que circulam e auxiliam causas, mas não se envolvem diretamente, tendo uma reação digital sem maior envolvimento; e aqueles que não se envolvem em causas.

A institucionalização habermasiana não atinge o ponto de uma comunicação pública e representação democrática, mas demonstra a fissura de bolhas nas redes, uma vez que as marcas chegam a outros públicos. As interações mostram esse desconforto por ter contato com o que não faz parte do seu contexto, mesmo que anunciem a volta à bolha após essa experiência. Nesse sentido, pode ser um ponto para refletir sobre livre mercado e controle estatal, pensando uma terceira esfera de representação civil, que parece não ocorrer sem que se tenha mobilização popular.

A institucionalidade é vista em movimentos pontuais, como o *Sleeping Giants,* para o monitoramento dos dois setores, sendo uma ponte para que consumidores e cidadão demonstrem insatisfação em linguagem midiática, facilitando a vigilância por meio de intermediários. Nesse sentido, a crítica realizada por Safatle (2018) à teoria do reconhecimento, com a inclusão de uma ação política possível por meio da identidade coletiva e não individual, evidencia, na prática juvenil mediada pelo consumo e pela publicidade, justamente o contrário: uma ação individual, com pouca expressão política, mas que se reúne em agrupamentos não duradouros para travar uma luta ainda anterior da hegemonia dos sentidos, um conflito semiótico que permita as várias expressões de si. Portanto, segundo o que conduz o autor, a possibilidade de maior expressão política pode estar na construção de agrupamentos mais perenes que compartilhem uma identidade coletiva.

Ainda que longe de ser uma discussão aprofundada dos problemas notados no Brasil, a circulação de temas por marcas promove o debate e explicita os julgamentos em um retrato do momento, atores e redes envolvidos. Mais do que apenas um reconhecimento midiático ou grupos ativistas, na derivação de Campanella (2019), vê-se a coexistência de reconhecimento tradicional e midiático por ação do indivíduo e de grupos que não estão mobilizados institucionalmente na defesa das causas, mas numa prática cotidiana que reflete o cansaço de ressentir, de se calar, ou ter competências e direitos não reconhecidos, agrupando-se de forma orgânica. Nesse sentido, a referência de microculturas juvenis atende às relações de laços fracos e literacia midiática mobilizada para se fazer ouvido socialmente.

As possibilidades do consumo cidadão de Canclini (2001) parecem estar mais próximas, tendo acesso à diversidade de produtos e representatividades, mas também à informação e à pesquisa em rede, que permita a refutação de argumentos publicitários, como vimos nas práticas analisadas. Contudo, o terceiro ponto proposto pelo autor, de participação da sociedade nas decisões sobre consumo, ainda é uma lacuna que se faz mais pela reação ao boicote e outras medidas reativas do consumidor, do que de forma natural, como nos mostram as reclamações sobre atendimento das marcas.

A resistência que se vê, embora não alarde transformações estruturais, permite trocas em relações intersubjetivas. A redistribuição é minimizada como já esperado na análise de consumo e da publicidade, mas que se vê um ponto de atenção ao delegar para o segundo setor a responsabilidade social, pois os próprios consumidores utilizam o poder de consumo como análogo ao poder de fala.

Pela análise da distinção, no entanto, o popular está presente na produção publicitária, incluindo grupos periféricos, mas é nesse sentido também que se questiona até que medida esse público tem acesso aos produtos industriais com base nas matrizes populares, colocando novamente a importância de uma ação pública de redistribuição, e não apenas privada. Assim, é preciso ter cuidado com a *privatização da moral* na seleção e escolha de temas que fiquem circunscritos aos interesses apenas do segundo setor.

Embora as organizações privadas ajudem a discutir os temas tratados, não gera ação contra o primeiro setor, a não ser sua ofensa, sem movimento efetivo de cobrança, tampouco, como se viu em dois dos três casos, a organização entra em discussão com os interagentes para sustentar sua posição sobre causas. Parte dessa urgência, se o cidadão consumidor desejar estabelecer uma transformação, acessar competências tecnológicas que permitam trazer à discussão o primeiro setor e compreender que a ampliação da circulação ou o acesso fora das bolhas é apenas uma etapa.

Pode-se considerar a publicidade também como um objeto transicional nas concepções expostas por Honneth (2013), como uma ponte entre o indivíduo e o grupo, servindo à experimentação de argumentos para a juventude, que, além de pensar seus próprios dados entre o público e o privado, também pode pensar a relação com o outro, como coloca Boyd (2014), levando em conta as contingências. Entre elas, a mudança na pandemia ficou explícita nas falas juvenis, que viram tanto movimentações das marcas, quanto de cidadãos e consumidores, novamente sem uma resposta à inação pública.

Nas premissas weberianas de ação social, verifica-se a ação por valores, priorizando aspectos individuais relacionados ao consumo, mas também às causas, como fator inicial para depois chegar a uma racionalização para fins, em que se julgam as consequências para os envolvidos. Esse movimento ainda luta com uma ação social tradicional, percebida como antiquada, mas que reverbera em diferentes juventudes e, principalmente, em pessoas mais velhas. Dessa forma, uma vida boa e o sentido tanto das práticas de consumo quanto de cidadania não se restringem à sobrevivência, mas à livre expressão da identidade, da condição financeira e de outros modos de vida, que permitam sustentar o convívio social em meio às incertezas.

Nas condições atuais de resistência, no embate entre a rejeição do que é colocado por adultos mais velhos e uma nova forma de vida social (Foracchi, 2018), a liberdade individual e a aceitação da diversidade parecem ser pautas que ainda crescerão, tendo nos usos das redes ação contestatória das barreiras ainda existentes para avançar. Em um momento em que a digitalização da vida e as fronteiras entre virtual e real são tênues, a discussão dessas questões em ambiente digital tende a ampliar seus resultados em questões práticas.

Quando questionados sobre o papel do Estado sobre as causas encontradas nas comunidades de marca, os jovens entendem como fundamentais os avanços legais e normativos para sustentar melhorias no desenvolvimento social. Contudo, também evocam desalento e sensação de causa perdida ao tentar envolver o primeiro setor, sendo essa lacuna um dos fatores para a busca de alternativas em organizações privadas. Mas é relevante pontuar que essa não é a única defesa nessa estratégia, também verificada como forma de desestabilizar a relação mercado-Estado, que são interdependentes, e, dessa forma, utilizar a própria lógica mercadológica do Estado e sua isenção às demandas democráticas como influência para a vida cotidiana. É uma forma de fazer parte de um sistema de referência moral, como colocam Sobottka e Saavedra (2012), agora midiatizado nas redes digitais que circulam sentidos, auxiliando no reforço de diferentes identidades e modos de vida.

Não se identificou, no ambiente digital, táticas de circulação mais criativas para as publicidades de causa que envolvessem o tema tratado, nem pelas marcas, nem por consumidores. Alguns desafios são propostos pela marca Burger King, mas ainda com foco em promoções do produto e de forma pontual. O que se vê é o consumo midiatizado, enaltecendo os produtos, situações ou relações englobando as marcas para destaque midiático do consumidor em mídias sociais. Os ritos de passagem nos circuitos digitais marcam a própria existência antes invisibilizada, além da diversidade, mas pautadas pela contemplação da ética estetizada.

5.5 RECORRÊNCIA EM MEIO À BRICOLAGEM

Em meio à bricolagem de fontes, teorias e métodos, as recorrências vistas anteriormente são sintetizadas a seguir. Destacam-se também repercussões para a publicidade contemporânea, retomando exemplos de marcas e suas articulações entre cotidiano, consumo e ação social.

Os três quadros apresentam um resumo de fácil entendimento, ainda que sejam apenas reduções das ricas interações estabelecidas com a publicidade de causa e a partir delas.

O Quadro 4 aborda as três teorias e como foram manifestadas de forma empírica. Ou seja, não como molde para os autores, mas como pluralidade de pensamentos, incluindo os jovens que se dividem entre as três propostas. A materialidade comunicacional nos auxilia na busca de elementos da interação entre atores e redes e as suas derivações nas interpretações possíveis a partir desses elementos puramente comunicacionais.

Quadro 4 – Caracterização das Teorias no Ambiente de Comunidade de Marcas

Expressão Teórica	Materialidade Comunicacional	Derivações
Reconhecimento	Identificação com o tema tratado e como usam para reforço da subjetividade. Tensionamento com ataques e desqualificação do grupo ou indivíduo.	Maior concentração em questões identitárias de gênero, de orientação sexual e de cor, além de modos de vida vegano e sustentabilidade. Disputas apresentadas com tensionamento entre indivíduos. Quem defende a publicidade explora a importância de tratar o tema publicamente. Necessidade de reconhecer outras regiões do Brasil que não Rio de Janeiro e São Paulo e outros biomas que não o amazônico. Cobrança da marca por ações de desrespeito ou falta de autenticidade, expondo informações a partir de casos ocorridos. Exaltação de orgulho após identificação com a publicidade ou marca e fetiche sobre o produto. Indicação de crimes na interação, como homofobia e racismo, ou apontamento de argumentos moralmente não aceitáveis na discussão, como os machistas. Mencionam a educação como forma de melhorar a aceitação dos temas tratados. Ataque e defesa da marca, repecutindo em valorização ou desvalorização de monetização. Brasilidade como fator de reconhecimento.

Expressão Teórica	Materialidade Comunicacional	Derivações
Justificação	Como defendem o posicionamento frente à causa e sua publicidade. Se não há argumentação, não há justificação.	A publicidade de causa não leva necessariamente à discussão do tema. Muitas vezes há o ataque ou a defesa da causa, sem explorar argumentos que sustentem o posicionamento. Identificação da organização como interação principalmente comercial e de produção de bens, incluindo novamente o fetiche sobre o produto mesmo que não ocorra por reconhecimento (cité industrial e mercantil). Aceitação de diferentes formas de argumento e dos projetos da organização vistos como temporários (cité projetos). A cité doméstica é acionada por meio da moral religiosa, predominantemente cristã, no ambate da ironia com datas religiosas ou no combate à diversidade de orientação sexual. Cobrança de ações de promoção da saúde. Há o tensinamento entre justificações de preservação de tradição e a visão progressista. A importância das causas é acionada em menor magnitude, especialmente em temas não identitários como saúde (cité cívica), assim como a politização também ocorre em temas como diversidade e meio ambiente. Ameaça de boicote e cancelamento, além do acionamento de artistas e influenciadores denotam a cité opinião.

Expressão Teórica	Materialidade Comunicacional	Derivações
Individualismo	Defesa da prática individual, da liberdade e do não tratamento de questões coletivas por empresas.	Opinião própria e liberdade de expressão são ressaltadas como garantias às maniferstações contrárias à publicidade, à marca, aos indivíduos ou às causas. Tentativa de silenciamento da marca por minimizar o impacto de ações de publicidade de causa e o propósito de organizações do segundo setor. Tentativa de alocar a organização apenas no lucro fianceiro. Utilização de perfis falsos ou temporários para realização de críticas. Reprodução de termos ou frases para não aprofundar a discussão, sem explicação de relação (lacração, mimimi, minha opinião). Complementar a essa postura está a fala de que a publicidade deve ser genérica e não para um grupo de consumidores, caso ampliado quando o tema é diversidade racial. A expressão "sem necessidade" é aplicada à publicidade de orientação sexual e o pecado é utilizado como possível punição de empresas e indivíduos por defenderem essas causas.

Fonte: elaborado pelo autor

Em outras palavras, o reconhecimento trata da percepção do sujeito sobre as representações dispostas na publicidade e o que se faz com elas, quais suas qualidades e os dispositivos acionados nas configurações sociais atuantes naquele tempo e espaço. A justificação nos mostra como são pensadas as formações discursivas para avançar no entendimento de legitimação das causas, se há um esforço de convencimento na construção de argumentos, se são elaborados os textos para se adequar aos diferentes interlocutores, se há discussão ou não, se há apenas a exaltação de um mesmo ponto de vista. Por fim, o individualismo nos traz uma visão contemporânea da força que tem se dado à liberdade como efeito da modernidade e suas pós-estruturas, do foco no essencialismo e na dedicação às forças individuais como a maior potência social, ainda mais quando falamos em unidades como marcas, mobilizadoras de coletividade por meio de expressões de individualidade.

Ao falar de individualismo e de um possível ressentimento de quem foi desqualificado, cabe recordar que o próprio Adorno utiliza o ressentimento como explicação em seus estudos. Mas essa relação poderia ser estabelecida de forma atualizada, em sua complexidade social e visibilidade da reivindicação do sujeito por meio das marcas?

Esse exercício parece ser profícuo a partir dos dados levantados. Seria a empresa uma reguladora da mesmice pela repetição do ressentimento, ou um dispositivo para os sujeitos expressarem suas outras formas de ser e estar em sociedade? Parece que o ressentimento, pelo que vimos nos resultados, não está com aquele que sofre a degradação, mas, sim, com quem ofende a integridade do outro. De alguma forma, este se sente diminuído pela mensagem publicitária, por não ser para todos, apenas para um grupo; sendo que até então era só para ele, o indivíduo pertencente ao padrão publicitário (em geral, branco, hétero, cisgênero). Assistimos aos insultados não aceitando o silenciamento e defendendo a necessidade da inclusão dos discursos identitários na comunicação.

A ideia da causa, portanto, parece habitar o terreno do possível por meio da visibilidade midiática das marcas. O conflito decorrente, para estabilizar as relações de reconhecimento, pode vir a fomentar o desenvolvimento social e ajudar a avançar nas discussões coletivas sobre temas que alteram a qualidade de vida de comunidades. Obviamente a mudança não depende apenas do ator marca, mas, principalmente, dos cidadãos e de suas capacidades em mobilizar a midiatização do consumo para mais essa possibilidade na circulação da causa, incluindo a mobilização do primeiro setor, não como única vertente, mas como mais uma opção.

Ainda como recorrência na bricolagem, vemos a polarização entre diferentes situações do cotidiano sendo utilizada como facilitadora de respostas. Embora essas dualidades alcancem um extremo reducionismo e não auxiliem no aprofundamento da discussão das causas, também nos ajudam a entender como podemos avanças e quais barreiras devemos desestabilizar, se quisermos discutir os temas propostos. Mas também devemos recordar que a publicidade atua por meio de simplificações, que tem um tempo e espaço limitados, que a discussão não se aprofundará aos níveis necessários para temas tão complexos, enquanto ainda se busca entregar no endereço correto, pagar da forma adequada, ter produtos sem defeitos, e assim por diante. Por isso, talvez seja mais interessante saber atuar em situações desencadeadas pelas publicidades, posicionando a marca na interação com essas dualidades.

Quadro 5 – Polarização nas Interações a partir da Publicidade de Causa

Velho	Novo
Nós	Eles
Moral Religiosa	Diversidade de Orientação Sexual
Dinheiro para o Consumo	Livre Opinião
Ataque / Defesa	Profundidade de Debate
Oportunismo	Autenticidade
Concorrentes	Marcas Consumidas

Fonte: elaborado pelo autor

Não que eu queira transformar a leitura em um livro-jogo, mas as interações separadas em cada uma das marcas na netnografia podem ajudar a retomar esses pontos. Basta recordarmos que a Natura foi a única a responder questionamentos sobre as causas de sua publicidade, defendendo o discurso publicitário e aprofundando a discussão, para compreendermos como é importante atuar sobre as dualidades. Novamente os dados nos mostram como a riqueza hoje não está na produção, nem no consumo, mas na mediação entre os dois. Portanto, analisar só mensagem, ou só processo de recepção, torna a pesquisa em comunicação cada vez menos próxima da realidade de circulação atual e das possibilidades de interação.

Um dos casos que evidencia a polarização e a força da interação nessa pesquisa é a troca entre comunidades, aproximando Adidas da comunidade de Beyoncé ao tratar de diversidade. Novamente não é a intenção transformar em um livro-jogo, mas a retomada desse anúncio deixará mais evidente a questão. Assim, envolvem uma rede complexa, que inclui a discussão de futebol, valores antirracistas, o que se espera de celebridades, defesa de pessoas com as quais nunca se relacionou intimamente e, principalmente, a pluralidade de corpos. A moda e o vestuário somem na discussão como objeto funcionalista. A função operada é de dispositivo de reconhecimento, de mídia de si e da causa, a partir do produto.

O quadro a seguir resume algumas ocorrências das interações. Assim como as demais representações, essas ocorrências estão resumidas, e a pesquisa traz outros vários episódios. Mas os elementos dispostos aqui nos auxiliam a seguir o farelo de pão no meio da floresta e tatear as mediações.

Quadro 6 – Mediação da Publicidade de Causa entre Jovens e Marcas

Ocorrência	Interação e Tensionamento	Exemplo de Fluxo de Comunicação	Circulação
Vigilância do Consumidor	Cobrança de respostas da organização, solicitação de pautas, conhecimento de fatos envolvendo a marca, pesquisa sobre as práticas marcárias, defesa de autenticidade, lembrança de exemplos negativos, ironia e não aceitação da proposta comercial, especialização dos termos utilizados pelo consumidor (greenwashing, pink money, queerbaiting...)	"BK, já fui em algumas unidades e os funcionários não usam luva" (Ações na pandemia) "Até quando vão usar trabalho forçado de mulçumanos uigures para fornecer algodão?" (Ready for Sport) "Legal o discurso. Mas me corrija se eu estiver errado: o board de vcs eh formado por quatro homens brancos, certo? https://ri.naturaeco.com/en/corporate-governance/board-of-directors/" (Violência Feminina)	Sites da empresa, YouTube, notícias, experiência própria do consumidor, registro do consumidor na interação com o produto ou serviço, influenciadores e celebridades.
Politização	Tematizar política nas publicidades de causa, priorizando a referência institucional.	"Agora que os bolsomiunius dao um nó na inveja! Linda propaganda! Sensacional!" (Natura Essencial – Negra Li) "Se rolar impeachment, 2021 será mais fácil de engolir com certeza." (Retrospectiva 2020)	Hashtags, YouTube, uso de símbolos de fácil identificação, nomeação de apoiadores políticos com apelidos, biografia dos perfis.

Ocorrência	Interação e Tensionamento	Exemplo de Fluxo de Comunicação	Circulação
Moral Religiosa	Utilização de argumentos religiosos para contestar ações em causas, conduzindo a uma percepção de conduta supostamente correta ou incorreta. Referência a dogmas e trata do privado como questão coletiva direcionada pela religião. O pecado é acionado como algo a ser combatido.	"Deus condena, pq ele criou macho e fêmea, Adão e Eva fora disso é pecado abominação aos olhos do Senhor." (Visibilidade Lésbica) "Fim da família e ainda querem fazer com que Deus e a bilbia participe Deus criou homem e mulher não tem terceiro sexo mesmo porque sem esperma e sem útero e coisa do homem. 😵🙏🙏🙏🙏😶" (Natura Essencial – Negra Li)	Biografia dos perfis, perfis anônimos, aglutinação da família e da tradição junto à religião.
Comentaristas Publicitários	Exaltação ou repúdio da dimensão criativa da mensagem publicitária. Identificação da linguagem como algo diferencial, que se destaca do padrão de forma positiva ou negativa.	"Propaganda ruim da porra 🤮🤮🤮🤮" (Verão em Casa) "Publicidade saindo fora da caixa. Perfeito 👏👏" (Sanduíche 2020) "@_____ mano… Olha essa propaganda! Marketing do @burgerkingbrasil é de Fu**** com a concorrência!" (Comida de verdade)	Reação na própria publicação da marca, com marcações de amigos e do perfil da marca ou concorrentes.
Conflito de Demandas	Indignação do consumidor por ter seus preceitos comerciais básicos ainda não atendidos, enquanto a organização segue para o atendimento de demandas mais complexas.	"Adidas querendo ser politicamente correta e nem entrega seus pedidos!!! Tô parando com vcs!!!" (Loveunites) "Lindo video, pena que não entregam os produtos e o atendimento ao consumidor é um LIXO!!!! Ninguém responde…" (Ready for Sport) "O comercial é na "comunidade" já o preço é de burguesia 😂" (NMD Passinho)	Reação na própria publicação da marca, expondo falhas na relação com o consumidor e cobrança das questões básicas de consumo. Além de recorrer aos canais digitais da marca, também denunciam em palaformas espcíficas como Reclame Aqui ou Consumidor.gov.

Ocorrência	Interação e Tensionamento	Exemplo de Fluxo de Comunicação	Circulação
Discussão da Causa	Profundidade da discussão de causas com outros membros da comunidade ou com a própria marca, em que argumentos contrários e a favor são elencados. Também há explicação em múltiplas mensagens que se desenvolvem, geralmente, com a participação de mais do que dois interlocutores	"@MO, comentário de quem não sabe o que racismo estrutural. Sugiro que procure no YouTube o vídeo: Racismo estrutural AD Junior, do @AR . Será bastante agregador." (Mulheres Negras) "@SH sua piada machista e homofóbica não tem graça, o ano é 2020, pfv saia da infantilidade ☺" (Outubro Rosa) "Aparece um preto sendo o modelo da marca não tem um q n fale que é só pra "lacrar". Não vem com esse papinho de "todos somos iguais" pq branco deixa isso explicitamente que não. Se tu não sabe Beyoncé já salvou várias vidas só pelas músicas dela e falando pra não desistirmos. Agr tu que rebaixar uma mulher dessas pra fala que esse cara é melhor?" (Coleção Ivy Park) "@_____ prefiro ver como: Uma marca reconhecida, dando reconhecimento para pessoas ignoradas pela sociedade! 🙆" (Visibilidade Lésbica)	Links de outras referências, convocação de influenciadores e celebridades, menção da marca, YouTube, criação de hashtags.

Fonte: elaborado pelo autor

Dos vetores de publicidade híbrida (capacidade de persuasão, entretenimento, interação e compartilhamento) mencionados por Covaleski (2010), vemos que a interação e o compartilhamento, potências ligadas ao interagente, também ocorrem em sua vertente contestatória, de tensão entre comunidades. Exemplo disso é a campanha de visibilidade lésbica da Natura, sendo circulada tempos após sua produção de Dia dos Pais, com Thammy Gretchen, colocando em discussão grupos divergentes.

Adiciono aqui ainda duas outras características do consumo publicitário na interação com publicidade de causa e o uso para posicionamento do sujeito, muitas vezes ligado ao já tratado reconhecimento midiático: o uso de *affordances* de multicanais e a articulação de competências da cibercultura para a circulação. São especialidades dos vetores indicados na publicidade híbrida e que podem gerar repercussão e novas criações por meio do conteúdo de marca. A primeira, ao selecionar canais em que o conteúdo pode ser aprofundado, ou mais tensionado, ou flexível à responsabilização, ou qualquer outro objetivo do consumidor. As diferentes inserções, geralmente de conteúdo audiovisual, seguem um objetivo pretendido, visto na pesquisa por meio das *hashtags* e dos vídeos em outras mídias que não o Instagram. A segunda está presente na edição ou criação de imagens, na forma como apresenta as palavras-chave, convida outros seguidores e grupos a participarem da discussão.

A politização, ainda que pouco presente nos casos analisados, não deve ser desconsiderada. Com a crescente polarização e busca de soluções fáceis para problemas complexos, as rupturas nos discursos e nas práticas organizacionais também ficam evidentes. Os consumidores começam a cobrar posições políticas institucionais das marcas ou forçar assuntos mais identificados com um posicionamento político do que outro. Os casos de New Balances, queimados por serem ligados ao partido Republicano nos EUA, e o produto *Pecan Resist* da Ben & Jerry's são exemplos de como bens podem estar associados a questões políticas, direta ou indiretamente.

A partir dos resultados, algumas perguntas são provocadas pelo mergulho embriagado das comunidades digitais de marca e da publicidade de causa. Democracia e mercado andam juntos? É possível uma democracia melhor sem o explícito apoio do segundo setor hoje? Como o apoio pode afastar-se da sedução da privatização da moral e abrir o campo para uma discussão pública? Essas são questões ligadas ao tensionamento das mediações de institucionalidade e socialidade da publicidade de causa. É preciso pensar esse futuro e a responsabilidade de quem possui poder e presença ampla na sociedade. Empresas produtoras e empresas de mídia amplificam discursos relevantes para construirmos nossas realidades, e elas podem estar relacionadas a/à: gênero, sustentabilidade, orientação sexual, antirracismo e outros temas que transbordam a relação comercial.

Por isso, é relevante reforçar um caminho para atuar com comunicação e causas no cenário contemporâneo. Avaliar as comunidades e suas demandas de temas, conhecer o que a empresa já fez ou pode fazer de dentro para fora, verificar se o negócio central pode ser útil, acionar a comunicação e administrar discurso e formato e, finalmente, avaliar os resultados, parece um caminho possível base-topo.

A bricolagem pode abrir resistência aos que acreditam ter nessa perspectiva uma teoria puramente social. Essa proposta não é apenas social, embora falar de causa sem essa base pareça improdutivo. Mas a sugestão trabalhada aqui abre possibilidades para comunicação. A combinação de diferentes métodos triangula o que se fala que faz, com o comportamento efetivo para alcançar a interação.

Embora a linguagem seja importante para o objeto comunicacional, o potencial hoje não pode estar apenas na mensagem; a linguagem da interação é a potência, não a mensagem do campo produtivo; o que se faz, o que se percebe como. A marca é mídia não só pela linguagem, mas por sua importância cultural e pela tensão entre interagentes, isto é, pelo que se faz em meio à linguagem. Aos que anseiam uma abordagem nesse sentido, também podem aventurar-se na mediação entre produção e consumo e abordar de diferentes formas: análise do discurso, semiótica, conteúdo, entre outras possibilidades. A comunicação está lá, mas é preciso conseguir acesso a ela primeiro e depois enfrentá-la para só então escolher o método interpretativista. Enfim... não é uma questão de escolher o objeto por conta das técnicas que se domina, mas, sim, ir aonde o caldeirão ferve, aonde acontece a interação. Existem significações produzidas na mediação entre produção e consumo, que não estão na mensagem, nem no consumo.

6

CONSIDERAÇÕES FINAIS

As contribuições teóricas, metodológicas e de gestão da comunicação apresentadas aqui registram um momento específico da sociedade brasileira e do contato dos atores juvenis com o universo do consumo e com o exercício da cidadania, expondo possibilidades de avanço nesse entendimento e referências para futuros estudos. Aqui também são delineadas as limitações da pesquisa e sugestões de estudos envolvendo os processos comunicacionais, na intersecção entre produção, consumo e cibercultura.

Verifica-se que a interação entre jovens e marcas é intensa, mas não ingênua, administrando o poder do consumidor em rede e as possibilidades de pesquisa sobre a marca (vigilância do consumidor), ao mesmo tempo que o desejo por produtos de forma ansiosa e fetichista estabelece a afirmação da própria identidade e de valores, não abstratos, mas traduzidos em comportamentos efetivos de empresas e de seus consumidores. A mediação da publicidade apresenta similaridade entre ações das organizações e suas comunidades, sugerindo agenciamento. No entanto, há manifestações criativas que configuram a utilização de dispositivos.

Essa apropriação criativa é vista em mensagens que misturam entretenimento e interações entre laços fortes e fracos de jovens, em que a publicidade é o ponto de partida para movimentos com o sentido de ação social. As diferentes manifestações vistas na netnografia reforçam a tese de que a comunicação marcária é utilizada como dispositivo de interação com outros membros, assim como para enunciar demandas prioritariamente identitárias e de sustentabilidade, ou defender seus posicionamentos com opiniões contrárias, ainda que o sentido comercial não seja esquecido nessas interações.

As diferentes expressões de conflitos expõem em menor grau a abordagem teórica de individualismo metodológico, ainda que presente no ambiente digital, desconsiderando ações de causas para marcas, expressando o rompimento de limites entre liberdade de expressão e direitos já definidos. O pecado é acionado como forma de limitar as expressões de sujeitos, o que geraria a promoção de ressentimento em uma visão niilista. No entanto, essa condição é combatida por diferentes argumentos pelos interagentes que se identificam com os temas das publicidades de causa. Os argumentos incluem o uso da própria religião, ao recordar o ensinamento de amor ao próximo, ressignificando as críticas por uma abordagem similar à de quem contesta. Mas também são vistos argumentos como o de liberdade individual e de naturalização da diversidade. Nessa perspectiva teórica, é diminuída sua vertente positiva de valorização das competências individuais, mantendo a contestação crítica, geralmente sem justificações, apenas negando a ação privada em demandas públicas.

O reconhecimento e a justificação aparecem com maior recorrência. Enquanto a primeira mostra a defesa em ataques, ou reação positiva por se sentir representado na publicidade, a segunda evidencia uma força de explicação. Essa elucidação inicialmente ignora a causa e se concentra em grandezas de troca comercial e ampliação dos contatos com a marca, mas também apresenta o tensionamento entre *cité* cívica e doméstica, expondo a tentativa de transposição das tradições, dos padrões e da religiosidade normativa.

Nesse sentido, cabe notar que o posicionamento publicitário negociado nos últimos anos possui maior aceitação pelos interagentes. Este é o caso das datas de varejo estabelecidas, como o Mês do Orgulho, em mensagens que focam produtos específicos com o símbolo do arco-íris. Diferentemente, as ações que estabelecem ruptura com as datas já propostas e promovem a interseccionalidade de temas como orientação sexual, gênero, diversidade de corpos e cor em uma mesma mensagem, ou ainda o reconhecimento de outras datas como a visibilidade lésbica, são alvo de maior contestação e, em contrapartida, de conflito entre diferentes grupos.

O cenário anterior reflete, portanto, a não aceitação apenas de um reconhecimento perverso (ser reconhecido somente como consumidor de produtos em uma data específica, e não em outras formas e outros modos de consumo e de vida), guiando a importância da marca como articuladora de novas conquistas. Isso contraria a visão de que a publicidade atua apenas com questões já aceitas pela sociedade, uma vez que a vigilância dos consumidores também age para que as pautas avancem.

Por outro lado, em uma visão diacrônica, evidencia com cautela as possibilidades de emancipação pela privatização da moral, que possui em seu cerne o objetivo de lucratividade, demonstrando como consequência o reforço de reconhecimento perverso, isto é, ser reconhecido apenas quando ocupa o papel que o mercado deseja. Por isso, a importância de as demandas surgirem de baixo para cima, em negociação com os atores. Nesse sentido, vemos que as publicidades não falam mais do homem com mais de 40 anos, ou de frustrações do homem, que levam a comportamentos agressivos. Os temas mudaram e não apenas porque a sociedade já se transformou. Ao contrário, o permanente conflito nas interações mostra-nos que os temas tratados ainda são sensíveis, o que reforça a tese de que a publicidade pode ser um dispositivo para ações sociais de melhoria da qualidade de vida e para o exercício da cidadania, ainda que não deva ser o único.

O mesmo cenário aponta que o reconhecimento é apenas o início para uma ação comunicativa. É preciso compreender as justificações que guiam os entraves existentes em determinados tempo e espaço, possibilitando ações dos diferentes setores da sociedade. Essa transformação é limitada pela atuação do segundo setor em seu objetivo financeiro, mas também pela individualização das relações no ambiente digital, que corroboram com o exposto por Safatle (2018), sobre a dimensão política ser acionada quando há agrupamentos fortes e duradouros.

Assim, o benefício da publicidade de causa parece estar mais na valorização das liberdades individuais, do que em uma possível apropriação dos discursos circulados por marcas para conduzir mudanças efetivas, contando com a participação do primeiro setor. Essa relação fica aparente ao verificar de que forma a redistribuição está presente nas interações com a publicidade de causa, defendendo apenas a fala de quem tem condições de consumo, comportamento visto nos próprios interagentes favoráveis às publicidades. As habilidades para aproveitar o potencial midiático das marcas e converter em benefícios às comunidades interessadas pelas causas serão um aprendizado necessário. Isso não quer dizer que a publicidade não contribua além de aspectos individuais, ao contrário, pois visibiliza temas que poderiam não contar com os espaços privilegiados do consumo em nossa sociedade; mas os usos e as apropriações dos discursos de causa para exercício da cidadania não devem ser restritos ao consumo.

A quantidade de dados e relações desrespeitosas também nos levam a pensar a regulação do espaço digital. Essa discussão tem sido feita, principalmente, na União Europeia, mas o Brasil também conta com avanços para garantir a segurança digital, principalmente guiada pelo Tribunal Superior Eleitoral, de dois em dois anos, em medidas urgentes durante eleições. No entanto, vemos projetos de lei parados para maior transparência e responsabilização de Big Techs, assim como a não participação dessas empresas nas consultas públicas de tramitação das leis. Enquanto isso, situações criminosas seguem gerando atenção e monetização para os envolvidos.

Outras possibilidades também foram observadas pela mediação da publicidade de causa, como relações comunais, reações emocionais de orgulho, surpresa e prazer, além da politização de uma vida cotidiana que gera reclamações sobre a atuação governamental, mas não mobiliza solicitações ao primeiro setor. Movimento parecido com a lembrança negativa de práticas marcárias, mas com baixa lembrança de ações positivas das marcas em causas.

A condição pandêmica, com a Covid-19, evidenciou esse panorama, em que há politização, reclamando da gestão governamental em meio à crise sanitária, mas com baixo resultado para mudanças efetivas. No entanto, a publicidade nesse sentido faz-se mais como apelo comercial, como é o caso de manter as vendas de consultoras, ou das lojas, bem como a prática de atividades físicas.

Como dois registros que derivam para uma esperança pública em meio à crise, estão o Natal da Natura, reforçando o apelo emocional dos abraços, e a superação por ocupar os espaços urbanos da Adidas em um retorno futuro às ruas. Mesmo essas duas ações não evidenciam medidas de chamamento, *advocacy,* ou influência para medidas públicas sanitárias. Essa tensão é vista como anseio dos consumidores e cidadãos nos embates do Natal Antecipado do Burger King, cobrando não o término do ano, mas ações que auxiliam a redução de mortes.

A atuação em causa está presente na invenção do cotidiano de alguns jovens, estudando sobre elas com o auxílio das instituições educacionais e mídias sociais. Principalmente pautas identitárias antirracista, de diversidade sexual e de gênero, assim como sustentabilidade em sua dimensão ambiental, aliadas às questões profissionais, são levadas para a mediação publicitária. Outros temas surgem da interação, como a percepção de oportunismo, dependendo da periodicidade e de ações anteriores da marca, o desempenho para a causa defendida como algo midiático, e não o resultado para o público assistido, além dos anseios para que as organizações iniciem medidas internas, antes de falar a outros públicos.

A produção publicitária privilegia a linguagem audiovisual em diferentes contatos com os consumidores, geralmente atrelados aos produtos. Nessa relação entre marca e causas, foram verificadas três abordagens:

1. **Produto-causa:** em que o foco majoritário está no consumo de produtos e, geralmente ao final do anúncio ou de maneira contextual, a causa surge, privilegiando um calendário tradicional de varejo.

2. **Causa-produto/marca:** em que a mensagem central está orientada ao tema de demanda pública, e o produto ou marca surge como defensor da causa, com sugestões de datas específicas e ações exclusivas dedicadas ao tema tratado.

3. **Abordagem híbrida:** em que se vê tanto alguns anúncios concentrados em produtos, quanto outros em causa, com sugestões de datas e ações específicas.

Como interpretantes das publicidades, estão a dualidade, a ruptura, a estranheza, a multiplicidade, a diversidade, a rapidez e a transformação ou metamorfose, que mostram o espírito do tempo atual, a adaptação e a velocidade como fatores de sobrevivência no mundo moderno. Soma--se a eles a mensagem a algo percebido como negativo ao convívio em sociedade, não sendo a publicidade uma ação preventiva, mas, sim, reativa para reestabelecer a condição de uma vida boa. Dessa forma, as publicidades acionam recursos simbólicos para destacar atores antes marginalizados.

As comunidades digitais de marca podem ser caracterizadas em seu contato com a publicidade de causa, como lugar de intensa interação, mas não necessariamente específica sobre os temas tratados, que ficam reduzidos a conflitos entre pequenos grupos. Nessa interação, além das categorias avaliadas por Wottrich (2019), de geração de tensionamento, coletividade, midiatização, orientação ao reconhecimento e tematizadora de gênero, **ainda se vê a polarização, a circulação expandida, o embate entre o novo e o velho, além da politização da vida cotidiana e a vigilância do consumidor por meio de competências da cibercultura.** A politização, no entanto, com reclamações sobre ações governamentais, não estabelece uma ação propositiva para o primeiro setor. A circulação mostra iniciativas independentes e institucionalizadas, junto da moral religiosa que atravessa a contestação de publicidades identitárias e sobre a pandemia.

Por fim, o modelo teórico apresentado está orientado à publicidade contemporânea e evidenciou aderência ao pragmatismo do campo. Ele age envolvendo as diferentes mediações dos setores sociais, dando centralidade aos objetos midiáticos, crescentes pela midiatização e sua influência cultural. É particularmente profícuo em contextos digitais com densidade de interações e dados, mas que necessitam de tratamentos de dados e análise de informações para a geração de conhecimento. Nesse sentido, ao invés de separar produção e consumo, atua na complementaridade entre ambos, com base no processo metodológico apresentado, em que os atores participam ativamente.

A proposição de três abordagens sociológicas que beneficiam as práticas concretas de atores e suas relações com o ambiente é outra contribuição teórica. Nesse sentido, vai além da exploração da publicidade como oportunista ou não, em uma projeção fantasiosa sobre objetivos empresariais, para se concentrar nos usos e nas apropriações do consumidor, na importância dada aos temas e em como a proposição publicitária se apresenta aos sentidos. Trata a publicidade como objeto de configuração cultural, não apenas um indício daquilo que já está estruturado, oferecendo um modelo de mediações consistente ao contexto atual. Contribui também na perspectiva de compreender a lógica midiática em rede, reestruturando tempo e espaço, em interações conflituosas e parcimoniosas que identificam formas de agir das marcas e dos consumidores.

Como contribuição metodológica, é exposto um avanço no sentido de integrar as lógicas de produção e consumo ao ambiente digital, sem atenuar os sujeitos, suas subjetivações, negociações e interações. Nesse sentido, o aporte teórico favorece as formas de interação no ambiente digital em uma gradação entre o individual e o coletivo, mas também com diferentes explicações da complexidade evidenciada nas práticas enunciativas dos atores.

Essa abordagem abre espaço para incursões empíricas em sintonia com o atual estágio de quantidade e complexidade de dados, tendo na Ciência da Informação, junto da Comunicação, um aporte para não permanecer na superfície do que chega ao consumidor, mas imergir à realidade digital da cibercultura. Para isso, a própria definição de publicidade de causa proposta aqui volta-se a uma comunidade de intérpretes, possibilitando conceituação mais próxima à prática publicitária e de marcas do que a dicotomia entre linguagem mercadológica e linguagem social, bem como suas consequências de publicização da marca.

O percurso metodológico valoriza os atores, ao considerar suas práticas e percepções para depois acionar as lógicas empresariais, caminho não usual para o marketing e mesmo para a comunicação, mesmo em um momento em que se fala de cocriarão, conteúdo gerado pelo usuário, experiências do consumidor e outras propostas mercadológicas que vão justamente contra a abordagem *top-down*. Situação que é amplificada ao falarmos de potenciais de significação promovidos em comunidades de intérpretes, de ação social e do papel dos atores na promoção de valores em determinada cultura.

O modelo teórico proposto, acionado pelos métodos de entrevista, netnografia e semiótica peirceana, mostra-se robusto para compreender a interpretação que comunidades têm do outro e de si, possibilitando análise de diferentes mediações no estágio midiatizado da cultura. Outra potencialidade da proposta é a de atuar em ambientes em que o pesquisador não possui acesso às plataformas de comunicação privada, avalizando o anonimato de dados, mas extraindo, a partir deles, interpretações dos fluxos comunicacionais, seus interagentes e as redes presentes.

Para o planejamento de comunicações de marcas com jovens e para a constituição de políticas envolvendo os setores da sociedade, alguns espaços foram ressaltados. Como temas destacados pelos atores, estão a orientação sexual, o gênero, a cor, a sustentabilidade ambiental e o modo de vida vegano. Taschner (2009) coloca a esperança de um sujeito histórico inovador na união de consumidores e novos movimentos sociais, assim como Castells (2015) propõe a reprogramação da rede e reconexão de mentes, mas o que se vê ainda é um direcionamento tímido nesse sentido, apontando para a negação do sistema, vista aqui na figura do Estado, e um início da reprogramação dos sentidos.

Os questionamentos ocorrem mais por reações a comportamentos vistos como nocivos do que iniciativas espontâneas de afirmação ou transformação. Constituem embrionariamente o aproveitamento da força midiática das propostas institucionais, ainda que a prevalência seja de articulações restritas a laços próximos ou de caráter espontâneo na formação de grupos que participam de conflito pontual pela hegemonia de sentidos e de expressão. Mas, nessa força individual, surge a vigilância do consumidor, que utiliza de competências da cibercultura para a busca de informações e comparação entre as práticas organizacionais e os discursos publicitários, contestando as empresas nas comunidades de marca quando o posicionamento não é percebido como autêntico.

Ainda ficou evidente o direcionamento das organizações para uma economia de uso de dados dos consumidores por meio de aplicativos indicados ao longo do contato com a marca. O acesso a promoções especiais ou serviços dá-se, necessariamente, por meio do ambiente digital, privilegiando a instalação de aplicativos. Dessa forma, reforça a importância de literacias digitais na vida cotidiana para conferir ao consumidor decisões reflexivas sobre as práticas em rede por meio de dados privados.

Os resultados devem ser analisados com base nas limitações intrínsecas a essa pesquisa. Primeiramente, a restrição dos jovens participantes, em sua maioria da classe média e cursando o ensino superior – essa é uma relevante consideração a ser feita, pois altera as forças que o consumo tem na mediação de causas, das próprias pautas e vivências do cotidiano e da ação social. Como visto, a faculdade é um importante espaço de socialização e discussão das questões identitárias e sociais, influenciando esse processo.

Outro aspecto referente aos atores pesquisados é a restrição geracional na primeira fase da pesquisa e na validação dos resultados netnográficos. O processo de pesquisa evidenciou a participação de jovens mais novos também como atores ativos nas interações e mediações com a publicidade de causa. Portanto, envolver diferentes perfis geracionais nas pesquisas pode estabelecer outras relações com o ambiente digital e a publicidade.

Ainda sobre as limitações da pesquisa, três condições devem ser consideradas. A metodologia de intersecção entre produção e consumo, imersa nas culturas juvenis e nas comunidades de marca, é operacionalmente complexa. Nesse sentido, exige dedicação intensa do pesquisador, além de competências metodológicas distintas, mas – sobretudo – conduz a um trabalho conjunto de pesquisadores das áreas de comunicação e informação em projetos com diferentes fases. Portanto, ainda que a análise conjunta entre produção e consumo seja esclarecedora, é também limitante devido ao escopo trabalhado e ao envolvimento de diferentes pesquisadores para resultados mais imediatos. Por isso a importância de mecanismos que atuem de forma compartilhada entre automação e aprendizagem algorítmica, como a proposta de mineração de dados e análises interpretativas a partir das informações geradas.

A segunda condição é a análise limitada a três casos, sem apuração e predição do processo de mineração de texto. Dessa forma, replicar em bases de dados maiores, acompanhando a aprendizagem algorítmica, é uma possibilidade para futuros estudos. Como terceira condição limitante, está a própria análise no ambiente digital, um recorte dedicado mais aos atores do que às redes formadas em sua volta. A influência humana e não humana dessas redes deve ser explorada mais intensamente sob a ótica moral de demandas públicas, mediada pela publicidade.

Propõe-se o acompanhamento diacrônico das mudanças de interação, que podem expressar tanto as demandas sociais, como as modificações da moralidade e os conflitos entre diferentes grupos. Essa condição é potencialmente válida em outras manifestações midiáticas presentes na cultura brasileira, como ficções seriadas (novelas e séries), o universo dos jogos e dos esportes populares, incluindo o futebol. Somam-se a essas indicações as percepções juvenis sobre o primeiro e o terceiro setores. A partir dos resultados apresentados, também cabe avaliar comparativamente se há naturalização de determinadas publicidades, como a inclusão de produtos no mês do orgulho, ou a afirmação de casais *gays* em detrimento de outras representações.

As sugestões de pesquisa procuram entender as juventudes em novas formas de compreensão do mundo, em um momento de desalento pelas condições enfrentadas, como o desemprego, a pandemia e as epidemias, a falta de desenvolvimento econômico e social, a manutenção de conflitos nacionais e internacionais e ainda o preconceito e a liberdade para a expressão identitária. Assim, ainda se sugere a investigação de influenciadores digitais e celebridades da cultura popular com autoridade em aspectos diferentes da área de atuação original.

Como continuidade, também se verifica a oportunidade de ir além do segundo setor, verificando os vínculos juvenis com movimentos sociais, organizações do terceiro setor e ações como a votação de leis, transversais à comunicação pública, mas também ao consumo como forma de exercício da cidadania e manifestação da cultura. Os Objetivos de Desenvolvimento Sustentável podem auxiliar nesse caminho, assim como as preocupações cada vez mais crescentes com as mudanças climáticas e futuras gerações.

Por fim, a metodologia é potencialmente válida à compreensão da institucionalização de forças que promovem a discussão de pautas públicas. As estratégias de pesquisa podem ser utilizadas tanto em iniciativas para a promoção de cidadania, como aquelas que se utilizam de subterfúgios antidemocráticos, como a desinformação, pois ambas possuem atores e redes, com fluxos de comunicação e discursos possíveis de ser acompanhados.

Apenas classificar a publicidade ou contar quantos indivíduos há representando um grupo e qual a qualidade dessa representação não adianta mais na complexidade atual. É preciso ir a campo e ver o que se faz com a publicidade. É preciso acessar os dados digitais e analógicos, os sujeitos, as diferentes fontes, entender as dinâmicas de reconhecimento, usos e apropriações.

Da mesma forma, separar consumo de produção pode ser interessante para o pesquisador, mas, no atual estágio de midiatização, essa lógica atenua os movimentos de tensão. A riqueza está justamente na mediação, na interação entre produção e consumo. Por isso, ao analisar isoladamente, perde-se a aderência com a realidade. É compreensível que a análise conjunta seja mais trabalhosa, mas estamos mergulhados na rede em que apenas falar o que e como fazer não nos auxilia mais, é preciso realmente colocar em prática.

REFERÊNCIAS

AAKER, David. **Criando e administrando marcas de sucesso.** São Paulo: Futura, 1996.

ABEP – Associação Brasileira de Empresas de Pesquisa. **Critério Brasil.** Disponível em: https://www.abep.org/criterio-brasil. Acesso em: 25 jul. 2020.

ADIDAS. **Anual Report 2020.** Disponível em: https://report.adidas-group.com/2020/en/. Acesso em: 17 mar. 2021a.

ADIDAS. **História da Adidas de 1949 até Agora.** Disponível em: https://www.adidas.com.br/blog/392942. Acesso em: 17 mar. 2021b.

ADIDAS. **Creators Club.** Disponível em: https://www.adidas.com.br/creatorsclub. Acesso em: 17 mar. 2021c.

ADIDASBRASIL. **Perfil da Marca no Instagram.** Disponível em: https://www.instagram.com/tv/CB1YP5tphic/. Acesso em: 20 set. 2020.

ADKINS, Sue. **Cause related marketing:** who cares wins. Oxford: Butterworth-Heinemann, 1999.

ADORNO, Theodor. **Ensaios sobre a psicologia social e psicanálise.** Tradução: Verlaine de Freitas. São Paulo: Unesp, 2015.

AGAMBEN, Giorgio. **O que é contemporâneo? E Outros Ensaios.** Tradução: Vinícius Nicastro Honesko. 6. reimpr. Chapecó: Argos, 2013.

AGENCIAMURAL. **Jovens relatam os motivos para irem a festas durante a pandemia** Disponível em: https://www.agenciamural.org.br/especiais/jovens-relatam-os-motivos-para-irem-a-festas-durante-a-pandemia/. Acesso em: 25 abr. 2021.

ALLEN, Gove N.; DAN, Burk L.; GORDON, Davis B. Academic Data Collection in Electronic Environments: defining acceptable use of internet resources. **Management Information Systems Quarterly**, Minneapolis, v. 30, n. 3, p. 599-610, 2006.

ALS. **Amyotrophic lateral sclerosis association.** Disponível em: https://www.als.org/stories-news/ice-bucket-challenge-dramatically-accelerated-fight-against-als. Acesso em: 20 set. 2020.

AMA – American Marketing Association - **Marketing Definitions.** Disponível em: http://www.marketingpower.com/content4620.php. Acesso em: 5 jan. 2020.

AMARAL, Adriana; NATAL, Geórgia; VIANA, Lucina. Netnografia como aporte metodológico da pesquisa em comunicação digital. **Cadernos da Escola de Comunicação,** Curitiba, v. 6, p. 1-12, 2008.

ARNALD, Mark J.; FISHER, James E. Counterculture, criticisms, and crisis: assessing the effect of the sixties on marketing thought. **Journal of Macromarketing**, Blacksburg, v. 16, n. 1, p. 118-133, 1996.

ARROW, Kenneth J. Methodological individualism and social knowledge. **American Economic Review**, Nashville, v. 84, n. 2, p. 1-9, 2004.

ATLAS DAS JUVENTUDES. **Atlas das Juventudes:** evidências para a transformação das juventudes. Disponível em: www.atlasdasjuventudes.com.br. Acesso em: 25 set. 2021.

AUGÉ, Marc. **Não lugares:** introdução a uma antropologia da supermodernidade. 9. ed. Campinas: Papirus, 2012.

BAVGROUP – **About BAV.** Disponível em: https://www.bavgroup.com/about-bav. Acesso em: 20 dez. 2019.

BARONE, Michael J.; MIYAZAKI, Anthony D.; TAYLOR, Kimberly A. The influence of cause-related marketing on consumer choice: does one good turn deserve another?. **Journal of the Academy of Marketing Science**, Knoxville, v. 28, n. 2, p. 248-262, 2000.

BARDIN, Laurence. **Análise de conteúdo.** São Paulo: Edições 70, 2011.

BARTELS, R. **The History of Marketing Thought.** 2. ed. Columbus, OH: Grid, 1988.

BAUDRILLARD, Jean. **O Sistema dos objetos.** 4. ed. 2. reimpr. São Paulo: Perspectiva, 2004.

BAUMAN, Zygmunt. **Identidade:** entrevista a Benedetto Vecchi. Tradução: Carlos Alberto Medeiros. Rio de Janeiro: Zahar, 2005.

BAUMAN, Zygmunt. **Vida para consumo:** a transformação das pessoas em mercadorias. Tradução: Carlos Alberto Medeiros. Rio de Janeiro: Zahar, 2008.

BAUMAN, Zygmunt. **A cultura no mundo líquido moderno.** Tradução: Carlos Alberto Medeiros. Rio de Janeiro: Zahar, 2013.

BENJAMIN, Walter. **Passagens.** Tradução: Irene Aron. Belo Horizonte: Editora da UFMG, 2006.

BERGER, Peter L.; LUCKMANN, Thomas. **A construção social da realidade:** tratado de sociologia do conhecimento. 36 ed. Petropolis: Vozes, 2014.

BLACKLIVESMATTER. Homepage. Disponível em: https://blacklivesmatter.com/ Acesso em: 18 jun. 2019.

BLOOMBERG – **The rise of Gen Z.** Disponível em: https://www.bloomberg.com/gen-z Acesso em: 20 dez. 2019.

BOLONAS, Sara. **Publicidade sem código de barras:** contributos para o conhecimento da publicidade a favor de causas sociais em Portugal. Portugal: Edições Húmus, 2011.

BOLTANSKI, Luc. **De la critique.** Précis de sociologie de l'émancipation. Paris: Gallimard, 2009.

BOLTANSKI, Luc; CHIAPELLO, Ève. **O novo espírito do capitalismo.** São Paulo: Martins Fontes, 2009.

BOLTANSKI, Luc; THÉVENOT, Laurent. **On Justification: Economies of worth.** Tradução: Catherine Porter. Princeton: Princeton University Press, 2006.

BOLTANSKI, L.; HONNETH, A.; CELIKATES, R. Sociology of critique or critical theory? Luc Boltanski and Axel Honneth in conversation with Robin Celikates. *In:* SUSEN, S.; TURNER, B. S. (ed.). **The Spirit of Luc Boltanski.** London: Anthem Press, 2014, p. 561-89.

BORELLI, Silvia; OLIVEIRA, Rita. C. de. Jovens urbanos, cultura e novas práticas políticas: acontecimentos estético-culturais e produção acadêmica brasileira (1960-2000). **Revista Internacional de Filosofía Iberoamericana y Teoría Social, Maracaibo,** v. 15, n. 50, p. 57-69, 2010.

BOUDON, R.; BAURRICAUD, F. **Dicionário Crítico de Sociologia.** 2. ed. Paris: Presses Universitaires de France, 1986.

BOURDIEU, Pierre. **A distinção:** crítica social do julgamento. 2. ed. 4. reimpr. Porto Alegre: Zouk, 2017.

BOYD, Danah. **It's complicated:** the social lives of networked teens. Londres: Yale University Press, 2014.

BOX 1824. **Projeto Sonho Brasileiro.** Disponível em: https://pt.slideshare. net/fernandapugliero/sonho-brasileiro-box-1824. Acesso em: 20 fev. 2021.

BLACKLIVESMATTER. **Homepage.** Disponível em: https://blacklivesmatter.com/ Acesso em: 18 jun. 2019.

BRAGA, José. L. Circuitos *versus* campos sociais. *In:* MATTOS, Maria. A.; JANOTTI JUNIOR, Jeder; JACKS, Nilda. (org.). **Mediação & midiatização.** Salvador: Edufba; Brasília, DF: Compós, 2012. p. 31-52.

BRANDINI, Valéria. **A Era das causas. O propósito como capital na estética Publicitária.** Relatório de Pesquisa de Pós Doutorado. Escola de Comunicações e Artes da Universidade de São Paulo, 2016.

BRASIL. Senado Federal. **Estatuto da Juventude:** atos internacionais e normas correlatas. Brasília, 2013.

BRASIL. Congresso Nacional. **Lei Geral de Proteção de Dados Pessoais (LGPD).** Lei n. 13.709, de 14 de agosto de 2018.

BRASIL ECONOMICO. **Comerciantes pedem fim de restrições.** Disponível em: https://economia.ig.com.br/2021-04-22/associacao-empresarios-restricoes-ao-comercio.html. Acesso em: 12 set. 2021.

BUCHER, Taina. The algorithmic imaginary: exploring the ordinary affects of Facebook algorithms. **Information, Communication & Society,** v. 20, n. 1, p. 30-44, 2017.

BUCHOLTZ, Mary. Youth and cultural practice. **Annual Review of Anthropology,** San Mateo, n. 31, p. 525-552, 2002.

BURGER KING. **Sobre o BK.** Disponível em: http://www.burgerking. com.br/sobre-bk. Acesso em: 20 jan. 2021a.

BURGER KING. **Demonstrações Financeiras Anuais Completas 2020.** Disponível em: http://burgerking.riweb.com.br/Default.aspx. Acesso em: 20 jan. 2021b.

BURGER KING. **Audio Teleconferência 4T2020.** Disponível em: http://burgerking.riweb.com.br/Download.aspx?Arquivo=jGnfZDZV9FERqHks-Iv6XmQ==. Acesso em: 20 jan. 2021c.

CALDERÓN, Fernando; CASTELLS, Manuel. **A nova América Latina.** Rio de Janeiro: Zahar, 2021.

CAMPANELLA, Bruno. Em busca do reconhecimento midiático: a utorrealização do sujeito na sociedade midiatizada. **Revista da Associação Nacional dos Programas de Pós-Graduação em Comunicação | E-compós**, Brasília, v. 22, n. 1, p. 1-20, jan./mar. 2019.

CAMPBELL, Colin. **A Ética Romântica e o Espírito do Consumismo Moderno.** Rio de Janeiro: Rocco, 2001.

CANCLINI, Néstor G. **Consumidores e cidadãos:** conflitos multiculturais da globalização. 4. ed. 1 reimpr. Rio de Janeiro: UFRJ, 2001.

CANCLINI, Néstor G.; CRUCES, Francisco; POZO, Maritza U. (org.). **Jóvenes, culturas urbanas y redes digitales.** Madrid: Fundação Telefônica / Editora Ariel, 2012.

CANEVACCI, Massimo. **Culturas extremas:** mutações juvenis nos corpos das metrópoles. Rio de Janeiro: DP&A, 2005.

CARAH, Nicholas. Algorithmic brands: A decade of brand experiments with mobile and social media. **New Media & Society**, Chicago, v. 19, n. 3, p. 384-400, 2017.

CARRASCOZA, João A. **Redação publicitária:** estudos sobre a retórica do consumo. São Paulo: Futura, 2003.

CARVALHO, Cláudia C. Identidade e Intimidade: um percurso histórico dos conceitos psicológicos. **Análise Psicológica**, Lisboa, v. 4, n. XVII, p. 727-741, 1999.

CASAQUI, Vander. Por uma teoria da publicização: transformações no processo publicitário. **Revista Significação**, São Paulo, n. 36, p. 131-150, 2011.

CASTELLS, Manuel. **O poder da comunicação.** São Paulo/Rio de Janeiro: Paz e Terra, 2015.

CAUSE. **Do propósito à ação.** Disponível em: https://www.cause.net.br/ Acesso em: 15 set. 2020.

CELIKATES, Robin. O não reconhecimento sistemático e a prática da crítica: Bourdieu, Boltanski e o papel da Teoria Crítica. Tradução: Fernando Costa Mattos. **Novos Estudos**, São Paulo, n. 93, p. 29-42, 2012.

CEPAL – Comissão Econômica para a América Latina e Caribe. **Panorama Social da América Latina 2018**. Nações Unidas, 2019. Disponível em: https://repositorio.cepal.org/bitstream/handle/11362/44412/1/S1801085_pt.pdf. Acesso em: 20 set. 2019.

CERTEAU, Michel. **A invenção do cotidiano I:** as artes do fazer. 22. ed. 5. reimpr. Petrópolis: Vozes, 2020.

CHEVALIER, Jean; GHEERBRANT, Alain. **Dicionário de Símbolos:** mitos, sonhos, costumes, gestos, formas, figuras, cores, números. 16. ed. Rio de Janeiro: José Olympio, 2001.

CHOMSKY, Noam; WATERSTONE, Marv. As Consequências do Capitalismo: produzindo descontentamento e resistência. Petrópolis: Editora Vozes, 2022.

CIAMPA, Antonio C. Identidade. *In:* CODO, Wanderley.; LANE, Silvia. T. M (org.). **Psicologia social:** o homem em movimento, São Paulo: Brasiliense, 1984. p. 58-75.

CIAMPA, Antonio C. **A estória do Severino e a história da Severina.** São Paulo: Editora Brasiliense, 1987.

COLLIER, David; ELMAN, Colin. Qualitative and multi-method research: organizations, publication, and reflections on integration. *In:* BOX-STEFFENSMEIER, Janet M.; BRADY, Henry E.; COLLIER, David (ed.). **The Oxford handbook of political methodology**. Oxford: Oxford University Press, 2008. p. 779-795.

CORREA, Diogo S.; DIAS, Rodrigo C. de. Crítica e os momentos críticos: de la justification e a guinada pragmática na sociologia francesa. **MANA**, Rio de Janeiro, v. 22, n. 1, p. 67-99, 2016.

CORREIO BRASILIENSE. ACERVO - **Um estuprador em seu caminho:** ato feminista mundial chega a Brasília. ano. 2019 Disponível em: https://www.correiobraziliense.com.br/app/noticia/cidades/2019/12/12/interna_cidadesdf,813523/um-estuprador-em-seu-caminho-ato-feminista-mundial-chega-a-brasilia.shtml. Acesso em: 1 fev. 2020.

COULDRY, Nick; HEPP, Andreas. Conceptualizing Mediatization: Contexts, Traditions, Arguments. **Communication Theory,** v. 23, p. 191-202, 2013.

COULDRY, Nick; HEPP, Adreas. **The Mediated Construction of Reality.** London: Polity, 2017.

COVALESKI, Rogério (org.). **Da Publicidade ao Consumo:** ativismos, reconfigurações, interações. Coleção Publicidade e Consumo. Recife: Editora UFPE, 2020. 496 p

HEPP, A. As configurações comunicativas de mundos midiatizados: pesquisa da midiatização na era da "mediação de tudo. **MATRIZes,** São Paulo, v. 8, n. 1, p. 45-64, jan./jun. 2014.

CRANE, Andrew; DESMOND, John. Societal marketing and morality. **European Journal of Marketing,** Londres, v. 36, n. 5-6, p. 548-569, 2002.

CRESWELL, John W. **Projeto de pesquisa:** métodos qualitativo, quantitativo e misto. 2. ed. Porto Alegre: Artmed, 2007.

DELEUZE, Gilles. **Diferença e Repetição.** São Paulo: Paz e Terra, 2006.

DIAS, Vanina C. **Morando na rede:** novos modos de constituição de subjetividades de adolescentes nas redes sociais. Curitiba, CRV, 2016.

DIAS, Paula; COVALESKI, Rogério. Ativismo como mercadoria. *In:* COVALESKI, Rogério (org.). **Da publicidade ao consumo:** ativismos, reconfigurações, interações. Recife: Ed. UFPE, 2020. p. 145-174.

DOMINGUES, Isabela; MIRANDA, Ana Paula de. **Consumo de Ativismo.** São Paulo: Estação das Letras e Cores, 2018.

DOSOMETHING. Quem somos. Disponível em https://dosomething. org/what-we-do Acesso em: 15 abril 2020.

DOUGLAS, Mary. Goods as a system of communication. *In:* DOUGLAS, Mary (org.). **The Active Voice.** Londres: Routledge and Kegal Paul, 1982. p. 16-43.

ECO, Umberto. **Os limites da interpretação.** 2. ed. 4. reimpr. São Paulo: Perspectiva, 2015.

EDELMAN. **Brands Take a Stand,** 2018. Disponível em: www.edelman. com/sites/g/files/aatuss191/files/2018-10/2018_Edelman_Earned_Brand_ Global_Report.pdf Acesso em: 20 set. 2019a.

EDELMAN. **Trust Barometer Special Report - In Brands We Trust?** Disponível em: https://www.edelman.com/sites/g/files/aatuss191/files/2019-07/2019_edelman_trust_barometer_special_report_in_brands_we_trust.pdf. Acesso em: 20 dez. 2019b.

ENNE, Ana L. Juventude como espírito do tempo, faixa etária e estilo de vida: processos constitutivos de uma categoria-chave da modernidade. **Comunicação Mídia E Consumo**, v. 7, n. 20, p. 13-35, 2010.

ENNE, Ana L. S.; PROCÓPIO, Victória M. G. Ansiedade e afeto como categorias-chave em narrativas literárias e midiáticas infanto-juvenis contemporâneas: uma abordagem a partir dos Estudos Culturais. **Revista Parágrafo**, v. 7, n. 1, p. 48-65, 2020.

ERNST YOUNG. **What if the next big disruptor isn't a what but a who? Gen Z is connected, informed and ready for business.** Disponível em: https://www.ey.com/Publication. Acesso em: 20 dez. 2019.

ESCOSTEGUY, Ana Carolina. Uma introdução aos Estudos Culturais. **Revista FAMECOS**, v. 5, n. 9, p. 87-97, 1998.

ESCOSTEGUY, Ana Carolina. Estudos culturais latino-americanos e Jesús Martín-Barbero: mais afinidades do que disputas. **MATRIZes**, São Paulo, v. 12, n. 1, p. , 2018.

FAAP; SOCIALBAKERS. Mídias Sociais 360º. Disponível em: http://www.faap.br/nimd/ms360faap.asp Acesso em: 2 fev. 2021.

FARINA, Modesto; PEREZ, Clotilde; BASTOS, Dorinho. **Psicodinâmica das cores em comunicação.** 6.ed. 1 reimp. São Paulo: Edgard Blücher Ltda, 2013.

FAUSTO NETO, Antonio. As bordas da circulação... **ALCEU**, Rio de Janeiro, v. 10, n. 20, p. 55-69, 2010.

FEIXA, Carles. **Culturas Juveniles em España (1960-2004).** Madrid: Julio Soto Impressor, 2004.

FOX, K F. A.; KOTLER, P. The marketing of social causes: the first 10 years. **Journal of Marketing**, v. 44, 1980.

FERRARA, Lucrécia D. A outra caixa de Pandora. **MATRIZes**, São Paulo, v. 10, n. 2, p. 61-74, 2016.

FERREIRA, Vitor C. Ondas, Cenas e Microculturas Juvenis. **PLURAL,** Revista do Programa de Pós-Graduação em Sociologia da USP, São Paulo, v.15, p. 99-128, 2008.

FOLLARI, Roberto. **Teorías débiles:** Para una crítica de la deconstrucción y de los estudios culturales. Homo Sapiens, 2002.

FORACCHI, Marialice M. **A juventude na sociedade moderna.** 2. ed. São Paulo: Edusp, 2018.

FRASER, Nancy. From redistribution to recognition? Dilemmas of justice in a 'postsocialist' age. *In:* SEIDMAN, Steven; ALEXANDER, Jeffrey.(org.). **The new social theory reader.** Londres: Routledge, 2001a. p. 285-293.

FRASER, Nancy. Recognition without ethics? **Theory, Culture & Society,** Londres, v. 18, p. 21-42, 2001b.

FREIRE FILHO, João. **Reinvenções da resistência juvenil:** os estudos culturais e as micropolíticas do cotidiano. Rio de Janeiro: Mauad X, 2007.

FUNDAÇÃO TELEFÔNICA VIVO. **Juventudes e Conexões 2019.** Disponível em: https://fundacaotelefonicavivo.org.br/acervo/juventudes-e-conexoes-2019/ Acesso em: 20 abr. 2020.

GAJZER, Marcin. Text and data mining techniques in aspect of knowledge acquisition for decision support system in construction industry. **Technological and Economic Development of Economy,** Vilnius, v. 16, n. 2, p. 219-232, 2010.

GASKELL, George. Entrevistas Individuais e Grupais. *In:* BAUER, Martin W.; GASKELL, George (org.). **Pesquisa qualitativa com texto, imagem e som:** um manual prático. 13. ed. Petrópolis: Vozes, 2015. p. 520.

GATTI, Luciano F. Theodor W. Adorno: indústria cultural e crítica da cultura. *In:* NOBRE, Marcos (org.). **Curso Livre de Teoria Crítica.** Campinas: Papirus, 2008. p. 73-96.

GIDDENS, Anthony. **Modernidade e identidade.** Tradução: Plínio Dentzien. Rio de Janeiro: Jorge Zahar Ed., 2002.

GIDDENS, Anthony. Estruturalismo, pós-estruturalismo e a produção da cultura. *In:* GIDDENS, A.; TURNER, J. **Teoria social hoje**. São Paulo: Unesp, 1999.

GILLESPIE, Tarleton. The relevance of algorithms. *In:* GILLEPSIE, Tarleton; BOCZKOWSKI, Pablo J.; FOOT, Kristen (ed.). **Media Technologies, Essays on Communication, Materiality and Society** Cambridge, MA: MIT Press, 2014. p. 167-19.

GOHN, Maria da Glória **Teorias dos movimentos sociais:** Paradigmas clássicos e contemporâneos. 8. ed. São Paulo: Ed. Loyola, 2010.

GOHN, Maria da Glória da. Movimentos sociais na contemporaneidade. **Revista Brasileira de Educação**, v. 16, n. 47, p. 333-361, 2011.

GOOGLE. **Coronavirus:** o mundo nunca mais será o mesmo. Disponível em: https://www.redeparcerias.com/redeparcerias.com/pesquisa_google_covid_19_cenarios_tendencias.pdf. Acesso em: 20 set. 2020.

GUERRA, Paula; QUINTELA, Pedro. Culturas urbanas e sociabilidades juvenis contemporâneas: um (breve) roteiro teórico. **Revista de Ciências Sociais,** v. 47, n. 1, p 193-217, 2016.

HABERMAS, Jungen. **A Inclusão do Outro:** Estudos de Teoria Política. Tradução: George Sperber e de Paulo Astor Soethe. 2. ed. São Paulo: Loyola, 2009.

HABERMAS, Jungen. **Teoria do Agir Comunicativo.** Vol. 1. Racionalidade da ação e racionalização social. São Paulo: Martins Fontes, 2012.

HALL, Stuart. **Cultura e Representação.** Tradução: Daniel Miranda e William Oliveira. Rio de Janeiro: Ed. PUC-Rio, 2016.

HALL, Stuart. **A identidade cultural na pós-modernidade.** 11. ed. Rio de Janeiro: DP&A, 2006.

HALL, Stuart. **Encoding and Decoding in the Television Discourse.** Birmingham: Universidade de Birmingham, 1973.

HAN, Byung-chul. **En el Enjambre.** Trad. Raúl Gabás. 1. ed. 3. reimpr. Barcelona: Herder Editorial, 2014.

HEINONEN, Kristina; MEDBERG, Gustav. Netnography as a tool for understanding customers: implications for service research and practice. **Journal of Service Marketing,** Bingley, v. 32, n. 6, p. 657-679, 2018.

HECHT, Emmanuel; SERVENT, Pierre. **O século de sangue – 1914-2014:** as vinte guerras que mudaram o mundo. São Paulo: Contexto, 2015.

HJARVARD, Stig. Mediatization: Theorising the Media as Agents of Social and Cultural Change. **Matrizes**, São Paulo, v. 5, n. 2, p. 53-91, 13 jun. 2012.

HJARVARD, Stig. **A Midiatização da Cultura e da Sociedade.** Tradução: André de Godoy Vieira. São Leopoldo: Editora Unisinos, 2014.

HOBSBAWN, Eric. **A era dos extremos:** o breve século XX. 1941-1991. São Paulo: Companhia das Letras, 1995.

HOEFFLER, Steve; KELLER, Kevin M. Building Brand Equity through Corporate Societal Marketing. **Journal of Public Policy and Marketing,** Cambridge ,v. 21, n. 1, p. 78-89, 2002.

HONNETH, Axel. Redistribution as recognition: A response to Nancy Fraser. *In:* FRASER, Nancy; HONNETH, Axel. **Redistribution or recognition:** A political-philosophical exchange. 2003. p. 110-197.

HONNETH, Axel. A Social Pathology of Reason: On the Intellectual Legacy of Critical Theory. *In:* MORAN, Dermot. **The Routledge Companion to Twentieth Century Philosophy,** London/New York: Routledge, 2008. p. 336-360.

HONNETH, Axel. O Eu no Nós: reconhecimento como força motriz de grupos. **Sociologias**, Porto Alegre, ano 15, n. 33, p. 56-80, mai./ago. 2013.

HONNETH, Axel. **Luta por Reconhecimento**: a gramática moral dos conflitos sociais. 2. ed. 3 reimpr. Tradução: Luiz Repa. São Paulo: Editora 34, 2017

HORKHEIMER, Max. Teoria Tradicional e Teoria Crítica. *In:* BENJAMIN, Walter; HORKHEIMER, Max; ADORNO, Theodor W.; HABERMAS, Jurgen. **Textos Escolhidos.** São Paulo, Abril Cultural, 1975. p. 117-161.

HORKHEIMER, Max; ADORNO, Theodor W. O Iluminismo como Mistificação das massas. *In: Theodor W. Adorno.* **Indústria Cultural e Sociedade.** Rio de Janeiro: Paz e Terra, 2002. p. 5-44.

HOWIE, Katharine M.; YANG, Lifeng; VITELL, Scott; BUSH, Victoria; VORHIES, Doug. Consumer Participation in Cause-Related Marketing: an examination of effort demands and defensive Denial. **Journal of Business Ethics**, New York, v. 147, n. 3, p. 679-692, 2018.

HUNT, Shelby D. The nature and scope of marketing. **The Journal of Marketing**, Chicago, v. 40, n. 3, p. 17-28, 1976.

IBGE – Instituto Brasileiro de Geografia e Estatística. **Pesquisa das Características Étnico-Raciais da População.** Disponível em: https://www.ibge.gov.br/estatisticas/sociais/populacao/9372-caracteristicas-etnico-raciais-da-populacao.html?=&t=o-que-e. Acesso em: 20 jul. 2020.

IBGE – Instituto Brasileiro de Geografia e Estatística. **Desemprego.** Disponível em: https://www.ibge.gov.br/explica/desemprego.php Acesso em: 06 maio 2021.

INTERBRAND. **Best global brands 2019 – Methodology.** Disponível em: https://www.interbrand.com/best-brands/best-global-brands/methodology/. Acesso em: 20 dez. 2019.

INSTAGRAM. **Facebook for Business.** 2. Educação Social. Disponível em: https://business.instagram.com/. Acesso em: 01 fev. 2020.

INSTAGRAM. **Tendências para 2021.** Disponível em: https://business.instagram.com/. Acesso em: 18 jan. 2021.

INSTAGRAM. **Perfil Brasil Sem Medo.** Disponível em: https://www.instagram.com/brasil_sem_medo/. Acesso em: 8 jan. 2022.

IPSOS. **Estudo de Marketing Relacionado à Causa 2019.** Disponível em: https://www.ipsos.com/pt-br/estudo-marketing-relacionado-causa-2019. Acesso em: 20 dez. 2019.

JENKINS, Henry; GREEN, Joshua; FORD, Sam. **Cultura da Conexão:** criando valor e significado por meio da mídia propagável. São Paulo: Aleph, 2014.

JORNAL DA USP. **A quem interessa atacar a ciência.** Disponível em: https://jornal.usp.br/artigos/a-quem-interessa-atacar-a-ciencia-e-por-que/. Acesso em: 15 jun. 2020.

JORNAL DA USP. **Movimentos contra vacinação usam redes para difundir teorias anticiência.** Disponível em: https://jornal.usp.br/radio-usp/movimentos-contra-vacinacao-usam-redes-para-difundir-teorias-anti-ciencia/. Acesso em: 15 jun. 2020.

JUNG, Eura; HECHT, Michael. Elaborating the communication theory of identity: Identity gaps and communication outcomes. **Communication Quarterly**, Philadelphia, v. 52, n. 3, p. 265-283, 2004.

KANT, Immanuel. **A paz perpétua e outros opúsculos.** São Paulo: Edições 70, 2008.

KANTAR. **Covid-19 Barometer.** Disponível em: https://www.kantar.com/campaigns/covid-19-barometer. Acesso em: 15 mar. 2020.

KOTLER, Philip; ZALTMAN, Gerald. Social Marketing. **Journal of Marketing**, Chicago, v. 35, n. 3, p. 3-12, 1971.

KOTLER, Philip; KARTAJAYA, Hermawan; SETIAWAN, Iwan. **Marketing 3.0:** as forças que estão definindo o marketing centrado no ser humano. Tradução de Ana Beatriz Rodrigues. Rio de Janeiro: Elsevier, 2010.

KOZINETS, Robert V. The Field Behind the Screen: Using Netnography for Marketing Research in Online Communities. **Journal of Marketing Research**, Chicago, v. 39, p. 61-72, 2002.

KOZINETS, Robert V. **Netnografia:** realizando pesquisa etnográfica online. Tradução: Daniel Bueno. Porto Alegre: Penso, 2014.

KOZINETS, Robert V. Netnography. *In:* MANSELL, Robin; HWA, Peng. **The International Encyclopedia of Digital Communication and Society.** Hoboken: Willey-Blackwell, 2015. p. 291-299.

KIM, Hyuksoo; YOUN, Seounmi; LEE, Doohwang. The effect of corporate social responsibility reputation on consumer support for cause-related marketing[J]. **Total Quality Management & Business Excellence**, Abingdon, p. 1-26, 2017.

KEHL, Maria Rita. A juventude como sintoma da cultura. *In:* NOVAES, R.; VANNUCHI, P. (org.). **Juventude e sociedade: trabalho, educação, cultura e participação.** São Paulo: Fundação Perseu Abramo, 2004, p. 89-114

LATOUR, Bruno. **Reagregando o social:** uma introdução à teoria do Ator-Rede. Salvador-Bauru: EDUFBA EDUSC, 2012.

LEITE, Francisco; BATISTA, Leandro L. (org.). **Publicidade antirracista:** reflexões, caminhos e desafios. São Paulo: ECA-USP, 2019.

LEITE, Francisco. Para pensar uma publicidade antirracista: entre a produção e os consumos. *In:* LEITE, Francisco; BATISTA, Leandro L. (org.). **Publicidade antirracista:** reflexões, caminhos e desafios. São Paulo: ECA-USP, 2019. p. 17-66.

LEMOS, André. **Cibercultura:** Tecnologia e Vida Social na Cultura Contemporânea. Porto Alegre: Sulina, 2002

LEMOS, André. **A comunicação das coisas:** teoria ator-rede e cibercultura. São Paulo: Annablume, 2013.

LEVY, Pierre. **Cibercultura.** 3. ed. 3 reimpr. São Paulo: Editora 34, 2018.

LIMA, Aluísio F. **Metamorfose, Anamorfose e Reconhecimento Perverso:** a identidade na perspectiva da Psicologia Social Crítica. São Paulo: FAPESP; EDUC, 2010.

LINCOLN, Yvonna S.; GUBA, Egon G. **Naturalistic inquiry.** Londres: Sabe, 1985.

LIPOVETSKY, Gilles. **A Felicidade Paradoxal:** ensaio sobre a sociedade de hiperconsumo. Tradução: Maria Lucia Machado. 2. reimpr. São Paulo: Companhia das Letras, 2010.

LIPOVETSKY, Gilles; SERROY, Jean. **A estetização do mundo:** viver na era do capitalismo artista. São Paulo: Companhia das Letras, 2015.

LOPES, Maria I. V. Uma Aventura Epistemológica. Entrevista com Jesús Martín-Barbero. **MATRIZes**, São Paulo, ano 2, n. 2, p. 143-162, 2009.

LOPES, Maria I.V. **Pesquisa em Comunicação:** formulação de um modelo metodológico. 12. ed. São Paulo: Ed. Loyola, 2014.

LOPES, Maria I. V. A Teoria Barberiana da Comunicação. **MATRIZes**, São Paulo, v. 12, n. 1, p. 39-63, jan./abr. 2018.

LOUREIRO, Sandra M. C.; SERRA, Jéssica; GUERREIRO, João. How Fashion Brands Engage on Social Media: a netnography approach. **Journal of Promotion Management**, Abingdon, v. 25, n. 3, p. 367-378, 2019.

LYOTARD, Jean-François. **A condição pós-moderna.** 9. ed. Tradução: Ricardo Corrêa Barbosa. Rio de Janeiro: José Olympio, 2006.

GONÇALVES, Guilherme P.; SOUSA, Flávia M. S. A Juventude na Publicidade: uma revisão de literatura. *In:* 6º Seminário de Comunicação e Territorialidades. **Anais [...].** Vitória: Universidade Federal do Espírito Santo, 2020.

MACHADO, Jorge A. S. Ativismo em rede e conexões identitárias: novas perspectivas para os movimentos sociais. **Sociologias**, ano 9, n. 18, p. 248-285, 2007.

MACHADO, Mônica. **Consumo e politização:** discursos publicitários e nos engajamentos juvenis. Rio de Janeiro: Mauad / Faperj, 2011.

MACHADO, Monica. Imaginários sociais sobre as favelas cariocas: o turismo-cultural do museu de favela e seus modos de ativação digital. **Diálogo com a Economia Criativa,** Rio de Janeiro, v. 1, n. 1, p. 61-74, 2016.

MACHADO, Mônica. **Antropologia digital e experiências virtuais no Museu de Favela.** Curitiba: Appris, 2017.

MAFESSOLI, Michel. **O tempo das tribos:** o declínio do individualismo nas sociedades de massa. Rio de Janeiro: Forense Universitária, 1998.

MAGNANI, José. Os circuitos dos jovens urbanos. **Revista de Sociologia da USP,** v. 17, n. 2, p. 173-205, 2005.

MARCONDES FILHO, Ciro. Martín-Barbero, Canclini, Orozco. Os impasses de uma teoria da comunicação latino-americana. **Revista FAMECOS,** Porto Alegre, n. 35, p. 71-85, 2008.

MASB – Marketing Accountability Standards Board. ano 2019 **Common Language Project.** Disponível em: https://themasb.org/category/common-language/. Acesso em: 20 set. 2019.

MARTÍN-BARBERO, Jesús. **Dos meios às mediações:** comunicação, cultura e hegemonia. 5. ed. 3. reimpr. Rio de Janeiro: Ed. UFRJ, 2015.

MCCRACKEN, Grant. **Cultura & consumo:** novas abordagens ao caráter simbólico dos bens e das atividades de consumo. Rio de Janeiro: Mauad, 2003.

MEAD, George. **The philosophy of the act.** Chicago: The University of Chicago Press, 1973.

MEIO&MENSAGEM. **Ação do BK gera filas; marca considera um sucesso.** Disponível em: https://www.meioemensagem.com.br/home/marketing/2020/11/03/mesmo-com-criticas-burger-king-considera-vassoura-thru-um-sucesso.html. Acesso em: 21 nov. 2020.

MILLER, Daniel. **Trecos, Troços e coisas:** Estudos antropo. lógicos sobre a cultura material. Rio de Janeiro: Zahar, 2013.

MINDMINERS. Vida na Quarentena. Disponível em https://mindminers.com/blog/vida-em-familia-na-quarentena/. Acesso em: 16 fev. 2020.

MISSE, Michel. O Senhor e o Escravo como tipos limites de dominação e estratificação. **DADOS – Revista de Ciências Sociais,** Rio de Janeiro, v. 39, n. 1, p.61-99, 1996.

MISSE, Michel. **Existe uma sociologia weberiana?** Artigo publicado na revista Cult em 2011. Disponível em: https://revistacult.uol.com.br/home/existe-uma-sociologia-weberiana-2/ Acesso em: 4 nov. 2019.

MONTÚFAR, Fernando Checa. De la "recepción" al "consumo": una necesaria reflexión conceptual. *In:* JACKS, Nilda. (org.). **Análisis de recepción en América Latina:** un recuento histórico con perspectivas al futuro. Quito: Ciespal, 2011. p. 13-17.

MORACE, Francesco. **Consumo autoral:** os novos núcleos geracionais. São Paulo: Estação das Letras e Cores, 2018.

MORIN, Edgar. **Introdução ao pensamento complexo.** 3. ed. Porto Alegre: Sulina, 2007.

MOROZOV, Evgeny. **Big Tech:** A ascensão dos dados e a morte da política. São Paulo: Ubu Editora, 2018.

MOURA, Adriana F.; LIMA, Maria G. A reinvenção da roda: roda de conversa, um instrumento metodológico possível. **Revista Temas em Educação**, João Pessoa, v. 23, n. 1, p. 98-106, jan./jun. 2014.

MOZDZENSKI, Leonardo. A publicidade-documentário e a construção discursiva do efeito de real em prol da causa LGBTQ. **Revista Ícone**, Recife, v. 17, n. 2, 107-124, 2019.

MOZDZENSKI, Leo. **Outvertising:** a publicidade fora do armário. Curitiba: Appris, 2021.

MOZDZENSKI, Leonardo; COVALESKI, Rogério. Outvertising: a publicidade fora do armário e a retórica do empoderamento. *In:* COVALESKI, Rogério (org.). **Da publicidade ao consumo:** ativismos, reconfigurações, interações. Recife: Ed. UFPE, 2020. p. 101-124.

MUTATO. Cultura do Cancelamento. Disponível em https://www.muta.to/01-cultura-do-cancelamento Acesso em: 15 abr. 2020.

NARVER, J. C.; SLATER, S. F. The Effect of a Market Orientation on Business Profitability. **Journal of Marketing**, Chicago, v. 54, n. 4, p. 20-35, 1990.

NATURA. **Relatório Anual** - 2020. Disponível em: https://ri.naturaeco.com/pt-br/publicacoes-e-documentos/relatorios/. Acesso em: 10 mar. 2021a.

NATURA. **Sustentabilidade:** causas e Compromissos. Disponível em: https://www.natura.com.br/sustentabilidade. Acesso em: 10 mar. 2021b.

NATURA. **Envelhecimento.** Disponível em: https://www.instagram.com/tv/CI4KJnrnQR_/. Acesso em: 10 mar. 2021c.

NIETZSCHE, Friedrich W. **Genealogia da Moral:** uma polêmica. São Paulo: Companhia de Bolso, 2009.

NIETZSCHE, Friedrich W. **Assim falou Zaratustra.** São Paulo: Martin Claret, 2011.

NOACK, Juliane. A ideia de identidade sob uma perspectiva semiótica. **Revista Galáxia**, São Paulo, n. 12, p. 103-113, 2006.

NOBRE, Marcos (org.). **Curso Livre de Teoria Crítica.** Campinas: Papirus, 2008.

NOBRE, Marcos. Apresentação. *In:* HONNETH, Axel. **Luta por reconhecimento:** a gramática moral dos conflitos sociais. 2. ed. 3 reimpr. Tradução: Luiz Repa. São Paulo: Editora 34, 2017.

PARADASP. **Associação da Parada do Orgulho GLBT de São Paulo.** Disponível em: https://paradasp.wordpress.com/quemsomos/. Acesso em: 18 jun. 2019.

PASCHOAL, Antonio E. As formas de ressentimento na filosofia de Nietzsche. **PHILÓSOPHOS,** Goiânia, v. 13, n. 1, p. 11-33, 2008.

PEIRANO, Mariza. **Rituais ontem e hoje.** Rio de Janeiro: Jorge Zahar, 2003.

PEIRCE, Charles S. **Semiótica.** 4. ed. 3. reimpr. São Paulo: Perspectiva, 2017.

PEREIRA, Cláudia. **Culturas, consumos e representações midiáticas da juventude.** Curitiba: Apris, 2017.

PEREZ, Clotilde. **Signos da marca:** expressividade e sensorialidade. 2. ed. São Paulo: Cengage Learning, 2016.

PEREZ, Clotilde. Ecologia publicitária: o crescimento sígnico da publicidade. *In:* PEREZ, Clotilde; CASTRO, Maria L. D. de; POMPEU, Bruno; SANTOS, Giamérico de. **Ontologia Publicitária:** epistemologia, práxis e linguagem. São Paulo: Intercom, 2019.

PEREZ, Clotilde. **Há limites para o consumo?**. Barueri: Estação das Letras e Cores, 2020.

PEREZ, Clotilde; TEIXEIRA FILHO, Clóvis; GODOY, Eduardo C. Comunicação, Consumo e Memes do Carnaval: os blocos de rua na imersão sígnica da juventude urbana em São Paulo. **Lumina,** v. 14, n. 3, p 57-76, 2020.

PEREZ, Clotilde; TRINDADE, Eneus. Três dimensões para compreender as mediações comunicacionais do consumo. **MATRIZes**, São Paulo, v. 13, n. 3, p. 109-126, 2019.

PEW RESEARCH. **Social media use in 2021.** Disponível em: https://www.pewresearch.org/internet/2021/04/07/social-media-use-in-2021/. Acesso em: 15 jun. 2021.

PHIL & CO. Agência especializada em organizações socias. Disponível em: https://www.linkedin.com/company/phil-&-co-/about/. Acesso em: 10 maio 2020.

PHUA, J., JIN, S.V., KIM, J., Gratifications of Using Facebook, Twitter, Instagram, or Snapchat to Follow Brands: The Moderating Effect of Social Comparison, Trust, Tie Strength, and Network Homophily on Brand Identification, Brand Engagement, Brand Commitment, and Membership Intention. **Telematics and Informatics**, Amsterdã, v. 34, Issue 1, p. 412-424, 2017.

PNAD - **Pesquisa Nacional por Amostra de Domicílios Contínua 2018.** Disponível em: https://biblioteca.ibge.gov.br/visualizacao/livros/liv101654_informativo.pdf Acesso em: 20 dez. 2019.

PROPMARK. **Histórias de Cannes.** Disponível em: https://propmark.com.br/premios/historias-de-cannes-washington-olivetto/. Acesso em: 10 set. 2020.

RAND, Ayn. **The virtue of selfishness.** New York: Signet, 2011.

REGINSTER, Bernard. Ressentimento, poder e valor. **Cadernos Nietzsche**, Guarulhos/Porto Seguro, v. 37, n. 1, p. 44-70, 2016.

REPA, Luiz. Jurgen Habermas e o modelo reconstrutivo de teoria crítica. *In*: NOBRE, Marcos (org.). **Curso Livre de Teoria Crítica.** Campinas: Papirus, 2008. p. 161-182.

RESENDE; Vitor L.; COVALESKI, Rogério. A interação entre marcas e consumidores nas mídias sociais: defesa de causas, posicionamento ou oportunismo? *In:* COVALESKI, Rogério (org.). **Da publicidade ao consumo:** ativismos, reconfigurações, interações. Recife: Ed. UFPE, 2020. p. 205-224.

RINCÓN, Omar. Mapa INSOMNE 2017. Ensayos sobre el sensorium contemporáneo. Un mapa para investigar la mutación cultural. *In:* JACKS, Nilda; SCHMITZ, Daniela; WOTTRICH, Laura (org.). **Un nuevo mapa para investigar la mutación cultural:** diálogo con la propuesta de Jesús Martin-Barbero. Quito: CIESPAL, 2019. p. 17-24.

RICOEUR, Paul. Ética e Moral. Tradução: Antônio Campelo Amaral. Covilhã: LusoSofia, 1990.

ROCHA, Everardo; PEREIRA, Cláudia. **Juventude e consumo:** um estudo sobre a comunicação na cultura contemporânea. Rio de Janeiro: Mauad, 2009.

ROCHA, Paula J.; MONTARDO, Sandra P. Netnografia: incursões digitais na cibercultura. **Revista da Associação Nacional dos Programas de Pós-Graduação em Comunicação (E-COMPÓS)**, Brasília, v. 4, p. 2-22, 2005.

ROMANINI, Vinícius. A contribuição de Peirce para a Teoria da Comunicação. **Revista Casa:** cadernos de semiótica aplicada, Araraquara, v. 14, n. 1, p. 13-56, 2016.

ROSATTI, Camila G.; BONALDI, Eduardo V.; FERREIRA, Mariana T. Uma crítica para o presente – Entrevista com Luc Boltanski. **PLURAL,** Revista do Programa de Pós-Graduação em Sociologia da USP, São Paulo, v. 21, n. 1, p. 217-230, 2014.

SAFATLE, Vladimir. **O circuito dos afetos:** corpos políticos, desamparo e o fim do indivíduo. 2 ed. 4 reimpr. Belo Horizonte: Autêntica Editora, 2018.

SALDAÑA, Jhonny. **The coding manual for qualitative researchers.** 2. ed. London: Sage, 2013.

SALDANHA, Patrícia. **Publicidade social:** uma posição brasileira inicial sobre as possibilidades contra-hegemônicas da comunicação publicitária. Recife: Ed. UFPE, 2017.

SANDEL, Michael J. **Justiça – o que é fazer a coisa certa.** 6. ed. Rio de Janeiro: Civilização Brasileira, 2012.

SANTAELLA, Lucia. **Semiótica aplicada.** 2. ed. São Paulo: Pioneira Thomson Learning, 2018.

SANTAELLA, Lucia; NÖTH, Winfried. **Estratégias semióticas da publicidade.** São Paulo: Cengage Learning, 2010.

SANTAELLA, Lucia; NÖTH, Winfried. **Imagem:** cognição, semiótica, mídia. 1. ed. 9. reimpr. São Paulo: Iluminuras, 2015.

SANTAELLA, Lucia; PEREZ, Clotilde; POMPEU, Bruno. Semiótica da causa nas relações de consumo: os vínculos de sentido entre acaso, causação eficiente e propósito em campanhas publicitárias. **Revista E-Compós**, Brasília, v. 24, p. 1-19, 2021.

SAVAGE, Jon. **A criação da juventude:** como o conceito de teenage revolucionou o século XX. Rio de Janeiro: Rocco, 2009.

SEMPRINI, Andrea. **A Marca Pós-Moderna:** Poder e Fragilidade da Marca na Sociedade Contemporânea. 2. ed. Tradução: Elisabeth Leone. São Paulo: Estação das Letras, 2010.

SENADO. **Falta de normas claras e de ações coordenadas para distanciamento social prejudica combate à covid.** Disponível em: https://www12.senado.leg.br/noticias/infomaterias/2021/04/falta-de-normas--claras-e-de-acoes-coordenadas-para-distanciamento-social-prejudica-combate-a-covid. Acesso em: 20 abr. 2021.

SHELLEY, Mary. **Frankenstein.** Rio de Janeiro: Darkside Books, 2017.

SILVA, Keliny; COVALESKI, Rogério. Indícios de uma possível reconfiguração do papel da comunicação publicitária frente à demanda por práticas socialmente responsáveis. **Revista Ícone,** Recife, v. 17, n. 2, 213-228, 2019.

SHAW, Eric H.; JONES, Brian D. G. A history of schools of marketing thought. **Marketing Theory,** Chicago, v. 5, n. 3, p. 239-281, 2005.

SCHNEIDER, Felipe; LUCE, Fernando B. Marketing social: abordagem histórica e desafios contemporâneos. **Revista Brasileira de Marketing – ReMark**, São Paulo, v. 13, n. 3, p. 123-137, 2014.

SIGNATES, Luiz. Estudo sobre o conceito de mediação. **Novos Olhares**, São Paulo, n.2, p. 37-49, 1998.

SIMMEL, Georg. Fashion. **American Journal of Sociology**, Chicago, v. 62, n. 6, p. 541-558, maio 1957.

SOBOTTKA, E. A.; SAAVEDRA, G. A. Justificação, reconhecimento e justiça: Tecendo pontes entre Boltanski, Honneth e Walzer. **Civitas**, Porto Alegre, v. 12, p. 126-144, 2012.

SOCIALBAKERS. **Social Media Trends Reports.** Disponível em: https://www.socialbakers.com/website/storage/2020/02/Socialbakers-Social-Media-Trends-Report.pdf. Acesso em: 15 jan. 2020.

SODRÉ, Muniz. **Antropológica do Espelho:** uma teoria da comunicação linear e em rede. 4. ed. Petrópolis: Editora Vozes, 2009.

SODRÉ, Muniz. **A sociedade incivil:** mídia, iliberalismo e finanças. Petrópolis: Vozes, 2021.

TASCHNER, Gisela. **Cultura, consumo e cidadania.** Bauru: Edusc, 2009.

TEIXEIRA FILHO, Clóvis; AZEVEDO, Ary Jr. Umbanda Midiatizada: entre músicas e experiências pessoais *In:* **Umbanda, Cultura e Comunicação:** olhares e encruzilhadas. Vol. 1. Londrina: Syntagma Editores, 2018. p. 20-40

TEIXEIRA FILHO, Clóvis; AZEVEDO JUNIOR, Aryovaldo de Castro. A Midiatização da Umbanda: uma análise sobre a religião nos conteúdos audiovisuais mais consumidos digitalmente. **Comunicação & Sociedade (online)** , v. 42, p. 163-191, 2020.

TEIXEIRA FILHO, Clóvis; PEREZ, Clotilde. Marca, Habitus e a Investigação Integrada entre Mediação e Midiatização. IX PRÓ-PESQ PP – ENCONTRO DE PESQUISADORES EM PUBLICIDADE E PROPAGANDA. São Paulo, 2018. **Anais** [...]. São Paulo, 2018. Disponível em: https://www.abp2.org/e-books. Acesso em: 20 abr. 2018.

TEIXEIRA FILHO, Clóvis; SOUZA, Lívia Silva de; MONI, Gabriel. Futebol midiatizado, identidade cultural e reconhecimento nos fluxos comunicativos digitais. **Contracampo**, v. 40, n. 1, p. 1-17, 2021.

TERRA, Ricardo. Herbert Marcuse – os limites do paradigma da revolução: ciência, técnica e movimentos sociais. *In:* NOBRE, Marcos (org.). **Curso Livre de Teoria Crítica.** Campinas: Papirus, 2008. p. 137-160.

THINK EVA. **Homepage**. Disponível em: https://thinkeva.com.br/. Acesso em: 15 set. 2020.

THOMPSON, John B. A interação mediada na era digital. **Matrizes**, São Paulo, v.12, n. 3, 2018.

TOALDO, Mariângela; JACKS, Nilda. Consumo Midiático: uma especificidade do consumo cultural, uma antessala para os estudos de recepção. *In:* XXII Encontro Anual da Compós, Universidade Federal da Bahia, **Anais [...]**, 2013.

TOALDO, Mariangela. Consumo e publicidade sob as perspectivas éticas e/ou morais – implicações das abordagens persuasivas. *In:* IX Encontro Nacional de Pesquisadores em Publicidade e Propaganda. **Anais [...]**. São Paulo, 2018.

TREVISAN, João S. **Devassos no paraíso: a homossexualidade no Brasil, da colônia à atualidade**. 4. ed. rev., atual., amp. Rio de Janeiro: Objetiva, 2018.

TRINDADE, Eneus B. F.; PEREZ, Maria C. R. Os rituais de consumo como dispositivos midiáticos para a construção de vínculos entre marcas e consumidores. **ALCEU**, Rio de Janeiro, v. 15, n. 29, p. 157-171, 2014.

TRINDADE, Eneus B. F.; PEREZ, Maria C. R. Para Pensar as Dimensões do Consumo Midiatizado: teoria, metodologia e aspectos empíricos. **Contemporânea: Comunicação e Cultura**, Salvador, v. 14, n. 3, p. 385-397, set./dez. 2016a.

TRINDADE, Eneus B. F; PEREZ, Maria C. R. O Lugar do Sujeito Consumidor entre Mediações e Midiatizações do Consumo: uma perspectiva latino-americana. XXV ENCONTRO ANUAL DA COMPÓS, 2016. **Anais [...]**. Cidade, 2016b.

TRINDADE, Eneus. Tendências sobre Publicidade e Consumo em Revistas Científicas da Comunicação Qualis A2 entre 2006 e 2017. Publicidade e Consumos Digitais em Foco. XVIII ENCONTRO DOS GRUPOS DE PESQUISAS EM COMUNICAÇÃO, evento componente do 41º Congresso Brasileiro de Ciências da Comunicação. Univille, 2018. **Anais [...]**. Joinville, 2018.

TRINDADE, Eneus; PEREZ, Clotilde; TEIXEIRA FILHO, Clóvis. Tendências das pesquisas em publicidade e consumos nos periódicos nacionais e internacionais de comunicação: um panorama sobre o estudo do algoritmo. XXVIII COMPÓS. Porto Alegre, 2019. **Anais** [...]. Porto Alegre, 2019.

UNESCO - **By youth, with youth, for youth.** Disponível em: https:// en.unesco.org/youth Acesso em: 20 dez. 2019.

VANDENBERGHE, Fréderic. Construção e crítica na nova sociologia francesa. **Sociedade e Estado,** Brasília, v. 21, n. 2, p. 315-366, 2006.

VANDENBERGHE, Frédéric. **What's Critical About Critical Realism?** Essays in Reconstructive Social Theory. Oxon: Routledge, 2013.

VARADARAJAN, P. Rajan; MENON, Anil. Cause-Related Marketing: a coalignment of marketing strategy and corporate philanthropy. **Journal of Marketing,** Chicago, v. 52. p. 58-74, 1988.

VERIZON MEDIA – **Content Moments.** Disponível em: https://www.verizonmedia.com/. Acesso em: 20 dez. 2019.

VERÓN, Eliseo. **Sémiotique ouverte:** itinéraires sémiotiques em communication. Paris: Lavoisier, 2007.

VON MISES, Ludwig. **Human Action.** New Haven: Yale University, 1963.

WANG, Ming-Yeu; CHANG, Dong-Shang. S.; KAO, Chih-Hsi. Identifying technology trends for R&D planning using TRIZ and text mining. **R&D Management,** Estocolmo, v. 40, n. 5, p. 491-509, 2010.

WEARESOCIAL; HOOTSUITE. **Digital 2021:** Global Overview Report. Disponível em: https://wearesocial.com/digital-2021. Acesso em: 1 fev. 2021.

WEBER, Max. **Economia e Sociedade:** fundamentos da sociologia compreensiva. 4. ed. Tradução: Regis Barbosa e Karen Elsabe Barbosa. Brasília: UNB, 2012.

WERLE; Denilson L.; MELO, Urión S. Reconhecimento e justiça na teoria crítica de Axel Honneth. *In:* NOBRE, Marcos (org.). **Curso Livre de Teoria Crítica.** Campinas: Papirus, 2008. p. 183-198.

WE ARE SOCIAL. **Digital 2021:** The latest insights into the "state of digital". Disponível em: https://wearesocial.com/us/blog/2021/01/digital-2021-the-latest-insights-into-the-state-of-digital/. Acesso em: 17 nov. 2021.

WE THINK IT MATTER. Empresa especializada em Consultoria de Marketing Relacionado à Causa. Disponível em: https://wethinkitmattersinc.com/. Acesso em: 10 maio 2020.

WILKIE, William L.; MOORE, Elizabeth S. Scholarly research in marketing: exploring the "4 Eras" of thought development. **Journal of Public Policy & Marketing**, Cambridge, p. 116-146, 2003.

WOODWARD, Kathryn. Identidade e diferença: uma introdução teórica. *In:* SILVA, Tomaz Tadeu da. (org.). **Identidade e diferença:** a perspectiva dos Estudos Culturais. 14. ed. Petrópolis: Vozes, 2014. p. 7-72.

WOTTRICH, Laura. **A publicidade em xeque:** práticas de contestação dos anúncios. Coleção Cena Publicitária. Porto Alegre: Sulina, 2019.

Y&R. **Y&R launches new agency practice focused on social impact.** Disponível em: https://www.wpp.com/news/2017/04/yr-launches-new-agency-practice-focused-on-social-impact. Acesso em: 10 maio 2020.